Entscheidungen
des Reichsgerichts
in Zivilsachen

Sammlung der noch wichtigen Entscheidungen nach Fachgebieten geordnet

Herausgegeben

von

Professor Dr. **L. Auerbach**, Berlin
Präsident des Reichspatentamtes a. D. Dr. **Johannes Eylau**, München, Rechtsanwältin **Charlotte Graf**, Berlin, Ministerialdirektor z. Wv. Senatspräsident Dr. **Ernst Knoll**, Berlin, Rechtsanwalt **Erich Kummerow**, Berlin, Rechtsanwalt **Hermann Reuß**, Berlin, Rechtsanwalt Dr. **Walter Schmidt**, Düsseldorf, Landgerichtsdirektor **Alexander Swarzenski**, Berlin, Rechtsanwalt Dr. **Werner Vahldiek**, Berlin

Gruppe I Bürgerliches Recht

Nebengesetze

Teil 3

Berlin 1952

Walter de Gruyter & Co.

vormals G. J. Göschen'sche Verlagshandlung / J. Guttentag, Verlagsbuchhandlung / Georg Reimer / Karl J. Trübner / Veit & Comp.

Grundbuchrecht

bearbeitet

von

Charlotte Graf

Rechtsanwältin in Berlin

Freiwillige Gerichtsbarkeit

bearbeitet

von

Erich Kummerow

Rechtsanwalt in Berlin

Berlin 1952

Walter de Gruyter & Co.

vormals G. J. Göschen'sche Verlagshandlung / J. Guttentag, Verlagsbuchhandlung / Georg Reimer / Karl J. Trübner / Veit & Comp.

Inhaltsverzeichnis

Nebengesetze

Teil 3

Verzeichnis

der aufgenommenen Entscheidungen aus der alten Sammlung

Die Entscheidungen sind grundsätzlich — von unwesentlichen Streichungen abgesehen — ungekürzt gebracht worden. Ausnahmsweis gekürzte Entscheidungen sind mit einem † gekennzeichnet.

Soweit eine Entscheidung mehrere Fachgebiete betrifft, ist sie nur in einem Fachgebiet aufgenommen worden. Die anderen Gebiete enthalten nur den Leitsatz der betreffenden Entscheidung mit einem Hinweis, wo der vollständige Abdruck erfolgt ist.

Um das Auffinden der Entscheidungen zu erleichtern, wird am Schluß der Sammlung ein Gesamt-Fundstellenregister erscheinen, in dem alle Entscheidungen der amtlichen Sammlung verzeichnet sind. Die in der Sammlung abgedruckten Entscheidungen sind nach der Fundstelle der alten und der neuen Sammlung zitiert; bei den nicht aufgenommenen findet sich ein Hinweis über den Grund des Ausscheidens.

Grundbuchrecht

bearbeitet von

Charlotte Graf
Rechtsanwältin

RGZ. 53, 298.

Bezieht sich die Ausnahme vom Eintragungszwange, die in § 41 Abs. 1 GBO.*) für den „Erben des eingetragenen Berechtigten" gemacht wird, auch auf Erbeserben?

V. Zivilsenat. Beschl. v. 17. Januar 1903.

I. Amtsgericht Mittweida. — II. Landgericht Chemnitz.

Gründe:

„Der als Eigentümer des Grundstücks Bl. 1097 des Grundbuchs für M. eingetragene C. G. M. in M. ist laut Erbschein des dortigen Amtsgerichts vom 3. Juli 1901 am 24. Juni 1901 verstorben und von seiner Witwe und drei Kindern beerbt worden. Nach demselben Erbschein ist die Witwe am 28. Juni 1901 ebenfalls verstorben und von den erwähnten drei Kindern beerbt worden. Diese ließen am 25. Juni 1902 ein Trennstück des Grundstückes Bl. 1097 an K. in M. auf und beantragten beim Grundbuchamte die Abschreibung des Trennstückes und dessen Übertragung auf ein für den Erwerber anzulegendes neues Grundbuchblatt. Das Grundbuchamt machte die Erledigung dieses Antrages u. a. von der vorherigen Eintragung der Antragsteller als Eigentümer abhängig. Darüber beschwerte sich einer derselben, C. E. M., die Beschwerde wurde jedoch vom Landgericht Ch., unter Bezugnahme auf eine Entscheidung des Kammergerichts in Berlin (I. Sen.) vom 21. Januar 1901,

abgedruckt in der Zusammenstellung des Reichsjustizamts von Entsch. in Ang. d. freiw. Gerichtsbk. Bd. 2 S. 46,

mit der Ausführung als unbegründet zurückgewiesen, daß die Ausnahmevorschrift des § 41 Abs. 1 GBO.*) sich nur auf den unmittelbaren Erben, nicht auf Erbeserben des eingetragenen Berechtigten beziehe. Der hiergegen eingelegten weiteren Beschwerde wollte das Oberlandesgericht Dresden stattgeben, fand sich aber daran im Hinblick auf die Vorschrift in § 79 Abs. 2 GBO. durch die erwähnte Entscheidung des Kammer-

*) § 40 der neuen Fassung der GBO. vom 5. August 1935.

*) Jetzt § 40.

gerichts gehindert. Es hat demgemäß die weitere Beschwerde dem Reichsgericht vorgelegt.

In dem vom Kammergericht entschiedenen Falle handelt es sich um die Umschreibung einer von dem dermaligen Gläubiger weiter abgetretenen Hypothekenforderung, die im Grundbuche noch auch auf den Namen von drei Schwestern eingetragen stand; von diesen war eine gestorben und von ihrer Mutter beerbt worden, die Mutter war dann auch gestorben und von den zwei noch lebenden eingetragenen Schwestern beerbt worden, bei der Erbteilung hatte eine dieser Schwestern die ganze Forderung erworben und sie dann an den Gläubiger abgetreten, der nun den Antrag auf Umschreibung gestellt hatte. Der Antrag war abgelehnt, die dagegen erhobene Beschwerde zurückgewiesen worden, und das Kammergericht hielt auf weitere Beschwerde die Ablehnung aufrecht mit der Begründung, daß der in Erbgang geratene Anteil der Forderung nicht von der unmittelbaren Erbin der eingetragenen Gläubigerin, nämlich deren Mutter, sondern erst von einer Erbin der Mutter, welche letztere nicht eingetragen sei, an den Antragsteller abgetreten worden sei, daß jedoch die Vorschrift des § 41 Abs. 1*) GBO. als Ausnahme von der Regel bloß auf den unmittelbaren Rechtsnachfolger des eingetragenen Berechtigten Anwendung finde, und eine analoge Auslegung oder eine ausdehnende Auslegung dieser Gesetzesbestimmung unzulässig sei.

Es handelte sich also damals um Auslegung derselben Vorschrift der GBO. wie bei der jetzt vorliegenden weiteren Beschwerde; demnach ist die Voraussetzung gegeben, unter welcher nach § 79 Abs. 2 u. 3 GBO. die Beschwerde dem Reichsgericht zur Entscheidung vorzulegen war.

Die in Betracht kommenden Bestimmungen der GBO. sind in den §§ 40 und 41**) enthalten. Die Regel lautet (§ 40 Abs. 1):

„Eine Eintragung soll nur erfolgen, wenn derjenige, dessen Recht durch sie betroffen wird, als der Berechtigte eingetragen ist."

Von den von dieser Regel gemachten Ausnahmen ist die hier interessierende in § 41 Abs. 1*) dahin gefaßt:

„Ist derjenige, dessen Recht durch eine Eintragung betroffen wird, Erbe des eingetragenen Berechtigten, so findet die Vorschrift des § 40 Abs. 1 keine Anwendung, wenn die Übertragung oder die Aufhebung des Rechtes eingetragen werden soll."

---

*) Jetzt § 40.

**) Jetzt §§ 39, 40.

Zur Frage steht, ob gemäß dieser Ausnahmebestimmung nur der unmittelbare Erbe des eingetragenen Berechtigten davon befreit sei, zunächst sich selbst nach § 40 Abs. 1*) eintragen zu lassen, wenn er das Recht übertragen oder löschen lassen will, oder ob diese Befreiung auch einem Erbeserben des eingetragenen Berechtigten und überhaupt allen Personen zu statten komme, auf die das Recht durch weitere Erbgänge übergegangen ist.

Das Oberlandesgericht Dresden hat seine Rechtsauffassung in folgender Weise begründet:

Die vom Kammergericht zur Begründung seiner Ansicht angerufene Auslegungsregel bei Ausnahmevorschriften bedeute bloß, daß die Anwendung einer Ausnahme auf das Gebiet der Regelvorschrift beschränkt bleiben müsse; aber die Grenze innerhalb dieses Gebietes sei nach den allgemeinen Auslegungsvorschriften festzustellen; dabei finde also auch der Satz Anwendung, daß nicht am Wortlaut gehaftet, sondern dem Grundgedanken des Gesetzes Geltung verschafft werden solle. Die Ausnahme reiche im Zweifel so weit wie die Gründe ihrer Zulassung. Die hier in Frage stehende Ausnahme sei nur ein bloßer Folgesatz des materiellrechtlichen Grundsatzes, daß der Erbe ohne weiteres in die Vermögensrechte des Erblassers eintrete, reiche also im Zweifel ebensoweit wie dieser Grundsatz selbst, bei welchem zwischen Erben und Erbeserben kein Unterschied bestehe.

Die Gründe, welche in der Denkschrift zum Entwurfe der Grundbuchordnung an den Reichstag einerseits für die Aufstellung der Regelvorschrift im jetzigen § 40 Abs. 1*), andererseits für die Zulassung der in Frage stehenden Ausnahme in § 41 Abs. 1*) angeführt würden, träfen in demselben Grade zu, wenn der Erbeserbe, wie wenn der unmittelbare Erbe das Recht übertragen oder aufheben wolle. Auch in jenem Falle hätten Dritte kein Interesse an der vorherigen Eintragung der verfügenden Person, und werde die dem Grundbuchamte obliegende Legitimationsprüfung durch solche Eintragung nicht erleichtert, vielmehr die Arbeit des Grundbuchamtes durch Zwischeneintragungen nur erschwert.

Daher sei davon auszugehen, daß der Gesetzgeber mit dem Wort Erbe alle Personen treffen wollte, die sich dem Grundbuchamte darüber auswiesen, daß sie als Rechtsnachfolger des Eingetragenen kraft Erbrechts ohne weiteres befugt seien, über dessen Vermögensrechte wirksam zu verfügen, deren Eintragung also eine leere Form sein

*) Jetzt §§ 39 u. 40.

würde. Es sei die Annahme gerechtfertigt, daß der Gesetzgeber, wenn er an die Möglichkeit eines Mißverständnisses gedacht hätte, eine ausdrückliche Bestimmung in dem hier vertretenen Sinne getroffen haben würde.

Das Kammergericht hat sich schon wiederholt in entgegengesetztem Sinne ausgesprochen.

Vgl. außer dem schon angeführten Beschlusse noch die Beschlüsse des I. Senats vom 1. Oktober 1900 (Zusammenstellung des Reichsjustizamtes Bd. 1 S. 175), vom 15. April und 23. Dezember 1901 (Rechtspr. der OLG. Bd. 3 S. 307/8, Bd. 5 S. 191) und des Feriensenats vom 26. Juli 1901 (Rechtspr. der OLG. Bd. 3 S. 177).

In der Begründung dieser Beschlüsse wird einmal der Wortlaut des § 41 Abs. 1*) als unzweideutig für die Ansicht des Kammergerichts in Anspruch genommen, ein anderes Mal zur Rechtfertigung einer strengen Auslegung noch darauf Gewicht gelegt, daß es sich um Formvorschriften handle, und in dem Beschlusse des Feriensenats versucht, aus der Entstehungsgeschichte nachzuweisen, daß der Gesetzgeber selbst bei dem Erben des eingetragenen Berechtigten, nur an unmittelbare Erben gedacht habe. In dieser Beziehung wird hervorgehoben, daß die Bestimmung zunächst, im § 869 des 1. Entwurfs zum BGB., dahin gelautet habe:

„Ist der eingetragene Eigentümer verstorben, so ist zur Auflassung die vorgängige Eintragung seines Erben als Eigentümer nicht erforderlich,"

daß sie dann zwar in der Grundbuchordnung, in die sie bei der zweiten Lesung verwiesen wurde, auf alle eingetragenen Rechte ausgedehnt worden sei, aber die Beschränkung auf den Fall der Übertragung oder Aufhebung des eingetragenen Rechtes beibehalten habe, und daß sich daraus, in Verbindung mit den Motiven zum § 869 des 1. Entwurfs zum BGB. (Bd. 3 S. 317), deutlich als der rechtspolitische Grund dieser Ausnahmebestimmung her ergebe: nur den unmittelbaren Erben eine Erleichterung bei der Nachlaßregulierung und Erbauseinandersetzung zu gewähren. Bei einer Ausdehnung dieser Erleichterung auf Erbeserben würde die Absicht der Reichsgesetzgebung, aus dem Grundbuch die wirklichen Berechtigten ersichtlich zu machen, bedenklich in Frage gestellt werden, da dann oft jeder Antrieb zur Berichtigung des Grundbuchs fehlen würde.

Dieser Ansicht und ihrer Begründung kann jedoch nicht beigetreten werden, es war vielmehr der vom Dresdener Oberlandesgericht vertretenen Ansicht der Vorzug zu geben.

*) Jetzt § 40.

Es kann zugestanden werden, daß der Wortlaut für die Ansicht des Kammergerichts zu sprechen scheint. Wenn der § 41 Abs. 1 GBO.*) von den Erben „des eingetragenen Berechtigten" spricht, und wenn, damit in der Wortbedeutung übereinstimmend, die ursprüngliche Fassung in § 869 des 1. Entwurfs zum BGB.,

vgl. auch den dortigen § 1087 Abs. 2, der dieselbe Ausnahme bei der Abtretung einer Hypothek ohne Brief machte,

die vorgängige Eintragung „seines Erben", nämlich des Erben des verstorbenen eingetragenen Eigentümers, für nicht erforderlich erklärte, so liegt es nahe, darunter den unmittelbaren Erben zu verstehen, denjenigen, auf den das Vermögen (die Erbschaft) des eingetragenen Berechtigten als Ganzes nach § 1922 BGB. übergegangen ist. Zwingend ist aber dieses Verständnis nicht. Der Erbeserbe, der wieder der unmittelbare Erbe des Erben geworden ist, hat mit diesem Nachlaß auch die in demselben enthaltene Erbschaft nach dem eingetragenen Berechtigten überkommen, ist in das gesamte Rechtsverhältnis seines Erblassers zu dieser Erbschaft eingetreten und dadurch (mittelbar) Erbe des Erblassers seines Erblassers, des eingetragenen Berechtigten geworden. Es läßt sich daher nicht bestreiten, daß die Worte in § 41*) GBO. „Erbe des eingetragenen Berechtigten" auch in diesem weiteren Sinne verstanden werden können, und wenn das der Fall ist, läßt sich nicht mit dem Kammergericht sagen, daß der Wortlaut klar und unzweideutig für seine Ansicht spreche. Es kann sich daher nur fragen, welchen Sinn die Gesetzgebung mit dem gewählten Ausdruck verbunden hat; auch gegenüber einer Ausnahme — und Formvorschrift — ist dies das allein Entscheidende.

Ein ausdrücklicher Ausspruch der gesetzgebenden Gewalten darüber findet sich nicht. Die Frage, ob die hier in Rede stehende Ausnahme vom Eintragungszwange nur den unmittelbaren Erben, oder auch den Erbeserben zugute kommen solle, ist weder in den Vorarbeiten noch bei den Beratungen des Bürgerlichen Gesetzbuchs und der Grundbuchordnung erörtert worden. Dagegen ist der Grund dieser Ausnahmebestimmung, über den auch schon nach ihrem Inhalt kein Zweifel obwaltet, sowohl in den Motiven zum § 869 des 1. Entwurfs zum BGB. (Bd. 3 S. 317) als in der Denkschrift an den Reichstag zu § 39 des Entwurfs der GBO. dahin angegeben, daß die Eintragung eines Erben, der das eingetragene Recht nicht behalten, sondern veräußern wolle, weder zur Vereinfachung der Buchführung noch durch die Interessen

*) Jetzt § 40.

Dritter geboten sei, dagegen den Erben mit unnötigen Kosten belaste und unter Umständen großen Raum im Grundbuch beanspruche.

Die als Regel in § 40 Abs. 1 GBO.*) vorgeschriebene Eintragung des Berechtigten, der im Grundbuche eine Verfügung über das eingetragene Recht treffen will, verfolgt den Zweck, dem Grundbuchamte die Legitimationsprüfung zu erleichtern, und den eingetragenen Berechtigten dagegen zu sichern, daß ungeachtet der nach § 891 BGB. mit der Eintragung verbundenen Vermutung ein anderer unbefugterweise über das Recht verfüge.

Vgl. Denkschrift zu § 38 des Entwurfs der GBO. § 40 des Ges.).

Nach beiden Richtungen wäre in dem hier in Frage stehenden Fall eine vorherige Eintragung des Berechtigten völlig überflüssig. Es ist im Auge zu behalten, daß die Ausnahme hier nur zugelassen wird für solche Verfügungen des Erben, die eine Übertragung oder eine Aufhebung des eingetragenen Rechtes enthalten. Dürfte der Erbe zu solchen Verfügungen nur zugelassen werden, wenn er zuvor sich selbst als Berechtigten hätte eintragen lassen, so müßte er sich zunächst zu diesem letzteren Antrage durch den Nachweis seines Erbrechtes legitimieren (§ 36 GBO.)**. Den Mühen dieser Prüfung müßte also der Grundbuchrichter sich in demselben Umfange unterziehen, als wenn der Erbe nicht erst eingetragen zu werden brauchte; die Eintragung des Erben gewährt ihm darin weiterhin keine Erleichterung und gibt auch keine größere Sicherheit für die Legitimation. Sie hat aber — anders als in dem Falle, wenn der Erbe das eingetragene Recht behalten und bloß beschweren will — im Falle einer Übertragung oder Aufhebung des Rechtes überhaupt keinen Wert. Der Erbe selbst hat an seiner Eintragung gewiß kein Interesse, da er ja das Recht ganz aufgibt; der neue Erwerber ist durch seine eigene Eintragung gesichert, und der Grundstückseigentümer im Falle der Aufhebung eines eingetragenen Rechtes durch dessen Löschung; dritte Personen aber interessiert nur der aus dem Grundbuch ersichtliche gegenwärtige Zustand. Die Eintragung des Erben würde also nur unnötige Schreiberei verursachen, den Raum im Grundbuch beengen, zumal wenn viele Miterben vorhanden sind, und obendrein den Erben mit Kosten belasten, die nicht gerechtfertigt werden könnten.

Alle diese Erwägungen sprechen nun aber nicht bloß für eine Befreiung des unmittelbaren Erben vom Eintragungszwange, sondern

*) Jetzt § 39.
**) Jetzt § 35.

treffen ebenso und sogar noch in höherem Grade auf den Erbeserben und noch weiter entfernte Erben zu. Es wäre bei einer Befolgung der Ansicht des Kammergerichts schon nicht recht klar, wen der Erbeserbe denn als Berechtigten eintragen lassen müßte: bloß sich selbst, oder bloß den unmittelbaren Erben? Jedenfalls ist nicht erfindlich, was mit einer Eintragung gewonnen werden soll, und wen eine Eintragung interessiert, die in dem nächsten Augenblicke durch Eintragung eines anderen Berechtigten oder durch Löschung des ganzen Rechtes jede Bedeutung verliert. Es wachsen ja allerdings die Schwierigkeiten der Legitimationsprüfung, wenn das eingetragene Recht mehrfach in Erbgang gekommen ist, das Grundbuchamt muß sie aber in jedem Falle überwinden, mag es nun auf Antrag des Erbeserben das Recht ohne weiteres, oder erst nach einer Eintragung des Erbeserben umschreiben oder löschen; für die Legitimationsprüfung ist die Eintragung in solchem Falle ohne allen Wert. Interessen des Erbeserben oder des neuen Berechtigten oder irgend welcher Dritter stehen auch hier nicht auf dem Spiele. Die vom Feriensenate des Kammergerichts hervorgehobene Möglichkeit, daß mehrere Generationen hindurch die nacheinander kraft Erbrechts eintretenden neuen Besitzer des Grundstückes oder neuen Gläubiger einer Hypothek uneingetragen bleiben, und auf diese Weise die von der Gesetzgebung erstrebte Übersichtlichkeit der Eigentums- und sonstigen Rechtsverhältnisse der Grundstücke aus dem Grundbuch in Frage gestellt wird, ist zuzugeben. Diesem Übelstande würde jedoch in keiner Weise durch einen Eintragungszwang für denjenigen Erbeserben gesteuert werden, der das Grundstück oder die Hypothek veräußern oder die Hypothek löschen lassen will. In diesem Augenblicke hat eine Berichtigung des Grundbuchs durch Nachholung der unterbliebenen Eintragungen, wie hervorgehoben ist, keinen praktischen Wert mehr: in solcher Vorschrift könnte demnach unmöglich ein Antrieb zu einer wünschenswerten rechtzeitigen Berichtigung des Grundbuchs gefunden werden. Die Nachholung dieser Eintragung wäre nur eine leere Formalität, die aber das Schreibwerk vermehrt, das Grundbuch mit Ballast beschwert und überflüssige Kosten macht.

Stehen sonach Umschreibungs- und Löschungsanträge der unmittelbaren wie der Erbeserben des eingetragenen Berechtigten sowohl rechtlich, was den außerhalb des Grundbuchs, durch Erbfolge, stattfindenden Erwerb des eingetragenen Rechtes anbelangt, als praktisch hinsichtlich ihrer zweckmäßigen Behandlung auf völlig gleicher Linie, so ist die Annahme gerechtfertigt, daß der Gesetzgeber sie auch gleichmäßig behandeln wollte. Für die Annahme einer entgegengesetzten Absicht fehlt es an jedem Grunde, auch an einem Anhalt, da der Wortlaut keinen solchen liefert. Die Annahme des Feriensenats des Kammergerichts, daß diese Vorschrift des § 41 Abs. 1 GBO.*) eine Erleichterung nur der unmittelbaren Erben in der Nachlaßregulierung und Erbteilung bezwecke, ist ganz willkürlich; die Bestimmung bezieht sich auf den Fall des Einzelerben, wo es nichts zu regulieren und zu teilen gibt, es wäre aber auch kein Grund erfindlich, weshalb eine darin gewährte Erleichterung nicht auch, und sogar noch mit erhöhter Wirkung, den Erbeserben zugedacht sein sollte.

Eine Unterstützung der hier vertretenen Auslegung kann noch daraus entnommen werden, daß nach der früheren preußischen Praxis die Vorschrift des § 5 Abs. 2 Eig.-Erw.-Ges. vom 5. Mai 1872, wonach Miterben ein ererbtes Grundstück auflassen durften, auch wenn sie selbst nicht als Eigentümer eingetragen waren, auch auf den Fall bezogen wurde, wenn einer der Miterben verstorben und von den übrigen beerbt worden war.

Vgl. Turnau, GBO. Bd. 1 S. 197 Bem. 7 und die dortigen Nachweisungen.

Die Motive zum 1. Entwurf des BGB. (Bd. 3 S. 317) knüpfen den § 869 an diese Bestimmung des preußischen Rechtes an, und es hätte daher für den Gesetzgeber nahe gelegen, die Möglichkeit eines Verständnisses der neuen Bestimmung in dem gleichen Sinne auszuschließen, wenn er sie nicht genehmigen wollte.

Eine Probe der Richtigkeit dieser Auslegung muß schließlich noch durch eine Heranziehung der weiteren Bestimmungen des § 41 GBO.*) angestellt werden, worin noch zwei andere Ausnahmen vom Eintragungszwange für den Fall gemacht werden, daß derjenige, dessen Recht durch eine Eintragung betroffen wird, „Erbe des eingetragenen Berechtigten" ist. Wenn diese anderen Ausnahmen nicht auf den Erbeserben paßten, dann würde jener Ausdruck auch nicht für die vorstehend erörterte Ausnahme der Umschreibungs- und Löschungsanträge in solchem Sinne verstanden werden dürfen. Die beiden weiteren Ausnahmen sollen eintreten:

1. wenn der Eintragungsantrag durch die Bewilligung des Erblassers oder eines Nachlaßpflegers oder durch einen gegen den Erblasser oder den Nachlaßpfleger vollstreckbaren Titel begründet wird;
2. wenn eine Eintragung auf Grund der Bewilligung eines Testamentsvollstreckers oder auf Grund eines gegen diesen vollstreck-

*) Jetzt § 40.

baren Titels beantragt wird, vorausgesetzt, daß die Bewilligung oder der Titel gegen den Erben wirksam ist.

In der mehrerwähnten Denkschrift werden diese Abweichungen von der Regel des Eintragungszwanges damit gerechtfertigt, daß dadurch die Lage des Eintragungsberechtigten in den Fällen erleichtert werde, in denen aus irgendeinem Grunde die Person des Erben noch nicht feststehe, und daß die Ausnahmen auch andererseits unbedenklich seien, weil jedenfalls der Erbe die Erklärung des Erblassers, Nachlaßpflegers, und in beschränkter Weise des Testamentsvollstreckers, sowie vollstreckbare Titel gegen sie auch gegen sich gelten lassen müsse.

Es bedarf nun wohl keiner weiteren Ausführung, daß vollends bei diesen Ausnahmen eine unterschiedliche Behandlung von unmittelbaren Erben und Erbeserben nicht am Platze wäre und geradezu unverständlich sein würde. Sie bestätigen also nicht bloß, sondern verstärken noch die Richtigkeit der Auslegung, die im Vorstehenden der in § 41 Abs. 1 ersterwähnten Ausnahme gegeben ist.

Aus diesen Gründen war der vorliegenden Beschwerde dahin stattzugeben, daß der angefochtene Beschluß des Landgerichts Ch. aufgehoben, und dem Amtsgericht M. aufgegeben werde, die beantragte Ab- und Umschreibung nicht weiter von der vorherigen Eintragung der Antragsteller als Eigentümer abhängig zu machen."

RGZ. 57, 277.

1. Unter welchen Voraussetzungen ist der Staat verpflichtet, den Schaden zu ersetzen, welcher dadurch entstanden ist, daß die Grundbuchbeamten die ihnen obliegende Amtspflicht bei Bestimmung der Reihenfolge der Eintragungen aus Fahrlässigkeit verletzt haben?

2. Bestimmt sich das Rangverhältnis unter mehreren Rechten, die in derselben Abteilung des Grundbuchs eingetragen sind, nach der Reihenfolge der Eintragungen ohne Rücksicht darauf, in welchem Zeitpunkte die Anträge auf Eintragung beim Grundbuchamte eingegangen sind?

3. Ist für den öffentlichen Glauben des Grundbuchs lediglich der Inhalt des Grundbuchs selbst, nicht auch das sog. Präsentationsregister maßgebend?

GBO. §§ 12, 17, 46*).

BGB. §§ 839, 879, 892.

*) Jetzt § 45 der Fassung der Grundbuchordnung vom 5. August 1935.

V. Zivilsenat. Urt. v. 13. April 1904.

I. Landgericht Hagen i. W. — II. Oberlandesgericht Hamm.

In der notariellen Schuldurkunde vom 1. Februar 1901 bewilligte und beantragte Sch. für eine Darlehnsforderung des Klägers von 6000 ℳ die Eintragung einer Hypothek in gleicher Höhe auf seine Grundstücke Bd. 9 Art. 514 des Grundbuchs von H. Die Schuldurkunde wurde mit dem Antrage auf Eintragung der Hypothek gleichzeitig mit einem Löschungsantrage am 4. Februar 1901 beim Amtsgericht in J. zu den Grundakten eingereicht. Die Löschung erfolgte. Die Eintragung unterblieb zunächst und erfolgte erst auf Erinnerung des Klägers am 10. Mai 1901 unter Nr. 11 in der Abt. III, nachdem unter Nr. 8, 9, 10 auf drei Anträge eine Hypothek von 1545,55 ℳ, eine Grundschuld von 2000 ℳ und eine Hypothek von 1500 ℳ für andere Gläubiger eingetragen worden waren. Bei Eintragung der Post Nr. 11 wurde vom Grundbuchrichter bei den Posten 8, 9, 10 von Amts wegen ein Widerspruch gegen den Vorrang dieser Posten vor der Hypothek Nr. 11 des Klägers vermerkt. Bei der Zwangsversteigerung erstand der Kläger die Pfandgrundstücke für 23 500 ℳ, und er mußte die Gläubiger der seiner Hypothek Nr. 11 vorgehenden Posten Nr. 8, 9, 10 durch Zahlung von insgesamt 5121,54 ℳ befriedigen, während er mit seiner Hypothek ausfiel. Gleichzeitig mit der Einleitung des Zwangsversteigerungsverfahrens wurde der Konkurs über das Vermögen des Sch. eröffnet, und der Kläger meldete darin seine Forderung an. In der von ihm erhobenen Klage nahm der Kläger gemäß § 12 GBO.*) den Justizfiskus auf Ersatz des ihm angeblich durch Verschulden des Grundbuchbeamten verursachten Schadens in Höhe von 5121,54 ℳ in Anspruch. Nachdem durch Beweiserhebung festgestellt worden war, daß der Kläger im Konkurse etwa 230 ℳ erhalten werde, und daß die Pfandgrundstücke mit Gebäuden höchstens einen Wert von 22 100 ℳ hatten, wurde Beklagter durch Teilurteil zur Zahlung von 4500 ℳ nebst 4 Prozent Zinsen seit dem 26. April 1902 und in neun Zehntel der Kosten des Rechtsstreits verurteilt. Die Berufung und die Revision des Beklagten sind zurückgewiesen worden.

Gründe:

„Das Berufungsgericht hält nicht für erwiesen, daß die Grundbuchbeamten ihre Amtspflichten vorsätzlich verletzt hätten, dagegen den Nachweis für erbracht, daß sowohl dem Grundbuchrichter wie dem Grundbuchführer Fahrlässigkeit zur Last falle, weil sie bei Erledigung

*) Alte Fassung.

des Antrags auf Eintragung der Hypothek des Klägers die Vorschriften der Grundbuchordnung (§ 17) nicht beobachtet hätten. Der Kläger hätte deshalb, so führt es aus, nachzuweisen, daß ihm hieraus ein Schaden erwachsen sei, dessen Ersatz er auf andere Weise nicht erlangen könne. Folge der verspäteten Eintragung sei, daß die in der Reihenfolge der Eintragungen der Hypothek des Klägers Nr. 11 vorgehenden Posten Nr. 8, 9, 10 dieser auch im Range vorgegangen, und daß dieses Rangverhältnis weder durch Beschwerde noch im Wege der Berichtigung des Grundbuchs habe geändert, noch durch Eintragung eines Widerspruchs habe beeinflußt werden können. Da dem Kläger ein obligatorischer Anspruch gegen die bevorzugten Gläubiger auf Berichtigung des Rangverhältnisses nicht zustehe, ihm auch ein Anspruch darauf aus einer unerlaubten Handlung derselben nicht erwachsen sei, seien die Gläubiger der Posten Nr. 8, 9, 10 der Hypothek Nr. 11 des Klägers vorgegangen, und habe der Kläger im Zwangsversteigerungsverfahren ihre vorrechtliche Befriedigung nicht hindern können. Der Ausfall, welchen der Kläger erlitten habe, betrage 5121,54 ℳ. Diesen müsse der Beklagte ersetzen; Kläger müsse sich aber darauf anrechnen lassen, was er anderweit zu erlangen vermöge. In den erstandenen Grundstücken finde Kläger keinen Ersatz, da er diese, deren Wert höchstens 22 100 ℳ betrage, für 23 500 ℳ ersteigert habe. Dagegen müsse er sich anrechnen lassen, was er im Konkurse Sch. zu erwarten habe, nämlich höchstens $4\frac{1}{2}$ Prozent der von ihm mit 5121,54 ℳ angemeldeten Forderung, also ungefähr 230 ℳ. Hiernach sei in dem ergangenen Teilurteile erster Instanz, welches nur in Höhe von 4500 ℳ ergangen sei, die zu erwartende Verminderung der Schadensersatzforderung des Klägers genügend berücksichtigt.

Dem Berufungsgerichte ist darin beizutreten, daß die Grundbuchbeamten fahrlässig die ihnen nach § 17 GBO. obliegende Amtspflicht verletzt haben, indem sie die später beantragten drei Eintragungen unter Nr. 8, 9, 10 in der III. Abt. des Grundbuchs vorgenommen haben, bevor der früher gestellte Eintragungsantrag des Klägers erledigt war, und daß deshalb der verklagte Staat dem Kläger den hieraus entstandenen Schaden an Stelle der fahrlässigen Grundbuchbeamten zu ersetzen hat, wenn der Kläger nicht auf andere Weise Ersatz zu erlangen vermag und nicht vorsätzlich oder fahrlässig unterlassen hat, den Schaden durch Gebrauch eines Rechtsmittels abzuwenden (§ 12 GBO.*), § 839 BGB.).

*) Alte Fassung.

Der Schaden des Klägers besteht darin, daß er infolge der Eintragung seiner Hypothek unter Nr. 11 bei der Zwangsversteigerung der Pfandgrundstücke die vorgängige Befriedigung der Posten Nr. 8, 9, 10 hat dulden müssen und mit seiner Hypothek ausgefallen ist. Der Beklagte stellt dies in Abrede, indem er die Ansicht vertritt, Kläger habe vor den Posten Nr. 8, 9, 10 Befriedigung beanspruchen können, weil sein Eintragungsantrag früher beim Grundbuchamte eingegangen sei als die Anträge der Gläubiger der Posten Nr. 8—10. Dies beruht jedoch auf Mißverstehen der Gesetze.

Der § 879 BGB. schreibt vor: „Das Rangverhältnis unter mehreren Rechten, mit denen ein Grundstück belastet ist, bestimmt sich, wenn die Rechte in derselben Abteilung des Grundbuchs eingetragen sind, nach der Reihenfolge der Eintragungen." Hiernach bestimmt sich auch das Rangverhältnis der Posten 8—11, die sämtlich in der III. Abt. desselben Grundbuchartikels eingetragen sind, und zwar ausschließlich, ohne Rücksicht darauf, ob bei Bestimmung der Reihenfolge die Vorschriften des § 46 GBO.*) befolgt sind, ob namentlich die vier Posten die Reihenfolge erhalten haben, welche der Zeitfolge der Anträge (§ 13 Abs. 1 Satz 2 GBO.) entspricht. Der bereits im § 502 ALR. I. 20 ausgesprochene Grundsatz, daß es bei der im Hypothekenbuche einmal angenommenen Folgeordnung bleibt, auch wenn der Richter bei Befolgung der Bestimmungen über die Folgeordnung gefehlt hat, ist auch nach § 879 BGB. maßgebend. Bei der Beratung des Entwurfs eines Bürgerlichen Gesetzbuchs in der zweiten Lesung ist zwar „die Frage angeregt, ob man nicht bestimmen solle, daß für die Reihenfolge der Eintragungen der Eingang der Eintragungsanträge entscheidend sei, und daß, wenn irrtümlich von dieser Reihenfolge abgewichen sei, ein Anspruch auf Berichtigung bestehe. Man erachtete jedoch diese Regelung nicht für zweckmäßig, weil dadurch der öffentliche Glaube des Grundbuchs in einer den Grundbuchverkehr gefährdenden Weise beeinträchtigt werden würde. Für den öffentlichen Glauben des Grundbuchs müsse lediglich der Inhalt des letzteren maßgebend sein, und es erscheine nicht zulässig, zur Ergänzung noch das Präsentationsregister zur Hilfe zu nehmen" (Prot. Bd. 3 S. 91). Hierdurch ist außer Zweifel gestellt, daß, wie auch der § 879 BGB. wortdeutlich bestimmt, sich das Rangverhältnis unter mehreren Rechten derselben Abteilung des Grundbuchs ausschließlich nach der Reihenfolge bestimmt, in welcher die Rechte tatsächlich zur Eintragung gelangt sind, und nicht nach der Reihenfolge,

*) Jetzt § 45.

in welcher sie nach § 46 GBO.*) hätten eingetragen werden müssen. Ist die Eintragung erfolgt, so kommt es für das Rangverhältnis der Rechte nicht mehr darauf an, in welchen Zeitpunkten die Anträge auf Eintragung beim Grundbuchamte eingegangen sind. Hierüber besteht auch bei allen Bearbeitern des Grundbuchrechts Einverständnis. Die Hypothek Nr. 11 des Klägers stand also den ihr voreingetragenen Posten Nr. 8—10 im Range nach. Vermöge ihres Vorranges konnten daher die Gläubiger der Posten Nr. 8—10 vorrechtliche Befriedigung aus dem Erlöse des zwangsversteigerten Pfandgrundstücks verlangen (Zwangsversteigerungsgesetz vom 20. Mai 1898 § 10 Ziff. 4, § 11 Abs. 1) und schlossen damit die Befriedigung des Klägers wegen der Hypothek Nr. 11 aus, da der Erlös hierzu nicht ausreichte. Ein Widerspruch des Klägers gegen diese Verteilung des Erlöses konnte deshalb keinen Erfolg haben. Auch der vom Grundbuchrichter von Amts wegen bei den Posten Nr. 8, 9, 10 eingetragene Widerspruch gegen den Vorrang dieser Posten vor der Post Nr. 11 war zwecklos, weil dadurch das durch die erfolgte Eintragung bewirkte Rangverhältnis nicht geändert oder beeinflußt werden konnte, nachdem im Zeitpunkte der Eintragung des Widerspruchs die Gläubiger der Posten Nr. 8—10 von der Eintragung und dem dadurch begründeten Rangverhältnisse der Posten Nr. 8—10 längst Kenntnis erhalten hatten. Durch den Widerspruch konnte nicht der Glaube an die Richtigkeit des Grundbuchs bei den Erwerbern von Rechten an den Posten Nr. 8—10 ausgeschlossen werden. Denn für den öffentlichen Glauben des Grundbuchs ist lediglich der Inhalt des Grundbuchs selbst, nicht auch das Präsentationsregister maßgebend. Es „gilt der Inhalt des Grundbuchs als richtig", heißt es im § 892 Abs. 1 BGB. „Die Kenntnis von dem Vorliegen eines früheren Antrags auf Eintragung begründet keine mala fides" (Motive zum ersten Entwurf einer Grundbuchordnung S. 89). Dies ist bei der zweiten Lesung des Entwurfs eines Bürgerlichen Gesetzbuchs von einer Seite mit dem Satze wiederholt, die Kenntnis des eingetragenen Berechtigten von einem früheren Eintragungsantrage stehe seinem Rechtserwerbe nicht entgegen, weil er nur solche Tatsachen, die aus dem Grundbuche, nicht aber solche, die nur aus dem Präsentationsregister sich ergeben, gegen sich gelten lassen müsse (Protokolle Bd. 3 S. 90). In der Literatur ist, soviel bekannt, hiergegen ein Widerspruch nicht hervorgetreten. Der Ansicht von R. Förster (Das Recht 1903 S. 351), wonach jede Eintragung als bereits in dem Augenblicke als ausgeführt

*) Jetzt § 45.

gelten soll, in welchem sie beim Grundbuchamte beantragt wurde, findet keinen Anhalt im Gesetze. Auch jetzt muß der von Dernburg-Hinrichs (Bd. 1 S. 117 Anm. 15) für das frühere Recht ausgesprochene Satz als richtig anerkannt werden, daß die Anmeldung eines Rechts beim Grundbuchamte der Eintragung kein dem Präsentatum entsprechendes Realrecht gibt. Stand aber dem Rechtserwerbe der Gläubiger der Posten Nr. 8—10 die Kenntnis von dem früheren Eingange des Eintragungsantrags des Klägers nicht entgegen, so war auch der zur Erhaltung der Wirkung dieser Kenntnis gegen ihre Rechtsnachfolger gerichtete Widerspruch zwecklos.

War hiernach das Rangverhältnis unter den Posten Nr. 8—11, wie es sich aus deren Eintragung im Grundbuch ergab, nicht anfechtbar, so fragt sich weiter, ob dem Kläger etwa ein Anspruch erwachsen war, von den Gläubigern der Posten Nr. 8—10 zu verlangen, daß sie seine vorrechtliche Befriedigung vor ihnen gestatteten. Dafür liegt nichts vor, daß zwischen dem Kläger und diesen Gläubigern ein Schuldverhältnis bestand, aus welchem sich eine solche Verpflichtung der Gläubiger herleiten ließe, oder daß den Gläubigern eine unerlaubte Handlung zur Last falle, aus der dem Kläger ein Anspruch auf Schadensersatz entstanden sei, welcher sie gemäß § 249 BGB. zur Herstellung oder zum Geltenlassen des Rangverhältnisses verpflichtete, das ohne ihr zum Ersatze verpflichtendes Verhalten begründet worden wäre. Daß der Kläger einen Berichtigungsanspruch nach Maßgabe des § 894 BGB. nicht erheben konnte, ist bereits angedeutet. Der Erwerb der drei vorgehenden Gläubiger steht mit der wirklichen Rechtslage nicht im Widerspruche, da durch den Eintragungsantrag des Klägers kein dingliches Recht außerhalb des Grundbuchs begründet ist, wodurch der Inhalt des Grundbuchs unrichtig geworden wäre. Da kein anderer Grund für einen Bereicherungsanspruch des Klägers vorgebracht ist, würde es sich nur fragen, ob der Kläger einen solchen Anspruch schon daraus allein für sich herleiten könnte, daß die Gläubiger der Posten Nr. 8—10 durch ihre Eintragung einen Vorteil auf Kosten des Klägers erlangt hätten, zu dem sie nach dem Gesetze nicht berechtigt waren, indem sie den Vorrang für ihre Eintragungen erlangt hätten, der nach der Zeitfolge des Eingangs der Eintragunganträge nicht ihnen, sondern dem Kläger gebührt hätte. Unter der Herrschaft des bisherigen preußischen Rechts hat das vormalige Obertribunal (Striethorst, Archiv Bd. 37 S. 216, Bd. 62 S. 36, Bd. 79 S. 1) ungerechtfertigte Bereicherung ohne weiteres in der Erlangung der ungerechtfertigten Priorität gefunden (vgl. Turnau, Grundbuchordnung von 1872 Bd. 1 S. 148 Bem. 6). Bei der zweiten Lesung des Entwurfes eines Bürgerlichen Gesetzbuchs ist diese Frage zwar zur Sprache gebracht; es wurde aber beschlossen, keine Antwort darauf zu geben, weil für die Aufstellung einer solchen Vorschrift das praktische Bedürfnis fehle (Protokolle Bd. 3 S. 89 flg.). Das Reichsgericht hält, in Übereinstimmung mit der Literatur, die Gründe für durchschlagend, welche in der zweiten Kommission für die Verneinung geltend gemacht sind. Auch wenn anzunehmen wäre, daß die Gläubiger der Posten Nr. 8—10 durch ihre unberechtigte, weil gegen das Gesetz (§§ 17, 46 GBO.*) verstoßende, Voreintragung einen Vorteil ohne rechtlichen Grund erlangt hätten, so ist doch das zweite Erfordernis, daß sie diesen Vorteil auf Kosten des Klägers erlangt haben müssen, nicht erfüllt; denn durch den früheren Eingang des Eintragungsantrags des Klägers beim Grundbuchamte wurde für diesen wohl der gesetzliche Anspruch auf Eintragung an der zunächst freien Stelle im Grundbuche gegenüber dem Grundbuchbeamten begründet, nicht aber ein Vermögensrecht zur Entstehung gebracht, an welchem er durch die Unterlassung der Eintragung Einbuße hätte erleiden können (§ 812 BGB.). Wie schon bemerkt, würde der Kläger nur durch die vollzogene Eintragung ein Vorrecht erworben haben, welches auch die Gläubiger der Posten Nr. 8—10 gegen sich gelten lassen müßten.

Von einer ungerechtfertigten Bereicherung der Gläubiger der Posten Nr. 8—10 kann auch schon um deswillen nicht die Rede sein, weil sie ihre Voreintragung nicht ohne rechtlichen Grund erlangt haben. Sie haben nur das erlangt, was ihnen auf Grund der ihnen erteilten Eintragungsbewilligung und des Eintragungsantrags infolge ihrer Eintragung gebührte. Wenn sie selbst bei ihrer Eintragung Kenntnis von der dem Kläger früher erteilten und bei dem Grundbuchamte früher eingegangenen Eintragungsbewilligung gehabt hätten, so stand dem Kläger gegen sie ein Anspruch auf Vorrechtseinräumung nicht zu, da, wie nach dem bisherigen Rechte,

vgl. Entsch. des RG.s in Zivils. Bd. 43 S. 216,

die Kenntnis von dem bloß vertraglichen Anspruche des Klägers auf Eintragung an der bereitesten Stelle im Grundbuch den endgültigen Erwerb der dinglichen Hypothekenrechte nicht hinderte.

Daß der Kläger den Ersatz des durch die ungerechtfertigten Voreintragungen erlittenen Schadens in den erstandenen Pfandgrundstücken gefunden habe, ist durch die unangreifbare Feststellung ausgeschlossen.

---

*) Jetzt § 45.

daß er für die erstandenen Grundstücke, deren wirklicher Wert nur 22 100 ℳ beträgt, 23 500 ℳ hat entrichten müssen.

Dem Anspruche des Beklagten endlich, daß Kläger sich auf seinen Schadensersatzanspruch den im Konkurse des Eigentümers Sch. auf seine angemeldete Forderung fallenden Betrag müsse anrechnen lassen, ist durch die Vorderurteile dadurch ausreichend Rechnung getragen, daß der Beklagte nicht zur Bezahlung des vollen Betrags des von dem Kläger erlittenen Ausfalls verurteilt ist, sondern vorläufig nur zur Bezahlung desjenigen Betrags, welcher sich nach Abzug der vom Kläger zu erwartenden Konkursdividende günstigenfalls ergibt.

Der Versuch des Beklagten, das Vorrecht der Post Nr. 11 des Klägers vor den Posten Nr. 8—10 durch die folgenden Erwägungen zu begründen, kann keinen Erfolg haben.

Beklagter meint, der gegenteiligen Ansicht stehe entgegen, daß ihr zufolge der Richter auch dann sein Versehen nicht durch Herstellung des richtigen Rangverhältnisses hätte unschädlich machen dürfen, wenn er sein Versehen zwar nach Eintragung der Posten Nr. 8—10, aber bevor von ihrer Eintragung irgend jemand Kenntnis erlangt und Schaden erlitten habe, bemerkt hätte. Hieran ist nur richtig, daß nach der stets auch in Grundbuchsachen geübten Praxis, der keine gesetzliche Bestimmung entgegensteht, der Richter seine Verfügung, auch wenn dadurch eine Eintragung angeordnet ist, so lange ändern kann, als sie ein Internum des Gerichts geblieben, als sie den Beteiligten noch nicht bekannt geworden ist. Daraus folgt aber nicht, daß eine Änderung auch dann bewirkt werden könnte, nachdem, wie hier, die Beteiligten von der unrichtigen Eintragung Kenntnis erhalten haben.

Wenn der Beklagte weiter für seine Ansicht geltend macht, im Satz 2 des § 11 Abs. 1 GBO.*) seien die noch nicht erledigten Eintragungsanträge den Urkunden gleichgestellt, auf die im Grundbuche zur Ergänzung einer Eintragung Bezug genommen sei, es müßten deshalb die ersteren ebenso als Teil des Grundbuchs gelten, als dies bezüglich der letzteren durch §§ 874, 1115 BGB. vorgeschrieben sei, so scheitert diese Folgerung daran, daß § 11 GBO.*) ausschließlich darüber Bestimmung trifft, welche der bei dem Grundbuche befindlichen Urkunden den Interessenten auf ihr Verlangen zur Einsichtnahme vorzulegen sind, aber keineswegs von einer Gleichstellung der verschiedenen Arten dieser Urkunden in irgendwelcher Beziehung etwas enthält."

*) Jetzt § 12.

RGZ. 60, 392.

Verletzung der Amtspflicht bei Bestimmung der Reihenfolge von Eintragungen in das Grundbuch.

GBO. §§ 12*), 17, 18, 46**).
BGB. §§ 879, 839.

V. Zivilsenat. Urt. v. 26. April 1905.

I. Landgericht Dortmund. — II. Oberlandesgericht Hamm.

Der Müller H. bekannte in der seiner Unterschrift nach vom Notar B. beglaubigten Urkunde vom 1. Februar 1900, von der Firma C. H. H. ein Darlehn von 3000 ℳ erhalten zu haben, versprach dessen Verzinsung und Rückzahlung und beantragte und bewilligte die Eintragung ins Grundbuch von L. Bd. 6 Bl. 286. Der Notar B. reichte diese Urkunde mit dem Antrage, die bewilligte Eintragung für die Firma C. H. H. zu bewirken, bei dem zuständigen Amtsgericht O. am 8. Februar 1900 ein. Zunächst mit seinem Antrage zurückgewiesen, beantragte er in einem am 12. März 1900 beim Amtsgericht eingegangenen Schreiben vom 7. März 1900, unter Beilegung der Urkunde vom 1. Februar 1900, für den Kaufmann C. H. H. eine Hypothek von 3000 ℳ einzutragen. Durch Verfügung vom 15. März 1900 ersuchte der Grundbuchrichter den Notar B., durch Vorlegung des neuesten Auszugs aus dem Handelsregister nachzuweisen, daß die Firma C. H. H. eine Handelsgesellschaft sei; anderenfalls könne dem Antrage nicht stattgegeben werden. Eine Frist wurde nicht gestellt. Durch Schreiben vom 20. März 1900 ersuchte der Notar B. das Amtsgericht um Rückgabe seines Antragschreibens vom 7. März und der Urkunde vom 1. Februar 1900 mit der Begründung, daß der Stand des Gläubigers nicht richtig angegeben sei. Dem Notar wurde am 24. März die Urkunde vom 1. Februar 1900 zurückgeschickt. Auch jetzt wurde eine Frist nicht gestellt. Erst am 2. April wurde der Notar B. vom Grundbuchrichter an die Erledigung der Verfügung vom 15. März mit Frist von einer Woche erinnert. Am 11. April 1900 ging ein Antrag des Notars L. beim Amtsgericht O. ein, auf den Grundstücken des Müllers H. Bd. 6 Bl. 286 des Grundbuchs von L. für K. ein Darlehn von 2500 ℳ mit Zinsen und Rückzahlungsbedingungen einzutragen, und zwar gleichzeitig mit der Schuldverschreibung und dem gleichlautenden Antrage des Müllers H. Nach fruchtlosem Ablaufe der dem Notar B. gesetzten Frist wurde

*) Alte Fassung.
**) Jetzt § 45 der Fassung der GBO. vom 5. August 1935.

dieser durch Verfügung vom 9. April, die ihm am 12. April zuging, aufgefordert, die Schuldurkunde binnen einer Woche bei Vermeidung kostenpflichtiger Abweisung des Antrags wieder einzureichen. Hierauf reichte der Notar B. am 17. April die Schuldurkunde, in der er mit Genehmigung des Klägers und nach Benachrichtigung des Schuldners H. das Wort „Firma" in „Kaufmann" geändert hatte, dem Amtsgerichte mit der Erklärung ein, daß es in B. eine offene Handelsgesellschaft C. H. H. nicht gebe, daß in der Urkunde vom 1. Februar 1900 vielmehr der Kaufmann C. H. H. gemeint sei, und die Bezeichnung „Firma" auf einem Schreibfehler beruhe. Nunmehr trug der Grundbuchrichter am 17. April 1900 in das Grundbuch von L. Bd. 6 S. 286 in Abt. III unter Nr. 6 die Hypothek des K. und unter Nr. 7 die Hypothek des Klägers ein. Nachdem am 5. Juni 1901 die Zwangsversteigerung der Grundstücke Bd. 6 Bl. 286 beschlossen war, beantragte der Kläger die Eintragung eines Widerspruchs bei der Post Nr. 6. Dieser Antrag wurde vom Amtsgericht abgewiesen; die dagegen eingelegte Beschwerde und weitere Beschwerde wurden zurückgewiesen. Im Kaufgelderbelegungstermine vom 17. September 1901 kam die Hypothek des K. mit Kapital und Zinsen voll zur Hebung und wurde ausbezahlt, während das unangefochtene Liquidat des Klägers von 3302,70 ℳ nur mit 751,35 ℳ zur Hebung gelangte und mit 2551,35 ℳ ausfiel. Wäre der Kläger mit seiner Hypothek an der Stelle des K. unter Nr. 6 eingetragen gewesen, so würde er nur mit 51,73 ℳ ausgefallen sein. Der Kläger war der Ansicht, er habe den Ausfall dadurch erlitten, daß der Grundbuchrichter bei Erledigung der beiden Eintragungsanträge seine Amtspflichten fahrlässig verletzt habe; deshalb sei der Grundbuchrichter schadensersatzpflichtig, da H. und K. unpfändbar seien. Er nahm auf Grund des § 12 GBO.*) und des § 839 BGB. den beklagten Fiskus mit dem Antrag in Anspruch, denselben zur Zahlung von 2492,92 ℳ nebst Zinsen zu verurteilen. Nachdem der erste Richter das Unvermögen des Schuldners H. und des K. zum Ersatz des Schadens festgestellt hatte, erkannte er nach diesem Antrage. Die Berufung des Beklagten wurde zurückgewiesen aus folgenden

Gründen:

„Werden mehrere Eintragungen beantragt, durch die dasselbe Recht betroffen wird, so darf die später beantragte Eintragung nicht vor der Erledigung des früher gestellten Antrags erfolgen (§ 17 GBO.). Ein Eintragungsantrag gilt, abgesehen von seiner Zurücknahme, für erledigt:

---

*) Alte Fassung.

1. wenn er, sei es sofort, oder nach erfolglosem Ablauf der dem Antragsteller zur Hebung eines der Eintragung entgegenstehenden Hindernisses gestellten Frist, zurückgewiesen wird; 2. wenn die beantragte Eintragung endgültig erfolgt oder, falls ihr ein Hindernis entgegensteht, zur Sicherung ihres Vorranges (§ 883 Abs. 3 BGB.) eine Vormerkung eingetragen wird (§ 18 GBO.). Sind in einer Abteilung des Grundbuchs mehrere Eintragungen zu bewirken, so erhalten sie die Reihenfolge, welche der Zeitfolge der Anträge entspricht (§ 46 Abs. 1 GBO.*). Diese Vorschriften hat der Grundbuchrichter beim Amtsgericht O. unter fahrlässiger Verletzung seiner Amtspflichten nicht beachtet. Er hat deshalb dem Kläger den ihm daraus entstandenen Schaden, dessen in den Vorinstanzen festgestellte Höhe nicht beanstandet ist, zu ersetzen, da Kläger, wie erwiesen, auf andere Weise Ersatz nicht zu erlangen vermag und weder vorsätzlich noch fahrlässig unterlassen hat, den Schaden durch Gebrauch eines Rechtsmittels abzuwenden (§ 839 Abs. 1. 3 BGB.). Seinen Schadensersatzanspruch macht der Kläger nach § 12 GBO.**) gegen den preußischen Staat, den preußischen Justizfiskus geltend.

Im einzelnen kommt folgendes in Betracht.

Als der Notar B. am 12. März 1900 die von ihm beglaubigte Urkunde vom 1. Februar 1900, worin der Schuldner H. die Eintragung der Darlehnshypothek für die Firma C. H. H. bewilligt und beantragt hatte, dem Amtsgerichte mit dem Antrage überreichte, die Hypothek für den Kaufmann C. H. H. einzutragen, durfte der Richter den Widerspruch, den die Urkunde und der Antrag bezüglich der Bezeichnung des Gläubigers aufwiesen, übersehen und die Eintragung für die in der Urkunde als Gläubiger bezeichnete Firma C. H. H., wenn sonst kein Hindernis entgegenstand, bewirken; denn der Notar gilt nach § 15 GBO. nicht als ermächtigt, Eintragungsanträge, die mit dem wesentlichen Inhalte der von ihm beglaubigten Urkunde im Widerspruche stehen, im Namen eines Antragsberechtigten zu stellen. Demnach war nur der in der Urkunde enthaltene Antrag des Schuldners H. für den Richter maßgebend. Ohne die Nichtübereinstimmung von Urkunde und Antrag in bezug auf die Person des Gläubigers zu rügen, forderte der Richter durch die Verfügung vom 15. März den Notar B. auf, durch Beibringung eines neuesten Auszugs aus dem Handelsregister nachzuweisen, daß die Firma C. H. H. eine Handelsgesellschaft sei, und gab damit zu erkennen, daß er die Eintragung einer Hypothek für die Firma

*) Jetzt § 45.
**) Alte Fassung.

eines Einzelkaufmanns nicht für zulässig erachte. Er stellte sich also bei der von jeher streitigen Frage, ob eine Hypothek für die Firma eines Einzelkaufmanns eingetragen werden darf (vgl. Turnau, GBO. Bd. 2 S. 202; Turnau u. Förster, Liegenschaftsrecht Bd. 1 S. 599), auf die Seite des Kammergerichts (Jahrb. Bd. 4 S. 133, Bd. 9 S. 3; Samml. des Reichsjustizamts Bd. 3 S. 146. 196) und derjenigen Autoren (Staub, Planck, Biermann, Turnau u. Förster, Kober, Oberneck), welche die Ansicht vertreten, daß ein Einzelkaufmann nur unter seinem bürgerlichen Namen, nicht unter seiner Firma als Gläubiger in das Grundbuch eingetragen werden darf. Hieraus kann ihm ein Vorwurf nicht gemacht werden, weil jene Frage bisher vom Reichsgericht, als der für die Praxis maßgebenden höchsten Instanz, noch nicht entschieden ist. Die Verfügung vom 15. März war für das Verfahren aber bedeutungslos, weil darin keine Frist für die Hebung des Hindernisses bestimmt war. Auch in der Verfügung vom 24. März, mit der dem Notar B. auf sein Verlangen die Urkunde vom 1. Februar zurückgegeben wurde, ist keine Frist gestellt. Mit Unrecht sieht der Beklagte in dem Ersuchen des Notars um Rückgabe der Urkunde und seines Antrags eine Zurücknahme des Eintragungsantrags. Denn weder hat der Notar den Antrag zurückgenommen, noch durfte der Richter die Erklärung des Notars als Zurücknahme gelten lassen, da sie der Beglaubigung bedurfte, dieser aber ermangelte (§ 32 GBO.*), Entsch. des Kammergerichts Jahrb. Bd. 28 S. A 89), noch hat sie der Richter, wie sich aus seinem weiteren Verfahren ergibt, als Zurücknahme angesehen. Erst als der Richter am 2. April den Notar B. an die Erledigung der Verfügung vom 15. März erinnert, hat er ihm eine Frist von einer Woche bestimmt. Als auch diese Frist ergebnislos verstrichen war, hat der Richter nicht den Eintragungsantrag für den Kläger zurückgewiesen, sondern er ließ, obwohl dazu ersichtlich keine Veranlassung vorlag, die Sache in der Schwebe und stellte dem Notar B. eine zweite Frist von einer Woche, ohne zu bedenken, daß der § 18 GBO. eine Nachfristbestimmung nicht vorsieht (vgl. Turnau u. Förster, Liegenschaftsrecht Bd. 2 S. 111 Nr. 1). Als nun am 11. April der Antrag des Notars L. auf Eintragung der Hypothek für K. auf die auch dem Kläger verpfändeten Grundstücke Bd. 6 Bl. 286 des Müllers H., dessen Erledigung ein Hindernis nicht mehr entgegenstand, beim Grundbuchamt einging, war der Eintragungsantrag des Notars B. zugunsten des Klägers noch nicht erledigt; es war weder seine Zurückweisung, noch eine Eintragung erfolgt.

*) Jetzt § 31.

Daß nicht schon durch den ergebnislosen Ablauf der Frist, sondern erst durch die ausdrückliche Zurückweisung des Antrags dessen Erledigung herbeigeführt wird, ergibt sich unmittelbar aus dem Wortlaute des § 18 GBO. Nachdem die zweite dem Notar B. gestellte Frist verlaufen war, ohne daß dieser den von ihm mit der Verfügung vom 15. März geforderten Auszug aus dem Handelsregister eingereicht hatte, hat der Richter seinen Eintragungsantrag wieder nicht gemäß § 18 Abs. 1 Satz 2 GBO. zurückgewiesen, sondern ihn durch Verfügung vom 9. April aufgefordert, die Schuldurkunde vom 1. Februar 1900 bei Vermeidung kostenpflichtiger Abweisung seines Eintragungsantrags einzureichen. Als dann der Notar B. zur Erledigung der ihm am 12. April zugegangenen Verfügung vom 9. April am 17. April die Schuldurkunde vom 1. Februar dem Amtsgerichte mit der Erklärung einreichte, daß er darin mit Genehmigung des Klägers und nach Benachrichtigung des Müllers H. das Wort „Firma" in „Kaufmann" geändert habe, da es in Bünde eine offene Handelsgesellschaft C. H. H. nicht gebe, und in der Urkunde vom 1. Februar die Bezeichnung „Firma" auf einem Schreibfehler beruhe, wurde der Grundbuchrichter vor die Frage gestellt, ob er den Eintragungsantrag zurückweisen solle, weil die in der Urkunde vom 1. Februar 1900 bei der Bezeichnung des Gläubigers vorgenommene Änderung nicht beglaubigt sei,

vgl. § 129 BGB.; § 183 Ges. über Angelegenheiten der freiw. Gerichtsbarkeit; Beschl. des Kammergerichts im preuß. Just.-Min.-Bl. 1903 S. 65 und im Jahrb. Bd. 22 A 125,

oder ob es angezeigt sei, dem Notar zur Hebung dieses Hindernisses unter gleichzeitiger Eintragung einer Vormerkung nach § 18 Abs. 2 GBO. eine Frist zu bestimmen, oder ob er die Urkunde trotz der unbeglaubigten Änderung als ausreichende Unterlage für die beantragte Eintragung ansehen und behandeln solle. Er hat der letzten Alternative den Vorzug gegeben, offenbar weil er, was der Sachlage hier auch wohl entsprach, die Änderung von „Firma" in „Kaufmann" für unwesentlich und einer Beglaubigung nicht bedürftig hielt. Nachdem der Richter sich nun hierfür entschieden hatte, lagen ihm zwei Eintragungsanträge vor, deren sofortiger Erledigung kein Hindernis mehr entgegenstand. Die endgültige Eintragung konnte auf beide Anträge erfolgen, und es lag daher keine Veranlassung zur Eintragung einer Vormerkung behufs Sicherung des Vorrangs der einen Hypothek vor der anderen mehr vor; der Vorrang mußte vielmehr durch die Reihenfolge beider Eintragungen bestimmt werden (§ 879 BGB.). In der bloßen Wiedereinreichung der geänderten Urkunde vom 1. Februar kann nicht eine Stellung eines neuen, von dem ursprünglich angebrachten Antrage verschiedenen Antrags erblickt werden. Denn sie erfolgte in dem Verfahren, das zur Hebung des in der Urkunde vom 1. Februar vom Richter gefundenen Hindernisses diente, und bezweckte lediglich die Hebung dieses Hindernisses, um den ursprünglichen Eintragungsantrag vom 7. März nunmehr bedenkenfrei zu gestalten und die am 12. März beim Grundbuchamte beantragte Eintragung möglich zu machen. Als der Richter am 17. April die endgültigen Eintragungen der beiden Hypotheken, der des Klägers und der des K., bewirkte, mußte er sie in der Reihenfolge vornehmen, welche der Zeitfolge des Eingangs der Anträge beim Amtsgericht entsprach (GBO. § 46 Abs. 1*); § 13 Abs. 1 Satz 2). Der Eintragungsantrag für die Hypothek des Klägers war am 12. März 1900, der Eintragungsantrag für die Hyopthek des K. am 11. April 1900 beim Amtsgericht O. eingegangen. Bei dieser Sachlage konnte gegenüber dem klaren und bestimmten Wortlaute des Gesetzes kaum ein Zweifel darüber aufkommen, daß die Hypothek des Klägers an der zunächst freien Stelle (Nr. 6), und die Hypothek des K. hinter dieser (unter Nr. 7) zur Eintragung gelangen müsse. Indem der Richter die Eintragungen in der umgekehrten Reihenfolge bewirkte, hat er fahrlässig die ihm obliegende Amtspflicht verletzt. Von seinen vielfachen Verfehlungen hat nur die zuletzt erwähnte den Schaden verursacht, da nur durch sie dem Kläger der Schaden, den er durch den Ausfall seiner Hypothek erlitten hat, entstanden ist."

RGZ. 62, 140.

Stellung des Grundbuchrichters zu Eintragungsanträgen eines Erstehers, der als Eigentümer des ihm zugeschlagenen Grundstücks im Grundbuche noch nicht eingetragen ist. Darf aus diesem Grunde die beantragte Eintragung zurückgewiesen, und die eingereichte Urkunde dem Ersteher zurückgegeben werden?

GBO. § 18 Abs. 1.

ZwVG. § 130 Abs. 3.

V. Zivilsenat. Beschl. v. 9. Dezember 1905.

I. Amtsgericht Essen. — II. Landgericht daselbst.

*) Jetzt § 45.

Gründe:

„Die Beschwerdeführerin, Frau Sp., jetzt Eigentümerin des im Grundbuche von Essen Bd. 51 Art. 14 verzeichneten Grundstücks, hat, bevor sie als Eigentümerin eingetragen war, in einer vom Notar A. beglaubigten Urkunde mit der Erklärung, daß sie das erwähnte Grundstück im Zwangsversteigerungsverfahren erstanden habe, die Eintragung einer Sicherungshypothek für den Kaufmann Pf. bewilligt und beantragt, und zwar für Vorschüsse, die er ihr für den noch bevorstehenden Kaufgelderbelegungstermin gegeben habe, bzw. in diesem Termin geben werde. Diese Urkunde wurde dem Grundbuchamte vom Notar A. mit dem Antrage überreicht, sie zu präsentieren und die Eintragung nach Berichtigung des Grundbuchs auf den Namen der Frau Sp. zu bewirken. Demnächst, aber ebenfalls noch vor der Eintragung der Frau Sp. als Eigentümerin des Grundstücks, ist vom Notar A. noch ein weiterer von ihm beglaubigter Antrag auf Eintragung einer Hypothek bei dem Grundbuchamt eingegangen. Dieses hat beide Anträge kostenpflichtig zurückgewiesen und die Urkunden zurückgereicht mit der Begründung, daß die beantragten Eintragungen vor der Umschreibung des Grundstücks auf Frau Sp. nicht erfolgen könnten; Anträge aber, auf welche nicht sofort entschieden werden könne, habe der Richter nicht entgegenzunehmen. Außerdem enthalte der erste Antrag, so wie er vom Notar gestellt sei, eine Einschränkung der Willenserklärung der Beteiligten, und zu einer solchen sei der Notar nicht befugt. Die Anträge sind später, nachdem Frau Sp. als Eigentümerin des Grundstücks eingetragen war, wiederholt, und nunmehr sind die Eintragungen bewirkt worden. Die Grundstückseigentümerin hat aber gegen den amtsgerichtlichen Beschluß wegen der Kosten Beschwerde erhoben. Diese wurde vom Landgerichte zurückgewiesen. Das Landgericht nahm an, daß der Grundbuchrichter von der ihm nach § 18 GBO. zustehenden Befugnis, eine beantragte Eintragung, der ein Hindernis entgegenstehe, sofort zurückzuweisen, in zulässiger Weise Gebrauch gemacht habe. Denn er habe nicht wissen können, ob in absehbarer Zeit die Grundbuchberichtigung erfolgen werde; sei dies aber der Fall, so könne ihm mit Rücksicht auf seine Verantwortlichkeit für Irrtümer auch nicht zugemutet werden, unerledigte Anträge lange bei den Akten liegen zu lassen.

Das Kammergericht ist geneigt, der gegen diesen Beschluß eingelegten weiteren Beschwerde stattzugeben, sieht sich hieran aber durch einen Beschluß des Ferienzivilsenats des bayerischen Obersten Landesgerichts vom 10. August 1903 (mitgeteilt in der Samml. der Entsch.

dieses Gerichtshofes Bd. 4 S. 608, auch in der Rechtsprech. der Oberlandesgerichte Bd. 8 S. 10 und Bd. 9 S. 382) behindert, in welchem der Grundsatz aufgestellt ist, daß, wenn der Ersteher im Zwangsversteigerungsverfahren vor der Berichtigung des Grundbuchs einen Antrag auf Eintragung einer Hypothek stellt, der Grundbuchrichter berechtigt ist, den zurzeit noch nicht ausführbaren Antrag zurückzuweisen. Das Kammergericht hat daher die weitere Beschwerde unter Begründung seiner Rechtsauffassung gemäß § 79 Abs. 2 GBO. dem Reichsgerichte vorgelegt. Es bezieht sich zunächst für die Zulässigkeit des nur die Kostenentscheidung betreffenden Beschwerdeverfahrens auf seinen in dem Jahrbuch für Entsch. des Kammergerichts Bd. 22 S. A 3 veröffentlichten Beschluß vom 3. Juni 1901, hebt hervor, daß von einer Einschränkung der von den Beteiligten abgegebenen Willenserklärung in dem ersten Eintragungsantrage nicht die Rede sein könne, und legt dann ausführlich dar, daß der im erwähnten Beschlusse des Obersten Landesgerichts aufgestellte Grundsatz mit § 130 Abs. 3 ZwVG. unvereinbar sei. Dies wird unter Bezugnahme auf die Entstehungsgeschichte dieser Gesetzesvorschrift des weiteren ausgeführt, und dabei darauf hingewiesen, daß es sich hier nicht um einen Antrag handle, der zur Zeit seiner Anbringung in sich unbegründet oder mangelhaft gewesen sei, und daß für Fälle der letzteren Art auch das Kammergericht, wie sein in einer Grundbuchsache des Amtsgerichts zu Wiesbaden, Rep. I. 982/05 unter dem 28. September 1905 ergangener Beschluß ergebe, die Befugnis des Grundbuchrichters, derartige Anträge sofort zurückzuweisen, anerkenne.

Das Reichsgericht trägt keine Bedenken, sich der Rechtsauffassung und den Ausführungen des Kammergerichts anzuschließen.

Nach Ausführungen für Zulässigkeit der Beschwerde im Hinblick darauf, daß es sich nur noch um eine Kostenentscheidung handelte, führt das RG. aus: Auch darin war dem Kammergerichte beizutreten, daß die erhobene Beschwerde, obwohl sie nur den Kostenpunkt betrifft, für zulässig zu erachten ist. Es genügt, hierüber auf die ausführliche Begründung in dem erwähnten Beschlusse des Kammergerichts vom 3. Juni 1901 Bezug zu nehmen. Endlich hat das Kammergericht auch bereits zutreffend hervorgehoben, daß in dem ersten Eintragungsantrage des Notars keineswegs, wie das Amtsgericht angenommen hat, eine Einschränkung der in der Urkunde abgegebenen Willenserklärung liegt. Denn wenn in der Urkunde vom 25. März 1905 die Witwe Sp. als Ersteherin des Grundstücks die Eintragung einer Sicherungshypothek bewilligt und beantragt, diesem Antrage aber nach § 130 Abs. 3 ZwVG.

erst nach Berichtigung des Grundbuchs stattgegeben werden kann, so ist mit dem Kammergerichte, da nichts dafür spricht, daß die Ersteherin schon eine frühere Eintragung gewollt habe, davon auszugehen, daß die Eintragung so erfolgen sollte, wie sie das Gesetz gestattet. Dem entspricht der vom Notar dem Gericht überreichte Antrag auf Eintragung. Dieser befindet sich daher mit der von der Witwe Sp. abgegebenen Willenserklärung durchaus in Übereinstimmung.

Was nun nach Erledigung dieser Nebenpunkte die zu entscheidende grundbuchrechtliche Frage selbst anlangt, so hat das Kammergericht richtig hervorgehoben, daß die für sie maßgebende Norm nicht sowohl aus den Vorschriften der Grundbuchordnung zu entnehmen, als vielmehr im § 130 Abs. 3 ZwVG. zu finden ist. Denn soweit neben den allgemeinen Vorschriften der Grundbuchordnung für besondere Fälle noch reichsgesetzliche Bestimmungen bestehen, müssen diese mit jenen zusammengehalten werden, um die gesetzlich festgesetzte Norm zu erkennen. Der § 130 Abs. 3 ZwVG. beruht auf einem Beschlusse der Reichstagskommission. Er ergab sich als notwendig, weil die Kommission den § 90 Abs. 1 Satz 2 des II. Entw. des ZwVG., wonach dem Ersteher das Recht, Eintragungen in das Grundbuch zu beantragen, erst zustehen sollte, nachdem er selbst als Eigentümer eingetragen worden sei, gestrichen und damit dem Ersteher, der durch den Zuschlag bereits Eigentümer geworden war, die Möglichkeit eröffnet hatte, schon vor seiner Eintragung mit dem ihm zugeschlagenen Grundstück wirksam Hypothek zu bestellen. Diese Möglichkeit, die ihm nach dem preußischen Zwangsversteigerungsgesetz vom 13. Juli 1883 § 124 Abs. 5 wenigstens für die im Kaufgelderbelegungstermin bestellten Hypotheken gewährleistet war, sollte ihm, wie in der Kommission als Grund für die Abänderung des Entwurfs hervorgehoben wurde, deshalb eröffnet werden, um ihn nicht gerade für den Zeitpunkt, in welchem er des Kredits am meisten bedürfe, nämlich in der Zeit zwischen dem Zuschlag und seiner Eintragung als Eigentümer des ihm zugeschlagenen Grundstücks, die Bestellung einer Hypothek für die von ihm zu beschaffenden und im Verteilungstermin zu erlegenden Kaufgelder unmöglich zu machen. Mit dieser Möglichkeit war aber zugleich die Gefahr gegeben, daß die Subhastationsinteressenten, die nach dem Ergebnisse des Verteilungstermins ein Recht auf Eintragung erlangt hatten, in diesem Rechte durch die vom Ersteher vorher bewilligten Eintragungen beeinträchtigt werden könnten, und zu ihrem Schutze fügte daher die Kommission dem § 130 des Entwurfs dessen jetzigen Abs. 3 hinzu. Hieraus ergibt sich zur vollen

Gewißheit, daß der Ersteher nach der Absicht der gesetzgebenden Faktoren schon zwischen dem Zuschlage und der Grundbuchberichtigung befugt sein soll, Hypotheken an dem ihm zugeschlagenen Grundstücke zu bestellen. Diese Absicht aber kann, wie das Kammergericht richtig erkannt hat, nur dann verwirklicht werden, wenn der Grundbuchrichter verpflichtet ist, den Eintragungsantrag bei den Akten anzunehmen und zu behalten. Nur so kann der vom Ersteher bewilligten Hypothek nach den Vorschriften der Grundbuchordnung (§§ 17, 46*) der Rang vor späteren Einträgen gesichert werden. Wollte man den Grundbuchrichter für befugt erachten, den Eintragungsantrag des Erstehers als verfrüht zurückzuweisen, so hätte es der Hinzufügung des dritten Absatzes des § 130 überhaupt nicht bedurft, und es würde sich dann als Rechtslage für den Ersteher ergeben, daß er Eintragungen in das Grundbuch erst dann beantragen darf, wenn er selbst als Eigentümer eingetragen worden ist. Gerade dies aber ist die Rechtslage, in die er nicht kommen, und aus der er nach der ausgesprochenen Absicht der Kommission, die demnächst durch Billigung ihres Vorschlags auch die der gesetzgebenden Faktoren geworden ist, dadurch befreit werden sollte, daß man den § 90 Abs. 1 Satz 2 des Entwurfs gestrichen hat. Daraus muß mit dem Kammergerichte der Schluß gezogen werden, daß der Ersteher auch berechtigt sein muß, schon vor der Grundbuchberichtigung Eintragungsanträge dem Grundbuchamt einzureichen, damit dieses sie durch Eintragung erledige, sobald dies gesetzlich (§ 130 Abs. 3 ZwVG.) zulässsig sein wird, oder — um diesen Satz mehr den Vorschriften der Grundbuchordnung anzupassen — daß die noch nicht erfolgte Berichtigung des Grundbuchs einer vom Ersteher beantragten Eintragung gegenüber nicht als ein dieser Eintragung entgegenstehendes Hindernis im Sinne des § 18 GBO. angesehen werden darf. An diesem Ergebnis würde die in dem Beschlusse des bayerischen Obersten Landesgerichts vom 10. August 1903 angestellte Erwägung nichts ändern können, daß die Zulassung des Antrags des Erstehers dem Zwecke der Grundbucheinrichtung insofern widerspreche, als dann die Einsichtnahme des Grundbuchs keine Sicherheit mehr dafür geben würde, daß dessen Inhalt richtig und vollständig sei. Dieses Argument versagt aber überhaupt, weil das Grundbuch eine Sicherheit dafür, daß nicht nach der letzten Eintragung noch weitere Eintragungen beantragt sind, welche der richterlichen Erledigung harren, weder geben soll, noch geben kann.

---

*) Jetzt § 45.

RGZ. 62, 375.

1. Kann der Eigentümer eines Grundstücks sich gegenüber Eintragungen, die nach der Auflassung an ihn, aber vor seiner Eintragung bewirkt sind, auf den § 892 Abs. 2 BGB. berufen?

2. Wie ist zu verfahren, wenn nach Behebung der Hindernisse die endgültige Eintragung eines auf Grund des § 18 Abs. 2 GBO. vorgemerkten Rechts beantragt wird?

3. Bedarf es zur Eintragung eines Rechts neben der Einigung noch einer besonderen Eintragungsbewilligung?

V. Zivilsenat. Beschl. v. 10. Februar 1906.

I. Oberlandesgericht Kiel.

Gründe:

„Am 19. September 1902 ließ der Kläger dem Beklagten das Grundstück E. Bd. II Bl. 45 auf. Am Tage darauf wurde der Beklagte als Eigentümer eingetragen. Bei der Auflassung wurde der dieser zugrunde liegende Kaufvertrag vom 26. August 1902 dem Grundbuchamt überreicht. In diesem Vertrag ist bestimmt, daß das Restkaufgeld von 4100 ℳ mit 4 Prozent Zinsen zugunsten des Klägers „eingetragen wird" mit der Bedingung, daß dieser Posten bei prompter halbjährlicher Zinszahlung nicht vor dem 1. Oktober 1905 kündbar sei. Durch Verfügung vom 19. November 1902 beanstandete der Grundbuchrichter die Eintragung des Kaufgeldes, weil die Angabe des Beginns der Verzinsung und der Zinstermine sowie die ausdrückliche Erklärung des Beklagten fehle, daß er die Eintragung bewillige und beantrage. Zur Beseitigung dieser Mängel wurde den Parteien Frist bis zum 31. Mai 1903 gewährt. Am 14. November 1902 ließ der Beklagte dasselbe Grundstück an den Gastwirt We. auf. Nunmehr trug der Grundbuchrichter auf Grund des § 18 GBO. am 22. November 1902 eine Vormerkung zur Sicherung des Anspruchs des Klägers auf Einräumung einer Hypothek von 4100 ℳ unter Bezugnahme auf den Vertrag und auf die Verfügung vom 19. November 1902, und demnächst am 22. November 1902 den We. als neuen Eigentümer ein. We. ließ das Grundstück am 28. November 1905 an den Gastwirt Wie. auf, der am 30. November 1905 als Eigentümer eingetragen wurde. Zur Behebung der vom Grundbuchrichter gerügten Mängel der Hypothekbestellung mitzuwirken weigerte sich der Beklagte, weil er sich vom Kläger beim Kaufe betrogen glaubte. Der Kläger klagte und erwirkte in erster Instanz ein obsiegliches Urteil. Die Berufung des Beklagten wurde durch

Teilurteil vom 16. Oktober 1905 insoweit zurückgewiesen, als der Beklagte verurteilt sei, auf dem erwähnten Grundstücke die Restkaufgeldforderung des Klägers in Höhe von 3450 ℳ nebst 4 Prozent Zinsen seit dem 1. Oktober 1902, bei pünktlicher halbjährlicher Zinszahlung von seiten des Klägers nicht vor dem 1. Oktober 1905 kündbar, im Range hinter 16 500 ℳ eintragen zu lassen. Dieses Teilurteil ist rechtskräftig geworden. Der Kläger beantragte, ihm eine vollstreckbare Ausfertigung gegen Wie., als den Rechtsnachfolger des Beklagten, zu erteilen (§ 727 ZPO.). Der nach § 730 ZPO. mit dem Antrage befaßte Vorsitzende des Berufungsgerichts wies den Antrag zurück. Der Kläger suchte die Entscheidung des Gerichts nach, das jedoch den Antrag ebenfalls zurückwies. Gegen diese Entscheidung richtet sich die vorliegende sofortige Beschwerde.

Der ablehnende Beschluß des Oberlandesgerichts beruht auf zwei selbständigen Gründen. Der erste geht dahin, daß die Vormerkung, da sie zwar zur Zeit der Eintragung des We. als Eigentümers, aber noch nicht zur Zeit der Auflassung an ihn eingetragen war, nach dem Grundsatze des § 892 Abs. 2 BGB. dem We. und seinem Rechtsnachfolger Wie. nicht entgegenstehe. Dieser Grund ist nicht richtig. Die Eintragung der Hypothek für den Kläger war längst beantragt, als der Antrag auf Eintragung des Wechsels im Eigentume gestellt wurde. Jener Antrag war daher nach § 17 GBO. vor diesem zu erledigen, und er hat nach § 18 Abs. 2 Satz 1 GBO. seine Erledigung durch die Eintragung der Vormerkung gefunden. Gegenüber schon beantragten Eintragungen versagt eben der öffentliche Glaube des Grundbuchs. Das ergibt sich aus dem § 879 BGB. und den §§ 17, 46 GBO.*), die durch die §§ 892, 893 BGB. nicht berührt werden. Die Ansicht des Oberlandesgerichts würde zu einer Bevorzugung dessen führen, der den s p ä t e r e n Antrag gestellt hat. Das kann aber nicht im Sinne des Gesetzes liegen. D e r z w e i t e G r u n d ist dem § 888 BGB. entnommen. Danach kann der vorgemerkte Gläubiger vom Rechtsnachfolger seines Schuldners die Zustimmung zur Eintragung des vorgemerkten Rechts verlangen. Die Zustimmung muß, falls sie nicht freiwillig erteilt wird, durch rechtskräftiges Urteil ersetzt werden (§ 894 ZPO.). Die rechtskräftige Verurteilung des ursprünglichen Schuldners wirkt in diesem Falle nicht gegen seinen Rechtsnachfolger.

Vgl. Entsch. des RG.s in Zivils. Bd. 53 S. 30 flg.

Ohne die Zustimmung des Rechtsnachfolgers kann die Umschreibung

---

*) Jetzt § 45.

in ein definitives Recht nicht bewirkt werden, und diese Zustimmung wird durch die Verurteilung eines anderen nicht ersetzt. Dieser Ablehnungsgrund wäre also richtig, wenn es sich um eine Vormerkung im Sinne des § 883 BGB. handelte. Dies ist aber nicht der Fall, sondern es liegt eine Vormerkung im Sinne des § 18 GBO. vor, durch die nicht ein bloß obligatorischer Anspruch auf Bestellung eines dinglichen Rechts, sondern das sich aus einem dinglichen Rechtsakte (der Einigung) ergebende Recht des Antragstellers auf Eintragung gesichert werden soll.

Vgl. Entsch. des RG.s in Zivils. Bd. 55 S. 340.

Ob auf diesen Fall der § 888 BGB. Anwendung findet, ist in der Literatur streitig. Aber es bedarf hier keiner Entscheidung dieser Streitfrage. Denn wenn § 888 anzuwenden ist, schlägt der zweite Ablehnungsgrund des Oberlandesgerichts durch. Wenn aber, wofür überwiegende Gründe zu sprechen scheinen, der Grundbuchrichter nach Behebung des Eintragungshindernisses die definitive Eintragung ohne weiteres vornehmen kann, so genügt das gegen den Beklagten ergangene Urteil, soweit es das Hindernis behoben hat. Es handelt sich dann nicht um eine Zwangsvollstreckung, sondern das Urteil ersetzt lediglich die Erklärungen, die nach der Ansicht des Grundbuchrichters zur Eintragung noch erforderlich waren. Konnte und mußte also der Grundbuchrichter das vorgemerkte Recht, sobald die von ihm erforderten Erklärungen von den Beteiligten (den Parteien) in einer dem § 29 GBO. entsprechenden Form abgegeben und ihm eingereicht waren, definitiv eintragen ohne Rücksicht auf die späteren Erwerber des Grundstücks, so hat er nicht anders zu verfahren, wenn ihm das die Urkunde ersetzende Urteil (mit Rechtskraftattest), durch das der eine Teil zur Abgabe der Erklärung verurteilt ist, von dem anderen Teile zum Nachweise, daß die Eintragungshindernisse beseitigt sind, vorgelegt wird. Für die Auffassung, daß auf die Vormerkung aus § 18 GBO. die Bestimmung des § 888 BGB. keine Anwendung findet, spricht die Erwägung, daß dem späteren Erwerber des von der Vormerkung betroffenen Rechts durch die von Amts wegen eingetragene Vormerkung in Verbindung mit den Bestimmungen der §§ 17 und 18 GBO. deutlich erkennbar gemacht wird, daß das vorgemerkte Recht definitiv eingetragen wird, sobald die vorläufig entgegenstehenden Hindernisse behoben sind, daß also die Eintragung des späteren Erwerbers mit diesem Vorbehalt erfolgt ist. Mag man aber der einen oder der anderen Auffassung folgen, in jedem Falle ist die sofortige Beschwerde unbegründet.

Übrigens hat der Grundbuchrichter dem Kläger unnötig Schwierigkeiten bereitet. Es lag ihm die Einigung der Parteien vor, die dahin lautet: „Das Restkaufgeld wird eingetragen." Daß es daneben nicht noch einer besonderen Eintragungsbewilligung bedurfte, hat der entscheidende Senat in den Entsch. Bd. 54 S. 383 des näheren dargelegt; und die Angabe des Anfangspunktes der Verzinsung und der Zinstermine ist nach § 1115 BGB. nicht wesentliche Voraussetzung der Eintragung einer Hypothek."

RGZ. 65, 98.

Unter welchen Voraussetzungen ist ein Widerspruch nach § 54*) GBO. auch dann noch von Amts wegen einzutragen, wenn der unrichtigen Eintragung bereits andere nachgefolgt sind?

V. Zivilsenat. Urt. v. 16. Januar 1907.

I. Landgericht Graudenz. — II. Oberlandesgericht Marienwerder.

Im Grundbuche von W. waren am 31. Oktober 1882 die zehn Geschwister Th. als Eigentümer des Grundstücks eingetragen worden. Am 14. Februar 1884 wurde als Eigentümer der beiden Anteile der Marie und der Laura Th. der Gastwirt H. G. eingetragen, von dem sie auf Grund einer Auflassung auf die Eheleute G. übergingen. Am 17. September 1895 hatte der Grundbuchrichter, obwohl den Eheleuten G. nur zwei Zehntel Miteigentumsanteile zustanden, auf Grund einer Erbauseinandersetzung und Auflassung irrtümlich die Witwe G. als Alleineigentümerin des ganzen Grundstückes eingetragen. Auf Grund von Auflassungen waren später mehrere Personen als Eigentümer des ganzen Grundstückes nacheinander eingetragen worden. Am 3. Dezember 1898 wurde die Zwangsversteigerung des ganzen Grundstückes eingeleitet, und durch Urteil vom 24. März 1899 das ganze Grundstück der Witwe G. zugeschlagen, die dann am 27. April 1899 als Alleineigentümerin eingetragen wurde. Auf Grund von Auflassungen waren dann zunächst die Eheleute K. und endlich am 26. Januar 1901 die Kläger als Eigentümer des ganzen Grundstückes eingetragen worden. Bald darauf bemerkte der Grundbuchrichter, daß die Eintragung der Witwe G. als Alleineigentümerin am 17. September 1895 irrtümlicherweise erfolgt war, und trug am 24. Mai 1901 von Amts wegen einen Widerspruch gegen das Alleineigentum der Kläger zugunsten der acht Geschwister Th. ein. Die Kläger hatten, nachdem ihre Beschwerde

*) Jetzt § 53 der Fassung der GBO. vom 5. August 1935.

gegen die Eintragung des Widerspruchs vom Landgerichte am 24. Juli 1901 als unzulässig verworfen war, gegen die acht Geschwister Th. Klage auf Bewilligung der Löschung des Widerspruchs erhoben. Die Geschwister Th. waren demgemäß rechtskräftig verurteilt worden, weil sie durch das Zuschlagsurteil im Zwangsversteigerungsverfahren ihre Rechte auf ihre acht Zehntel Miteigentumsanteile ein für allemal verloren hätten. Der Widerspruch wurde dann gelöscht. Den Klägern waren in diesem Rechtsstreit 331,70 ℳ Kosten erwachsen, die sie bezahlt hatten. Sie waren der Ansicht, der verklagte Justizfiskus müsse ihnen diesen Betrag erstatten, weil die Eintragung des Widerspruchs unzulässig gewesen und nur durch Fahrlässigkeit des Grundbuchrichters erfolgt sei, die Löschung des Widerspruchs auch nur im Wege des Prozesses habe herbeigeführt werden können. Der erste Richter verurteilte den Beklagten nach dem Antrage der Klage, den Klägern 331,70 ℳ zu zahlen. Die Berufung und die Revision des Beklagten wurde zurückgewiesen.

Gründe:

„Das Berufungsgericht führt folgendes aus. Nach § 12 GBO.*) und § 839 BGB. müsse der Fiskus den Schaden ersetzen, der daraus entstanden sei, daß ein Grundbuchbeamter vorsätzlich oder fahrlässig die ihm obliegende Amtspflicht verletzt habe, und zwar im Falle fahrlässigen Handelns, wenn der Verletzte nicht auf andere Weise Ersatz erlangen könne. Unbestritten hätten die Kläger einen Schaden in Höhe von 331,70 ℳ erlitten, für den sie anderweit nicht entschädigt würden. Beruhe die Eintragung des Widerspruchs auf Fahrlässigeit, und hätten die Kläger zur Beseitigung des Widerspruchs den Prozeß gegen die acht Geschwister Th. führen müssen, so stehe die Schädigung der Kläger in ursächlichem Zusammenhange mit der Fahrlässigkeit des Grundbuchrichters. Der Grundbuchrichter habe seine Amtspflicht fahrlässig verletzt, da die Eintragung des Widerspruchs von Amts wegen nach § 54 GBO.**) nicht gerechtfertigt gewesen sei. Denn die Voraussetzung für solche Eintragung, daß „das Grundbuchamt unter Verletzung gesetzlicher Vorschriften eine Eintragung vorgenommen hat, durch die das Grundbuch unrichtig geworden ist", habe nicht vorgelegen. Allerdings sei die am 17. September 1895 erfolgte Eintragung der Witwe G. als Alleineigentümerin des Grundstückes unter Verletzung gesetzlicher Vorschriften vorgenommen worden, da die Witwe G. in Wirklichkeit

*) Alte Fassung.
**) Jetzt § 53.

nur zu zwei Zehntel Miteigentümerin gewesen sei, während acht Zehntel den acht Geschwistern Th. gehört hätten. Damals sei der Inhalt des Grundbuchs unrichtig gewesen. Jedenfalls habe aber von einer Unrichtigkeit des Grundbuchs nicht mehr die Rede sein können, nachdem das ganze Grundstück im Wege der Zwangsversteigerung durch Urteil vom 24. März 1899 der Witwe G. zugeschlagen, das Urteil rechtskräftig geworden und daraufhin die Witwe G. als Alleineigentümerin im Grundbuch eingetragen worden sei. Durch den Zuschlag seien die Geschwister Th., die in diesem Zwangsversteigerungsverfahren gegen die Versteigerung des ganzen Grundstückes nach § 70 des preuß. Ges. vom 13. Juli 1883 rechtzeitig hätten Widerspruch erheben müssen, um ihre acht Zehntel des Grundstückes von dem Zuschlag auszuschließen, ein für allemal ihres Rechtes auf diese acht Zehntel Anteile verlustig gegangen, und die Witwe G. sei unanfechtbare, wirkliche Eigentümerin des ganzen Grundstückes nach § 97 des Ges. vom 13. Juli 1883 geworden. Ob die Eintragung der acht Geschwister Th. im Grundbuche noch weiterhin stehen geblieben, ohne rot unterstrichen zu sein, habe keine Bedeutung. Der Zuschlag habe präkludierende Wirkung freilich nur gehabt, wenn aus der Bekanntmachung der Zwangsversteigerung habe ersehen werden können, daß das Grundstück in vollem Umfange den Gegenstand der Versteigerung bilde. Dies sei aber durchaus der Fall gewesen. Die Witwe G. und ihre Rechtsnachfolger, insbesondere auch die Kläger, seien also nunmehr Eigentümer des ganzen Grundstückes geworden. Der Inhalt des Grundbuchs sei bezüglich der Eigentumsverhältnisse zur Zeit der Eintragung des Widerspruchs richtig gewesen und zur Eintragung eines solchen habe nicht der geringste Anlaß vorgelegen. Diese sei unter Verletzung der Bestimmungen des § 54 GBO.*) erfolgt, und darin liege die Fahrlässigkeit des Grundbuchrichters. Die Vorschrift des § 54 sei völlig klar, so daß sich der Grundbuchrichter zu seiner Rechtfertigung nicht darauf berufen könne, über die Bedeutung des § 54*) hätte man verschiedener Ansicht sein können. Der Grundbuchrichter habe wissen müssen, daß durch das Zuschlagsurteil die Rechte der Geschwister Th. erloschen seien. Er hätte bei Prüfung der Sachlage, falls ihm Bedenken darüber aufgestiegen seien, ob nicht etwa bloß die beiden Anteile der Geschwister Marie und Laura Th. zur Versteigerung gelangt seien, lediglich untersuchen dürfen, ob dem Ersuchen des Vollstreckungsrichters in allen Stücken entsprochen, und ob nicht etwa hierbei ein Irrtum untergelaufen sei. Wenn

*) Jetzt § 53.

ihm hierbei der Inhalt der Grundakten keine volle Überzeugung gewährt hätte, so hätte er zu diesem Zwecke die Zwangsversteigerungsakten einsehen und sich daraus überzeugen können, daß das Grundstück ganz zur Versteigerung gestanden habe, mithin das Grundbuch richtig sei. Die Kläger, die durch den Widerspruch in ihrem Eigentume erheblich beeinträchtigt seien, hätten durch die Erhebung der Klage gegen die Geschwister Th., zu deren Gunsten der Widerspruch eingetragen sei, zur Beseitigung des Widerspruchs den nach dem damaligen Stande der Rechtsprechung gebotenen Weg eingeschlagen. Von einer weiteren Beschwerde gegen den Beschluß des Landgerichts vom 24. Juli 1901 hätten sie keinen Erfolg erwarten können; denn das Kammergericht sei erst durch den Beschluß vom 21. September 1903 von seiner bis dahin in zahlreichen Entscheidungen festgehaltenen Ansicht, daß die Beschwerde gegen die Eintragung eines Widerspruchs unzulässig sei, abgegangen. Die Kläger hätten sich demnach, ohne fahrlässig zu sein, bei dem landgerichtlichen Beschlusse beruhigen dürfen.

Die Revision ist zwar zulässig, sie kann aber keinen Erfolg haben, weil die Entscheidung des Berufungsgerichts mit ihrer Begründung rechtliche Bedenken nicht zu erregen vermag, solche auch durch die Angriffe des Beklagten nicht nachgewiesen sind.

Der Ansicht des Beklagten, daß durch spätere, nach der unrichtigen Eintragung erfolgte Eintragungen die Eintragung eines Widerspruchs nicht gehindert werde, ist nur mit der Einschränkung beizutreten, daß durch eine spätere Eintragung nicht die Wirkung der bisherigen Unwirksamkeit der gesetzverletzenden Eintragung für die Zukunft aufgehoben ist, die Eintragung eines Widerspruchs also nicht zwecklos sein würde. Im Anschluß an den zur Entscheidung stehenden Fall ergibt sich die Notwendigkeit dieser Einschränkung als selbstverständlich aus folgenden Erwägungen. Wären seit der gesetzverletzenden Eintragung der Witwe G. als Alleineigentümerin des ihr nur zu zwei Zehntel Anteilen zustehenden Grundstückes bis zur Eintragung der Kläger als Alleineigentümer sämtliche Eigentumsübergänge in Fällen der freiwilligen Veräußerung durch Auflassung und Eintragung erfolgt, so würde der Grundbuchrichter durch die Eintragung des Widerspruchs zugunsten der acht Geschwister Th., die infolge der Eintragung der Witwe G. als Alleineigentümerin mit ihrem Miteigentumsrecht aus dem Grundbuch ausgeschieden waren, nur der ihm nach § 54 Satz 1 GBO.*) obliegenden Pflicht entsprochen haben. Die Eintragung der Kläger als

*) Jetzt § 53.

Alleineigentümer hätte von den acht Geschwistern Th. als außerhalb des Grundbuchs stehenden Miteigentümern angefochten werden können, wenn ihnen der Nachweis gelungen wäre, daß die Kläger und ihre Rechtsvorgänger von der durch die Eintragung der Witwe G. bewirkten Unrichtigkeit des Grundbuchs beim Erwerbe Kenntnis gehabt hätten. Der Widerspruch würde auch seinen Zweck, ein außerhalb des Grundbuchs bestehendes dingliches Recht zu schützen (vgl. §§ 894, 899 BGB.), erreicht haben; denn es wäre dadurch die Gefahr beseitigt, daß auf die Unanfechtbarkeit seines Eigentumserwerbes sich berufen dürfte, wer das Grundstück von den Klägern in Unkenntnis von der den Klägern bekannten Unrichtigkeit des Grundbuchs erworben hätte. So war aber die Sach- und Rechtslage bei dem Erwerbe der Kläger und bei der Eintragung des Widerspruchs nicht. Die Reihe der freiwilligen Veräußerungen war bereits durch das rechtskräftige Urteil vom 24. März 1899 unterbrochen, wodurch das Alleineigentum des Grundstückes im Zwangsversteigerungsverfahren der Ersteherin Witwe G. zugeschlagen war, und diese war auf Grund des Urteils auf Ersuchen des Vollstreckungsgerichts als Alleineigentümerin in dem Grundbuch eingetragen. Durch das Zuschlagsurteil hatte die Witwe G. nach § 97 des preuß. Ges. vom 13. Juli 1883 das Eigentum des versteigerten Grundstückes erworben ohne Rücktsicht darauf, wer bis dahin dessen Eigentümer gewesen war, und ohne Rücksicht auf ihre und der übrigen Interessenten Meinung. Durch den Zuschlag waren demnach die Eigentumsansprüche der acht Geschwister Th., da von ihnen die Einstellung des Verfahrens nicht herbeigeführt war, erloschen (vgl. § 40 Nr. 9 des Ges. vom 13. Juli 1883); infolgedessen hatte die durch die gesetzverletzende Eintragung der Witwe G. vom 17. September 1895 bewirkte Unrichtigkeit des Grundbuchs ihre Bedeutung gänzlich verloren, ohne Unterschied, ob die Ersteherin Witwe G. von der früheren Unrichtigkeit Kenntnis hatte oder nicht. Der Eintragung des Widerspruchs zu der Eigentumseintragung der Kläger fehlte also die Voraussetzung, daß eine Unrichtigkeit des Grundbuchs zur Zeit noch bestand, und sie war zwecklos, weil ausgeschlossen war, daß die Eintragung der Kläger und ihrer Rechtsnachfolger wegen ihrer Kenntnis von der früheren Unrichtigkeit des Grundbuchs der Anfechtung unterliegen könne. Der Grundbuchrichter handelte fahrlässig, indem er den Widerspruch von Amts wegen eintrug, weil er aus dem Grundbuch ersehen konnte und mußte, daß die Eigentumseintragung der Witwe G. auf Grund des Zuschlagsurteils erfolgt und deshalb unanfechtbar war.

Der Meinung des Beklagten kann nicht beigetreten werden, daß dem Grundbuchrichter Fahrlässigkeit bei Eintragung des Widerspruchs nicht vorgeworfen werden dürfe, weil im Liegenschaftsrecht von Turnau-Förster (2. Aufl. Bd. 2 S. 296 Nr. 3) die Frage bejaht sei, ob die Eintragung des Widerspruchs auch dann noch erfolgen müsse, wenn dadurch inzwischen eingetragene Rechte Dritter beeinträchtigt werden würden. Allerdings findet sich dort der Satz: „Nach § 54 GBO.*) kann kaum ein Zweifel darüber bestehen, daß die Eintragung des Widerspruchs in allen Fällen zu erfolgen hat." Dabei ist aber als selbstverständlich vorausgesetzt, daß überhaupt der in § 54 Satz 1*) vorgesehene Fall gegeben ist, daß also bei Eintragung des Widerspruchs die durch die gesetzwidrige Eintragung herbeigeführte Unrichtigkeit des Grundbuchs noch besteht oder wirksam werden kann. Jener Satz bezieht sich daher nicht und kann trotz seiner allgemeinen Fassung nicht auf einen Fall bezogen werden, in dem durch eine Zwischeneintragung die frühere Unrichtigkeit des Grundbuchs aufgehoben und die Richtigkeit des Grundbuchs hergestellt ist. Für einen Fall wie den vorliegenden, der bei Turnau-Förster nicht ins Auge gefaßt und entschieden ist, kann daraus die Zulässigkeit der Eintragung des Widerspruchs nicht hergeleitet werden."

RGZ. 70, 234.

1. Findet gegen die eine Eintragung im Grundbuche anordnende Entscheidung des Beschwerdegerichtes weitere Beschwerde auch dann, wenn die Anordnung vollzogen ist, mit der sich aus § 71 Abs. 2 GBO. ergebenden Einschränkung statt?

2. Ist nach Erlassung der Beschwerdeentscheidung eine erneute Angehung des Beschwerdegerichtes zulässig, wenn weder die Sachlage sich in der Zwischenzeit geändert hat, noch sonst neue Tatsachen geltend gemacht sind?

V. Zivilsenat. Beschl. v. 28. Januar 1909.

I. Amtsgericht Landstuhl. — II. Landgericht Zweibrücken.

Das Reichsgericht hat die erste Frage bejaht, die zweite verneint, aus folgenden

Gründen:

„Mittels notariellen Kaufvertrages vom 17. September 1903 erwarb der Beschwerdeführer das jetzt im Grundbuche von Landstuhl

*) Jetzt § 53.

Bd. VIII Bl. 549 verzeichnete Grundstück von den Eheleuten W. für 36 500 ℳ, von denen 35 000 ℳ vereinbarungsgemäß gestundet und im Hypothekenregister eingetragen wurden. Im späteren Grundbuchanlegungsverfahren bewilligte der Beschwerdeführer als Grundstückseigentümer nur für einen Kaufgelderrest von 20 000 ℳ die demnächst auch bewirkte Eintragung einer Sicherungshypothek. Den Antrag der Erben des Ehemannes W. (der Witwe und der Kinder), auch für den Restbetrag von 15 000 ℳ eine Sicherungshypothek einzutragen, lehnte das Grundbuchamt ab. Auf Beschwerde der genannten Erben wies jedoch das Landgericht in Zweibrücken durch Beschluß vom 24. Juli 1908 das Grundbuchamt an, von dem erhobenen Bedenken Abstand zu nehmen. Daraufhin erfolgte die Eintragung der verlangten weiteren Sicherungshypothek von 15 000 ℳ. Gegen die Eintragung erhob der Grundstückseigentümer Sch. nunmehr seinerseits Beschwerde beim Landgerichte. Dieses wies sie durch Beschluß vom 3. Oktober 1908 zurück, weil eine Eintragung im Beschwerdewege nicht angefochten werden könne. Gegen diesen Beschluß richtet sich die jetzt vorliegende weitere Beschwerde des Genannten. Das Bayerische Oberste Landesgericht möchte sie gleichfalls zurückweisen, sieht sich jedoch hieran gehindert durch zwei entgegenstehende Beschlüsse des Preußischen Kammergerichts in Berlin vom 23. März 1903.

Den Ausführungen, mit denen das Bayerische Oberste Landesgericht die weitere Beschwerde hierher abgegeben hat, war zunächst darin beizutreten, daß der in § 79 Abs. 2 GBO. vorgesehene Konfliktsfall vorliegt. In den beiden erwähnten Beschlüssen vertritt das Kammergericht die Auffassung, daß gegen die im Beschwerdewege getroffene Anordnung einer Eintragung, sobald diese bewirkt sei, weitere Beschwerde nicht stattfinde, vielmehr den Beteiligten vom Gesetze nur der Weg gegeben sei, die Löschung der Eintragung oder die Eintragung eines Widerspruches beim Grundbuchamte anzuregen und gegen die ablehnende Entscheidung abermals Beschwerde oder weitere Beschwerde einzulegen. Im Gegensatze hierzu erachtet das Bayerische Oberste Landesgericht eine weitere Beschwerde in dem angegebenen Falle nicht bloß für zulässig, sondern für den gesetzlich allein vorgezeichneten Weg, um Abhilfe gegen die zu unrecht erlassene Eintragungsanordnung des Beschwerdegerichtes zu erlangen. Bei dieser Sachlage verschlägt es nichts, daß der Weg, den das Kammergericht als den ausschließlich zulässigen ansieht (erneute Angehung des Grundbuchamts oder des Beschwerdegerichts), und der in den von ihm entschiedenen Fällen n i c h t eingeschlagen worden war, im vorliegenden Falle durch den Beschwerdeführer tatsächlich betreten worden ist. Denn das Kammergericht würde von seinem Standpunkte aus auf die jetzt erhobene weitere Beschwerde sachlich eingehen müssen. Das Bayerische Oberste Landesgericht dagegen will die weitere Beschwerde ohne Sachprüfung lediglich deshalb zurückweisen, weil der Beschwerdeführer zum Gegenstande seiner Anfechtung in der Instanz der weiteren Beschwerde den landgerichtlichen Beschluß vom 24. Juli 1908 hätte machen müssen, wogegen eine erneute Angehung des Landgerichts im Beschwerdewege ausgeschlossen gewesen, und daher die Verwerfung dieser neuen Beschwerde wegen Unzulässigkeit, die den Beschwerdegegenstand für die jetzt zu erledigende weitere Beschwerde bilde, vom Landgerichte mit Recht ausgesprochen worden sei.

Auch in der Sache selbst konnte der von dem Bayerischen Obersten Landesgericht dargelegten Rechtsauffassung die Billigung nicht versagt werden. Nach dem § 80 Abs. 3 GBO. finden auf die weitere Beschwerde, soweit nicht für sie in den beiden vorhergehenden Absätzen des Paragraphen abweichende Bestimmungen getroffen sind, die Vorschriften über die Beschwerde entsprechende Anwendung. Nach dieser allgemeinen Fassung des Gesetzes muß auch § 71 Abs. 2 GBO., dessen Inhalt zweifellos durch die Sonderbestimmungen des § 80 Abs. 1, 2 nicht berührt wird, für das weitere Beschwerdeverfahren dahin Geltung haben, daß mit der weiteren Beschwerde gegenüber einer vom Beschwerdegericht angeordneten und ausgeführten Eintragung deren Beseitigung dann, wenn sie sich nach ihrem Inhalte als unzulässig erweist, in allen übrigen Fällen Eintragung eines Widerspruches verlangt werden kann.

Nicht ganz so zweifelsfrei ist die Entscheidung der anderen Frage, ob den Beteiligten zur Erreichung dieses Zieles nur das Rechtsmittel der weiteren Beschwerde gegeben sei, oder ihnen auch der Weg erneuter Angehung der Vorinstanzen offen gelassen werden müsse. Auszuscheiden ist dabei von vornherein der gegenwärtig nicht vorliegende Fall, daß gegenüber einer auf Anweisung des Beschwerdegerichts vorgenommenen Eintragung das Verlangen der Löschung oder des Widerspruchsvermerks auf eine in der Zwischenzeit eingetretene Veränderung der Sachlage oder auf sonst neu vorgebrachte Tatsachen gestützt wird. Vielmehr handelt es sich nur darum, ob bei völlig unveränderten Verhältnissen das Beschwerdegericht seine früher erlassene Entscheidung beliebig aufheben und abändern dürfe und demzufolge verpflichtet sei, eine erneut eingelegte Beschwerde, so oft auch die Einlegung wiederholt wird, jedesmal durch Sachentscheidung zu erledigen. Das war, mit dem Bayerischen Obersten Landesgericht, zu verneinen. Allerdings sind die Entscheidungen in Grundbuchsachen keiner Rechtskraft fähig. Aber der hieraus zu ziehenden Folgerung, daß sie sonach jeder Zeit zurückgenommen werden könnten, tritt die Vorschrift des § 80 Abs. 2 GBO. entgegen, indem sie der Einlegung der weiteren Beschwerde die Wirkung beimißt, daß damit die Befugnis der unteren Instanzen, ihre Entscheidung abzuändern, aufhört. Ihr liegt der Gesichtspunkt zugrunde, es solle im Interesse der Herstellung einer einheitlichen Rechtsprechung in Grundbuchsachen der obersten Instanz eine hierzu dargebotene Gelegenheit nicht durch die unteren Instanzen entzogen werden dürfen.

Vgl. Denkschrift zum Entwurf einer Grundbuchordnung S. 44.

Dieser Zweck würde in einer den Absichten des Gesetzgebers zuwiderlaufenden Weise vereitelt werden, wenn dem Beschwerdegerichte gestattet würde, was ihm für den Fall der Einlegung der weiteren Beschwerde untersagt ist, auf Grund erneuter Einlegung einer ersten Beschwerde zu tun.

Hiernach war die weitere Beschwerde des Sch. als unbegründet zurückzuweisen, und der Kostenpunkt gemäß Art. 131 Abs. 2 des Bayerischen Ausführungsgesetzes zum Bürgerlichen Gesetzbuch zu erledigen."

RGZ. 71, 312.

Bedarf die Verteilung einer einzutragenden Hypothek auf mehrere Grundstücke desselben Schuldners (§ 867 Abs. 2 ZPO.) der Form des § 29 GBO.?

GBO. § 30.

V. Zivilsenat. Beschl. v. 3. Juli 1909.

I. Amtsgericht Landstuhl. — II. Landgericht Zweibrücken.

Die Frage ist verneint aus folgenden

Gründen:

„In einem Rechtsstreite der Aktiengesellschaft L. Z. wider den Gutsbesitzer L. in B. war dieser durch vollstreckbares Urteil des Landgerichts in Zweibrücken vom 31. Dezember 1908 zur Zahlung von 2185,55 ℳ Zinsen verurteilt worden. Unter Überreichung einer vollstreckbaren Ausfertigung dieses Urteils stellte die Gläubigerin am

18. Februar 1909 bei dem Grundbuchamte in Landstuhl den Antrag, die erstrittene Forderung auf dem Grundbesitze des Schuldners L. (B. Bd. I Bl. 36) und der Eheleute L (B. Bd. I Bl. 34) in der Weise einzutragen, daß auf den 64 Plan-Nummern von Bl. 36 und den 4 Plan-Nummern von Bl. 34 je ein bestimmter Teilbetrag der Gesamtsumme von 2185,55 ℳ als Sicherungshypothek zu stehen kommen sollte. Das Grundbuchamt lehnte den Antrag auf Grund der §§ 29, 30 GBO. ab, weil die nach § 867 Abs. 2 ZPO. zur Eintragung erforderliche Verteilung der Forderung nicht nach Vorschrift des § 29 GBO. beglaubigt sei. Die hiergegen erhobene Beschwerde ist vom Landgerichte in Zweibrücken zurückgewiesen worden. Dagegen ist weitere Beschwerde beim bayerischen Obersten Landesgerichte eingelegt, aber nachdem der Schuldner inzwischen die Schuldsumme nebst Zinsen bezahlt hatte, nur noch wegen der Kosten des Eintragungsverfahrens aufrecht erhalten worden.

Das Oberste Landesgericht in München hält die Abweisung des Eintragungsantrags für ungerechtfertigt und möchte auf Grund des § 6 GKG. und des Art. 39 des bayr. Gesetzes über das Gebührenwesen die für die zurückweisenden Beschlüsse angesetzten Gebühren niederschlagen, sieht sich indes durch die seiner Auffasung entgegenstehenden Beschlüsse des preuß. Kammergerichts vom 20. September 1906 und des hess. Oberlandesgerichts in Darmstadt vom 5. Januar 1907 (OLGRspr. Bd. 16 S. 312) daran verhindert und hat gemäß § 79 Abs. 2, 3 GBO. die Sache dem Reichsgerichte vorgelegt.

Die Beschwerde ist, obwohl sie nur die Kosten betrifft, zulässig (vgl. Entsch. des RG.s in Zivils. Bd. 62 S. 142). Sie war auch für begründet zu erachten. Für die Auffassung des Kammergerichts und des Oberlandesgerichts in Darmstadt hat sich zwar auch die Literatur, soweit sie die Frage überhaupt berührt, überwiegend ausgesprochen.

Vgl. Güthe, GBO. Bd. 1 § 30 Anm. 7 S. 626, § 19 Anm. 101 a. E. S. 399, § 13 Anm. 24 S. 243 a. E.; Oberneck, Reichsgrundbuchrecht Bd. 2 § 160 Anm. 39, 54 S. 444, 447 a. E. (4. Aufl.); Meikel, GBO. § 30 S. 229/30; Gaupp-Stein, Bem. V 30 zu § 867 ZPO.

Indes fehlt es an einer näheren Begründung, und es war der zuerst von Foltz (Recht 1908 Sp. 72, 73) im Anschluß an einen Beschluß des Landgerichts zu Zweibrücken vertretenen Auffassung, der sich das Oberste Landesgericht in München angeschlossen hat, der Vorzug zu geben.

§ 30 GBO. erfordert für Eintragungsanträge und für Vollmachten zur Stellung von solchen Anträgen die Formen des § 29 nur dann, wenn durch den Antrag „zugleich eine zu der Eintragung erforderliche Erklärung ersetzt werden soll." Man ist im Anschluß an die ... Motive zu § 43 des I. Entwurfs einer GBO. (vgl. auch Turnau-Förster, Liegenschaftsrecht, Bd. 2 Bem. 2 zu § 30) darüber einig, daß danach nur sog. „reine" Eintragungsanträge von den Formvorschriften des § 29 GBO. ausgenommen sind, daß dagegen Anträge, die zugleich materiellrechtliche, zur Eintragung erforderliche Erklärungen enthalten (sog. gemischte Anträge) den Formvorschriften unterliegen.

Die Abgrenzung des formellen von dem materiellen Rechte bereitet indes, namentlich bei den Zwangshypotheken, Schwierigkeiten. Bereits in der erwähnten Begründung des I. Entwurfs ist darauf hingewiesen, daß dem Antrage auf Eintragung einer Zwangshypothek als solchem, insofern der Gläubiger einseitig auf Grund einer gesetzlichen Ermächtigung die Zwangseintragung in Anspruch nimmt, die Natur eines dispositiven Willensaktes nicht abzusprechen ist. Gleichwohl sollte indes von der Formalisierung dieser Anträge abgesehen werden. Dementsprechend ist man auch gegenüber § 30 der geltenden Grundbuchordnung darüber einig (vgl. z. B. Turnau-Förster a. a. O. Bem. 4 a. E.), daß der Antrag auf Eintragung einer Zwangshypothek, dem der Schuldtitel beiliegt, an sich der öffentlichen Form nicht bedarf. In betreff der Verteilung einer einzutragenden Hypothek auf mehrere Grundstücke des Schuldners (§ 867 Abs. 2 ZPO.) will man aber eine Ausnahme machen. Die fragliche Verteilung soll nicht bloß ein notwendiger Bestandteil des Eintragungsantrags, sondern darüber hinaus ein materielles Erfordernis der Eintragung sein. In Konsequenz dieser Auffassung erklären Güthe und Meikel auch bei Einzelgrundstücken die Beschränkung des Eintragungsantrags auf einen Teil der erstrittenen Forderung für einen materiellen Akt und für formbedürftig. Sie ist es indes nicht mehr und nicht minder als die Beschränkung der Eintragung der ganzen Forderung auf eines von mehreren Grundstücken desselben Schuldners. Auch in diesem Falle müßte man also einen Formalakt erfordern. Indes ist die materielle Natur bei allen diesen Anträgen genau dieselbe, wie bei dem einfachen Eintragungsantrage. Der Schuldner muß sich alle diese Eintragungen gefallen lassen und darf nicht widersprechen. Der Gläubiger aber kann ... etwaige Irrtümer durch Löschung und anderweitige Eintragung wieder beseitigen. Er wird durch eine seinen Wünschen nicht entsprechende Eintragung jedenfalls weniger geschädigt, als wenn die Eintragung überhaupt unterbleibt.

Auch der geschichtlichen Entwicklung entspricht die Auffassung des Obersten Landesgerichts. Die Befreiung der Eintragungsanträge und Vollmachten bei Zwangshypotheken hat ihren Vorgänger in § 12 des preuß. Zwangsvollstreckungsgesetzes vom 13. Juli 1883. Nach § 6 dieses Gesetzes sollten vollstreckbare Forderungen auf mehrere Grundstücke ungeteilt eingetragen werden, sofern nicht der Gläubiger etwas anderes beantragte. Stellte dieser den Verteilungsantrag, so war er nach § 12 formfrei, obwohl der Gläubiger dadurch ungleich mehr gefährdet werden konnte, als bei der gesetzlich gebotenen Verteilung des § 867 Abs. 2 ZPO.

Demnach war der Beschwerde, soweit dies noch möglich, stattzugeben, und da ein zahlungspflichtiger Gegner im Grundbuchverfahren nicht vorhanden ist, die Niederschlagung der Gebühren aller Instanzen gemäß der vom Obersten Landesgerichte angezogenen Vorschriften auszusprechen."

RGZ. 73, 154.

Ist zur Berichtigung des Grundbuchs durch Eintragung eines neuen Eigentümers der Nachweis, daß die bisherige Eigentumseintragung unrichtig sei, auch dann erforderlich, wenn der bisher eingetragene Eigentümer die im Wege der Berichtigung vorzunehmende Eintragung des neuen Eigentümers bewilligt?

GBO. § 22.

V. Zivilsenat. Beschl. v. 16. März 1910.

I. Amtsgericht Ansbach. — II. Landgericht daselbst.

Die Kaufleute Sch. und L. verkauften von einem größeren, durch sie parzellierten Grundbesitz mittels notariellen Vertrages vom 16. Juli 1907 an die Eheleute G. das „Teilanwesen Hausnummer 4 in O., wie es in dem der Urkunde beigehefteten Verzeichnis des näheren beschrieben ist", unter der gleichzeitigen Erklärung, daß die Übertragung des Besitzes mit der Unterzeichnung der Urkunde als erfolgt gelte. Damals war das Grundbuch im Bezirk des zuständigen Grundbuchamts (Amtsgericht Ansbach) noch nicht angelegt. Nachdem die Anlegung erfolgt war, erklärten die beiden Vertragsparteien in einer weiteren notariellen Urkunde vom 10. August 1909, es sei ein Grundstücksteil, Plannummer 886 der Steuergemeinde H., der durch den Vertrag vom 16. Juli 1907 habe mitverkauft werden sollen und damals auch mitübergeben worden sei, versehentlich in jenem Vertrage nicht mitaufgeführt worden. Daher werde in Ansehung dieser Parzelle, hinsichtlich deren die Bestimmungen der Haupturkunde maßgebend sein sollten, die fehlende Beurkundung nachgeholt und der in der Haupturkunde enthaltene Umschreibungsantrag auf sie miterstreckt, weshalb lediglich eine Berichtigung des Grundbuchs erforderlich sein werde. Das Grundbuchamt lehnte indessen die Berichtigung ab, weil der Wille, die Parzelle 886 mitzuverkaufen, in der Vertragsurkunde vom 16. Juli 1907 keinen Ausdruck gefunden habe, mithin der Vertrag in Ansehung dieser Parzelle der nach Art. 14 Bayer. Notariatsges. vom 10. November 1861 für den Eigentumsübergang erforderlichen notariellen Form ermangele, und weil ferner das Vorhandensein des Willens, schon damals die fragliche Parzelle mitzuverkaufen, dem Grundbuchamt anderweit nachgewiesen werden müsse, ein solcher Nachweis aber nicht erbracht sei. Die hiergegen eingelegte Beschwerde blieb erfolglos. Der weiteren Beschwerde, die das Bayerische Oberste Landesgericht mit Rücksicht auf den von ihm nicht gebilligten Beschluß des Oberlandesgerichts in Stuttgart vom 27. Juni 1906, Samml. d. Entsch. in Angel. d. freiw. Gerichtsb. und d. Grundbuchrechts, Bd. 7 S. 264, gemäß § 79 Abs. 2 GBO. dem Reichsgericht vorgelegt hat, wurde stattgegeben aus folgenden

Gründen:

„Das Beschwerdegericht ist im wesentlichen den Gründen des Grundbuchamts, die dieses bei Vorlegung der Beschwerde näher dargelegt hat, beigetreten. Es vermißt ebenfalls in der notariellen Urkunde vom 16. Juli 1907 einen den Formerfordernissen des Art. 14 des Bayer. Not.-Ges. genügenden Ausdruck des Vertragswillens, soweit dieser schon damals auf den Mitverkauf der Parzelle 886 gerichtet gewesen sein sollte, und es hält ferner dafür, daß bei Berichtigung des Grundbuchs durch Eintragung eines neuen Eigentümers die Zustimmung des letzteren und der Nachweis der Unrichtigkeit des Grundbuchs zwei kumulative Erfordernisse für die Zulässigkeit der beantragten Eintragung seien. Das Bayerische Oberste Landesgericht mißbilligt ... beide Gründe und seinen Ausführungen war durchweg beizutreten.

Was zunächst die Frage anlangt, ob neben der auf Eintragung des neuen Eigentümers gerichteten Bewilligung des die Unrichtigkeit des Grundbuchs anerkennenden bisher eingetragenen Eigentümers auch noch der Nachweis erbracht werden muß, daß das Grundbuch in der Tat unrichtig, d. h. der neu Einzutragende bereits durch Vorgänge außerhalb des Grundbuchs Eigentümer geworden ist, so ergibt sich die Verneinung dieser Frage aus dem Verhältnis, in dem die besonderen Vorschriften des § 22 GBO. zu der allgemeinen Vorschrift des § 19 ebenda stehen. Durch die Zulassung des Nachweises der Unrichtigkeit des Grundbuchs an Stelle des strikten Erfordernisses, daß der von der Eintragung Betroffene die ihn benachteiligende Eintragung bewilligen müsse, hat nicht ein selbständiger, dem sog. Konsensprinzip des § 19 gleichwertiger, Grundsatz aufgestellt, sondern dieses Prinzip im Interesse der Erleichterung des Grundbuchverkehrs abgeschwächt werden sollen. Man hat in Fällen, in denen die Bewilligung des von der Eintragung Betroffenen nicht ohne Schwierigkeiten zu erlangen sein würde, den Beteiligten die mit der Beschaffung der Bewilligung verbundenen Kosten und Weiterungen ersparen wollen.

Danach ist der Unrichtigkeitsbeweis gegenüber der Beibringung der Eintragungsbewilligung als das Mindere anzusehen, und hieraus folgt, daß er durch die Eintragungsbewilligung ersetzt werden kann. Bestätigt wird die Richtigkeit dieser Annahme durch die Vorschrift des § 22 Abs. 2 GBO. Daß mit dem hier erwähnten Eigentümer, dessen Zustimmung zur Grundbuchberichtigung erfordert wird, nicht etwa der bisher eingetragene Eigentümer, sondern der im Wege der Berichtigung neu einzutragende Eigentümer gemeint ist, ist unzweifelhaft und unbestritten. Das Erfordernis der Zustimmung ist lediglich aufgestellt im Hinblick auf die besondere Bedeutung des Grundeigentums und die mit ihm verbundenen Lasten und Verpflichtungen, hat also mit der Abgrenzung des Konsensprinzips gegenüber dem Unrichtigkeitsnachweis nichts zu tun. Es ergibt sich aber aus der Vorschrift per argumentum e contrario, daß hinsichtlich des bisher eingetragenen Eigentümers diese Kumulation von Unrichtigkeitsnachweis und Eintragungsbewilligung nicht gilt, sondern es insoweit bei der allgemeinen Regel, wonach das eine oder das andere genügt, sein Bewenden behält. Es ist also zur Berichtigung des Grundbuchs entweder der Nachweis der Unrichtigkeit der bisherigen Eigentumseintragung und die Zustimmung des neu einzutragenden Eigentümers, oder die Zustimmung sowohl des bisherigen wie des neuen Eigentümers beizubringen.

Vgl. den Beschluß des OLG. Colmar, Rechtspr. der OLG. Bd. 9 S. 332.

Nun würde freilich dieser Grundsatz im vorliegenden Falle der weiteren Beschwerde nicht zum Erfolg verhelfen können, wenn der andere Grund, aus dem das Beschwerdegericht die Beschwerde zurückgewiesen hat, zuträfe, nämlich wenn wegen mangelnder formgerechter Beurkundung des Vertragswillens, soweit er die Parzelle 886 betrifft, eine wirksame Eigentumsübertragung bezüglich der letzteren auf Grund des notariellen Aktes vom 16. Juli 1907 überhaupt nicht zustande gekommen wäre. Eine rechtliche Bedeutung ist diesem Gesichtspunkt an sich nicht abzusprechen. Denn man wird allerdings davon ausgehen müssen, daß die Berichtigungsbewilligung dann zurückzuweisen ist, wenn sich aus dem mit ihr beigebrachten Urkundenmaterial ergibt, daß durch die, der Bewilligung entsprechend, vorzunehmende Berichtigung des Grundbuchs das Grundbuch umgekehrt gerade unrichtig werden würde. Ein solcher Fall liegt indessen gegenwärtig nicht vor. Es ist anerkannten Rechtens, daß auch bei Verträgen, deren Wirksamkeit von der Beobachtung der gerichtlichen oder notariellen Form abhängt, die unvollständige oder sonst unrichtige Erklärung des Vertragswillens der Rechtsgültigkeit des Vertrages nicht entgegensteht, wenn die Unrichtigkeit nur die Beschreibung des Vertragsgegenstandes betrifft. Daß ein solches Versehen hinsichtlich der in Frage kommenden Parzelle 886 den Beteiligten bei Abschluß des Vertrages vom 16. Juli 1907 unterlaufen sei, wird in der späteren Urkunde vom 10. August 1909 ausdrücklich geltend gemacht. Die Unrichtigkeit dieser Angabe ist nicht erwiesen. Damit erledigt sich der vorerwähnte Entscheidungsgrund des Beschwerdegerichts."

RGZ. 77, 423.

Ist der Grundbuchrichter verpflichtet, außer dem Entwurfe des Gerichtsschreibers auch die Ausfertigung des Hypothekenbriefs selbst zu prüfen? Ist bei Unterlassung dessen nicht nur Fahrlässigkeit sondern ohne weiteres auch grobe Fahrlässigkeit anzunehmen?

Preuß. Ausf.Ges. zur GBO. Art. 7 und 8.
GBO. § 12*).

V. Zivilsenat. Urt. v. 25. November 1911.

I. Landgericht Dortmund. — II. Oberlandesgericht Hamm.

Die Sparkasse zu M. hatte dem Kaufmann W. ein Darlehen zugesagt und war, nach Bestellung einer Hypothek für sie auf dem Grundstücke des W., zur Auszahlung der Darlehnssumme dadurch bewogen worden, daß der ihr zugegangene Hypothekenbrief den Vermerk enthielt, es seien die sämtlichen voraufgehenden Hypotheken und Grundschulden gelöscht. Tatsächlich war jedoch eine voraufgehende Grundschuld noch nicht gelöscht worden, und bei der demnächstigen Zwangsversteigerung

*) Alter Fassung.

des Grundstücks kam die Sparkasse infolgedessen ihrerseits nicht mehr zur Hebung. Wegen dieses Ausfalls machte sie wegen der Unrichtigkeit des Hypothekenbriefs gemäß § 12 GBO. den preußischen Staat haftbar, und dieser hat sie in Anerkennung seiner Haftpflicht befriedigt. Nunmehr hat der preußische Staat den Beklagten als den Grundbuchrichter, der den Hypothekenbrief hatte bilden und die von ihm mitunterschriebene Ausfertigung der Sparkasse hatte zugehen lassen, nach Art. 8 preuß. Ausf.Ges. zur GBO. ersatzpflichtig gemacht. Das Landgericht hat der Klage stattgegeben und vom Oberlandesgericht ist die Berufung des Beklagten zurückgewiesen worden. Auf die Revision des Beklagten wurde das Urteil des Berufungsgerichts aufgehoben und die Sache an dasselbe zurückverwiesen.

Aus den Gründen:

„Eine Pflichtverletzung des Beklagten ist mit Recht darin gefunden worden, daß er die Ausfertigung des der Sparkasse erteilten Hypothekenbriefs weder mit dem Inhalte des Grundbuchs noch mit dem Entwurfe des Grundbuchführers verglichen, daß er vielmehr den Hypothekenbrief der Sparkasse hat zugehen lassen, ohne sich von der Richtigkeit seines Inhaltes überzeugt zu haben. Wenn der Beklagte meint, er habe nur die Pflicht gehabt, die Richtigkeit des Entwurfs zu prüfen, während für die Richtigkeit der nach dem Entwurfe hergestellten Ausfertigung nur der Grundbuchführer einzustehen habe, so ist das mit dem Gesetze nicht vereinbar. Da Art. 7 preuß. Ausf.Ges. ausdrücklich vorschreibt, daß die Hypothekenbriefe usw. von dem Richter und dem Gerichtsschreiber zu unterschreiben sind, so läßt sich nicht bezweifeln, daß das Gesetz die Verantwortlichkeit für die Angaben der Urkunde nicht nur dem Gerichtsschreiber, sondern auch dem Richter hat aufbürden wollen, und daß es demgemäß auch ihm eine selbständige Prüfungspflicht aufgelegt hat. Eine solche Regelung mußte in Hinblick auf die große Wichtigkeit, die der Hypothekenbrief für den Verkehr hat und haben soll, geradezu als geboten erscheinen. Denn bestimmungsgemäß soll der Hypothekenbrief eine öffentliche Auskunft nicht nur über das Bestehen des Rechtes überhaupt, sondern auch über alle seiner Sicherheit dienenden Umstände geben und so schließlich das Einsehen des Grundbuchs selbst für den Verkehr überhaupt entbehrlich machen (Mot. zum Entwurfe I einer Grundbuchordnung S. 99). Und daß der Hypothekenbrief diesen Aufgaben um so besser zu genügen vermag, wenn sich jeder Beteiligte darauf verlassen kann, daß auch die Richtigkeit der in Verkehr gesetzten Ausfertigung nicht nur vom Gerichtsschreiber, sondern auch vom Grundbuchrichter geprüft worden ist, leuchtet ohne weiteres ein. Daß in die Ausfertigung auch dann eine unrichtige Angabe gelangen, und daß anderseits in ihr eine wichtige Angabe auch dann fehlen kann, wenn der Entwurf des Gerichtsschreibers in jeder Hinsicht fehlerlos gewesen war, lehrt schon der vorliegende Fall, da feststeht, daß aus der Urschrift des demnächst der Sparkasse erteilten Hypothekenbriefs der Fortbestand der voreingetragenen Grundschuld (Abt. III Nr. 22) ersichtlich gewesen war, daß dagegen der Inhalt der Ausfertigung den Anschein erweckte, als haftete die Grundschuld zur Zeit nicht mehr auf dem Grundstücke.

Gerade der vorliegende Fall zeigt mithin auch, daß es für die Rechtssicherheit des Verkehrs in der Tat nicht genügt, wenn der Grundbuchrichter es bei der Prüfung des Entwurfs bewenden läßt und die Verantwortung für die Richtigkeit der Ausfertigung, auf die es schließlich allein ankommt, lediglich dem Gerichtsschreiber überläßt. Bei Beratung des Entwurfs zum preuß. Ausführungsgesetze zur Grundbuchordnung kam in Frage, ob die dort vorgesehene Bestimmung, daß der Richter auch die beglaubigten Grundbuchabschriften mitzuunterschreiben habe, bestehen bleiben solle, und nach dem Berichte der XV. Kommission wurde diese Frage mit der Erwägung bejaht, daß auch die Grundbuchabschriften im Verkehr eine weittragende Bedeutung haben könnten, und daß daher eine höhere Garantie für die Richtigkeit erforderlich sei. Erwägungen entsprechender Art haben demgemäß unverkennbar erst recht zu der Vorschrift des Art. 7 a. a. O. geführt, daß die Hypothekengrundschuld- und Rentenschuldbriefe ebenfalls vom Richter mitzuunterschreiben sind, wenngleich die Begründung des Entwurfs sowie der Kommissionsbericht darüber ausdrücklich keinen Aufschluß geben.

Wenn der Beklagte noch vorgeschützt hat, daß der § 16 der preuß. Geschäftsordnung für Gerichtsschreibereien die Anweisung enthält, wonach der Gerichtsschreiber die von ihm oder dem Richter zu vollziehenden Ausfertigungen mit den Urschriften oder den Entwürfen wörtlich zu vergleichen hat, so kann ihn das dem Art. 7 des preuß. Ausf.Ges. gegenüber keinesfalls entlasten. Denn die selbständige Prüfungspflicht des Richters ist dort ganz ohne Rücksicht darauf vorgesehen worden, ob dem Gerichtsschreiber der Vergleichung zwischen Entwurf und Ausfertigung durch irgend eine andere Bestimmung noch zur besonderen Pflicht gemacht ist oder nicht. Daß das Berufungsgericht den § 16 der Geschäftsordnung vom 26. November 1899 verletzt haben könnte, wie die Revision meint, trifft also nicht zu.

Daß sodann der Beklagte fahrlässig gehandelt hat, kann ebenfalls nicht bezweifelt werden, in Betracht dessen, daß die im Verkehr erforderliche Sorgfalt gebot, daß sich der Beklagte, dem die Erledigung der Grundbuchgeschäfte beim preuß. Amtsgericht zu B. übertragen war, mit den einschlägigen Gesetzesbestimmungen vertraut machte, und daß zu diesen Bestimmungen auch der Art. 7 des preuß. Ausf.Ges. zur GBO. gehörte, sowie daß der Beklagte bei Anwendung der erforderlichen Aufmerksamkeit nach seiner Vorbildung auch in der Lage gewesen wäre, die Tragweite der genannten Bestimmung, sowie deren Wichtigkeit für den Verkehr einzusehen. Es hätte ihm also auch nicht entgehen können, daß von der sachgemäßen Befolgung der Vorschrift die bestimmungsmäßige Verwendbarkeit des Hypothekenbriefs insbesondere seitens der Sparkasse abhing, jedenfalls abhängen konnte. Seine (bloße) Fahrlässigkeit zu widerlegen, reicht auch alles nicht aus, was der Beklagte sonst vorgebracht hat. Weder der Hinweis auf seine Unerfahrenheit in Grundbuchangelegenheiten, noch seine Behauptung, daß er überlastet gewesen sei, noch endlich sein Einwand, daß er nur einem alten Gebrauche gefolgt sei, der beim Amtsgericht zu H. zur Zeit seiner Ausbildung daselbst bestanden habe, auch noch jetzt dort beobachtet werde, und den er auch beim Amtsgerichte zu B. vorgefunden habe. Der Gebrauch sei der gewesen, daß der Grundbuchrichter nur die Entwürfe zu Hypothekenbriefen mit den Grundakten verglichen habe, die Ausfertigungen dagegen nur vom Grundbuchführer verglichen worden seien. Was den letzten Einwand insbesondere anlangt, so hat er sich überhaupt nicht als stichhaltig erwiesen. ... Im übrigen ist es aber auch zutreffend, wenn das Berufungsgericht ausführt, einem gesetzlich unstatthaften Gebrauche habe der Beklagte sich keinesfalls anschließen dürfen. Hierbei ist noch darauf hinzuweisen, daß schon § 432 ALR. I 20 wie demnächst auch § 131 preuß. GBO. vom 5. Mai 1872 vorgeschrieben hatten, daß der Grundbuchrichter und der Buchführer für die Übereinstimmung der Angaben des Hypothekenbriefs (Hypothekenscheins) mit dem Inhalte des Grundbuchs haftbar seien.

Insoweit jedoch, als für das Verhältnis zwischen dem klagenden Staate und anderseits dem Beklagten gemäß Art. 8 preuß. Ausf.Ges. zur RGBO. in Frage kommt, ob sich der Beklagte auch einer groben Fahrlässigkeit schuldig gemacht, und das Berufungsgericht auch diese Frage bejaht hat, kann seine Begründung nicht als ausreichend angesehen werden, und muß daher die Rüge einer Verletzung des Art. 7 durchdringen. Grobe Fahrläsisgkeit — ein vom Gesetze nicht näher gekennzeichneter Begriff — wäre dann gegeben, wenn nach den Umständen des Falles angenommen werden müßte, daß der Beklagte die von ihm zu bewährende Sorgfalt in besonders schwerer Weise vernachlässigt hat. Das Vorhandensein grober Fahrlässigkeit wäre dagegen zu verneinen, wenn die gesamten Umstände des Falles oder auch nur ein einzelner besonders bedeutungsvoller Umstand zu dem Ergebnisse führten, daß eine so schwere Pflichtvernachlässigung nicht angenommen werden könne. Daß das Berufungsgericht die Entschuldigungsgründe des Beklagten von diesen Gesichtspunkten aus geprüft hat, lassen seine Ausführungen nicht mit genügender Sicherheit erkennen. Sie sprechen nur aus, daß den Beklagten die geltend gemachten Umstände nicht entlasten könnten. Aber nicht darauf kam es im vorliegenden Punkte an, ob der Beklagte überhaupt „entlastet sei", sondern darauf, ob ihm eine besonders schwere Pflichtverletzung zum Vorwurfe gemacht werden könne, oder aber, ob seine Entschuldigungsgründe wenigstens dazu ausreichen, ihn von einem derart schweren Vorwurfe zu befreien.

An sich betrachtet, können nun sowohl eine erst geringe dienstliche Erfahrung, wie auch eine etwaige dienstliche Überlastung, wie endlich auch die dem Beklagten bekannt gewordene Art und Weise der Geschäftserledigung, zumal in ihrem Zusammenwirken, als Entlastungsgründe recht wohl in Betracht kommen. Auch wäre es unter Umständen keineswegs ohne jede Bedeutung, daß der Beklagte geltend gemacht hat, der Grundbuchführer sei ein erprobter zuverlässiger Beamter gewesen, auf den man sich verlassen könne. Grundsätzlich freilich durfte der Beklagte sich auf die Bewährtheit des Gerichtsschreibers niemals verlassen, und wenn er es tat, handelte er schließlich immer auf seine Gefahr. Aber hätte der Beklagte die nochmalige Prüfung des Hypothekenbriefs etwa wegen Zeitmangels infolge einer Überlastung unterlassen, so macht es für den Grad seines Versehens möglicherweise doch einen Unterschied, ob er es mit einem wenig zuverlässigen oder einem besonders zuverlässigen Grundbuchführer zu tun hatte. Die angebliche Überlastung des Beklagten will freilich das Berufungsgericht als Entschuldigungsgrund deswegen überhaupt nicht gelten lassen, weil es gegebenenfalls Sache des Beklagten gewesen wäre, die vorgesetzte Behörde um Entlastung zu bitten. Indessen bei Abwägung des Schuldgrades wäre doch auch zu berücksichtigen, ob es dem Beklagten als einem kommissarisch beschäftigten Assessor billig zugemutet werden konnte, daß er seine Überlastung der vorgesetzten Behörde gegenüber geltend machte. In allen berührten Einzelfragen wird es noch auf Erörterung der näheren Umstände ankommen.

Einen Punkt, der allerdings geeignet wäre, den Beklagten jedenfalls schwer zu belasten, hat das Berufungsgericht überhaupt nicht völlig aufgeklärt. Die Frage nämlich, ob der Beklagte wenigstens den Entwurf des Gerichtsschreibers geprüft und mit dem Grundbuche verglichen hat. Der Beklagte hat es zwar behauptet, ein Beweis dafür liegt aber nach der Annahme des Berufungsgerichts, zumal der Entwurf vom Beklagten nicht gezeichnet ist, nicht vor, wie das Gericht die Behauptung freilich auch nicht für widerlegt erachtet hat. Wäre wirklich festzustellen, daß der Beklagte sich sogar der Prüfung des Entwurfs entzogen hat, dann würde das zweifellos ein so mißliches Licht auf seine ganze Geschäftsführung werfen, daß ihm der Vorwurf einer grob fahrlässigen Pflichtverletzung nicht erspart werden könnte, gleichgültig ob jene Versäumnis für den Schaden der Sparkasse kausal geworden ist oder nicht.

Hat der Beklagte sich eines grob fahrlässigen Verhaltens schuldig gemacht, dann haftet er dem Kläger gegenüber nach Art. 8 Ausf.Ges. unbedingt. Die Minderung der Haftung des Grundbuchrichters gegenüber der Haftung anderer Beamten gemäß §§ 88, 89 preuß. ALR. II. 10 — worauf sich die Revision beruft — ist schon dadurch erschöpfend zur Geltung gebracht, daß das Gesetz den Grundbuchrichter nicht für jedes Versehen, sondern nur für grobes Versehen einstehen läßt.

Die letzte Rüge der Revision, daß das Berufungsgericht zu Unrecht das Mitverschulden der Sparkasse verneint habe, ist verfehlt. Wenn das Berufungsgericht hier angenommen hat, daß sich die Sparkasse unbedingt auf die Richtigkeit des Hypothekenbriefs hat verlassen können, und daß für ihre Verwaltung keine Verpflichtung bestanden hat, das Grundbuch selbst noch einzusehen, so ist dem nur beizutreten."

RGZ. 84, 326.

Darf der Grundbuchrichter den ohne Mitwirkung der Ehefrau gestellten Antrag eines in Errungenschaftsgemeinschaft lebenden Ehemannes, ein von ihm erworbenes Grundstück als Gesamtgut für beide Eheleute in das Grundbuch einzutragen, ablehnen?

BGB. §§ 1519, 1438, 1444 flg.
Grundbuchordnung §§ 22, 29.

V. Zivilsenat. Beschl. v. 24. Januar 1914.

I. Amtsgericht Mainz. — II. Landgericht daselbst.

Die Frage ist verneint worden aus folgenden

Gründen:

„M. W. verkaufte durch notariellen Vertrag vom 22. Dezember 1913 das Grundstück B. Fl. XII Nr. 26 an P. St. Beide Teile beantragten unter der Erklärung, daß sie über den Übergang des Eigentums einig seien, die Eintragung der Eigentumsänderung in das Grundbuch, und zwar sollte das Grundstück eingetragen werden als Gesamtgut der zwischen dem Käufer und seiner Ehefrau bestehenden Errungenschaftsgemeinschaft. Das Grundbuchamt lehnte mit der Begründung, daß zu dem Erwerbe die Zustimmung der Ehefrau des Käufers fehle, die Eintragung des Grundstücks als Gesamtgut der Errungenschaftsgemeinschaft ab. Gegen diesen Beschluß legten die Beteiligten durch den Notar Beschwerde beim Landgericht und dann weitere Beschwerde beim hessischen Oberlandesgericht ein. Dieses glaubte durch die Entscheidung des Bayerischen Obersten Landesgerichts, mitgeteilt in Rechtspr. OLG. Bd. 27 S. 201, behindert zu sein, die Beschwerde als unbegründet zurückzuweisen. Die Beschwerde wurde deshalb gemäß § 79 GBO. dem Reichsgerichte vorgelegt. In dem Einsendungsberichte wird ausgeführt, das Bayerische Oberste Landesgericht vertrete die Rechtsauffassung, daß der Mann als von der Frau stillschweigend bevollmächtigt gelten müsse, für sie die Zustimmung zu ihrer Eintragung als Miteigentümerin zu erklären, und daß der Grundbuchrichter, falls nicht besondere Umstände entgegenständen, die Bevollmächtigung als offenkundig anzunehmen habe. Das Oberlandesgericht Darmstadt hält diese Ansicht mit den formalen Vorschriften der §§ 22, 29 GBO. für unvereinbar.

Die weitere Beschwerde mußte Erfolg haben. Nach § 1519 BGB. wird gemeinschaftliches Vermögen beider Ehegatten (Gesamtgut), was der Mann oder die Frau während der Errungenschaftsgemeinschaft erwirbt. Dabei werden nach §§ 1519 Abs. 2 und 1438 Abs. 2 die einzelnen Gegenstände gemeinschaftlich, ohne daß es einer Übertragung durch Rechtsgeschäft bedarf. Hiernach kann der Mann unter seinem Namen selbständig und zwar ohne Zustimmung der Frau mit Wirkung für das Gesamtgut handeln. Der Erwerb vollzieht sich dann zunächst in der Person des Mannes, aber das Eigentum wandelt sich in dem Augenblicke, wo es für den Mann entsteht, unmittelbar kraft Gesetzes in gütergemeinschaftliches Gesamteigentum um. Im vorliegenden Falle gehörte bereits zum Gesamtgute der durch den Kaufvertrag begründete Anspruch auf Auflassung, so daß nur noch das dingliche Erfüllungsgeschäft, die Auflassung selbst, ausstand. Erfolgte sie entsprechend dem Kaufvertrag auf den Namen beider Eheleute, so blieb das Grundbuch richtig. Für eine Grundbuchberichtigung war dann kein Raum, und daraus folgt, daß auf einen Fall wie den vorliegenden die Vorschriften der §§ 22 GBO. und 1438 Abs. 3 BGB. keine Anwendung finden können. § 22 GBO. verlangt, daß der, dessen Recht davon betroffen wird, der Berichtigung des Grundbuchs zustimmt, und auch § 1438 Abs. 3 BGB. betrifft nur die Grundbuchberichtigung, nämlich den Fall, daß ein Recht, das in das Grundbuch eingetragen werden kann, gemeinschaftlich „wird". Aus dieser Bestimmung möchte vielleicht, was hier übrigens dahingestellt bleiben kann, zu folgern sein, daß es der Zustimmung der Frau bedarf, wenn der zunächst für den Mann gebuchte Erwerb nachträglich in Berichtigung des Grundbuchs als Gesamtgut eingetragen werden soll; dagegen geht es nicht an, jenen Vorschriften im Wege der entsprechenden Gesetzesauslegung über die Fälle der Grundbuchberichtigung hinaus ein erweitertes Anwendungsgebiet zu geben.

Beantragt der Ehemann, das für ihn noch nicht gebuchte Eigentum sogleich für beide Eheleute als Gesamtgut einzutragen, so entspricht dieser Antrag, ohne daß eine Grundbuchberichtigung in Frage kommt, der Rechtslage. Die Frau ist gar nicht in der Lage, den Rechtserwerb für sich abzulehnen, und ihre Zustimmung zu der Eintragung könnte daher sachlich kaum mehr als eine bloße Form sein. Der Verkehr würde unnötig erschwert, ohne daß dem Interesse der Frau gedient wäre. Es ist nicht einzusehen, was den Gesetzgeber bestimmt haben könnte, dennoch für den grundbuchlichen Verkehr die Zustimmung der Frau zu erfordern. Das Gesetz macht es dem Manne mit dem in seine Hand gelegten Verwaltungsrechte zugleich zur Pflicht, im Interesse der Frau das Gesamtgut zu erhalten und zu sichern, und gerade diesem Zwecke dient die Eintragung im Grundbuche. Sodann aber und vor allem kommen die Vorschriften der §§ 1444 flg. BGB. in Betracht. Hiernach verlangt das Gesetz da, wo es für die dinglichen Erfüllungsgeschäfte der Einwilligung der Frau bedarf, überall auch deren Einwilligung zur Eingehung der Verpflichtung zu einer solchen Verfügung. Dem Gesetze müßte der Vorwurf der Unstimmigkeit gemacht werden, wenn es umgekehrt die Einwilligung der Frau zwar nicht zu den obligatorischen Erwerbsgeschäften, wohl aber zu grundbuchlichen Erklärungen verlangen würde, die nichts anderes bezwecken, als den dinglichen Vollzug der mit

Rechtswirkung für das Gesamtgut eingegangenen Geschäfte formell zum Abschlusse zu bringen. Hiernach war dem Beschlusse des Bayerischen Obersten Landesgerichts zuzustimmen, und zwar ohne daß es des Eingehens auf die Frage bedürfte, ob in Fällen der vorliegenden Art der Mann als von der Frau stillschweigend bevollmächtigt anzusehen ist."

RGZ. 87, 284.

Ist die Ausnahmevorschrift des § *41* Abs. *1) GBO. *zugunsten* einer Gemeinde entsprechend anwendbar, wenn diese Gesamtrechtsnachfolgerin einer anderen Gemeinde geworden ist, für die eine Hypothek auf einem Grundstücke eingetragen steht?**

GBO. §§ 40, 41*).

V. Zivilsenat. Beschl. v. 13. November 1915.

I. Grundbuchamt Chemnitz. — II. Landgericht daselbst.

Die Frage wurde bejaht aus folgenden

Gründen:

„Auf dem Blatte 3084 des Grundbuchs für Ch. ist am 26. April 1905 in Abteilung III Nr. 38 eine Buchhypothek von 6000 ℳ für die Sparkasse der Landgemeinde B. eingetragen worden. Später wurde diese Gemeinde mit der Stadt Ch. vereinigt, so daß sie in der letzteren aufgegangen ist und als selbständige Gemeinde nicht mehr besteht. Am 22. Dezember 1908 erteilte die Stadt Ch., als Rechtsnachfolgerin der Landgemeinde B., dem Grundstückseigentümer Quittung über den Teilbetrag von 2000 ℳ und zugleich die Bewilligung der Abschreibung dieses Betrags von der Sparkassenhypothek. Als der Grundstückseigentümer demnächst die Abschreibung der 2000 ℳ beantragte, verlangte das Amtsgericht in Chemnitz durch Verfügung vom 2. Juli 1915, daß die Stadt Ch. zunächst die Hypothek auf sich umschreiben lasse. Die dagegen von der Stadt Ch. eingelegte Beschwerde wurde durch Beschluß des Landgerichts in Chemnitz vom 28. August 1915 als unbegründet zurückgewiesen; nur erklärte das Landgericht für ausreichend, daß der Umschreibungsantrag mit dem Abschreibungsantrage verbunden und daß beiden Anträgen auch gleichzeitig mittels einer Eintragungsverfügung stattgegeben werde. Auf die weitere Beschwerde der Stadt hat das Oberlandesgericht in Dresden die Sache gemäß § 79 Abs. 2 GBO. dem Reichsgerichte zur Entscheidung vorgelegt. Es führt aus, daß es die

*) Jetzt §§ 39, 40 der Fassung der GBO. vom 5. August 1935.

weitere Beschwerde ebenfalls als unbegründet zurückweisen würde, meint aber, daß ihm der im Jahrbuche der Entscheidungen des Kammergerichts Bd. 41 S. 213 veröffentlichte Beschluß vom 9. Oktober 1911 entgegenstehe.

Der im § 79 a. a. O. vorausgesetzte Konfliktsfall ist gegeben. In der vom Kammergerichte entschiedenen Sache handelte es sich darum, daß die Stadt M. die Löschung einer Hypothek von 10000 ℳ auf einem Grundbuchblatte beantragt hatte, auf dem noch die von der Stadt eingemeindete Gemeinde Pr. als Eigentümerin eingetragen stand, und daß dieser Antrag vom Amtsgerichte, dem das Landgericht demnächst beitrat, aus dem Grunde zurückgewiesen worden war, weil die Stadt M. sich gemäß § 40 GBO.*) zunächst selbst als Eigentümerin eintragen lassen müsse. Auf weitere Beschwerde der Stadt ordnete aber das Kammergericht an, daß dem Löschungsantrage ohne weiteres stattzugeben sei, und dies Ergebnis ist mit der Annahme begründet worden, daß die Ausnahmevorschrift des § 41 Abs. 1 GBO.**) auch im gegebenen Falle entsprechend anwendbar sei. Das Oberlandesgericht in Dresden ist dagegen der Ansicht, daß die Anwendung der bezeichneten Vorschrift aus dem Grunde einer Gesamtnachfolge, wie sie infolge einer Eingemeindung (oder Einbezirkung) eintrete, unzulässig sei, und daß deshalb die voraufgegangenen Beschlüsse der Vorinstanzen gebilligt werden müßten. Unverkennbar will mithin das Oberlandesgericht bei der Auslegung der hier maßgebenden grundbuchrechtlichen Vorschrift des § 41 Abs. 1**) von der auf weitere Beschwerde ergangenen Entscheidung des Kammergerichts abweichen. Daß im letzteren Falle die Stadt selbst den Antrag gestellt hatte und ihr Antrag zunächst zurückgewiesen war, im gegenwärtigen Falle dagegen ein Antrag des Eigentümers vorliegt und die Stadt durch ihre Abschreibungsbewilligung nur die Grundlage für den Antrag gegeben hat, macht für die zu entscheidende Frage keinen Unterschied, und ebensowenig ist ein solcher um deswillen etwa begründet, weil die Eingemeindung der Gemeinde Pr. nach preußischem Rechte auf Grund eines Gesetzes, die Einbezirkung der Gemeinde B. in Ch. aber nach sächsischem Rechte nur auf Grund eines vom Ministerium des Innern genehmigten Vertrags erfolgt ist. Denn in beiden Fällen ist das rechtliche Ergebnis der Vorgänge, wie auch das Oberlandesgericht zu Dresden annimmt, das gleiche, daß nämlich die Eingemeindung zugunsten der Städte M. und Ch. eine Gesamt-

*) Jetzt § 39.
**) Jetzt § 40.

rechtsnachfolge zur Folge gehabt hat. Daher spitzt sich auch hier wie dort die maßgebliche Frage in gleicher Weise dahin zu, ob die Anwendung der Vorschrift § 41 GBO.*) deswegen zulässig ist, weil die genannten Stadtgemeinden Gesamtrechtsnachfolger des eingetragenen Berechtigten geworden sind.

In dieser Hinsicht verdient nun die Ansicht des Kammergerichts den Vorzug. Gegenüber der Regel des § 40 GBO.**), wonach eine Eintragung nur dann erfolgen soll, wenn derjenige, dessen Recht durch sie betroffen wird, als der Berechtigte eingetragen ist, sieht der § 41 Abs. 1*) eine Ausnahme ausdrücklich allerdings nur zugunsten des Erben des eingetragenen Berechtigten vor, und unzweifelhaft stellt sich der § 41 Abs. 1*) auch als eine Ausnahmevorschrift dar. Daß indessen der letztere Umstand eine erweiterte Anwendung jener Vorschrift an sich noch nicht hindern würde, erkennt auch das Oberlandesgericht an, indem es zutreffend davon ausgeht, daß „die Eigenschaft einer gesetzlichen Vorschrift als einer Ausnahmevorschrift ihre Anwendung auf rechtsähnliche Fälle nicht ausschließe". Das Oberlandesgericht gelangt aber zu einer dem Kammergericht entgegengesetzten Auffassung deshalb, weil es glaubt, verneinen zu müssen, „daß zwischen der auf Erbrecht beruhenden Nachfolge und der durch Eingemeindung vermittelten Nachfolge die erforderliche Rechtsähnlichkeit bestehe", während das Kammergericht das Gegenteil angenommen hat. Das Oberlandesgericht ist jedoch den Beweis für seine Auffassung schuldig geblieben.

Daß in betreff der Art und Weise, wie die Rechtsnachfolge in dem einen und dem anderen Falle zur Entstehung gelangt, keine Rechtsähnlichkeit besteht, ist offenbar. Aber darauf kommt es nicht an. Entscheidend ist, ob das Ergebnis der Gesamtrechtsnachfolge, wie sie durch eine Eingemeindung bewirkt wird, in Hinblick auf den § 41 Abs. 1 GBO.*) einen Tatbestand schafft, der dem in jener Vorschrift vorausgesetzten und nach ihr vorauszusetzenden Tatbestande wesensgleich ist, oder ob, anders ausgedrückt, auch im gegebenen Falle diejenigen besonderen Rechtserwägungen zutreffen, die zu der Ausnahmevorschrift geführt haben und ihre innere Berechtigung erweisen. Das ist aber der Fall. In materieller Hinsicht zunächst besteht zwischen den Fällen einer erbrechtlichen Nachfolge und einer solchen kraft Eingemeindung die Rechtsähnlichkeit, daß in beiden Fällen eine Rechtsnachfolge mit den vollen Wirkungen einer Gesamtrechtsnachfolge stattfindet, und daß

*) Jetzt § 40.
**) Jetzt § 39.

auch hier wie dort der Rechtsvorgänger sein Dasein eingebüßt hat. Diese beiden Umstände lassen nun auch gerade in Hinblick auf die §§ 40, 41 GBO.*) eine gleichmäßige Behandlung beider Fälle als zulässig erscheinen. Der Ordnungsvorschrift des § 40 liegt der Gedanke zugrunde, daß Mißstände eintreten können, wenn der eingetragene Berechtigte und der nicht eingetragene materiell Berechtigte verschiedene Personen sind, und daß dieserhalb die Rechtssicherheit des Verkehrs gefährdet sein kann. Eben um diesen Mißständen nach Möglichkeit vorzubeugen, soll durch die Vorschrift des § 40 dafür Vorsorge getroffen werden, daß der Inhalt des Grundbuchs mit der wahren Sachlage in Einklang bleibt, daß also derjenige, welcher über ein Buchrecht verfügt, sich auch durch das Grundbuch als den zur Verfügung Berechtigten ausweist. Wie nun aber durch Verfügungen des Erben des eingetragenen Berechtigten eine Gefährdung der Interessen Dritter, sei es des Sondernachfolgers, sei es des eingetragenen Erblassers, auch dann ausgeschlossen ist, wenn der Erbe die Verfügung getroffen hat, ohne zuvor die Umschreibung auf sich selbst herbeigeführt zu haben, so trifft das nicht minder dann zu, wenn eine Gemeinde über ein Buchrecht ihrer eingetragenen Rechtsvorgängerin verfügt, ohne daß zuvor sie selbst als die Berechtigte eingetragen worden ist. Auch hier schlägt die nämliche Tatsache durch, daß die gedachte Gemeinde völlig an die Stelle der in ihr aufgegangenen Gemeinde getreten, und daß die letztere überhaupt untergegangen ist. Daraus ergibt sich also zunächst so viel, daß die materielle Rechtslage auch in Fällen der in Frage stehenden Art die Befolgung der Regel des § 40*) als überflüssig erscheinen läßt, und daß mithin jedenfalls insoweit für die Anwendbarkeit der Ausnahmevorschrift Raum besteht.

Ein weiterer Zweck des § 40*) liegt auf dem formalen Gebiete: es soll nämlich durch die Befolgung jener Bestimmung dem Grundbuchrichter die Prüfung der Legitimation erleichtert werden dergestalt, daß er stets aus dem Grundbuche selbst zu ersehen vermag, wer der zur Verfügung Befugte ist. Wie nun aber im Falle der Verfügung eines Erben für diesen zweiten Grund des § 40*) keine Stelle ist, so trifft das in gleicher Weise auch in dem Falle zu, wenn eine Gemeinde über das für die eingemeindete Gemeinde eingetragene Recht verfügt. Wie dort, so muß auch hier der Grundbuchrichter den Rechtsübergang selbst ohnehin prüfen, und ist hiernach dem Eintragungsantrage einmal stattgegeben worden, dann ist die Legitimationsfrage endgültig erledigt.

*) Jetzt § 39.

Der eingetragene Berechtigte ist ein für alle Male untergegangen, und der Rechtsnachfolger, der die Verfügung traf, ist gänzlich an seine Stelle getreten.

Für die gleichartige Behandlung der beiden hier in Rede stehenden Fälle spricht somit schließlich positiv die allgemeine Erwägung, daß, wenn die Befolgung der Regel des § 40*) in dem einen Falle wie im anderen durch kein Bedürfnis geboten ist, es auch als richtig erscheinen muß, von dem Gebote der Vorschrift ebensowohl hier wie dort abzusehen und vielmehr der Ausnahmevorschrift des § 41**) Raum zu geben. Denn keinesfalls kann es im Sinn eines vernünftigen Gesetzes liegen, den Verkehr durch an sich unnötige Vorschriften formaler Art zu belästigen. Und die Ausnahmevorschrift des § 41 Abs. 1 beruht gerade darauf, daß bei dem in ihr ausdrücklich vorgesehenen Falle die zuvorige Eintragung des Rechtsnachfolgers als zwecklos unterbleiben kann. Durch die Eintragung würde der Buchinhalt unnötig vermehrt werden, und entstünden überdies auch unnötige Kosten. Das träfe aber beides in dem einen Falle wie in dem anderen zu.

Wollte man anderseits erwägen, ob das Gesetz die Ausnahmevorschrift des § 41**) etwa geflissentlich allein auf den Fall hat abstellen wollen, dessen in ihr ausdrücklich gedacht worden ist, so wäre diese Frage schlechthin zu verneinen. Daß der Gesetzgeber in § 41 Abs. 1**) nur „den Erben" berücksichtigt und so nur ihm die Befreiung vom Eintragungszwange zugestanden hat, erklärt sich daraus, daß an den § 5 des preußischen Eigentumserwerbsgesetzes vom 5. Mai 1872 angeknüpft wurde (vgl. Motive zum Bürgerlichen Gesetzbuche Bd. 3 S. 317), und daß hier nur das Recht von Erben zur Auflassung ohne voraufgegangene Eigentumsberichtigung vorgesehen war. Dagegen ergibt sich aus nichts ein Anhalt dafür, daß der Gesetzgeber durch die Fassung des § 41**) mittelbar jeden andern Rechtsnachfolger als den Erben von der einem solchen gewährten Vergünstigung hat ausschließen wollen. So hat der V. Zivilsenat in seinem Beschlusse vom 17. Januar 1903 (RGZ. Bd. 53 S. 298 flg.) auch bereits angenommen, daß die Ausnahmevorschrift auf den Fall von Verfügungen des Erbeserben in entsprechender Anwendung zu erstrecken sei. Den Darlegungen dieses Beschlusses, die sich wesentlich an die Entstehungsgeschichte der §§ 40, 41***) anschlossen, ist das Kammergericht auch in der von ihm entschiedenen Sache gefolgt.

*) Jetzt § 39.
**) Jetzt § 40.
***) Jetzt §§ 39, 40.

Das Oberlandesgericht in Dresden ist nunmehr seinerseits zu dem entgegengesetzten Ergebnis gelangt, indem es davon ausgeht, daß die Ausnahmevorschrift des § 41*) lediglich darauf zurückzuführen sei, daß dem Erben als solchem unnötige Kosten erspart werden sollten, während andere Rechtsnachfolger als Erben auf eine solche Berücksichtigung keinen Anspruch hätten. Andere Gründe für den von ihm angenommenen Mangel an Rechtsähnlichkeit zwischen den beiden hier zur Erörterung stehenden Fällen hat das Oberlandesgericht überhaupt nicht geltend gemacht. Es ist indessen die Meinung des Oberlandesgerichts, daß nur der Gesichtspunkt, den Erben mit unnötigen Kosten zu verschonen, für die Bestimmung des § 41*) maßgebend gewesen sei, an sich irrig. Im übrigen aber darf auch die Auffassung keineswegs Billigung finden, daß das Gesetz gewillt sein könne, anderen Beteiligten als dem Erben an sich unnötige Kosten aufzubürden und an sachlich überflüssigen Beschwerungen des Verkehrs lediglich deshalb festzuhalten, weil andernfalls der Staatskasse eine Gebühr entgehen würde."

RGZ. 88, 83.

1. Darf das Grundbuchamt eine unzulässige Eintragung auch dann von Amts wegen löschen, wenn die Unzulässigkeit sich nicht lediglich aus dem Inhalte des Grundbuchs, sondern erst aus Beweisen ergibt, die außerhalb des Grundbuchs liegen?

2. Kann hinsichtlich der Umwandlung einer Grundschuld in eine Hypothek für einen neuen Gläubiger eine Grundbuchberichtigung erfolgen, wenn sich nachträglich ergibt, daß der Gläubiger der Rechtspersönlichkeit ermangelt, und ein Beteiligter einen Antrag auf Grundbuchberichtigung stellt?

GBO. § 54 Abs. 1 Satz 2**), §§ 13, 22.

V. Zivilsenat. Beschl. v. 9. Februar 1916.

I. Amtsgericht Anklam. — II. Landgericht Greifswald.

Die erste Frage ist verneint, die zweite bejaht worden aus folgenden

Gründen:

„Von der auf dem Gute L., dessen Eigentümer der Beschwerdeführer ist, eingetragenen Hypothek von 125 700 ℳ wurde ein Teilbetrag von 6000 ℳ als Grundschuld auf den Beschwerdeführer um-

*) Jetzt § 40.
**) Jetzt § 53.

geschrieben. Am 8. September 1908 trat der Beschwerdeführer von dieser Grundschuld einen Teilbetrag von 3000 ℳ unter Umwandlung in eine Darlehnshypothek an die „Maximilianstiftung zu Schw." ab. Dies wurde am 10. Oktober 1908 in das Grundbuch eingetragen. Als der Beschwerdeführer demnächst von dem Gute eine Anzahl Parzellen veräußerte, wurde die Hypothek von 3000 ℳ auf neun Grundbuchblätter über die veräußerten Parzellen zur Mithaft übertragen. . . .

Im Januar 1915 stellte der Beschwerdeführer beim Grundbuchamte den Antrag, die Eintragung der Hypothek von 3000 ℳ auf dem Gute L. und auf den neun Parzellen, weil die Maximilianstiftung zu Schw. erst durch die Genehmigung der Aufsichtsbehörde die Rechte einer juristischen Person hätte erlangen können, diese Genehmigung aber nicht erteilt sei, von Amts wegen als unzulässig zu löschen, mit dem Bemerken: nach § 54 Abs. 1 Satz 2 GBO.*) erfolge die Löschung einer unzulässigen Eintragung von Amts wegen; es bedürfe daher nicht eines Antrags der Grundstückseigentümer in der Form des § 29 GBO., sondern das Grundbuch habe von Amts wegen zu handeln. . . . Das Grundbuchamt lehnte den Antrag ab, weil Träger von Rechten auch bei einer Angelegenheit unbekannte Beteiligte, insonderheit eine noch nicht genehmigte Stiftung, sein könnten, und bemerkte, es sei inzwischen für die Maximilianstiftung ein Pfleger bestellt worden, der befugt sei, rechtsverbindliche Erklärungen für die Stiftung abzugeben.

Das Landgericht wies die Beschwerde zurück mit folgender Begründung. In § 54 Abs. 1 Satz 2 GBO.*), auf den sich die Beschwerde stütze, seien unter „ihrem Inhalte nach unzulässige Eintragungen" nur solche Eintragungen zu verstehen, die ihrer Natur nach kraft Gesetzes vom Grundbuch absolut ausgeschlossen, gleichwohl vom Grundbuchamt unter Verletzung des Gesetzes vorgenommen worden seien; im gegebenen Falle aber sei der Fehler dadurch entstanden, daß der Beschwerdeführer irrtümlich eine als Rechtssubjekt nicht existierende Stiftung als Gläubigerin namhaft gemacht habe, und habe ein Rechtsirrtum des Grundbuchamts bei Vornahme der Eintragung, wie ihn § 54 GBO.*) voraussetze, nicht vorgelegen.

Der weiteren Beschwerde hierüber möchte das Kammergericht stattgeben. Es erklärt, die Feststellung des Landgerichts, daß die Maximilianstiftung Rechtsfähigkeit nicht besitze, unerliege keinem Bedenken, und es könne auch nicht damit gerechnet werden, daß die Stiftung etwa noch einmal ein rechtsfähiges Subjekt werden würde, da

*) Jetzt § 53 der Fassung der GBO. vom 5. August 1935.

nach den Pflegschaftsakten (in denen am 17. Juni 1915 ein Pfleger bestellt worden ist für die durch Stiftungsurkunde vom 1. April 1872 errichtete, zur Gewährung von Prämien und Stipendien an Dorfschullehrer und Schüler in gewissen Ortschaften bestimmte, landesherrlich bisher nicht genehmigte Stiftung) der Verwaltungsrat, dem nach der Stiftungsurkunde die Verwaltung der Stiftung obliegt, offensichtlich nicht beabsichtige, jemals eine Genehmigung der Stiftung nachzusuchen. Hiervon ausgehend ist das Kammergericht der Ansicht, daß sowohl die am 10. Oktober 1908 auf dem Grundbuchblatte des Beschwerdeführers erfolgte Umschreibung der Grundschuld von 3000 ℳ als Hypothek auf die Stiftung als auch die Eintragung der Hypothek auf den Grundbuchblättern über die abgezweigten neun Parzellen wegen des Mangels der Rechtspersönlichkeit der Stiftung als inhaltlich unzulässig von Amts wegen zu löschen sei. Diese Ansicht begründet das Kammergericht wie folgt: Es sei zwar aus den für die Stiftung erfolgten Eintragungen der Mangel der Rechtspersönlichkeit noch nicht ersichtlich, da Stiftungen rechtsfähig sein könnten, auch sei nicht ohne weiteres anzunehmen, daß das Grundbuchamt ein Versehen begangen habe, als es die Grundschuld unter Umwandlung in eine Hypothek auf die Stiftung umgeschrieben habe; jedoch erfordere § 54 Abs. 1 Satz 2 GBO.*) weder ein Versehen des Grundbuchamts noch, daß aus dem Eingetragenen für sich allein schon von vornherein die Unzulässigkeit der Eintragung erkennbar gewesen sei, und eine Eintragung für einen nicht rechtsfähigen Berechtigten habe gar keine Rechtswirksamkeit. Das Kammergericht sieht sich aber an einer Entscheidung nach der vorbezeichneten Richtung behindert durch einen auf weitere Beschwerde ergangenen Beschluß des Oberlandesgerichts Jena vom 30. März 1909 (KGJahrb. Bd. 38 A 333), durch den ein Antrag, eine für eine nicht rechtsfähige Person eingetragene Hypothek von Amts wegen zu löschen, abgelehnt worden ist, weil aus der Eintragung selbst nicht erhelle, daß der Gläubiger nicht rechtsfähig sei, und deshalb eine ihrem Inhalte nach unzulässige Buchung im Sinne des § 54 Abs. 1 Satz 2 GBO.*) nicht vorliege. Daher hat das Kammergericht die weitere Beschwerde gemäß § 79 Abs. 2 GBO. dem Reichsgerichte vorgelegt.

Dem Kammergericht ist nicht beizutreten. § 54 Abs. 1 GBO.*) bestimmt: „Ergibt sich, daß das Grundbuchamt unter Verletzung gesetzlicher Vorschriften eine Eintragung vorgenommen hat, durch die das

*) Jetzt § 53.

Grundbuch unrichtig geworden ist, so ist von Amts wegen ein Widerspruch einzutragen. Erweist sich eine Eintragung nach ihrem Inhalt als unzulässig, so ist sie von Amts wegen zu löschen." Danach sind zwei Fälle unterschieden, in denen dem Grundbuchamte das Recht und die Pflicht beigelegt ist, gegen eine vorgenommene Eintragung von Amts wegen Gegenmaßregeln zu treffen. Der erste Fall des Satzes 1 hat zur Voraussetzung, daß die Eintragung vom Grundbuchamt unter Verletzung gesetzlicher Vorschriften vorgenommen, und daß durch sie das Grundbuch unrichtig geworden ist. Durch den Widerspruch, der bei Vorliegen dieser Voraussetzung einzutragen ist, soll verhütet werden, daß von Dritten in gutem Glauben an die Richtigkeit des Grundbuchs Rechte an dem Eingetragenen erworben werden (§§ 892, 894, 899 BGB.). Um das Vorhandensein der Voraussetzung feststellen zu können, muß aus den Unterlagen der Eintragung zu entnehmen sein, daß das Grundbuchamt, indem es die Eintragung bewirkte, gesetzliche Vorschriften verletzte, und muß sich aus der Sachlage ergeben, daß das Grundbuch zufolge der Eintragung Unrichtiges enthält. In dem zweiten, das Grundbuchamt zur Löschung von Amts wegen berechtigenden und verpflichtenden Falle des Satzes 2 dagegen wird erfordert einmal, daß die Eintragung unzulässig, also nach dem Gesetz überhaupt nicht eintragbar, vielmehr vom Grundbuch ausgeschlossen ist, und sodann, daß sich diese Unzulässigkeit „nach dem Inhalte der Eintragung erweist". Die Denkschrift zu § 52 des Entwurfs, die als Beispiel für eine solche Eintragung ein eingetragenes Recht nennt, das an einem Grundstück überhaupt nicht begründet werden kann, bemerkt dazu: es könne aus einer solchen Eintragung zwar kein Nachteil erwachsen, weil sich der öffentliche Glaube des Grundbuchs auf sie nicht erstrecke; jedoch liege es im allgemeinen Interesse, daß die Bedeutungslosigkeit der Eintragung durch das Grundbuch selbst besonders ersichtlich gemacht werde. Danach kann eine Eintragung nur dann von Amts wegen gelöscht werden, wenn sich aus ihrem Inhalte selbst ergibt und für den, der das Grundbuch einsieht, ohne weiteres ersichtlich ist, daß das Eingetragene etwas nach dem Gesetz Unzulässiges und daher rechtlich Bedeutungsloses ist. Kann die Unzulässigkeit einer Eintragung erst durch Heranziehung von Tatsachen und Beweisen, die außerhalb des Grundbuchs liegen, festgestellt werden, so ist für eine Löschung von Amts wegen kein Raum.

Das Kammergericht meint, der Gesetzgeber habe im § 54 Abs. 1*) Satz 2 GBO. darauf abgestellt, daß sich eine Eintragung als ihrem In-

*) Jetzt § 53.

halte nach unzulässig „erweise", lasse also damit durchblicken, daß die Eintragung nicht schon von vornherein als unzulässig erkennbar gewesen zu sein brauche. Allein mit Rücksicht auf die Anweisung zur Vornahme der Löschung von Amts wegen ist im § 54 Abs. 1 Satz 2 hinter „Erweist sich" hinzuzudenken „für das Grundbuchamt", und ferner lautet die Vorschrift nicht: „Erweist sich eine Eintragung als nach ihrem Inhalt unzulässig", sondern: „Erweist sich eine Eintragung nach ihrem Inhalt als unzulässig", so daß die Worte „Erweist sich" zu den Worten „nach ihrem Inhalt" in Beziehung gebracht sind. Danach hat der Halbs. 1 des Satzes 2 die Bedeutung von „Überzeugt sich das Grundbuchamt nach dem Inhalt einer Eintragung, daß diese unzulässig ist." Das Grundbuchamt hat also bei der Entscheidung der Frage, ob eine Eintragung von Amts wegen zu löschen sei, lediglich auf Grund des auf das eingeschriebene Rechtsverhältnis sich beziehenden Inhalts des Grundbuchs zu prüfen, ob das Eingetragene nach den gesetzlichen Bestimmungen nicht in das Grundbuch aufgenommen werden durfte. Insbesondere ist unter „Erweist sich" nicht etwa zu verstehen „Wird dem Grundbuchamt nachgewiesen" in dem Sinne, daß auch, wenn erst durch andere Beweise als durch den Inhalt des Grundbuchs die Unzulässigkeit einer Eintragung dargetan würde, die Voraussetzung für ein Einschreiten des Grundbuchamts gemäß § 54 Abs. 1 Satz 2*) gegeben wäre. Vielmehr soll nach dem Sinne dieser Vorschrift das Grundbuchamt nur dann, wenn ihm der Inhalt des Grundbuchs für sich allein die Überzeugung von der Unzulässigkeit einer Eintragung verschafft, zur Löschung von Amts wegen wie berechtigt so verpflichtet sein.

Dies findet eine Bestätigung darin, daß in dem ersten Entwurf einer Grundbuchordnung (amtliche Ausgabe bei Guttentag 1889), der zufolge Beschlusses des Bundesrats vom 14. Juni 1888 von der zur Ausarbeitung des Entwurfs eines Bürgerlichen Gesetzbuchs berufenen Kommission aufgestellt wurde, der § 54 lautet: „Erachtet das Grundbuchamt eine erfolgte Eintragung nachträglich für nicht gerechtfertigt, so hat es von Amts wegen, wenn die Eintragung nach ihrem Inhalt unzulässig war, die Aufhebung der Eintragung, in anderen Fällen die Eintragung einer Vormerkung anzuordnen." In den Motiven hierzu wird bemerkt: „Es sei wünschenswert, dem Grundbuchamte, falls es eine Eintragung als unrichtig erkenne, schleunige Gegenmaßregeln zu gestatten. Dabei könne indessen dem Grundbuchamte regelmäßig nicht die Wiederaufhebung einer als unrichtig erkannten Eintragung gestattet

*) Jetzt § 53.

werden, weil es hierdurch hinter dem Rücken der Berechtigten in Rechtspositionen eingreifen würde, welche durch den tatsächlichen Bestand der Eintragungen begründet würden", und ferner: „Eintragungen, welche ihrem Inhalte nach unzulässig seien, stünden nicht unter der Garantie des Grundbuchs. Dabei liege indessen doch ein öffentliches Interesse vor, daß die Bedeutungslosigkeit der unzulässigen Eintragung durch eine weitere Eintragung ersichtlich gemacht werde, insbesondere damit bei Auszügen aus dem Grundbuchblatte die bedeutungslosen Eintragungen weggelassen werden könnten. Die Unzulässigkeit der Eintragung mit Rücksicht auf den Inhalt derselben werde kaum jemals zweifelhaft sein können."

Hiernach muß, wenn die Löschung einer Eintragung nach § 54*) Abs. 1 Satz 2 GBO. von Amts wegen erfolgen soll, aus der Eintragung selbst, ohne daß es weiterer Auskunftsmittel und Beweise bedarf, ersichtlich sein, daß die Eintragung unzulässig und daher rechtlich bedeutungslos ist. Wenn dies der Fall ist, vermag die Löschung ein Privatrecht des von ihr Betroffenen nicht zu verletzen und kann ein etwaiger gutgläubiger Erwerber sich nicht auf das im Grundbuch Eingetragene berufen, weshalb es sich dann auch rechtfertigen läßt, daß eine solche Eintragung vom Grundbuchamt ohne Zuziehung der Beteiligten wieder aus dem Grundbuche beseitigt wird. Vorliegend aber ist die für die Maximilianstiftung zu Schw. eingetragene Hypothek nicht eine Eintragung, die nach ihrem aus dem Grundbuch ersichtlichen Inhalt etwas Unzulässiges enthält. Die Annahme des Kammergerichts, daß die Stiftung wegen Fehlens der landesherrlichen Genehmigung der Rechtspersönlichkeit ermangele, rechtfertigt es nicht, die Hypothekeintragung als eine inhaltlich unzulässige anzusehen. Es kann dahingestellt bleiben, ob die Eintragung eines eintragungsfähigen Rechtes für einen nicht rechtsfähigen Berechtigten sich überhaupt als eine nach ihrem Inhalt unzulässige darstellen kann. Nimmt man dies auch an, so ist doch jedenfalls zu erfordern, daß der Mangel der Rechtspersönlichkeit des eingetragenen Berechtigten aus der Eintragung selbst zu ersehen ist (vgl. den Beschluß vom 11. April 1910 in KGJahrb. Bd. 39 A. 210, in dem die Eintragung von Baubeschränkungen zugunsten einer preußischen Polizeibehörde als inhaltlich unzulässig erachtet worden ist). Hier aber läßt die Hypothekeintragung selbst nicht ersehen, daß die als Hypothekengläubigerin eingetragene Stiftung keine Rechtspersönlichkeit besitzt. Eine Stiftung kann rechtsfähig und Gläubigerin einer

*) Jetzt § 53.

Hypothek sein. Fragen könnte es sich sogar, ob nicht die Vermutung aus § 891 BGB. auch das Bestehen der Rechtspersönlichkeit der als Berechtigte eingetragenen Stiftung umfasse (vgl. Planck 4. Aufl. Anm. 2d Abs. 2 zu § 891 BGB.). Jedenfalls bedarf es außerhalb des Grundbuchs liegender Nachweise, um feststellen zu können, daß die eingetragene Hypothekengläubigerin der Rechtspersönlichkeit ermangelt.

Auch trifft es hier nicht zu, daß auf Grund der Eintragung nicht ein Rechtserwerb in gutem Glauben an die Richtigkeit des Grundbuchs stattfinden kann. Zwar würde, falls beispielsweise der Verwaltungsrat der Stiftung über die Hypothek verfügen und das Grundbuchamt, sei es versehentlich oder weil ihm nicht bekannt wäre, daß die Hypothekengläubigerin der Rechtspersönlichkeit ermangele, der Verfügung stattgeben würde, der Erwerber, auch wenn er gutgläubig wäre, Rechte an der Hypothek nicht erlangen, da sich der Schutz des Glaubens an die Richtigkeit des Grundbuchinhalts gemäß § 892 BGB. nicht auf Mängel des Rechtsgeschäfts erstreckt, durch das ein eingetragenes Recht am Grundstück erworben wird (RGZ. Bd. 69 S. 268, Bd. 84 S. 245). Wohl aber würde, wenn der Erwerber als Berechtigter eingetragen wäre, ein späterer Erwerber, da das Eingetragene nach dem Inhalte des Grundbuchs ein eintragungsfähiges Recht ist, sich für seinen Erwerb auf den öffentlichen Glauben des Grundbuchs berufen können (RGZ. Bd. 69 S. 267 flg.).

Danach sind hinsichtlich der hier fraglichen Eintragungen die Voraussetzungen des § 54 Abs. 1 Satz 2 GBO.*) entgegen der Auffassung des Kammergerichts für nicht gegeben zu erachten.

In einem Falle wie dem vorliegenden, in dem sich nachträglich aus Beweisen, die außerhalb des Grundbuchs liegen, ergeben haben soll, daß der Berechtigte, für den ein eintragungsfähiges Recht eingetragen worden ist, der Rechtspersönlichkeit ermangelt, kann eine Berichtigung des Grundbuchs nur nach § 22 GBO. in Frage kommen. Der Fall liegt nicht anders, wie wenn beispielsweise nach einer auf Bewilligung des Grundstückseigentümers (§ 19 GBO.) erfolgten Eintragung einer Hypothek sich nachträglich herausstellt, daß der als Gläubiger Eingetragene geschäftsunfähig ist. Es ergibt sich dann, daß die Einigung über die Hypothekbestellung (§ 873 BGB.) nichtig war und daher, weil die Hypothekeintragung nicht rechtswirksam ist, das Grundbuch unrichtig ist. Nur würde im gegebenen Falle die Nichtigkeit nicht die Einigung über die Bestellung des hypothekarischen Rechtes betreffen, sondern die

*) Jetzt § 53.

Einigung über die Abtretung der Grundschuld des Beschwerdeführers an die Stiftung und über die Umwandlung der Grundschuld in eine Hypothek. Hieraus würde folgen, daß nicht, wie das Kammergericht anordnen möchte, auf den Grundbuchblättern über die von dem Gute des Beschwerdeführers abgezweigten 9 Parzellen die dorthin zur Mithaft übertragene Hypothek der Stiftung überhaupt zu löschen wäre, sondern daß die Berichtigung des Grundbuchs auch auf diesen Grundbuchblättern in der Weise zu erfolgen hätte, daß die Hypothek in eine Grundschuld für den Beschwerdeführer umgeschrieben würde.

Das Kammergericht hat auch erwogen, ob dem Beschwerdebegehren unter dem Gesichtspunkt eines Berichtigungsantrags auf Grund des § 22 GBO. stattgegeben werden könnte. Es hat dies aber verneint, weil es sich um Berichtigung einer von vornherein unrichtigen Eintragung handeln würde und nach seiner ständigen Rechtsprechung (vgl. u. a. KGJahrb. Bd. 26 A. 80, 290, Bd. 30 A. 180 und besonders Bd. 39 A., 283) eine solche Berichtigung wegen der Vorschrift des § 71 Abs. 2 Satz 1 GBO., wonach gegen eine Eintragung die Beschwerde nicht zulässig ist, im Beschwerdewege nicht verlangt werden könne. Dabei hat das Kammergericht erklärt, seine Rechtsprechung in dieser Hinsicht befinde sich in Übereinstimmung mit der Rechtsprechung des Reichsgerichts. Dies ist jedoch nicht zutreffend. In dem vom Kammergericht anscheinend gemeinten Beschlusse des Senats vom 21. Oktober 1903, Rep. V 187/1903 (RGZ. Bd. 55 S. 404) ist nur die Beschwerde über die Zurückweisung eines Berichtigungsantrags, der sich lediglich darauf stützte, daß die betreffende Eintragung nach Maßgabe der ihr zugrunde liegenden Urkunden unrichtig sei, für unzulässig erklärt worden, weil die Beschwerde sich in Wirklichkeit gegen die Eintragung richte und, wenn durch die Stellung eines solchen Berichtigungsantrags im Falle seiner Ablehnung der Beschwerdeweg eröffnet werden könnte, dies auf eine Umgehung der Vorschrift des § 71 Abs. 2 Satz 1 GBO. hinauslaufen würde. Nicht aber ist ausgesprochen worden, daß eine Beschwerde über die Zurückweisung eines Antrags auf Berichtigung einer schon ursprünglich unrichtigen Eintragung auch dann unzulässig sei, wenn sich der Antrag auf neu beigebrachte Tatsachen oder Urkunden stütze.

Indessen ist auf die Frage, ob hinsichtlich der hier in Rede stehenden Eintragungen die Vornahme einer Grundbuchberichtigung nach § 22 GBO. gerechtfertigt und im Falle der Ablehnung der Grundbuchberichtigung durch das Grundbuchamt die Beschwerde dagegen zulässig wäre, nach der Sachlage nicht einzugehen. Gemäß § 13 GBO. kann eine Berichtigung des Grundbuchs nach § 22 nur erfolgen, wenn von einem Beteiligten, insbesondere von dem Berichtigungsberechtigten, ein hierauf gerichteter Antrag gestellt worden ist. Der Beschwerdeführer aber hat einen Antrag auf Grundbuchberichtigung, in dem in bestimmter Weise anzugeben gewesen wäre, nach welcher Richtung bezüglich der einzelnen Eintragungen eine Berichtigung des Grundbuchs begehrt werde, nicht gestellt. Vielmehr hat er in seinen Eingaben an das Grundbuchamt und in seinen Beschwerdeschriften erklärt, es bedürfe eines solchen Antrags nicht, er wolle nur eine Anregung geben, um das Grundbuchamt zum Einschreiten von Amts wegen nach § 54 Abs. 1 Satz 2 GBO.*) zu veranlassen. In Betracht kommt auch, daß, wenn auf eine Anregung hin das Grundbuchamt nach dieser Vorschrift eine Löschung von Amts wegen vornimmt, der Anregende für die Kosten nicht haftet, daß dagegen, wenn auf einen gestellten Antrag eine Berichtigung des Grundbuchs nach § 22 GBO. erfolgt, der Antragsteller gemäß § 1 preuß. GKG. die Kosten der Grundbuchberichtigung zu tragen hat. Der Beschwerdeführer aber hat sich ausdrücklich gegen eine Kostenlast verwahrt.

Daher scheidet die Frage der Zulässigkeit einer Anordnung auf Vornahme einer Grundbuchberichtigung nach § 22 GBO. wegen Fehlens eines Antrags auf Grundbuchberichtigung aus. Soweit aber die Löschung von Amts wegen gemäß § 54 Abs. 1 Satz 2*) GBO. vom Beschwerdeführer begehrt worden ist, ist die vom Landgericht ausgesprochene Zurückweisung der Beschwerde aus den oben dargelegten Gründen gerechtfertigt."

RGZ. 88, 345.

Behält eine vom Erblasser in grundbuchmäßiger Form zugleich für die Erben ausgestellte Generalvollmacht auch nach dem Tode für den Grundbuchverkehr ihre Wirksamkeit? Darf der Grundbuchrichter von dem Generalbevollmächtigten den Nachweis der Erben, und wenn minderjährige (geschäftsunfähige) Erben vorhanden sind, Genehmigung des Vormundschaftsgerichts verlangen? Insbesondere dann, wenn es sich nicht um Neueintragungen, sondern um Übertragung oder Aufhebung eingetragener Rechte handelt?

BGB. §§ 168, 672.
GBO. §§ 29, 40, 41**).

*) Jetzt § 53.
**) Jetzt §§ 39, 40 der Fassung der GBO. vom 5. August 1935.

V. Zivilsenat. Beschl. v. 28. Juni 1916.

I. Amtsgericht Löningen. — II. Landgericht Oldenburg.

Gründe:

Im Grundbuche von L. Art. 27 stehen die Eltern des Beschwerdeführers, „Kaufmann Joseph C. in Münsterscher Gütergemeinschaft mit seiner Ehefrau Anna geb. W.", als Eigentümer eingetragen. Beide sind ohne Hinterlassung einer letztwilligen Verfügung verstorben.

Ferner haften für den erwähnten Kaufmann Joseph C. Hypotheken: auf L. Art. 391 im Betrage von 100 Talern (Nr. 1) und 1043,25 ℳ (Nr. 5), auf L. Art. 392 im Betrage von 210,30 ℳ, auf L. Art. 484 im Betrage von 750 ℳ, endlich auf L. Art. 391 noch eine Hypothek von 49 Talern 29 Groschen (Nr. 2), eingetragen auf den Namen der Witwe C., der Mutter des erwähnten Jospeh C., die laut Bescheinigung des Großherzoglichen Amtsgerichts vom 26. Oktober 1888 ihr gesamtes Vermögen mit Einschluß sämtlicher Kapitalforderungen durch notarielle Urkunde vom 29. August 1856 ihrem Sohne, dem mehrfach erwähnten Joseph C., unter Aussetzung von Abfindungen für ihre anderen Kinder, übertragen hat.

Der Beschwerdeführer befindet sich im Besitz einer von seinen Eltern am 29. Mai 1907 ausgestellten, gerichtlich beglaubigten Generalvollmacht folgenden Wortlauts:

> „Wir ... erteilen unserem Sohne ... Generalvollmacht, uns in allen unseren Angelegenheiten rechtswirksam zu vertreten mit dem speziellen Auftrage, unsere Immobilien zu veräußern und aufzulassen. Dabei bestimmen wir ausdrücklich, daß diese unsere Generalvollmacht durch unseren Tod nicht erlöschen soll."

Die Generalvollmacht war nach Angabe des Beschwerdeführers dazu bestimmt, die Erbauseinandersetzung mit seinen Geschwistern durchzuführen.

Am 2. Dezember 1915 reichte der Beschwerdeführer dem Amtsgerichte folgende Urkunden ein:

a) Zu Art. 27 außer der erwähnten Generalvollmacht eine Schuld- und Verpfändungsurkunde über 12 000 ℳ Darlehen mit $4^1/_2$ % Zinsen zugunsten der Amtssparkasse in Cl., worin von ihm in seiner Eigenschaft als Generalbevollmächtigter die Eintragung der Hypothek bewilligt und beantragt wurde, datiert vom 1. Dezember 1915 und beglaubigt vom Gerichtsschreiber des Amtsgerichts;

b) zu Art. 391, 392, 484 die Hypothekenurkunden nebst der oben erwähnten Bescheinigung vom 26. Oktober 1888 mit Abtretungsvermerken, die unter dem 2. Dezember 1915 von dem Beschwerdeführer in seiner Eigenschaft als Generalbevollmächtigter auf die Hypothekenurkunden gesetzt, von dem Gerichtsschreiber des Amtsgerichts beglaubigt waren und die Bewilligung sowie den Antrag auf Umschreibung zugunsten des L.er Spar- und Darlehenskassen-Vereins, e. Genossenschaft m. u. H., enthielten.

Das Grundbuchamt beanstandete am 13. Dezember 1915 die Eintragungs- und Umschreibungsanträge und verlangte mit Frist bis zum 30. Dezember 1915 „Feststellung der Erben durch Erbschein und gehörige Bevollmächtigung durch dieselben". Die Beschwerde des Antragstellers vom 17. Dezember 1915 ist vom Landgerichte durch Beschluß vom 14. Februar 1916 zurückgewiesen worden. Das Landgericht erkannte zwar an, daß die Generalvollmacht durch den Tod der Vollmachtgeber nicht erloschen sei, vielmehr auch für die Erben weiter gelte und daß eine neue Bevollmächtigung durch diese nicht erforderlich sei, erachtete es aber ebenfalls für notwendig, daß der Beschwerdeführer seine nunmehrigen Machtgeber, die Erben, namhaft mache und den Nachweis der Erbfolge in grundbuchmäßiger Form (§ 36 GBO.)*) erbringe. Nebenbei bemerkte es, daß zur Eintragung der neuen Hypothek nach § 40 GBO.**) noch die Eigentumseintragung der Erben erforderlich sein werde.

Hiergegen hat der Antragsteller zu Protokoll des Gerichtsschreibers in L. am 29. März 1916 weitere Beschwerde erhoben, worin er rügt, daß das Landgericht nicht den amtsgerichtlichen Beschluß insoweit, als er die Beibringung einer neuen Vollmacht verlangt habe, aufgehoben habe, und worin er im übrigen die Ausführungen des Landgerichts bekämpft. Das Oberlandesgericht hat durch Beschluß vom 20. April 1916 die weitere Beschwerde gemäß § 79 Abs. 2, 3 GBO. dem Reichsgerichte zur Entscheidung vorgelegt. Es hält die Beschwerde für begründet, sieht sich aber verhindert, ihr stattzugeben, weil es sich bei dem Erfordernis des Erbennachweises mit mehreren Beschlüssen des preußischen Kammergerichts (KGJahrb. Bd. 41 S. A. 162, 174/68; Rechtspr. der OLG. Bd. 24 S. 88, Bd. 25 S. 381) in Widerspruch setzen würde.

Der Widerspruch ist anzuerkennen, insbesondere kann es nicht zweifelhaft sein, daß es sich um Fragen des Grundbuchrechts handelt. Denn wenn auch die Fortdauer der Vollmacht nach dem Tode des Machtgebers und ihre Wirkung gegenüber den Erben allgemeinere Bedeutung hat und durch die Vorschriften des bürgerlichen Rechtes

*) Jetzt § 35.
**) Jetzt § 39.

bestimmt wird, so handelt es sich doch im vorliegenden Falle um besondere, aus den Vorschriften der Grundbuchordnung (§§ 29, 36, 40, 41*) abgeleitete Anforderungen. Es war daher gemäß § 79 Abs. 3 GBO. über die weitere Beschwerde sachlich zu entscheiden. Die Beschwerde erschien aber nur zum Teil begründet.

Unbedenklich ist zunächst, daß die Vollmacht, die für die Erben ausdrücklich und in grundbuchmäßiger Form mitausgestellt ist, für diese Erben wirksam ist und daß demnach das Verlangen des Grundbuchamts nach Beibringung einer neuen, von den Erben ausgestellten Vollmacht unbegründet war. Es entspricht dies, mag man nun auf Grund des Wortlauts der Vollmacht und der Anführungen des Beschwerdeführers als unterliegendes Rechtsverhältnis einen Erbteilungsauftrag annehmen (§§ 168, 672 BGB.) oder der Generalvollmacht abstrakte Natur beimessen, der allgemeinen in Rechtsprechung und Rechtslehre herrschenden Anschauung.

Vgl. RG. V in Gruchots Beitr. Bd. 33 S. 950/4, RG. VII im Recht 1912 Nr. 3327; KG. in DJurZ. 1908 S. 820/1; in KGJahrb. Bd. 32 S. A. 197; in Rechtspr. der OLG. Bd. 10 S. 67, Bd. 24 S. 88, Bd. 25 S. 381; Jena im ZBl. für freiw. Ger. Bd. 6 S. 773 Nr. 778.

Für den Grundbuchverkehr bedarf es aber, wenn namens der Erben eine durch Eintragungen zu verwirklichende Rechtshandlung vorgenommen werden soll, nach § 40 GBO.*) der vorgängigen Eintragung der Erben und folgeweise als des Minderen eines Erbennachweises nach § 36 GBO.*). Eine Ausnahme macht § 41 GBO.*) nur hinsichtlich der „Übertragung oder Aufhebung eines Rechtes", also z. B. der Auflassungen, Hypothekenumschreibungen und Löschungen. Neue Belastungen oder Änderungen eingetragener Rechte fallen, abgesehen von weiteren hier nicht in Betracht kommenden Ausnahmefällen, nicht unter die Bestimmung.

KGJahrb. Bd. 27 S. A. 125, 263, Bd. 30 S. A. 217; Güthe 3. Aufl. Bd. 1 Anm. 13, 11 zu § 41 GBO.; Turnau-Förster 3. Aufl. Bd. 2 S. 323 flg., Anm. I, 4 zu § 41; Predari S. 578 bei § 41.

Demnach konnte im vorliegenden Falle dem Antrag auf Eintragung der Darlehnshypothek von 12 000 ℳ auf dem Grundstücke Art. 27 nicht stattgegeben werden, wenn nicht der Erbennachweis nach § 36 GBO. beigebracht und außerdem noch, wie schon das Landgericht bemerkt hatte, der Antrag auf Eigentumseintragung der Erben gestellt wurde.

*) Jetzt §§ 40, 39, 35, 40.

Die Beschwerde über die Einforderung des Erbennachweises ist daher insoweit unbegründet.

Anders liegt dagegen, wie das Oberlandesgericht mit Recht ausgeführt hat, die Sache bei den Umschreibungsanträgen zu Art. 391, 392, 484. Denn hier trifft die Ausnahme des § 41 GBO.*), die die Eintragung der Erben erübrigt, zu. Bei der einen Hypothek, Abt. III Nr. 2 auf Art. 391, ist allerdings auch der Erblasser des Beschwerdeführers noch nicht im Grundbuch eingetragen, vielmehr steht die Hypothek noch auf dem Namen der Rechtsvorgängerin des Erblassers. Hier greift jedoch § 40 Abs. 2 GBO.**) ein, wie jetzt, nachdem das Kammergericht seine frühere abweichende Ansicht aufgegeben hat (KGJahrb. Bd. 36 S. A. 242; Rechtspr. der OLG. Bd. 21 S. 8), wohl allgemein angenommen wird. Ist nun aber die Eintragung der Erben als Zwischeninhaber der Hypotheken bei deren Umschreibung nicht erforderlich, so ist auch kein Grund abzusehen, warum dem Grundbuchrichter der Erbennachweis geführt werden soll. Das Kammergericht hat in seinen oben angeführten, von dem Oberlandesgerichte beanstandeten Beschlüssen ausgeführt, die Sache könne nicht so behandelt werden wie bei einer Testamentsvollstreckung, denn die Generalvollmacht des Erblassers sei der Ernennung eines Testamentsvollstreckers nicht gleichzustellen. Der Generalbevollmächtigte sei nach dem Tode des Erblassers Bevollmächtigter der Erben und handle in deren Namen, er müsse daher seine Machtgeber namhaft machen, und wenn sich darunter Minderjährige oder Geschäftsunfähige befänden, was durch den Erbennachweis festzustellen sei, Genehmigung des Vormundschaftsgerichts beibringen, gerade so wie in dem Falle, wo der Machtgeber, nachdem er Vollmacht ausgestellt, nachträglich die Geschäftsfähigkeit verliere.

Diese in ihrem Ergebnis auch von Güthe, GBO. Bd. 2 S. 1792 der 3. Aufl. („Legitimationsfragen" unter „Vollmacht") vertretene Ansicht ist jedoch in sich widerspruchsvoll und unzutreffend. Wenn auch der Generalbevollmächtigte des Erblassers dem Testamentsvollstrecker, dessen Stellung dem Erben gegenüber selbständiger ist, nicht gleichgestellt werden kann, so ist doch nicht einzusehen, was dieser Unterschied mit der vorliegenden Sache zu tun hat. Um eine „analoge Anwendung" des § 36 Abs. 2 GBO.***), wie das Kammergericht meint, handelt es sich dabei nicht, denn der Abs. 2 a. a. O. betrifft nur den

*) Jetzt § 40.
**) Jetzt § 39.
***) Jetzt § 35.

Ausweis des Testamentsvollstreckers und erübrigt nicht, wo dieser erforderlich ist, den Erbennachweis nach Abs. 1. Der Ausweis des Generalbevollmächtigten wird durch die grundbuchmäßig beglaubigte Generalvollmacht erbracht, und die Frage ist lediglich die, ob im gegebenen Falle noch der Erbennachweis erforderlich ist. Dies könnte, wenn die Eintragung der Erben, wie nachgewiesen, nicht nötig ist und wenn die Vollmacht, wie das Kammergericht zugibt (z. B. KGJahrb. Bd. 41 S. A. 166; vgl. auch RGZ. Bd. 68 S. 391) für die Erben unterschiedslos ihre Wirkung behält, nur dann gerechtfertigt erscheinen, wenn wirklich, wie das Kammergericht annimmt, die Erklärung des Generalbevollmächtigten nach dem Tode des Erblassers unter Umständen der Genehmigung des Vormundschaftsgerichts bedürfte. Das Kammergericht will die Sache so angesehen wissen, als handle es sich in diesem Falle um eine Vollmacht und eine Erklärung des etwaigen „Vormundes", während doch die Vollmacht vom Erblasser mit unterschiedsloser Wirkung für die Erben ausgestellt ist und die Erklärung des Bevollmächtigten nicht namens des „Vormundes", sondern namens des „Erben" abgegeben wird. Will man nicht der vom Erblasser für die Erben ausgestellten Vollmacht einen Teil ihrer Bedeutung entziehen, so muß die vom Generalbevollmächtigten namens des minderjährigen oder sonst geschäftsunfähigen Erben abgegebene Erklärung dieselbe Bedeutung haben wie die eines Bevollmächtigten, den der Vormund (wie im Falle der im § 1822 Nr. 11 BGB. ausdrücklich erwähnten Prokura) „mit Genehmigung des Vormundschaftsgerichts" bestellt hat. Die Erklärung des Bevollmächtigten bedarf dann keiner besonderen Genehmigung. Und nicht anders liegt auch die Sache in dem vom Kammergerichte herangezogenen Falle, wo der Machtgeber nach Ausstellung der Vollmacht die Geschäftsfähigkeit einbüßt. Auch hier entbehrt die Einschränkung der Vertretungsbefugnis, wie sie das Kammergericht vornehmen will, jeder gesetzlichen Begründung.

Vgl. im übrigen die Ausführungen von Örtmann im Bankarchiv Bd. 13 S. 10 flg., auch Planck 4. Aufl. Bem. 1 b, 3 *a β* zu § 168 BGB.

Es war demnach die weitere Beschwerde insoweit zurückzuweisen, als sie den Erbennachweis bei Art. 27 betrifft, im übrigen unter Aufhebung der Beschlüsse des Amtsgerichts und Landgerichts das Grundbuchamt anzuweisen, von den erhobenen Bedenken Abstand zu nehmen."

RGZ. 102, 26.

Voraussetzungen der Zuständigkeit des Reichsgerichts zur Entscheidung über die weitere Beschwerde nach § 79 GBO.

V. Zivilsenat. Beschl. v. 19. März 1921.

I. Grundbuchamt Bremen. — II. Landgericht daselbst.

Gründe:

Im Grundbuche von Bremen Blatt 283 steht als Grundstückseigentümer der am 10. November 1912 verstorbene Chr. W. eingetragen. Er hat mit seiner hinterbliebenen Ehefrau in bremisch-rechtlicher allgemeiner Gütergemeinschaft gelebt. Ferner sind hinterblieben zwei Töchter, Frau Sp. und Frau G. Demnächst ist am 19. September 1914 Frau Sp. und am 28. Juni 1919 die Witwe W. gestorben. In notarieller Verhandlung vom 25. September 1919 wurde zum Zwecke der Erbauseinandersetzung das vorbezeichnete Grundstück von den Erben der Frau Sp. an die Frau G. veräußert und aufgelassen. Das Grundbuchamt beanstandete jedoch den Antrag auf Eintragung des Eigentums der Frau G., weil nach dem Tode des Chr. W. sein und seiner Ehefrau Samtgut, zu dem das Grundstück gehört habe, auf seine Witwe und die gemeinschaftlichen Kinder übergegangen sei, insoweit daher nicht Erbfolge, sondern Samtgutsnachfolge vorliege und deshalb nach § 40 GBO.*) zuvor die Erben der Witwe W., die Erben der Frau Sp. und Frau G. sich als Eigentümer des Grundstücks in das Grundbuch eintragen lassen müßten, da die Ausnahmebestimmung des § 41 GBO.**) nicht Platz greife. Die Beschwerde hierüber wurde vom Landgericht zurückgewiesen.

Der weiteren Beschwerde möchte das Oberlandesgericht Hamburg stattgeben, weil es die Ansicht vertritt, daß die an einer fortgesetzten Gütergemeinschaft Beteiligten als Erben im Sinne des § 41 GBO.**) anzusehen seien. An dieser Entscheidung hält es sich aber gehindert durch die Entscheidungen des Kammergerichts in OLG. Rspr. Bd. 5 S. 300; RJA. Bd. 4 S. 179 und KGJ. Bd. 38 A 212 (OLG. Rspr. Bd. 21 S. 9), sowie des Oberlandesgerichts Colmar in OLG. Rspr. Bd. 21 S. 11, welche den entgegengesetzten Standpunkt einnähmen. Es hat daher die weitere Beschwerde gemäß § 79 Abs. 2 GBO. dem Reichsgericht zur Entscheidung vorgelegt.

Das Reichsgericht erachtet sich jedoch zur Entscheidung über die weitere Beschwerde nicht für berufen. § 79 Abs. 3 GBO. bestimmt, daß „in den Fällen des Abs. 2" das Reichsgericht über die weitere Beschwerde entscheidet. Daraus folgt, daß das Reichsgericht, um seine Zuständigkeit zur Entscheidung festzustellen, von sich aus zu prüfen hat, ob ein Fall des § 79 Abs. 2 gegeben ist, ob also die Voraussetzungen vorhanden

*) Jetzt § 39 der Fassung der GBO. vom 5. August 1935.

**) Jetzt § 40 GBO.

sind, unter denen nach dem Abs. 2 die Vorlegung einer weiteren Beschwerde an das Reichsgericht stattzufinden hat, und daß es an die Auffassung des vorlegenden Oberlandesgerichts in dieser Hinsicht nicht gebunden ist. Die von dem Oberlandesgericht nach Abs. 2 bei der Vorlegung zu gebende Begründung seiner Rechtsauffassung soll nur die Nachprüfung der Rechtsauffassung ermöglichen, auf Grund deren das Oberlandesgericht von der auf weitere Beschwerde ergangenen Entscheidung eines anderen Oberlandesgerichts abzuweichen meint (vgl. die Beschlüsse des Reichsgerichts in RJA. Bd. 5 S. 9, Bd. 6 S. 39). Demnach wäre das Reichsgericht zur Entscheidung über die vorliegende weitere Beschwerde nur dann zuständig, wenn das Oberlandesgericht Hamburg bei der Auslegung einer das Grundbuchrecht betreffenden reichsgesetzlichen Vorschrift, die es seiner Entscheidung zugrunde legen möchte, von den genannten Entscheidungen des Kammergerichts und des Oberlandesgerichts Colmar abwiche. Diese Voraussetzung ist jedoch nicht gegeben. Zwar ist nach der Begründung des Vorlegungsbeschlusses hier ebenso wie in den Entscheidungen des Kammergerichts und des Oberlandesgerichts Colmar Gegenstand der Auslegung der Begriff „Erbe" in § 41 Abs. 1 GBO.*), wonach die Vorschrift des § 40 Abs. 1 GBO.**), daß eine Eintragung nur erfolgen soll, wenn derjenige, dessen Recht durch sie betroffen wird, als der Berechtigte eingetragen ist, keine Anwendung findet, wenn derjenige, dessen Recht durch eine Eintragung betroffen wird, Erbe des eingetragenen Berechtigten ist und die Übertragung oder die Aufhebung des Rechtes eingetragen werden soll. Entschieden ist jedoch vom Kammergericht in OLG. Rspr. Bd. 5 S. 300, daß die Witwe, die mit ihrem verstorbenen Ehemann in der Gütergemeinschaft nach der pommerschen Bauernordnung gelebt hat, in RJA. Bd. 4 S. 179, daß die Witwe, die mit ihrem verstorbenen Ehemann in der westfälischen allgemeinen Gütergemeinschaft nach dem Gesetze vom 16. April 1860 gelebt hat, und in KGJ. Bd. 38 A 212 sowie vom Oberlandesgericht Colmar in OLG. Rspr. Bd. 21 S. 11, daß die Witwe, die mit ihrem verstorbenen Ehemann in der allgemeinen Gütergemeinschaft des Bürgerlichen Gesetzbuchs gelebt hat, und daß die mit der Witwe die Gütergemeinschaft fortsetzenden gemeinschaftlichen Kinder hinsichtlich des Anteils des verstorbenen Ehemanns an dem Gesamtgute nicht Erben im Sinne des § 41 GBO.*) seien. Hier aber handelt es sich darum, ob, wenn eine Ehe, für welche der Güter-

*) Jetzt § 40.

**) Jetzt § 39.

stand der **bremisch-rechtlichen** allgemeinen Gütergemeinschaft gegolten hat, durch den Tod des Ehemanns aufgelöst wird, die hinterbliebene Witwe und die hinterlassenen gemeinschaftlichen Kinder hinsichtlich des Anteils des verstorbenen Ehemanns an dem Gesamtgute als „Erben" im Sinne des § 41 GBO.*) anzusehen sind. Die Rechtsverhältnisse dieses Güterstandes und die rechtlichen Folgen im Falle der Auflösung der Ehe durch den Tod des Ehemanns ergeben sich aus den Bremer Statuten von 1433, dem diese fortbildenden, auf Rechtslehre und Rechtsprechung beruhenden Gewohnheitsrecht und aus dem Gesetz, betreffend den Güterstand der vor dem Inkrafttreten des Bürgerlichen Gesetzbuchs geschlossenen Ehen, vom 18. Juli 1899, welche Bestimmungen gemäß Art. 200, 218 EG. z. BGB. auch nach Inkrafttreten des Bürgerlichen Gesetzbuchs in Geltung geblieben sind, insbesondere auch gelten, wenn nach diesem Zeitpunkt die Ehe durch den Tod des Ehemanns aufgelöst wird (**Finger**, das Bremer Ehe- und Erbrecht, S. 1 flg., 99 flg.). Es ist hier daher, da es sich um Übertragung eines in Bremen belegenen Grundstücks handelt, das auf den Namen eines unter Hinterlassung seiner Ehefrau und zweier gemeinschaftlicher Kinder verstorbenen Ehemanns eingetragen steht, nach diesen Gesetzen zu entscheiden, ob die Witwe und die beiden Kinder hinsichtlich des Anteils des Ehemanns an dem das Grundstück umfassenden Gesamtgut als Erben im Sinne des § 41 GBO.*) zu gelten hätten. Das Oberlandesgericht Hamburg meint zwar, das Beisitzverhältnis, wie es nach dem Tode des Ehemanns zwischen der Beisitzwitwe und den gemeinschaftlichen Kindern gemäß bremischem ehelichen Güterrecht bestehe, unterscheide sich nicht wesentlich von der fortgesetzten Gütergemeinschaft des Bürgerlichen Gesetzbuchs. Die Beisitzinteressenten während des Beisitzes seien ebensowenig wie die Beteiligten an der fortgesetzten Gütergemeinschaft des Bürgerlichen Gesetzbuchs als Erben im Sinne dieses Gesetzbuchs anzusehen. Trotzdem seien die Beteiligten und jene Beisitzinteressenten wegen Gleichheit des Rechtsgrundes als Erben im Sinne des § 41 GBO. zu behandeln. Die Entscheidungen des Kammergerichts und des Oberlandesgerichts Colmar dagegen beruhen auf der Annahme, daß bei dem Übergange des Anteils des verstorbenen Ehemanns an dem Gesamtgut auf die Witwe und die gemeinschaftlichen Kinder eine Erbfolge nicht stattfinde; für die fortgesetzte Gütergemeinschaft des Bürgerlichen Gesetzbuchs insbesondere sprechen dies die Entscheidungen in RJA. Bd. 4 S. 179; OLG. Rspr. Bd. 21 S. 9, 11 mit

*) Jetzt § 40.

Rücksicht auf die Bestimmung des § 1483 Abs. 1 Satz 2 BGB. aus, daß, wenn bei dem Tode eines Ehegatten gemeinschaftliche Abkömmlinge vorhanden sind, der Anteil des verstorbenen Ehegatten am Gesamtgute nicht zum Nachlasse gehöre, im übrigen die Beerbung des Ehegatten nach den allgemeinen Vorschriften erfolge. Es will also das Oberlandesgericht Hamburg die Vorschrift des § 41*) Abs. 1 GBO. auf die Beteiligten an der fortgesetzten Gütergemeinschaft des Bürgerlichen Gesetzbuchs und auf die Beisitzinteressenten des bremischen Rechtes, wiewohl sie nicht Erben seien, angewendet wissen, während die Entscheidungen des Kammergerichts und des Oberlandesgerichts Colmar die Anwendung der Vorschrift ablehnen, weil es sich nicht um Erben handle. Indessen kommt es für die Frage, ob eine Abweichung anzunehmen sei, nicht auf die Begründung der zu treffenden Entscheidung einerseits und die der früheren Entscheidungen der anderen Oberlandesgerichte anderseits, sondern darauf an, ob über den nämlichen Rechtssatz entschieden worden ist und entschieden werden soll und ob diese Entscheidungen unmittelbar eine Abweichung voneinander ergeben. Wenn hier das Oberlandesgericht Hamburg, übrigens im Gegensatz zu seinen eigenen Entscheidungen vom 24. November 1902 und 2. Oktober 1908 in OLG. Rspr. Bd. 6 S. 11, Bd. 18 S. 218, ausspräche, daß hinsichtlich des Anteils des verstorbenen Ehemanns an dem Gesamtgute, zu dem das hier in Rede stehende, auf den Namen des Ehemanns eingetragene Grundstück gehört, die Witwe und die hinterbliebenen Kinder als Erben im Sinne des § 41 GBO.*) anzusehen seien, wiewohl der Übergang des Anteils auf sie sich nach bremischem Recht nicht als Erbfolge darstelle, so würde die Entscheidung nur eine Gesetzesauslegung dahin betreffen, daß unter den „Erben" im § 41 GBO.*) auch die Witwe und die Kinder, auf die nach b r e m i s c h e m Recht der Anteil des verstorbenen Ehemanns an dem Gesamtgut übergehe, hinsichtlich dieses Anteils zu verstehen seien. Daher würde die Entscheidung bei dieser Auslegung nicht abweichen von den genannten Entscheidungen des Kammergerichts und des Oberlandesgerichts Colmar, die eine Gesetzesauslegung dahin zum Gegenstande haben, daß die nach dem Tode des Ehemanns an der fortgesetzten Gütergemeinschaft nach der pommerschen Bauernordnung, nach dem westfälischen ehelichen Güterrecht und nach dem Bürgerlichen Gesetzbuch Beteiligten hinsichtlich des Anteils des verstorbenen Ehemanns an dem Gesamtgute nicht Erben im Sinne des § 41 GBO.*) seien. Demnach ist das Oberlandes-

*) Jetzt § 40.

gericht Hamburg durch diese Entscheidungen nicht behindert, hinsichtlich der Beisitzinteressenten des bremischen Rechtes die beabsichtigte Entscheidung zu erlassen. Es war deshalb, weil danach das Reichsgericht nicht berufen ist, an Stelle des Oberlandesgerichts über die weitere Beschwerde zu entscheiden, eine Entscheidung zur Sache selbst abzulehnen.

RGZ. 110, 203.

1. Ist im Falle des § 18 Abs. 2 BGO., wenn zwei sich ausschließende Anträge auf Eintragung verschiedener Eigentümer gestellt sind und der durch Vormerkung gesicherte Eintragungsantrag sich innerhalb der gesetzten Frist als begründet erweist, dem ersten Antrage unter Beseitigung der inzwischen erfolgten Eintragung des anderen Eigentümers von Amts wegen stattzugeben?

2. Steht dem aus der Vormerkung Berechtigten gegen den eingetragenen Eigentümer ein Anspruch auf Einwilligung in die Umschreibung im Grundbuche zu?

V. Zivilsenat. Urt. v. 28. Januar 1925.

I. Landgericht Halberstadt. — II. Oberlandesgericht Naumburg a. S.

Der Gastwirt Pf. verkaufte sein Grundstück Nr. 2 in A. mit Mühlengerechtsame und Elektrizitätswerk durch notariellen Vertrag vom 2. Mai 1922 an den Ingenieur B. und ließ es in demselben Vertrag dem Käufer auf. Dieser verkaufte das Grundstück mit notariellem Vertrag vom 7. Oktober 1922 an die Kläger, die Kaufleute Z. und M., weiter, welche es ihrerseits am 5. November 1922 notariell an den Beklagten Gr. veräußerten und ihm im Dezember 1922 tatsächlich übergaben. In einem weiteren notariellen Vertrag vom 27. Januar 1923 übertrug Gr. das Grundstück zu $^{1}/_{4}$ an seine Ehefrau und verkaufte die ideelle Hälfte an Frau Dr. L. in H.; in derselben Urkunde erteilte der bis dahin noch im Grundbuch eingetragene erste Verkäufer Pf. der Frau Dr. L. Vollmacht, das Grundstück an sich selbst und die Eheleute Gr. aufzulassen. Diese Auflassung ist zugleich mit den Anträgen auf Eintragung des Eigentumswechsels zur notariellen Urkunde vom 11. Februar 1923 erklärt, welche am 14. Februar 1923 dem Grundbuchamt eingereicht ist. Dieses erließ darauf gemäß § 18 Abs. 1 GrBO. unterm 15. Februar eine Zwischenverfügung, durch welche es den Antragstellern eine Frist von sechs Wochen bestimmte zur Vorlegung der erforderlichen Bescheinigung über die Entrichtung oder Sicherstellung der Grunderwerbssteuer.

Inzwischen waren die Verkäufer zu 2 (B.) und 3 (die Kläger) zu der Ansicht gelangt, daß die Kaufverträge vom 7. Oktober und 5. November 1922 wegen unrichtiger Angabe des Kaufpreises nichtig seien, und B. verkaufte am 7. Februar 1923 das Grundstück nochmals an die Kläger und erteilte ihnen die Auflassung. Unterm 17. Februar 1923 lief der Antrag auf Eintragung des B. als Eigentümer auf Grund der Auflassung vom 2. Mai 1922 beim Grundbuchamt ein. Das Grundbuchamt entsprach der Vorschrift des § 18 Abs. 2 GrBO. in der Weise, daß es einerseits den neuen Eigentümer, andererseits eine Vormerkung zugunsten der Eheleute Gr. und Frau Dr. L. zur Sicherung des Rechts auf Eintragung als Eigentümer am 19. Februar 1923 im Grundbuch eintrug. Den unter Beifügung der nötigen Bescheinigungen des Finanzamts am 23. Februar 1923, also innerhalb der gesetzten Frist, wiederholten Antrag auf Eintragung der Ehefrau L. und der Eheleute Gr. beschied das Grundbuchamt dahin, daß inzwischen der Ingenieur B. als Eigentümer eingetragen, der Eintrag Gr. und L. durch Eintragung der Vormerkung erledigt und ihre Eintragung als Eigentümer nicht mehr möglich sei. Schließlich sind am 5. März 1923 die Kläger auf Grund der Auflassung vom 7. Februar 1923 im Grundbuch als Eigentümer eingetragen.

Die Kläger fordern mit der Klage als Grundstückseigentümer Verurteilung des Beklagten zur Räumung des Grundstücks und des Elektrizitätswerks. Der Beklagte, welcher sich die Ansprüche seiner Frau und der Frau Dr. L. auf Grundbuchberichtigung hat abtreten lassen, beantragt neben Abweisung der Klage im Wege der Widerklage Verurteilung der Kläger, darein zu willigen in erster Reihe, daß das Grundbuch durch Eintragung der Eheleute Gr. und der Frau Dr. L. zu den angegebenen Anteilen berichtigt werde, hilfsweise, daß die Genannten als Eigentümer eingetragen werden. Das Landgericht hat die Klage abgewesen und dem Hilfsantrag der Widerklage stattgegeben. Die Kläger haben Berufung eingelegt und beantragt, unter Abänderung des Urteils nach dem Klagantrage zu erkennen und die Widerklage abzuweisen. Sie haben noch geltend gemacht, der Beklagte und Frau Dr. L. hätten dem Pf. 200 000 ℳ gegeben, um ihn zur Auflassungsvollmacht zu bewegen. Hierin liege ein Verstoß gegen die guten Sitten, da es geschehen sei in Kenntnis der von Pf. an B. gegebenen Auflassung. Überdies habe der Beklagte auf das Recht aus der Vormerkung verzichtet. Der Beklagte hat dies bestritten, und die Berufung der Kläger ist zurückgewiesen. Der Revision der Kläger ist stattgegeben.

Gründe:

Die Klage auf Räumung ist aus § 985 BGB. an sich schlüssig begründet. Denn die Kläger sind eingetragene Eigentümer, der Beklagte ist Besitzer des streitigen Grundstücks. Der Beklagte beruft sich dagegen auf die für ihn, seine Ehefrau und Frau Dr. L. eingetragene Vormerkung, kraft deren er und seine Mitberechtigten ihre Eintragung als Eigentümer des Grundstücks mit Vorrang vor den Klägern fordern dürften. Die Kläger bestreiten wiederum die Rechtswirksamkeit der Vormerkung.

(Es werden zunächst die Einreden der Arglist und des Verzichts gegen die Berufung auf die Vormerkung näher erörtert. ...)

Erweisen sich demnächst die Angriffe gegen die Rechtswirksamkeit der zugunsten des Beklagten und seiner Mitberechtigten eingetragenen Vormerkung als unbegründet, so bedarf es weiter der Prüfung, welche rechtliche Bedeutung der Vormerkung zukommt und ob danach die getroffene Entscheidung gerechtfertigt ist.

Das trifft zu hinsichtlich der Abweisung der Klage. Die Voraussetzungen des § 18 Abs. 2 GBO. liegen unzweifelhaft vor, da ein zweiter an sich begründeter Antrag auf Eintragung eines neuen Eigentümers beim Grundbuchamt einging, während die durch Zwischenverfügung gesetzte Frist zur Hebung des dem ersten gleichartigen Antrag entgegenstehenden Hindernisses noch lief. Die Eintragung der Vormerkung zugunsten des Antrags Gr.-L. ist daher zu Recht erfolgt, ebenso die Eintragung des neuen Eigentümers B. Die Grundbuchordnung regelt in § 18 Schlußsatz nur den Fall ausdrücklich, daß der früher gestellte Antrag demnächst zurückgewiesen wird; alsdann soll die Vormerkung oder der Widerspruch von Amts wegen gelöscht werden. Für den hier vorliegenden Fall, daß innerhalb der gesetzten Frist die fehlenden Steuerbescheinigungen beigebracht werden und damit das Eintragungshindernis beseitigt ist, muß die Entscheidung aus dem Zusammenhang der Gesetzesvorschriften entnommen werden. Die Meinung des Grundbuchamts, daß durch die Eintragung der Vormerkung der erste Antrag endgültig erledigt sei, kann nicht als zutreffend anerkannt werden. Die Zwischenverfügung läßt die Wirksamkeit des Antrags unberührt (Güthe-Triebel, Bem. 34 zu § 18). Wird das Hindernis behoben, so ist im Fall des § 18 Abs. 1 GBO. die beantragte Eintragung (sofern nicht ein sonstiger Mangel besteht) vorzunehmen, ohne daß es einer Erneuerung des Antrags bedürfte. Auch die Eintragung der Vormerkung nach § 18 Abs. 2 GBO. enthält keinen endgültigen Bescheid auf den Eintragungsantrag. Die Vormerkung erfolgt nur zugunsten der einstweiligen Erledigung der beiden Anträge. Die Vormerkung hat den Zweck, den öffentlichrechtlichen Anspruch des Antragstellers gegen das Grundbuchamt auf Schutz gegen die Vereitelung oder Beeinträchtigung seines Antrags durch die Erledigung späterer Anträge für den Fall der Beseitigung des der Eintragung entgegenstehenden Hindernisses zu verwirklichen. Dadurch wird zugleich die Erledigung des zweiten Antrags vor dem ersten, die an sich durch die Ordnungsvorschrift des § 17 GBO. ausgeschlossen ist, unter Vorbehalt ermöglicht; nur insofern gilt die Eintragung der Vormerkung als Erledigung des ersten Antrags. Nach rechtzeitiger Hebung des dem ersten Antrag entgegenstehenden Hindernisses hat das Grundbuchamt die noch ausstehende endgültige Entscheidung über beide Anträge von Amts wegen zu treffen. Da dem ersten Antrag durch die Vormerkung der ihm durch § 17 GBO. gebührende Vorrang gesichert ist, so hat die Löschung der späteren Eintragung zu erfolgen, soweit sie dem ersten Antrag entgegensteht. Einer Bewilligung des inzwischen eingetragenen Berechtigten im Sinne des § 19 der GBO. bedarf es nicht, weil der erste Antragsteller sein Recht nicht von demjenigen des zweiten ableitet, vielmehr dessen Recht nur unter dem sich aus der Vormerkung ergebenden Vorbehalt eingetragen ist. Dies gilt auch dann, wenn die auf Grund des späteren Antrags erfolgte Eintragung, falls sie ohne diesen Vorbehalt bewirkt wäre, die Erledigung des ersten Antrags ausschließen würde. Obwohl ein neuer Eigentümer eingetragen ist, greift die Vorschrift des § 22 Abs. 2 GBO. nicht ein. Denn nicht die Berichtigung des Grundbuchs, sondern dessen Fertigstellung durch Beendigung eines schwebenden Verfahrens steht in Frage. Die Vorschriften der §§ 883 flg., insbesondere des § 888 BGB., finden auf die Vormerkung vom Amts wegen nach § 18 Abs. 2 GBO. keine Anwendung. Denn diese dient weder zur Sicherung eines schuldrechtlichen Anspruchs, noch setzt sie einen solchen voraus, sie soll vielmehr im Rahmen des von Amts wegen durchzuführenden Grundbuchverfahrens einen vorläufigen Schutz gewähren für den öffentlichrechtlichen Anspruch des Antragstellers gegen das Grundbuchamt auf endgültige Bescheidung eines Eintragungsantrags. Sie unterscheidet sich daher wesentlich von der Vormerkung aus § 883 flg. BGB., welche die Sicherung privater persönlicher Ansprüche auf die Bestellung, Aufhebung oder Änderung dinglicher Rechte an Grundstücken zum Ziele hat. Die hier vertretene Rechtsauffassung über die Bedeutung und Tragweite der nach der Grundbuchordnung von Amts wegen einzutragenden Vormerkung ist die im Schrifttum und der Rechtsprechung herrschende.

Vgl. Bohmeyer, die Vormerkung vom Amts wegen nach der RGrBO. S. 66—74, du Chesne in LeipzZ. Bd. 5 S. 511 und in der Festschrift für Wach I S. 335; Scherer in Seuff. Bl. f. RA. Bd. 75 S. 706; Güthe-Triebel GrBO. Anm. 46, 51 zu § 18; Predari[2] Anm. 11 zu § 18 GrBO.; von Staudinger, Bem. V zu § 888 BGB.; Planck-Strecker § 888 Bem. 2k; Rosenberg § 883 BGB. Anm. 7; RGRäte Komm. § 883 Anm. 2 a. E., § 888 Anm. 2, § 892 Anm. 6 S. 130; Enneccerus-Wolff, Lehrbuch 5. Bearb. II, 1 § 48 Bem. 15, RGZ. Bd. 55 S. 340, Bd. 62 S. 375; ZBl. f. FG. Bd. 11 S. 746, KGJ. Bd. 53 A S. 109.

Dem Grundbuchamt hätte es danach obgelegen, nach Eingang der Steuerbescheinigungen durch den Bevollmächtigten der Antragsteller Gr.-L. diese zu den angegebenen Anteilen als Eigentümer unter Beseitigung der Eintragung des B. im Grundbuch einzutragen. Diese Beseitigung hätte sich auch auf die Eintragung der Kläger zu erstrecken, da die aus dem Grundbuch ersichtliche Vormerkung auch ihnen gegenüber durchgreift (Komm. der RGRäte, Bem. 6 zu § 892 BGB.; Güthe-Triebel, Bem. 51 zu § 18 GBO.). Der Beklagte und seine Mitberechtigten können diesen Erfolg durch Beschwerde im Grundbuchverfahren erreichen, sofern ihrem Eintragungsantrag sonstige Bedenken nicht entgegenstehen. Bei dieser Sachlage können die Kläger auf ihr von vornherein zugunsten der Vormerkungsberechtigten beschränktes Eigentum dem Beklagten gegenüber, der zu diesen Berechtigten gehört, sich nicht berufen, vorbehaltlich ihrer oben erörterten Einwände gegen die Rechtswirksamkeit der Vormerkung.

Dagegen ist der Widerklagantrag in der gestellten Form nicht begründet. Wie sich aus den vorstehenden Ausführungen ergibt, bedürfen die Antragsteller Gr. und L. zu ihrer Eintragung als Eigentümer nicht der Zustimmung der Kläger. Ein Anspruch auf Einwilligung der Kläger in die Umschreibung im Grundbuch steht ihnen daher nicht zu. Daraus folgt jedoch im vorliegenden Fall nicht notwendig die Abweisung der Widerklage in vollem Umfang. Denn es ist zu beachten, daß die Kläger sich nicht lediglich ablehnend verhalten, sondern die Rechtsunwirksamkeit der Vormerkung aus verschiedenen materiellrechtlichen Gründen behaupten und ihr formales Eigentum gegen die Vormerkungsberechtigten durchzusetzen suchen. Die Einnahme dieses Rechtsstandpunkts könnte für den Beklagten und seine Mitberechtigten vielleicht ein rechtliches Interesse an der Feststellung begründen, daß die Kläger nicht berechtigt seien, der vom Beklagten geforderten Umschreibung der Vormerkung in die endgültige Eintragung zu widersprechen. Wenn der Beklagte seinen Antrag in der Widerklage entsprechend umstellt, so würde darin möglicherweise eine nach § 268 Nr. 2 ZPO. zulässige Beschränkung gefunden werden können (vgl. Stein, Bem. IV und V, 2 zu § 268 ZPO.). Gegebenenfalls würde das Oberlandesgericht alsdann weiter zu prüfen haben, ob die Voraussetzungen des § 256 ZPO. vorliegen und insbesondere ein Rechtsverhältnis, wenn nicht zwischen den Parteien, so doch beider Parteien zum Grundstück besteht (vgl. RGZ. Bd. 41 S. 347).

RGZ. 113, 223.

1. Wann ist eine Eintragung im Grundbuch ihrem Inhalte nach unzulässig?

2. Können Teilbeträge einer Gesamtforderung auf verschiedenen Grundstücken durch Einzelhypotheken sichergestellt werden, ohne daß hierbei eine andere und nähere Kennzeichnung der Teile erfolgt als durch ziffernmäßige Betragsangabe?

Grundbuchordnung § 54 Abs. 1 Satz 2*), §§ 51**), 22, 71 flg.
BGB. §§ 1113, 1115, 1132, 1187 flg.

V. Zivilsenat. Beschl. v. 31. März 1926.

I. Grundbuchamt Rostock. — II. Landgericht daselbst.

Der Sachverhalt ergibt sich aus folgenden

Gründen:

In der notariell beglaubigten Urkunde vom 25. Juli 1924 hat die Bleicherstraße Grundstückserwerbs-Aktiengesellschaft in Rostock erklärt:

Die J. R. Aktiengesellschaft, Eisengießereien und Maschinenfabriken in Berlin-Tempelhof, habe mit der Bremer Privatbank AG. in Bremen die Aufnahme einer zu 11 % jährlich verzinslichen Obligationen-Anleihe vereinbart, für welche die genannte Bank als Treuhänderin und Gläubigervertreterin gemäß § 1189 BGB. auftreten solle. Die Anleihe solle nach den vereinbarten, noch schriftlich niederzulegenden Bedingungen hypothekarisch auf einer größeren Zahl von Grundstücken gesichert werden. Für einen Teilbetrag der Anleihe von 1 560 000 GM (die Goldmark = $^1/_{2790}$ kg Feingold) bewillige und beantrage sie die Eintragung einer Sicherungshypothek zugunsten der

*) Jetzt § 53 der Fassung der GBO. vom 5. August 1935.
**) Jetzt § 50.

Bremer Privatbank AG. in Bremen zur Gesamthaft auf den zu Rostock in der Bleicherstraße und Neuen Bleicherstraße belegenen, im Grundbuche daselbst unter Bl. 2300 Nr. 516/I und Bl. 2280 Nr. 502 verzeichneten Grundstücken. Diesem Antrage gemäß waren „1 560 000 GM Sicherungshypothek für die Bremer Privatbank AG. zu Bremen unter Bezugnahme auf die Eintragungsbewilligung vom 25. Juli 1924" auf beiden Grundstücken zur Gesamthaft eingetragen worden.

Am 16./18. Januar 1925 beantragte die Grundstückseigentümerin, die Sicherungsgesamthyopthek von Amts wegen wieder zu löschen, weil sie mangels genügend bestimmter Bezeichnung des Teils der Forderung, den sie sichern solle, nichtig sei. Das Grundbuchamt lehnte die Löschung ab, indem es eine Höchstbetragshypothek gemäß § 1190 BGB. für vorliegend erachtete, kraft deren die Grundstücke für die ganze Anleihe bis zum Höchstbetrag von 1 560 000 GM haften sollten. Die hiergegen gerichtete Beschwerde der Eigentümerin hatte Erfolg. Das Landgericht ordnete die Löschung an, weil es die Auslegung der Gesamthypothek als einer Höchstbetragshypothek für unvereinbar mit der Fassung der in bezug genommenen Eintragungsbewilligung und demnach nur eine einfache Sicherungshypothek im Sinne des § 1187 BGB. für gegeben erklärte, bei dieser aber die Bezeichnung der einzelnen, durch die Hypothek zu sichernden Teilschuldverschreibungen vermißte und deshalb inhaltlich unzulässige, nach den § 54 Abs. 1*), § 71 Abs. 2 GBO. von Amts wegen zu löschende Eintragungen für vorliegend ansah. Die Löschung im Grundbuch ist erfolgt.

Dagegen hat nunmehr die Bremer Privatbank AG., jetzt in Liquidation, als betroffene Gläubigerin weitere Beschwerde mit dem Antrag auf Eintragung eines Widerspruchs gegen die Löschung erhoben, indem sie zugleich beantragte, durch einstweilige Anordnung dem Grundbuchamt die Eintragung einer Vormerkung zur Sicherung ihres Anspruchs auf Wiedereintragung der Hypothek oder eines vorläufigen Widerspruchs aufzugeben. Zur Begründung weist sie zunächst auf den Unterschied hin, der in der vorliegenden Sache gegenüber dem Falle des vom Landgericht angezogenen Beschlusses des Kammergerichts vom 28. Mai 1925 (OLG. Bd. 44 S. 174) darin bestehe, daß dort — für einen anderen Teilbetrag derselben Gesamtanleihe — im Grundbuch als Gläubiger neben ihr (der Bremer Privatbank) auch die Inhaber der Teilschuldverschreibungen, hier aber nur sie allein eingetragen gewesen sei. Des weiteren führt sie aus: Richtig sei zwar, daß die Sicherungshypothek von

*) Jetzt § 53.

1 560 000 GM nur für einen Teil der von der Schuldnerin ausgegebenen Obligationenanleihe hafte, indem nach § 8 der Anleihebedingungen auf einer Reihe von Grundstücken verschiedener Eigentümer Hypotheken eingetragen worden seien, die jeweils auf einen bestimmten, ziffernmäßig festgesetzten Teilbetrag der Gesamtanleihe lauteten und in der Endsumme den Gesamtbetrag von 13 000 000 GM ergäben; die Grundstücke seien also nicht in der Weise belastet, daß die Hypotheken als Gesamthypotheken für den Gesamtbetrag der Anleihe bestellt seien. Anderseits sollten aber die Hypotheken nicht für bestimmte Stücke der ausgegebenen Obligationen haften, sondern nur in Höhe des eingetragenen Teilbetrags der Gesamtheit der Obligationeninhaber als Sicherheit dienen. Die Inhaber der einzelnen Obligationen hätten daher keinen Anspruch darauf, sich aus bestimmten Hypotheken zu befriedigen, nähmen vielmehr an den einzelnen Hypotheken nur im Verhältnis ihrer Obligationen zum Gesamtbetrag der Anleihe teil. Eine Eintragung bestimmter Obligationen, welche die einzelne Hypothek sichere, würde mit den Anleihebedingungen nicht vereinbar sein. Dem Interesse des Grundstückseigentümers sei durch die Eintragung des Gläubigervertreters Genüge geschehen. Die Vorschrift des § 51 GBO.*) könne im vorliegenden Falle nur mit der Maßgabe Anwendung finden, daß infolge der Eintragung eines Vertreters gemäß § 1189 BGB. die Angabe der Anzahl, des Betrags und der Bezeichnung der Teile sich als unnötig erübrige.

Die Grundstückseigentümerin hat um Zurückweisung der weiteren Beschwerde gebeten. Sie entnimmt der Bezugnahme auf die Eintragungsbewilligung, daß auch im hier gegebenen Falle nicht nur die Beschwerdeführerin als Gläubigerin eingetragen gewesen sei, was, wenn es angenommen werden müßte, die Einzelobligationäre ohne jede dingliche Sicherung gelassen hätte. Sie hebt ferner hervor, daß bei sechs von den insgesamt elf in Betracht kommenden Teileintragungen, nämlich dort, wo der Grundbuchrichter von vornherein die Eintragung in der beantragten Unbestimmtheit beanstandet habe, die Hypotheken für bestimmte, nach Littera und Nummer bezeichnete Teilschuldverschreibungen eingetragen worden seien, so daß hier weder eine Mitbeteiligung der Gläubiger an anderen Hypotheken, noch eine Mithaftung dieser Grundstücke für andere Gläubiger in Frage komme. Auch vom Standpunkte des Grundstückseigentümers aus erachtet sie die Angabe nach Littera und Nummer für keineswegs entbehrlich.

---

*) Jetzt § 50.

Das Oberlandesgericht Rostock als Gericht der weiteren Beschwerde hat zwar den von der Beschwerdeführerin beantragten einstweiligen Widerspruch eintragen lassen, möchte aber zur Sache selbst der für zutreffend erachteten Begründung des Landgerichts beitreten und demgemäß die weitere Beschwerde zurückweisen. Es sieht sich jedoch hieran gehindert durch zwei andere — gleichfalls Teilbeträge der hier in Frage stehenden Gesamtanleihe betreffende — oberlandesgerichtliche Beschlüsse, in denen auf weitere Beschwerde abweichend entschieden sei, nämlich des Oberlandesgerichts in Dresden vom 19. Oktober und des Obersten Landesgerichts in München vom 20. November 1925. Es hat deshalb die weitere Beschwerde gemäß § 79 Abs. 2 GBO. dem Reichsgericht zur Entscheidung vorgelegt.

In dem Dresdener Falle lautete die Eintragung auf eine Sicherungshypothek von 700 000 GM mit Zinsen zu 11 % jährlich für die Bremer Privatbank zur Sicherstellung eines Teilbetrags der in der Eintragungsbewilligung vom 25. Juli 1924 bezeichneten Obligationenanleihe. Die Eintragungsbewilligung entsprach im Wortlaute derjenigen, welche der hier streitigen Eintragung zugrunde lag. Das Oberlandesgericht erklärte, abweichend vom Landgericht, den im § 54 Abs. 1 Satz 2 GBO.*) geforderten Nachweis für nicht geführt, daß die Eintragung ihrem Inhalte nach unzulässig sei. Es erkannte an, daß im Falle der Hypothek des § 1187 BGB., sofern die Hypothek zur Sicherung von Teilschuldverschreibungen dienen solle, die Angabe der Anzahl, des Betrags und der Bezeichnung der Teile (§ 51 GBO.**) nicht entbehrt werden könne, verneinte aber, daß der Fall einer Hypothek für Forderungen von Teilschuldverschreibungsgläubigern nachgewiesen sei. Denn die Eintragung ergebe nicht, daß die Hypothek für solche Forderungen bestellt sei. Als Gläubigerin sei darin die Bremer Privatbank und als Gegenstand der Forderung ein Teilbetrag der in der Eintragungsbewilligung bezeichneten Obligationenanleihe angegeben. Weder im Eintragungsvermerk, noch in der darin in Bezug genommenen Eintragungsbewilligung sei gesagt, daß der jeweilige Inhaber der Schuldverschreibung oder der erste Nehmer oder der Indossatar des Orderpapiers als Gläubiger eingetragen werde. Anderseits lasse sich aus der Eintragung auch nicht entnehmen, daß die Bremer Privatbank als Vertreterin für die jeweiligen Gläubiger gemäß § 1189 BGB. eingetragen sei. Eine Hypothek der in den §§ 1187 flg. BGB. bezeichneten Art müsse aber unmittelbar für

*) Jetzt § 53.
**) Jetzt § 50.

das Recht aus dem Inhaber- oder Orderpapier bestellt sein, während es nicht genüge, daß die Eintragung nur mittelbar der Sicherung der Schuldverschreibungsgläubiger diene oder künftig in eine wirkliche Hypothek des § 1187 umgewandelt werden solle. Dem Beschluß des Kammergerichts vom 28. Mai 1925 habe ein anderes Sachverhältnis zugrunde gelegen.

Das Oberste Landesgericht in München hatte folgende Eintragung zu beurteilen: „Sicherungshypothek wegen Anleihe in Höhe von 783 000 GM, verzinslich zu 11 % jährlich für die Bremer Privatbank AG. in Bremen unter Bezugnahme auf die Bewilligung vom 5. August 1924."

Nach dem Tatbestand seiner Entscheidung war in der maßgebenden Bestellungsurkunde von der AG. J. R. eine Hypothek für einen Teilbetrag von 783 000 GM samt Zinsen „der Bremer Privatbank oder ihrem Rechtsnachfolger, nämlich den durch Indossament legitimierten Besitzern der Schuldverschreibungen" (deren nähere Rechtsverhältnisse in den besonderen Anleihebedingungen niedergelegt waren) eingeräumt; die „allgemeine Rechtsgrundlage war hierbei die Aufnahme einer Obligationsanleihe". Auch das Oberste Landesgericht verneint im Gegensatz zum Landgericht, daß eine inhaltlich unzulässige Eintragung vorliege. Der Grundbuchrichter habe die ihm vorgelegten Urkunden dahin verstanden und ausgelegt, daß zunächst die Bremer Privatbank Hypothekengläubigerin werden solle und daß die Eintragung ihrer Rechtsnachfolger, die nicht im Sinne der §§ 1187 flg. BGB. von vornherein selbständige Hypothekenrechte erhalten sollten, etwas überflüssiges sei. Vom Standpunkte solcher rechtlich möglichen Auslegung aus enthalte aber die Eintragung keinen Verstoß gegen die §§ 1113, 1115 BGB. Ob die Auslegung zutreffend gewesen und wirklich der richtige Gläubiger eingetragen worden sei, könne im Rahmen des § 54 GBO.*) nicht nachgeprüft werden, denn die Angabe eines unrichtigen Berechtigten im Grundbuche falle nicht unter den Begriff der unzulässigen Eintragung im Sinne des Abs. 1 Satz 2 des § 54*); auch eine Verletzung gesetzlicher Vorschriften (Abs. 1 Satz 1 daselbst) sei dem Grundbuchrichter nicht vorzuwerfen. Der Fall des Kammergerichts (OLG. Bd. 44 S. 174) habe eine andersgeartete Eintragung zum Gegenstande gehabt.

Die Voraussetzungen des § 79 Abs. 2 GBO. sind gegeben. Das Oberlandesgericht Rostock will als Gericht der weiteren Beschwerde

---

*) Jetzt § 53.

bei der Auslegung reichsgesetzlicher Vorschriften, die das Grundbuchrecht betreffen, nämlich der §§ 1113, 1115 BGB., § 54 Abs. 1 Satz 2 GBO.*) eine Grundbucheintragung als ihrem Inhalte nach unzulässig erklären, die das Oberlandesgericht Dresden und das Oberste Landesgericht München bei einem im wesentlichen übereinstimmenden Tatbestand und Eintragungswortlaut als inhaltlich zulässig angesehen haben.

Die weitere Beschwerde ist begründet. Sie richtet sich gegen den Beschluß des Landgerichts, der die Löschung der Sicherungshypothek von 1 560 000 GM angeordnet hat. Daß nicht eine Höchstbetragshypothek im Sinne des § 1190 BGB., sondern nur eine einfache Sicherungshypothek gemäß den §§ 1187 flg. daselbst in Frage steht, wird auch von der Beschwerdeführerin nicht verkannt. Ihr ist anderseits zuzugeben, daß der vom Landgericht angezogene Beschluß des Kammergerichts vom 28. Mai 1925 einen andersgearteten Sachverhalt, wie auch vom Oberlandesgericht Dresden und vom Obersten Landesgericht München betont wird, wenigstens insoweit zum Gegenstand hatte, als dort die Eintragung im Grundbuch nicht auf die Beschwerdeführerin allein lautete, als Gläubiger vielmehr „die Bremer Privatbank AG. zu Bremen oder ihre Rechtsnachfolger, nämlich die durch Indossament legitimierten Besitzer der Schuldverschreibungen" bezeichnet waren, und ferner die Bestellung der Beschwerdeführerin zur Vertreterin der jeweiligen Gläubiger zum Ausdrucke gebracht war. Immerhin stimmt der Beschluß des Kammergerichts mit der hier angegriffenen Entscheidung darin überein, daß beide bei der Eintragung der Forderung die gebotene Bestimmtheit in der Bezeichnung des gesicherten Teils der Gesamtanleihe durch genaue Aufführung der jeweilig gesicherten Teilschuldverschreibungen vermissen.

Wenn die Löschung einer Eintragung nach § 54 Abs. 1 Satz 2 GBO.*) von Amts wegen erfolgen soll, muß aus der Eintragung selbst und darf nicht erst aus Beweisen, die außerhalb des Grundbuchs liegen, erkennbar sein, daß sie unzulässig und daher rechtlich bedeutungslos ist. Der Eintragung im engeren Sinne, d. h. dem Eintragungsvermerk, steht aber, soweit nach den §§ 874, 1115 Abs. 1 BGB. eine Bezugnahme zulässig ist und stattgefunden hat, der Inhalt der in Bezug genommenen Eintragungsbewilligung gleich; beide werden durch die Bezugnahme, soweit diese reicht, zu einer Einheit, die nur einheitlich gelesen und gewürdigt werden kann (RGZ. Bd. 88 S. 83, 88; vgl. auch

*) Jetzt § 53.

den erwähnten Beschluß des Kammergerichts vom 28. Mai 1925). Im gegebenen Falle weicht nun der Eintragungsvermerk zunächst sowohl von der Vorschrift des § 1115 Abs. 1 BGB., wie von den Fällen Dresden und München darin ab, daß er den Zinssatz der Forderung nicht enthält, obwohl insoweit eine Bezugnahme auf die Eintragungsbewilligung nicht zugelassen ist. Es fragt sich, ob dieser Verstoß, der allerdings eine inhaltliche Unzulässigkeit der Eintragung, wenn auch nur eine negative, nämlich durch Unvollständigkeit, darstellt, ihre volle rechtliche Unwirksamkeit zur Folge hat, welchenfalls das Oberlandesgericht aus diesem Grunde die Beschwerde hätte zurückweisen können, ohne dabei von den beiden anderen Entscheidungen abzuweichen und zur Vorlegung bei dem Reichsgerichte genötigt zu sein. Das ist aber zu verneinen. Denn es nötigt nichts dazu, die Nichtigkeit, die in betreff der Zinsen freilich dahin eintritt, daß für diese in Ermanglung der Eintragung die Haftung des Grundstücks nicht begründet wird, auch auf den übrigen Inhalt der Eintragung zu erstrecken (Komm. v. RGR. § 1115 Anm. 2 BGB.).

Hiervon abgesehen gibt aber der Eintragungsvermerk für sich allein betrachtet weder nach der positiven noch nach der negativen Seite zu Bedenken in betreff der inhaltlichen Zulässigkeit der Eintragung Anlaß. Sowohl der Gläubiger wie der Geldbetrag der Forderung sind klar und bestimmt bezeichnet, und im übrigen ist in zulässiger Weise (§ 1115 Abs. 1 Halbs. 2 BGB.) auf die Eintragungsbewilligung Bezug genommen. Eine Unzulässigkeit der vorliegenden Hypothekeneintragung dem Inhalte nach könnte sich demzufolge nur aus dem Zusammenhalt des eigentlichen Eintragungsvermerks mit der Eintragungsbewilligung ergeben. Davon ist offensichtlich auch die Eigentümerin der Grundstücke ausgegangen, indem sie die Unzulässigkeit der Eintragung daraus herleitete, daß der Teilbetrag der Gesamtanleihe, für den die beiden Rostocker Grundstücke ihrer Auffassung nach nur haften sollten, nicht deutlich und bestimmt genug bezeichnet sei; denn daß es sich bei der Eintragung um einen bloßen Teilbetrag einer größeren Gesamtforderung handle, war nur aus der in Bezug genommenen Eintragungsbewilligung zu ersehen. Ebenso beruhen auf der Heranziehung des Inhalts der Eintragungsbewilligung auch der angefochtene Beschluß des Landgerichts und die Ausführungen, womit das Oberlandesgericht die Vorlegung der weiteren Beschwerde beim Reichsgericht begründet hat. In Übereinstimmung mit der Grundstückseigentümerin erblickt das Landgericht die inhaltliche Unzulässigkeit der Eintragung darin, daß sie die zu sichernde Teilforderung innerhalb der höheren Gesamtforderung nicht genügend deutlich abgrenze, insbesondere die Teilschuldverschreibungen, zu deren Sicherung die Rostocker Hypothek dienen solle, nicht in der im § 51 GBO.*) vorgesehenen Weise näher bezeichne. Das Oberlandesgericht hält die Auslegung, die das Landgericht damit der Hypothekeneintragung im Sinne einer Sicherungshypothek gemäß den §§ 1187 flg. BGB. gibt, an sich für möglich, und ist geneigt, sich den vom Landgericht hieraus gezogenen Folgerungen anzuschließen, erachtet jedoch auch die Auffassung für vertretbar, wonach die Eintragung in Verbindung mit der Eintragungsbewilligung zweifelhaft lasse, ob die Bremer Privatbank nur Gläubigervertreterin oder selbst Gläubigerin sei. Aber auch von dieser Auffassung aus hält es im Gegensatze zum Obersten Landesgericht in München die Eintragung ihrem Inhalte nach für unzulässig, weil sie dann in bezug auf die Person des Berechtigten in sich unklar sei.

Was zunächst die Person des eingetragenen Gläubigers betrifft, so geht das Oberlandesgericht zutreffend davon aus, daß die Angabe eines unrichtigen Berechtigten im Grundbuche die Eintragung an und für sich, sofern nur über die Persönlichkeit des Bezeichneten kein Zweifel besteht, nicht im Sinne des § 54 Abs. 1 S. 2 GBO.**) ihrem Inhalte nach unzulässig macht (Güthe-Triebel, GBO. Anm. 28 zu § 54 S. 1088, mit Nachw.). Es erachtet aber im vorliegenden Falle bei Heranziehung der Eintragungsbewilligung Zweifel darüber, in welcher Eigenschaft die Bremer Privatbank eingetragen sei — ob selbst als Gläubigerin oder nur als Treuhänderin und Vertreterin gemäß § 1189 BGB. für die Teilschuldverschreibungsgläubiger — in solchem Maße für begründet, daß diese Unklarheit die Eintragung inhaltlich unzulässig mache. Dem kann jedoch nicht beigetreten werden. Allerdings kann Unzulässigkeit dem Inhalte nach auch dann gegeben sein, wenn die Eintragung in einem wesentlichen Punkte derart unklar ist, daß nicht ersehen werden kann, was eigentlich eingetragen ist (Güthe-Triebel a. a. O. Anm. 28 gegen Ende S. 1089). Bedenklich muß es aber schon erscheinen, bei einem Punkte, in betreff dessen, wie bei der Angabe des Hypothekengläubigers, nicht auf die Eintragungsbewilligung Bezug genommen werden darf und folgeweise vermutlich auch nicht Bezug genommen ist, gegen die an sich zweifelsfreie Eintragung Unklarheiten geltend zu machen, die sich erst bei Hinzunahme der Ein-

*) Jetzt § 50.
**) Jetzt § 53.

tragungsbewilligung herausstellen. Wollte man dies jedoch auch mit Rücksicht auf die Zusammengehörigkeit beider zugestehen, so dürfen doch Zweifel oder Undeutlichkeiten, die sich aus der Zusammenhaltung von Eintragungsvermerk und Eintragungsbewilligung ergeben, nur dann als die Eintragung ihrem Inhalte nach unzulässig machend im Sinne des § 54 Abs. 1 S. 2 GBO.*) anerkannt werden, wenn sie nicht anderweit zu beheben sind. Die Löschung von Amts wegen nach § 54 Abs. 1 S. 2*) ist eine so einschneidende Maßnahme, daß sie sich wegen bestehender bloßer Unklarheit nur rechtfertigen läßt, wo diese auf anderem Wege nicht beseitigt werden kann. Ist dagegen die Möglichkeit einer Auslegung anzuerkennen, die den Zweifel oder anscheinend vorliegenden Widerspruch löst, so besteht keine inhaltliche Unzulässigkeit, die zur Löschung von Amts wegen nötigte. In solchem Falle muß es vielmehr den Beteiligten überlassen bleiben, die Richtigstellung einer vermeintlich vorliegenden Unrichtigkeit des Grundbuchs gemäß § 22 GBO. im Prozeßweg herbeizuführen. Im vorliegenden Fall ist in dem Eintragungsvermerk selbst als Gläubiger der Sicherungshypothek die beschwerdeführende Bremer Privatbank schlechthin, ohne jeden ein Treuhand- oder Vertretungsverhältnis andeutenden Zusatz, bezeichnet worden. Ist schon hieraus zu entnehmen, daß das Grundbuchamt die Beschwerdeführerin allein als wirkliche Gläubigerin jedenfalls zunächst ansah und eintragen wollte, so findet diese Annahme auch in der Eintragungsbewilligung wesentliche Unterstützung durch die Fassung des darin formulierten und durch Einrückung aus dem fortlaufenden Text besonders hervorgehobenen Eintragungsantrags, der ebenfalls lediglich auf die Eintragung einer Sicherungshypothek zugunsten der Bremer Privatbank gerichtet ist. Im Eingang der Bewilligungsurkunde ist nun freilich von der beabsichtigten Aufnahme einer Obligationenanleihe die Rede, für welche die Bremer Privatbank als Treuhänderin und Gläubigervertreterin gemäß § 1189 BGB. auftreten solle. Aber das läßt sich auch so verstehen, daß damit nur die zukünftige Gestaltung der Dinge gekennzeichnet werden sollte, und zwar um so mehr, als der folgende Satz ergibt, daß noch nicht einmal die Bedingungen der Anleihe schriftlich festgelegt waren. Eine Auslegung der Eintragungsbewilligung erscheint daher durchaus möglich, die dahin geht, daß die Bank die Anleihe demnächst begeben, zuvörderst aber selbst als Gläubigerin der Darlehnshypothek, unter dem Vorbehalt der späteren Umschreibung auf die zukünftigen Teilberechtigten, in das Grundbuch eingetragen

*) Jetzt § 53.

werden sollte. Das ist auch die Auffassung, von der das Oberlandesgericht Dresden und das Oberste Landesgericht in München sich haben leiten lassen, jenes, indem es das Vorliegen einer Hypothekeneintragung im Sinn der §§ 1187 flg. BGB., § 51 GBO.*) leugnete, dieses, indem es als die Auslegung des Grundbuchrichters ausdrücklich annimmt, daß zunächst die Beschwerdeführerin als Hypothekengläubigerin eingetragen werden sollte, und indem es vom Standpunkte solcher „rechtlich möglichen" Auslegung aus einen Verstoß gegen die §§ 1113, 1115 BGB. für nicht gegeben erklärt. Hiernach ist von beiden zu diesem Punkte die Anwendbarkeit des § 54 Abs. 1 S. 2**) GBO. mit Recht verneint. Nicht anders liegt aber der hier gegebene Fall. Der Eintragungsvermerk lautete zweifelsfrei auf die Beschwerdeführerin als Gläubigerin, und die Auslegbarkeit der Eintragungsbewilligung, sofern sie überhaupt herangezogen werden durfte, ließ dies zu. Es konnte in diesem Punkte möglicherweise eine Unrichtigkeit vorliegen, aber es handelt sich nicht um eine inhaltliche Unzulässigkeit der Eintragung, die für eine Anwendung des § 54 Abs. 1 Satz 2**) GBO. Raum gegeben hätte. Ob etwa der Grundbuchrichter Anlaß gehabt hätte, vor der Eintragung die Zweifel aufzuklären, zu denen der Wortlaut der Eintragungsbewilligung Anlaß bot, ist eine andere hier nicht zu entscheidende Frage.

Ist aber von der Eintragung der Beschwerdeführerin als wirklicher und zunächst alleiniger Gläubigerin auszugehen, so bedarf es unter dem Gesichtspunkt des § 54**) GBO. keiner Erörterung mehr darüber, ob, falls die Teilschuldverschreibungsgläubiger als eingetragen anzusehen wären, deren Eintragung als ordnungsmäßig (§§ 1187 flg. BGB., § 51*) GBO.) anzuerkennen sein würde. Es verbleibt dann nur noch die Frage, ob ein weiterer Grund der inhaltlichen Unzulässigkeit bei einer Eintragung zugunsten des Einzelgläubigers etwa darin gefunden werden müsse, daß die Eintragung, wie sich aus der Zusammenhaltung mit der Eintragungsbewilligung ergibt, nur für den Teilbetrag einer größeren Gesamtforderung erfolgt ist, ohne daß dieser anders als durch die bloße ziffermäßige Betragsangabe gegenüber dem Rest oder anderen Teilen der Gesamtforderung abgegrenzt wäre. Auch dies ist aber zu verneinen. Einzelhypotheken zugunsten desselben Gläubigers auf verschiedenen Grundstücken für verschiedene Teilbeträge einer und der-

*) Jetzt § 50.
**) Jetzt § 53.

selben Forderung zu bestellen, ist, wie auch im Beschluß des Obersten Landesgerichts hervorgehoben, rechtlich zulässig (KGJ. Bd. 51 S. 288; Güthe-Triebel, Vorbem. 31 zum 2. Abschn. der GBO., vor § 13 Bd. 1 S. 212) und für den Fall der nachträglichen Verteilung des Betrags einer Gesamthypothekenforderung auf die einzelnen Grundstücke durch die Vorschriften des § 1132 Abs. 2 BGB. gesetzlich ausdrücklich anerkannt (Komm. v. RGR. § 1132, Anm. 2, 4, 7; § 1113 Anm. 5). Die Forderung zerfällt solchenfalls durch die Teilung in selbständige Teilforderungen, die durch selbständige Einzelhypotheken gesichert werden. Dafür, daß hierbei eine andere und nähere Kennzeichnung der einzelnen Teilforderungen erforderlich wäre, als durch ziffermäßige Angabe ihres Betrags, läßt sich kein Anhalt finden. Auch daraus, daß im vorliegenden Falle der eingetragene Geldbetrag der Forderung sich aus der Eintragungsbewilligung als nur einen Teil der größeren, nicht bezifferten Gesamtanleihe darstellend erweist, war gegen die inhaltliche Zulässigkeit der Eintragung nichts zu folgern.

Das Landgericht hat demnach unter Verletzung einer gesetzlichen Vorschrift, nämlich des § 54 Abs. 1 Satz 2 GBO.*) gehandelt, indem es die Löschung der für die Beschwerdeführerin eingetragenen Sicherungshypothek anordnete. Der weiteren Beschwerde war daher stattzugeben. Durch die Löschung ist das Grundbuch unrichtig geworden. Da die Löschung selbst keine nach ihrem Inhalt unzulässige Eintragung bildet, so konnte zwar mit der Beschwerde nicht ihre Wiederbeseitigung, wohl aber die Eintragung eines Widerspruchs verlangt werden (§ 71 Abs. 2 Satz 2 GBO.). Ein vorläufiger Widerspruch ist bereits gemäß § 76 GBO. eingetragen. Das Grundbuchamt war deshalb lediglich anzuweisen, bei den eingetragenen Löschungen den bereits vermerkten einstweiligen Widerspruch nunmehr als endgültigen zu kennzeichnen.

RGZ. 126, 107.

1. Kann das Absehen vom Erlaß einer Zwischenverfügung nach § 18 der Grundbuchordnung allgemein damit begründet werden, daß dem Antragsteller der seinem Antrag anhaftende Mangel bekannt gewesen sei?

2. Ist das Grundbuchamt zum Erlaß einer Zwischenverfügung verpflichtet, wenn nur ein leicht und schnell zu behebender Mangel in Frage kommt?

---

*) Jetzt § 53.

V. Zivilsenat. Beschl. v. 23. Oktober 1919.

I. Amtsgericht (Grundbuchamt) Bremen. — II. Landgericht daselbst.

Der Sachverhalt und die Entscheidung ergeben sich aus den

Gründen:

Unter Überreichung eines Kaufvertrags nebst Auflassungsverhandlung und Erbschein beantragte der beschwerdeführende Notar beim Amtsgericht (Grundbuchamt) Bremen am 1/2. Mai 1929 die Umschreibung des verkauften Grundstücks auf den Käufer, indem er hinzufügte: „Steuerbescheinigung wird nachgeliefert". Durch Beschluß vom 3. Mai 1929 wies das Grundbuchamt den Antrag zurück, weil die Bescheinigung nach § 24 des Grunderwerbsteuergesetzes fehle. In der Begründung wurde ausgeführt: Für den Erlaß eines Zwischenbeschlusses gemäß § 18 GBO. sei dann kein Raum, wenn der Antragsteller einen dem Antrag anhaftenden Mangel kenne, dessenungeachtet aber den Antrag doch an das Grundbuchamt leite; denn durch den Erlaß eines Zwischenbeschlusses sollten Härten vermieden werden, die sich ergeben würden bei sofortiger Zurückweisung eines Antrags, dem auf Rechtsunkenntnis, abweichender Rechtsauffassung, Unachtsamkeit oder dergleichen beruhende Mängel anhafteten. Alles das liege aber hier nicht vor, da dem Antragsteller bei Stellung des Antrags bekannt gewesen sei, daß diesem nicht entsprochen werden könne, solange die Steuerbescheinigung fehle.

Die hiergegen gerichtete Beschwerde des Antragstellers blieb erfolglos. Seiner weiteren Beschwerde, womit er bat, das Grundbuchamt zu einer Fristbestimmung gemäß § 18 GBO. anzuweisen, wollte das Oberlandesgericht Hamburg stattgeben; es sah sich aber durch abweichende Entscheidungen des Kammergerichts hieran gehindert und legte die Sache deshalb gemäß § 79 Abs. 2 GBO. dem Reichsgericht zur Entscheidung vor.

Die Vorlegung ist zu Recht erfolgt. Nach § 18 GBO. hat das Grundbuchamt dann, wenn einer beantragten Eintragung ein Hindernis entgegensteht, entweder den Antrag unter Angabe der Gründe zurückzuweisen oder dem Antragsteller eine angemessene Frist zur Hebung des Hindernisses zu bestimmen. Als leitenden Gesichtspunkt für die hiernach in das Ermessen des Grundbuchamts gegebene Wahl zwischen alsbaldiger Zurückweisung eines mangelhaften Antrags und Erlaß einer Zwischenverfügung mit Fristbestimmung will das Oberlandesgericht Hamburg ausschließlich anerkennen, ob es sich um einen leicht und schnell zu behebenden Mangel handle, und es will im Fehlen der Bescheinigung gemäß § 24 des Grunderwerbsteuergesetzes vom 12. September 1919 (RGBl. S. 1617) regelmäßig nur einen solchen, leicht und schnell zu behebenden Mangel erblicken. Da der vorliegende Fall für die gegenteilige Annahme keinen Anhalt biete, so möchte es von dem früher auch vom Kammergericht vertretenen Standpunkt aus für notwendig erklären, daß der Grundbuchrichter zur Nachlieferung der fehlenden Bescheinigung nach § 18 GBO. eine Frist setze. Das Kammergericht (1. Zivilsenat) stellt dagegen neuerdings nicht darauf ab, ob es sich um einen leicht und schnell zu behebenden Mangel handelt. Im Anschluß an eine ältere, für den Fall des Fehlens eines Erbscheins getroffene Entscheidung (KGJ. Bd. 50 S. 136) hat es vielmehr jetzt auch beim Mangel der Grunderwerbsteuer-Bescheinigung die alsbaldige Zurückweisung des Eintragungsantrags durch die Vorinstanzen gebilligt, indem es (Recht 1924 Nr. 1265, vgl. auch Naumb. AnwkZ. 1925/26 S. 68) grundsätzlich ausführt: Wer bewußt einen mangelhaften Antrag stelle, werde nicht unbillig getroffen, wenn sein Antrag grundbuchrechtlich so behandelt werde, wie es die Sicherheit des Grundbuchverkehrs und das schutzwürdige Interesse gewissenhafter verfahrender anderer Beteiligter erfordere. Die bisherige Erfahrung habe gezeigt, daß bei Zulassung von Anträgen ohne die erforderlichen behördlichen Belege bei den häufig vorkommenden mehrfachen Veräußerungen an verschiedene Personen ein späterer Käufer, der seinen Antrag vor Beschaffung der Belege einreiche, gegenüber dem früheren Käufer, der sich erst die Belege besorge, ungerechtfertigterweise der Vorteile des § 18 Abs. 2 GBO. zum Nachteil des gewissenhafteren ersten Käufers teilhaftig werde. Auch bestehe, seit die Vorschrift des § 24 Grunderwerbsteuergesetzes als überall bekannt vorausgesetzt werden dürfe, kein Anlaß mehr, das in öffentlichrechtlichen Rücksichten begründete Eintragungshindernis grundbuchrechtlich anders zu behandeln als die auf privatrechtlichen Vorschriften beruhenden. Im vorliegenden Fall erachtet das Landgericht zwar nicht ausnahmslos, wie anscheinend das Grundbuchamt, aber doch regelmäßig die alsbaldige Zurückweisung dann für geboten, wenn der Antragsteller bewußt einen unvollständigen Antrag eingereicht habe. Von dem neueren Standpunkt des Kammergerichts aus würde daher die Beschwerde der Begründung entbehren.

Die Zulässigkeit der Beschwerden begegnet keinem Bedenken. Stellt auch § 18 GBO. die Wahl zwischen alsbaldiger Zurückweisung und Zwischenverfügung in das Ermessen des Grundbuchamts, so unterliegt doch die Ausübung des Ermessens der Nachprüfung, und grundsätzliche, nicht den Umständen des Einzelfalls entnommene Gesichtspunkte für seine Anwendung können im Wege der weiteren Beschwerde nochmaliger Untersuchung daraufhin zugeführt werden, ob sie nicht eine Verletzung des Gesetzes enthalten. Die hiernach gebotene Prüfung ergibt, daß keinem der beiden Gerichte der weiteren Beschwerde völlig beigetreten werden kann. Mit dem Grundgedanken des § 18 GBO. vereinbar erscheint weder eine allgemeine Richtlinie, wie sie das Kammergericht aufstellt (dahin, daß die bewußte Einreichung eines unvollständigen Antrags das Grundbuchamt schlechthin zu dessen alsbaldiger Zurückweisung berechtige), noch auch die Annahme des Oberlandesgerichts Hamburg, es komme nur darauf an, ob der Mangel des Antrags leicht und schnell zu beheben sei.

Das Gesetz selbst sagt nichts darüber, wann das Grundbuchamt die alsbaldige Zurückweisung eines mangelhaften Antrags und wann es den Weg der Zwischenverfügung zu wählen habe. Abgesehen von Fällen, wo sich die Unstatthaftigkeit einer Zwischenverfügung aus der Natur der Sache ergibt, wie etwa bei Unzuständigkeit der angegangenen Amtsstelle, bei Unzulässigkeit der begehrten Eintragung, bei offensichtlicher Zweckwidrigkeit einer Fristbestimmung u. dgl., soll das Ermessen des Grundbuchamts entscheiden. Daß dieses Ermessen nicht als freies Belieben oder Willkür gedeutet werden darf, folgt aus der Amtspflicht des Grundbuchrichters von selbst. Aber anderseits zeigt schon das Schweigen des Gesetzes, daß eine Einengung des pflichtmäßigen Ermessens des Grundbuchamts durch Aufstellung bestimmter Richtlinien für dessen Ausübung nicht in seinem Sinne liegt. Dies findet Bestätigung in seiner Entstehungsgeschichte. Die Übung der preußischen Gerichte hatte Zwischenverfügungen zugelassen, ohne jedoch eine Verpflichtung des Grundbuchrichters anzuerkennen, in bestimmten Fällen davon Gebrauch zu machen. Der erste Entwurf einer Reichsgrundbuchordnung wollte strenger sein, indem er vorschrieb, daß ein nicht gerechtfertigter Antrag mit Angabe der Gründe zurückzuweisen, im Falle nachträglicher Beibringung der fehlenden Erfordernisse aber der Antrag als erst zur Zeit dieser Beibringung gestellt anzusehen sei (§ 48). Demgegenüber hat sich der zweite Entwurf (§ 17) auf den milderen Standpunkt gestellt, indem er den Grundbuchrichter in jedem Falle für berechtigt erklärte, eine Zwischenverfügung zu erlassen. In der Denkschrift ist dazu ausgeführt, daß, wenn ein Antrag sich als ungerechtfertigt darstelle, dies nach dem Entwurf nicht ohne weiteres zu seiner sofortigen Zurückweisung führe; eine solche Zurückweisung würde empfindliche Härten mit sich bringen in Fällen, wo der Antrag an einem leicht zu behebenden Mangel der Begründung leide. Das praktische Bedürfnis erfordere keine so strenge Behandlung; auch gegenwärtig werde es nach der Übung der Buchbehörden in den meisten Rechtsgebieten für statthaft erachtet, vor der endgültigen Zurückweisung eines Antrags Zwischenverfügungen zu erlassen. In den Verhandlungen des Reichstagsausschusses wurden wieder Bedenken laut. Daraufhin hob ein Regierungsvertreter hervor, es gehe zu weit, dem Grundbuchamt die Befugnis der Zurückweisung eines mangelhaften Antrags nur dann beizulegen, wenn das Hindernis nach dem Ermessen des Grundbuchamts nicht zu beseitigen sei; auch wenn die Beseitigung nur längere Zeit erfordere, müsse das Grundbuchamt mit Rücksicht auf die Erledigung späterer Anträge zur (alsbaldigen) Zurückweisung des zuerst gestellten mangelhaften Antrags in der Lage sein. Dem Bedürfnis werde dadurch genügt, daß nach dem Entwurf das Grundbuchamt zwar berechtigt, aber nicht verpflichtet sei, eine Zwischenverfügung zu erlassen. Es dürfe darauf vertraut werden, daß das Grundbuchamt von der Befugnis, eine Frist zur Hebung des Hindernisses zu bestimmen, unter Berücksichtigung der Umstände des einzelnen Falles und unter Abwägung der verschiedenen in Betracht kommenden Interessen nur insoweit Gebrauch machen werde, als es die Billigkeit und die Abwendung unnötiger Härten erfordere, wie dies auch der vom Reichsgericht gebilligten Handhabung des Kammergerichts entspreche.

Als Absicht des Gesetzes läßt sich hiernach erkennen, daß es die Entscheidung dem pflichtmäßigen verständigen Ermessen des Grundbuchamts im einzelnen Fall anheimstellen, die Entschließung des Grundbuchamts aber durch allgemeine, beim Vorliegen bestimmter Voraussetzungen stets zu befolgende Richtlinien möglichst nicht gebunden sehen will. In der Denkschrift war zwar anerkannt, daß die alsbaldige Zurückweisung dann als empfindliche Härte wirke, wenn der Antrag an einem leicht zu behebenden Mangel der Begründung leide. Aber ein Grundsatz dahin, daß nun leichte Behebbarkeit des Mangels stets zum Erlaß einer Zwischenverfügung führen müsse und die Härte einer alsbaldigen Zurückweisung für den Antragsteller nicht im einzelnen Fall durch überwiegende andere Interessen gefordert sein könne, war auch dort keineswegs aufgestellt. In den Ausführungen des Regierungsvertreters im Reichstagsausschuß ist die Grenze zutreffend gezogen, indem die Entscheidung zwischen alsbaldiger Zurückweisung und Zwischenverfügung darauf abgestellt wird, was bei Berücksichtigung der Um-

Betracht kommenden Interessen die Billigkeit und die Abwendung unnötiger Härten erfordern. Zugrunde lag dabei die Auffassung, daß bei Mangelhaftigkeit des Antrags die alsbaldige Zurückweisung die Regel sei. Dementsprechend wird auch die Befugnis (nicht Verpflichtung) des Grundbuchrichters zum Erlaß einer Zwischenverfügung betont. Im Einklang damit steht es, wenn das Gesetz selbst die Zurückweisung voranstellt. Als Regel muß festgehalten werden, daß der dem Grundbuchamt eingereichte Antrag, mängelfrei und vollständig, die begehrte Eintragung alsbald rechtfertigen soll. Dem pflichtmäßigen Ermessen des Grundbuchamts wird jedoch anheimgegeben, von der alsbaldigen Zurückweisung mangelhafter Anträge dort abzusehen, wo die Vermeidung der sich daraus ergebenden Härten möglich und billig erscheint. Danach kann es auf der einen Seite nicht für richtig erachtet werden, wenn als Grund, der den Grundbuchrichter zu alsbaldiger Zurückweisung berechtige, schlechthin die Feststellung genügen soll, daß der Antragsteller bei Einreichung seines Antrags dessen Mangelhaftigkeit oder Unvollständigkeit gekannt habe. Es läßt sich nicht anerkennen, daß in solchem Falle der Gesichtspunkt billiger Vermeidung unnötiger Härten grundsätzlich versage, zumal wenn der Antragsteller selbst auf die Unvollständigkeit seines Antrags hinweist, zugleich aber die Nachlieferung des Fehlenden ankündigt. Die Grenze ist auch hier flüssig. Anderseits ist es ebenso unberechtigt, das Fehlen der Grunderwerbsteuer-Bescheinigung allgemein für einen Mangel zu erklären, der, weil er regelmäßig leicht und schnell behebbar sei, den Grundbuchrichter zum Erlaß einer Zwischenverfügung verpflichte. Hierfür den besonderen Charakter des § 24 des Grunderwerbsteuergesetzes als einer nur im Steuerinteresse gegebenen Vorschrift heranzuziehen, ist nicht angängig; denn das öffentlichrechtliche Eintragungserfordernis hat, solange es besteht, Anspruch auf Beachtung wie ein privatrechtliches. Ebensowenig kann dem Antragsteller beigetreten werden, wenn er aus dem Wortlaut des § 24 folgern will, daß nur die Eintragung des Erwerbers im Grundbuch, nicht aber die Einreichung des Umschreibungsantrags an das Grundbuchamt von der Beibringung der Steuerbescheinigung abhängig gemacht worden sei. Eintragungserfordernissen muß grundsätzlich bei Stellung des Eintragungsantrags genügt sein. Der Fassung des § 24 ist Gegenteiliges nicht zu entnehmen. Darauf, daß dem Antragsteller der § 17 des bremischen Ausführungsgesetzes zum Bürgerlichen Gesetzbuch nicht zur Seite steht, hat schon das Landgericht mit zutreffender Begründung hingewiesen.

Als Grundsatz läßt sich hiernach nur aufstellen, daß das Grundbuchamt die Wahl zwischen der alsbaldigen Zurückweisung des mangelhaften Antrags und der Fristgewährung zur Nachbesserung in jedem einzelnen Falle unter Abwägung der sich gegenüberstehenden Interessen nach verständigem Ermessen zu treffen hat. Je nach Lage der Umstände wird das Grundbuchamt im Hinblick darauf, daß das Gesetz unnötige Härte vermieden wissen will, das private, gegenüber dem Entwurf I vom Gesetz als beachtenswert anerkannte Interesse des Antragstellers an alsbaldiger Einreichung seines (obschon als noch *unvollständig oder* sonst mangelhaft erkannten) Antrags berücksichtigen dürfen oder aber entgegengesetzten Interessen durch alsbaldige Zurückweisung den Vorrang zuerkennen müssen, sei es den besonderen schon bekannter oder zu erwartender anderer Antragsteller, sei es dem allgemeinen Interesse, das an der schnellen Abwicklung des Grundbuchverkehrs und an der Zuverlässigkeit der Grundbucheinsicht besteht.

Geht man hiervon aus, so kann man im vorliegenden Falle zur Zeit weder mit dem Landgericht schon zur Zurückweisung der Beschwerde gelangen, noch die vom Oberlandesgericht beabsichtigte Anweisung zum Erlaß einer Zwischenverfügung ohne weiteres als berechtigt erkennen. Nur so viel läßt sich von hier aus sagen, daß die bisherige allgemeine Begründung, die das Grundbuchamt der alsbaldigen Zurückweisung des Antrags gegeben hat, seine Entscheidung nicht trägt. Dies um so weniger, als es sich damit, wie es selbst ausspricht, zu seiner eigenen bisherigen Handhabung in scharfen Gegensatz gestellt hat. Denn nach der Absicht des Gesetzes ist die Kenntnis des Antragstellers von einem seinem Antrag noch anhaftenden Mangel kein Umstand, der für sich allein grundsätzlich die alsbaldige Zurückweisung rechtfertigen könnte. Auf der anderen Seite ist nicht ausgeschlossen, daß hier besondere Verhältnisse das Absehen vom Erlaß einer Zwischenverfügung zu begründen vermöchten. Es würde nichts im Wege stehen, hierbei auch Umstände und Erfahrungen zu berücksichtigen, die außerhalb des einzelnen, gerade zu prüfenden Antrags liegen. So könnten etwa gerichtsbekannte Nachlässigkeit oder Säumigkeit der Antragsteller in der Beibringung der Grunderwerbsteuer-Bescheinigung und daraus für den Grundbuchverkehr entstehende Schwierigkeiten zur Ausübung des pflichtmäßigen Ermessens durch Versagung der Zwischenverfügung berechtigte Veranlassung geben. Derartige dem Einzelfall entnommene Erwägungen sind aber in den Beschlüssen der Vorinstanzen nicht zugrunde gelegt.

Die hiernach gebotene anderweitige Prüfung nötigte zur Zurückverweisung der Sache an das Grundbuchamt.

RGZ. 133, 279.

Gebietet § 40 Abs. 1*) der Grundbuchordnung vorab die Rückberichtigung des Grundbuchs auf den Veräußerer, wenn bei der Auflassung mehrerer Trennstücke eines Grundstücks an verschiedene Erwerber die Parzellennummern verwechselt und daraufhin die Erwerber zunächst auf falschen Grundbuchblättern als Eigentümer eingetragen worden sind, nunmehr aber auf den richtigen Blättern eingetragen werden sollen?

V. Zivilsenat. Beschl. v. 24. September 1931.

I. Amtsgericht Berlin-Lichtenberg. — II. Landgericht III Berlin.

Der Sachverhalt und die Entscheidung ergeben sich aus den

Gründen:

Die Geschwister G.-J. waren Eigentümer eines Grundstücks in M. Sie verkauften im April 1928 Teilstücke an Frau Wo. und an Frau Wi. Die Stücke waren bereits vermessen, aber noch nicht katastermäßig bezeichnet. Nach der Darstellung der Beteiligten hat später die für Frau Wo. bestimmte Fläche die Parzellennummern 7397 und 7398, die für Frau Wi. bestimmte Fläche die Parzellennummern 7399 bis 7402 erhalten. Bei den Auflassungen im Juli 1928 wurden die Flächen umgekehrt bezeichnet. Infolgedessen wurde in den abgezweigten Grundbuchblättern Frau Wo. auf Bl. 6236 als Eigentümerin der Parzellen 7399 bis 7402, Frau Wi. auf Bl. 6237 als Eigentümerin der Parzellen 7397 und 7398 eingetragen.

Unter Darlegung des Sachverhalts bewilligten und beantragten alle Beteiligten in einer notariellen Urkunde vom 17. Oktober 1930 die Berichtigung des Grundbuchs dahin, daß die Flächenangaben in den Bestandsverzeichnissen von Bl. 6236 und 6237 ausgewechselt würden. Das Grundbuchamt (Rechtspfleger) vertrat zunächst in einer Zwischenverfügung den Rechtsstandpunkt, daß Frau Wo. und Frau Wi. sich gegenseitig die für sie eingetragenen Flächen auflassen müßten, lehnte dann aber durch richterliche Verfügung den Berichtigungsantrag mit der Begründung ab, eine Berichtigung sei nur auf die Verkäufer, Geschwister G.-J., möglich; diese müßten die richtigen Parzellen erneut an die beiden Käuferinnen auflassen. Die Beschwerde der Beteiligten gegen diese Entscheidung legte der Grundbuchrichter dem Landgericht mit dem Bemerken vor, die beantragte Berichtigung sei unzulässig; zulässig sei nur die nicht beantragte Berichtigung durch Eintragung der alten Eigen-

*) Jetzt § 39 GBO.

tümer G.-J. und dann erst — gegebenenfalls auf Grund der Auflassungen vom Juli 1928 und der Verhandlung vom 17. Oktober 1930 — die Berichtigung auf die richtigen neuen Eigentümer.

Das Landgericht wies die Beschwerde zurück und führte in den Gründen aus: Die Auswechslung der Flächenangaben in den Bestandsverzeichnissen von Bl. 6236 und 6237 sei jedenfalls unzulässig. Möglich sei überhaupt nur die Auswechslung der Eigentumseintragung in der Abteilung I der Grundbücher. Auch wenn der Berichtigungsantrag so verstanden werde, müsse er aber zurückgewiesen werden, weil nach § 40 GBO.*) eine Berichtigung der Eigentumseintragungen in den Personen der Erwerber nicht statthaft sei ohne vorherige Eintragung der Veräußerer als der noch Eigentümer gebliebenen Berechtigten und der daher von den beantragten Eintragungen Betroffenen.

In ihrer weiteren Beschwerde erklärten die Beteiligten sich damit einverstanden, daß nicht die Angaben in den Bestandsverzeichnissen, sondern die Eintragungen in der Abteilung I der Grundbücher berichtigend ausgetauscht würden, bekämpften aber die Rechtsansicht, daß zuvor noch eine Grundbuchberichtigung auf die Veräußerer nötig sei. Das Kammergericht hält die weitere Beschwerde für unbegründet. Es sieht sich aber an ihrer Zurückweisung gehindert durch den in ROLG. Bd. 40 S. 260 veröffentlichten Beschluß des Bayerischen Obersten Landesgerichts vom 27. Februar 1920 und hat daher die Sache gemäß § 79 Abs. 2 GBO. dem Reichsgericht vorgelegt.

Der Fall dieser Gesetzesvorschrift ist gegeben. In der zwischen dem Bayerischen Obersten Landesgericht und dem Kammergericht streitigen Frage der Auslegung des § 40 Abs. 1 GBO.*) ist dem Kammergericht beizutreten.

Beide Gerichte gehen übereinstimmend und zutreffend davon aus, daß sich bei dem gegebenen Tatbestand die weitere Beschwerde nicht gegen die im Grundbuch vorhandenen Eintragungen, sondern gegen die Zurückweisung der auf Bewilligungen aller Beteiligten gestützten Berichtigungsanträge richtet, und daß deshalb gegen die formelle Zulässigkeit der Beschwerde Bedenken aus §§ 71, 78 GBO. nicht zu erheben sind. Beide Gerichte sind ferner ohne Rechtsirrtum in der Beurteilung der materiellen Rechtslage dahin einig, daß bei Willensübereinstimmung aller Beteiligten über die aufgelassenen Grundstücksflächen deren irrtümlich falsche Bezeichnung in den Auflassungserklärungen diese Erklärungen nicht unwirksam macht, daß vielmehr trotz der falschen

*) Jetzt § 39.

Bezeichnung wirksame Auflassungen zu den vom Willen der Beteiligten umfaßten Flächen vorliegen, und daß daher auf Grund dieser Auflassungen in Verbindung mit einer dem § 29 GBO. entsprechenden, die falsche Bezeichnung richtig stellenden Nachtragserklärung aller Beteiligten die Eintragungen der Erwerber auf den letztgenannten Flächen vorgenommen werden können. Schließlich ist aber das Bayerische Oberste Landesgericht (a. a. O. S. 261) auch noch einig mit der zutreffenden Ansicht des Kammergerichts, daß zur Vollendung des Eigentumsübergangs an den wirksam *aufgelassenen Flächen die zunächst* bewirkten Eintragungen der Erwerber auf den fälschlich angegebenen Flächen nicht genügen, sondern daß die Erwerber nur durch neue Eintragungen in den Grundbüchern der richtig bezeichneten Flächen das Eigentum daran erlangen können (vgl. RGRKomm. 6. Aufl. Anm. 10 zu § 873 BGB. und Anm. 6 Abs. 2 zu § 925 das.; Staudinger 9. Aufl. Anm. A III 3 b α) und δ) zu § 925 BGB.). Streit besteht mithin nur darüber, wie diese neuen Eintragungen herbeizuführen sind. Das Bayerische Oberste Landesgericht nimmt an, daß die Erwerber auf Grund der Auflassungen und der berichtigenden Nachtragserklärungen der Beteiligten ohne weiteres unter Beseitigung der zunächst bewirkten Eintragungen auf den falschen Blättern im Wege der Grundbuchberichtigung als Eigentümer auf den richtigen Blättern eingetragen werden könnten. Das Kammergericht meint dagegen, die Grundbücher müßten zunächst auf die Veräußerer als Eigentümer berichtigt und dann erst könne das Eigentum an den richtigen Blättern auf die Erwerber umgeschrieben werden.

Im Schrifttum teilen die Ansicht des Bayerischen Obersten Landesgerichts: Güthe-Triebel GBO. 5. Aufl. Bd. 1 S. 948 Anm. 11 zu § 40; der RGRKommentar a. a. O.; Förster im Recht 1904 S. 91 unter Nr. 3; Predari GBO. 2. Aufl. S. 613 Anm. 4. Dem Kammergericht sind beigetreten: Fuchs-Arnheim Grundbuchrecht Bd. 2 S. 429 Anm. 9 und Falkmann im Zentralbl. für freiw. Gerichtsbarkeit u. Notariat Bd. 5 S. 302 unter Nr. 3.

Die Ansicht des Bayerischen Obersten Landesgerichts hat unverkennbar den praktischen Vorzug, daß sie auf kurzem und einfachem Wege sogleich zum Endziel führt. Sie ist aber mit dem Gesetz nicht vereinbar. Wenn der Beschluß in ROLG. Bd. 40 auf S. 262 flg. ausführt, durch die vom Kammergericht geforderte Vorabberichtigung auf die Veräußerer würde das Grundbuch unrichtig werden, weil schon gültige Auflassungen an die Erwerber vorlägen, so setzt er sich mit seiner eigenen Erkenntnis in Widerspruch, daß die Auflassungen allein das Eigentum an den richtigen Flächen nicht übertragen konnten und daß wirksame Eintragungen, die hinzukommen müssen, bisher fehlen. Es ist daher nicht ersichtlich, inwiefern der Grundbuchrichter durch die berichtigende Wiedereintragung der Veräußerer „unmittelbar gegen die wirkliche Rechtslage verstoßen" sollte. Richtig ist nur, daß es sich bei dieser Berichtigung um eine „Zwischenbuchung" handelt, der die Eintragungen der Erwerber auf den richtigen Blättern alsbald folgen sollen. Die Frage, ob diese „Zwischenbuchung" erforderlich ist, darf aber nicht allein nach Zweckmäßigkeitserwägungen, sondern muß zunächst aus dem Gesetze beantwortet werden. Sie ist in § 40*) Abs. 1 GBO. im Sinne der Ansicht des Kammergerichts geregelt.

In seiner früheren Rechtsprechung (KGJ. Bd. 26 A S. 245, Bd. 37 A S. 262) und bei Begründung des Vorlegungsbeschlusses in der jetzt zu entscheidenden Sache hat das Kammergericht den nach den vorangehenden Ausführungen zutreffenden Standpunkt eingenommen, daß bei dem gegebenen Tatbestand die erstrebten Eintragungen der Erwerber als Eigentümer in den richtigen Grundbüchern rechtsändernde, nicht berichtigende Eintragungen darstellten, da erst durch sie das bisher bei den Veräußerern verbliebene Eigentum auf die Erwerber übertragen werde. Bei rechtsändernden Eintragungen ist nun aber, wie allgemein anerkannt wird (Güthe-Triebel a. a. O. S. 945 Anm. 7), derjenige, dessen Recht durch die Eintragungen betroffen wird, der materiell Berechtigte, nicht — wie bei berichtigenden Eintragungen (Güthe-Triebel a. a. O. S. 948 Anm. 11) — der Buchberechtigte. Mithin folgt aus § 40 Abs. 1 GBO.*), daß die Eintragungen der Erwerber auf den richtigen Grundbuchblättern abhängig sind von der vorangehenden, im Grundbuch nicht mehr vorhandenen Eintragung der Veräußerer als Eigentümer. Diese Eintragung erfolgt im Wege der Grundbuchberichtigung, kann aber nicht unterbleiben, ohne daß § 40 GBO.*) verletzt würde. Wenn es sich dabei auch nur um die Beachtung einer Ordnungsvorschrift handelt, so dürfen doch das Grundbuchamt und die Beschwerdegerichte nicht zu ihrer Verletzung die Hand bieten. Die Kritik Försters, daß die vom Kammergericht vertretene Ansicht der glatten Abwicklung der Verhältnisse unnötig ein überaus umständliches und zweckloses Verfahren in den Weg stelle, überschätzt wohl die Schwierigkeiten, die sich aus dem Erfordernis der Zwischeneintragung der Veräußerer ergeben, und wird jedenfalls dem Gesetz nicht gerecht. Zwar glaubt auch das Kammergericht in KGJ. Bd. 26 A S. 248 anerkennen zu

*) Jetzt § 39.

müssen, daß jene Zwischeneintragung, die lediglich weitere Eintragungen vermitteln solle und sonst einer selbständigen Bedeutung entbehre, wie etwas Überflüssiges und Formalistisches erscheine. Indessen darf dabei der Zweck des § 40 GBO.*) nicht übersehen werden. Die Vorschrift dient dazu, den Rechtsstand des Grundbuchs und seiner Änderungen nicht bloß im Endziel richtig, sondern in allen Entwicklungsstufen klar und verständlich wiederzugeben (Güthe-Triebel a. a. O. S. 938 Anm. 1). Zur Klarheit und Verständlichkeit gehört aber nicht zuletzt auch die Vollständigkeit der Eintragungen, die gerade bei verwickelten Verhältnissen erwünscht ist und durch das Gesetz gewährleistet werden soll. Betrachtet man den vorliegenden Sachverhalt in diesem Lichte, so wird man füglich bezweifeln dürfen, ob die Zwischeneintragung der Veräußerer, die für die Erwerber unbequem sein mag, vom Standupnkt des Gesetzgebers aus noch überflüssig und zwecklos genannt werden darf.

Da im gegenwärtigen Falle die Beteiligten der nach dem Gesetz erforderlichen berichtigenden Zwischeneintragung der Veräußerer sich widersetzen und ihren Antrag ausdrücklich auf die nicht statthafte sofortige Eintragung der Erwerber richten, ist die gegen die Ablehnung dieses Antrags eingewendete weitere Beschwerde zurückzuweisen.

RGZ. 151, 395.

Zum Begriff des „Beteiligten" im Sinne des § 12) der Grundbuchordnung vom 24. März 1897 in der Fassung der Bekanntmachung vom 20. Mai 1898 (RGBl. S. 754). Eintragung des Nacherbenvermerks bei der Eintragung des Vorerben.**

V. Zivilsenat. Urt. v. 10. Juli 1936.

I. Landgericht Siegen. — II. Oberlandesgericht Hamm.

Durch notariellen Vertrag vom 21. Februar 1925 kaufte der Kläger ein Hausgrundstück, das im Grundbuch als Eigentum des im Jahre 1922 verstorbenen August W. verzeichnet war. Verkäuferin war Agathe W., die Witwe des Verstorbenen. Sie leitete ihr Verfügungsrecht von einem Testament ihres Ehemannes aus dem Jahre 1922 her. Darin war sie zur Vorerbin berufen, während ihre Tochter Klara und vier von den fünf Kindern aus ihres Mannes erster Ehe mit Emma geb. L. als Nacherben eingesetzt waren. Im Kaufvertrag versicherte die Verkäuferin, daß die Nacherben und das (wegen der Minderjährigkeit zweier Kinder zur

*) Jetzt § 39.
**) Alte Fassung.

Mitwirkung berufene) Vormundschaftsgericht mit der Veräußerung des Grundstücks einverstanden seien und die Zustimmung alsbald erklären würden, andernfalls der Kläger ein Rücktrittsrecht haben solle. Das Grundstück wurde dem Kläger im März 1925 übergeben und im Februar 1928 unter Zustimmung der bezeichneten Nacherben des August W. aufgelassen. Der Kläger hatte auch schon einen Teil des Kaufpreises bezahlt und namhafte Beträge zur Verbesserung des Grundstücks und zur Bestreitung der darauf ruhenden Lasten aufgewendet, als sich herausstellte, daß es aus folgendem Grunde zur Übereignung nicht kommen könne:

August W. hatte seine Eintragung als Eigentümer auf Grund eines Testaments seiner im Jahre 1909 verstorbenen ersten Ehefrau, Emma geb. L., erwirkt. In diesem Testament aus dem Jahre 1909 war er jedoch nur als Vorerbe eingesetzt, während als Nacherben auf den Überrest zwei Töchter der Erblasserin aus ihrer ersten Ehe mit Georg J. und die ihrer Ehe mit August W. entsprossenen fünf Kinder berufen waren. Bei der Eintragung des August W. war entgegen der Vorschrift der Grundbuchordnung (§ 52 a. F.) das Recht der Nacherben nicht mit eingetragen worden und deshalb dem Kläger unbekannt geblieben. Im Jahre 1927 traten Nacherben der Emma geb. L. mit ihren Ansprüchen auf das Grundstück hervor und erreichten im April 1928 ihre Eintragung als Eigentümer in ungeteilter Erbengemeinschaft. Auf Klage der erstehelichen Töchter der Emma geb L. wurde der Kläger verurteilt, das Grundstück an die Erbengemeinschaft herauszugeben.

Der Kläger verlangt nunmehr von dem verklagten Reich Schadensersatz in Höhe eines Teilbetrags von 150 DM nebst Zinsen mit folgender Begründung:

Sein Schaden sei erwachsen aus Amtspflichtverletzungen des Grundbuchrichters und des Vormundschaftsrichters. Der Grundbuchrichter habe fahrlässig den Nacherbenvermerk nicht eingetragen; dadurch sei der Irrtum über das Eigentum der Agathe W. hervorgerufen worden. Der Vormundschaftsrichter habe ihm, dem Kläger, fahrlässig eine falsche Auskunft des Inhalts gegeben, daß er unbedenklich von Agathe W. kaufen könne. Im Vertrauen auf die Eintragung im Grundbuch und auf die Richtigkeit dieser Auskunft habe er den Kaufvertrag geschlossen, den Besitz des Hauses angetreten, die erwähnten Aufwendungen gemacht und sich auf den Rechtsstreit mit den Nacherben der Emma W. geb. L. eingelassen.

Der Beklagte bestreitet den Klaganspruch dem Grunde wie der Höhe nach und macht namentlich folgendes geltend: Die von dem Grundbuchrichter etwa versäumte Amtspflicht habe nicht dem Kläger gegenüber bestanden. Die Behauptung des Klägers über eine von dem Vormundschaftsrichter erhaltene Auskunft sei unrichtig. Der Klaganspruch sei auch verjährt.

Die Revision des bisher abgewiesenen Klägers führte zur Aufhebung und Zurückverweisung.

Aus den Gründen:

Nach Zurückweisung des Verjährungseinwandes wird ausgeführt:

Das Berufungsgericht hat zunächst erwogen, ob die Versagung des Schadensersatzanspruchs sich schon damit rechtfertigen lasse, daß die vom Grundbuchrichter verletzte Vorschrift (§ 52 GBO. a. F.) nur dem Schutz des Nacherben dienen solle und nicht etwa im öffentlichen Interesse geschaffen sei. Es hat diese Auffassung von dem Zweck der Vorschrift in Rechtsprechung und Schrifttum bestätigt gefunden und ist danach zur Bejahung der aufgeworfenen Frage geneigt gewesen, hat eine solche Lösung dann jedoch selbst als nicht unbedenklich bezeichnet. Die Anordnung der Eintragung des Nacherbenrechts, so sagt das Berufungsgericht, diene auch dazu, durch Erhaltung der Übereinstimmung zwischen Grundbuchinhalt und sachlichem Recht die Sicherheit des Grundbuchverkehrs zu gewährleisten. Durch Nichtbeachtung dieser Anordnung werde das Grundbuch unrichtig, mithin ein rechtwidriger Zustand geschaffen. Solange dieser Zustand bestehe, sei der Kreis der Personen, die in ihrem Vertrauen auf den Bestand des unrichtig eingetragenen Rechts getäuscht werden könnten, unbestimmt groß. Sie alle gehörten zu den Beteiligten, denen gegenüber die Amtspflicht des Grundbuchrichters zur Eintragung der Nacherbenrechte bestanden habe.

Die Zweifel des Berufungsgerichts an der zuerst von ihm ins Auge gefaßten Lösung waren begründet und seine von einer anderen Anschauung aus gewonnenen Folgerungen sind berechtigt. Geschaffen ist die Vorschrift im § 52 GBO. a. F. allerdings im Interesse des Nacherben. Wie die Denkschrift zur Reichsgrundbuchordnung vom 24. März 1897 sagt, bringt es der Zweck der Beschränkung des Vorerben durch die §§ 2113, 2114 BGB. mit sich, sie im Grundbuch für Dritte erkennbar zu machen und dadurch den Nacherben gegenüber den aus dem öffentlichen Glauben des Grundbuchs sich ergebenden Gefahren zu sichern. Weil die Vorschrift den Belangen des Nacherben dienen soll, kann er auf den ihm durch die Eintragung gewährten Schutz verzichten. Die Eintragung hat dann zu unterbleiben. Die Folge ist aber, daß das trotz des Verzichts sachlich fortbestehende Nacherbenrecht im Grundbuchverkehr nicht mehr beachtet und der Gefahr des Untergangs durch gutgläubigen Erwerb aus der Hand des Vorerben preisgegeben wird (KGJ. 52 A S. 166). Der Nacherbe kann also auf die Eintragung seines Rechts nur unbeschadet der (mithin stets zu wahrenden) Sicherheit des Grundbuchverkehrs verzichten. Verzichtet er nicht, so muß sein Recht von Amts wegen im Grundbuch vermerkt werden. Ein Verstoß gegen diese Amtspflicht macht das Grundbuch unrichtig. Denn das Grundbuch weist dann den Vorerben als unbeschränkt Berechtigten aus, während er in Wahrheit durch die Anordnung der Nacherbfolge im Recht zur Verfügung beschränkt ist. Der so geschaffene rechtswidrige Zustand gefährdet in erster Reihe den Nacherben; er kann aber, wie gerade der Streitfall zeigt, auch bei einem anderen zur Vermögensbeschädigung führen. Ob zugunsten eines so Geschädigten die im § 12 GBO. a. F. geschaffene Staatshaftung Platz greift, richtet sich nach der Abgrenzung des Begriffs der Beteiligten.

Auf dem Gebiet des Grundbuch- wie des Beurkundungswesens ist der Kreis der bei einem Amtsgeschäft Beteiligten in der Rechtsprechung des Reichsgerichts von jeher weit gezogen worden. Das ergab sich aus der besonderen Natur dieser Amtsgeschäfte, die geeignet und bestimmt sind, in die Zukunft zu wirken und so den Rechtskreis auch solcher Personen zu beeinflussen, die an dem Amtsgeschäft selbst nicht beteiligt waren. Demgemäß sind hier zu den Beteiligten im Sinne des § 12 GBO. a. F. wie zu den Dritten im Sinne des § 839 BGB. diejenigen gerechnet worden, die auf die richtige Führung des Grundbuchs und des Katasters oder auf die Zuverlässigkeit einer gerichtlichen oder notariellen Beurkundung angewiesen sind und hierauf vertrauend im Rechtsverkehr tätig werden (RGZ. Bd. 66 S. 107, Bd. 72 S. 324, Bd. 78 S. 241, Bd. 129 S. 37 [43], Bd. 148 S. 375). Zweifel können sich im Einzelfall erst aus dem in Rechtsprechung und Schrifttum anerkannten Erfordernis unmittelbarer Beteiligung (im Gegensatz zu unmittelbarer Schädigung, die nicht gefordert wird) ergeben (Fuchs Grundbuchrecht § 12 Anm. 7; Turnau-Förster Liegenschaftsrecht Bd. 2 § 12 I 1).

Das Berufungsgericht hat hierzu ausgeführt, nicht jeder, der irgendwann einmal mit dem unrichtig eingetragenen Recht in Berührung komme, sei zu den Beteiligten zu rechnen. Beteiligt sei nur, wer nach gesetzlicher Vorschrift den Schutz des öffentlichen Glaubens des Grundbuchs genieße und durch die unrichtige Eintragung in seinem Vertrauen auf diesen Glauben getäuscht werde. Der letzte Satz leidet, worauf die Revision hinweist, an einer Unstimmigkeit: Wer den Schutz des öffentlichen Glaubens genießt, wird in seinem Vertrauen auf diesen Glauben nicht enttäuscht und bedarf deshalb nicht des im

§ 12 GBO. a. F. verordneten Entschädigungsanspruchs. Auf der Gleichsetzung der Begriffe des Beteiligten und des den Glaubensschutz Genießenden beruht die Beweisführung des Berufungsgerichts. Sie gipfelt in dem Satz, der Kläger gehöre nicht zu den Beteiligten, weil er — mangels gutgläubigen Erwerbs des Eigentums aus der Hand eines als berechtigt Eingetragenen — des durch § 892 BGB. geschaffenen Schutzes entraten müsse. Dem kann nicht gefolgt werden. Der Erwerb kraft öffentlichen Glaubens des Grundbuchs gewinnt bei Amtsversehen eines Grundbuchbeamten häufig insofern Bedeutung, als er den falschen Buchstand zum sachlichen Recht werden läßt und damit erst zur Schädigung des durch das Amtsversehen zunächst nur Gefährdeten führt. Der öffentliche Glaube wirkt also g e g e n den durch den Fehler Betroffenen. Es ist deshalb im Grund unrichtig, wenn nach dem Berufungsurteil der Schadensersatzanspruch aus § 12 GBO. a. F. nur einem solchen Geschädigten gebühren soll, der durch den öffentlichen Glauben des Grundbuchs geschützt wird oder der (wenn die Urteilsgründe des Berufungsgerichts so zu verstehen sein sollten) sich in einer Rechtslage befindet, die ihn ohne die Amtspflichtverletzung zum gutgläubigen Erwerb des unrichtig eingetragenen Rechts geführt hätte. Außerdem kann nicht zugegeben werden, daß es hier zu einem Eigentumserwerb des Klägers gemäß § 892 BGB. nicht hätte kommen können; der Rechtserwerb vom Erben des eingetragenen Berechtigten steht bei Anwendung der genannten Vorschrift dem Erwerb aus der Hand des letzten gleich.

Im weiteren bezeichnet das Berufungsgericht im Anschluß an G ü t h e - T r i e b e l (GBO. § 12 Anm. 38, 39) als unmittelbar beteiligt nur den, der in d i n g l i c h e n Beziehungen zu dem v e r l e t z t e n Recht getroffen werde. Verletzt war hier das Nacherbenrecht. Zu diesem ist der Kläger in gar keine, also nicht nur in keine dinglichen Beziehungen getreten. Beziehungen, und zwar solche lediglich schuldrechtlicher Art, waren nur für das durch den Fehler begünstigte Eigentumsrecht des Vorerben August W. zwischen dessen Vorerbin und dem Kläger geschaffen worden. Aber diese rechtsgeschäftliche Verbindung bezog sich — das ist das Wesentliche — immerhin auf ein durch ein Amtsversehen unrichtig eingetragenes Recht und war nach Behauptung des Klägers von ihm in dem (durch die angebliche Auskunft des Vormundschaftsrichters nur bestärkten) Vertrauen auf die Richtigkeit des Grundbuchs eingegangen worden. Das reicht hin, um eine unmittelbare Beteiligung des Klägers an der Amtspflichtverletzung zu ergeben. Durch die Amtspflichtverletzung des Grundbuchrichters hat der Kläger (nach seiner in der Revisionsinstanz als richtig zu unterstellenden Behauptung) eine Vermögenseinbuße erlitten. Denn er hat im Vertrauen auf den Bestand des falsch eingetragenen Rechts des Erblassers seiner Vertragsgegnerin dieses Recht angekauft und aus Anlaß des Kaufes uneinbringliche Aufwendungen gemacht, die unterblieben wären, wenn die falsche Eintragung nicht den Mangel im Recht der Vertragsgegnerin verdeckt hätte. Der unmittelbaren Wirkung der Amtspflichtverletzung steht es nicht entgegen, daß sich zwischen diese und die Schädigung des Klägers der Vertragsschluß mit der Rechtsnachfolgerin des fälschlich als unbeschränkt verfügungsberechtigt eingetragenen Eigentümers einschiebt. In den meisten Fällen bedarf es erst geschäftlicher Verwertung der durch eine falsche Eintragung geschaffenen Lage, um einen schädigenden Erfolg der Amtspflichtverletzung herbeizuführen. Der ursächliche Zusammenhang wird dadurch nicht unterbrochen, aber auch die Unmittelbarkeit der Beteiligung im Sinne des § 12 GBO. a. F., der Eingriff der Amtspflichtverletzung in den Rechtskreis des so Geschädigten, nicht in Frage gestellt (RGZ. Bd. 66 S. 107). Von den in den Motiven zu § 4 des 1. Entw. der Grundbuchordnung (Amtliche Ausgabe S. 30), in RGZ. Bd. 78 S. 241 (248) und bei Güthe-Triebel (GBO. § 15 Anm. 39) angeführten Beispielen nur mittelbarer Beteiligung eines Geschädigten unterscheidet sich der vorliegende Fall durch die unmittelbare Richtung des Handelns des Klägers auf den Erwerb eines Liegenschaftsrechts, an dessen grundbuchmäßigen Bestand er (wie er behauptet) glaubte und auch glauben durfte.

Aus dem Gesagten ergibt sich: Wenn der Grundbuchrichter ein Recht im Grundbuch falsch einträgt, verletzt er damit eine Amtspflicht, die ihm gegenüber jedem obliegt, der sich später im Vertrauen auf die Eintragung in rechtsgeschäftliche, auf den Erwerb des Rechts selbst (oder eines daran bestehenden Rechts) abzielende Verhandlungen einläßt und dabei Schaden nimmt. Alle Personen, die auf solche Weise zu Schaden kommen können, sind entsprechend dem Wesen des Grundbuchrechts (unmittelbar) Beteiligte im Sinne des § 12 GBO. a. F. Zu diesem Wesen gehört, daß jeder bei Abschluß eines Rechtsgeschäfts über ein eingetragenes Recht auf dessen richtige Eintragung vertrauen darf. Daß die Verhandlungen nicht über die Begründung schuldrechtlicher Beziehungen hinausführten, ist für die Stellung als Beteiligter hier so wenig von Belang, wie in anderen Fällen (RGZ. Bd. 66 S. 107 [110]; WarnRspr. 1912 S. 425 [427]), in denen die Geschädigten auch keine stärkere Rechtsstellung erlangt hatten. Übrigens wird es in vielen Schadensfällen nicht anders sein. Denn wenn es zur Vollendung des dinglichen Rechtsgeschäfts kommt, wird entweder guter Glaube eine Schädigung oder böser Glaube einen Ersatzanspruch des Handelnden ausschließen. . .

RGZ. 155, 344.

Muß der Grundbuchrichter, dem bekannt ist, daß die ein Grundstück erwerbenden Eheleute in Errungenschaftsgemeinschaft leben, ihrem Antrage, sie als Bruchteilseigentümer einzutragen, stattgeben?

BGB. §§ 1438, 1519. GBO. § 82.

V. Zivilsenat. Beschl. v. 18. September 1937.

Die Entscheidung ist abgedruckt unter „Bürgerliches Recht, Familienrecht".

RGZ. 157, 89.

1.–2. . . .

3. Genügt das Grundbuchamt in der Regel der ihm im § 19 Abs. 2 ZVG. auferlegten Verpflichtung, die bei ihm bestellten Zustellungsbevollmächtigten zu bezeichnen und Nachricht zu geben, was ihm über Wohnort und Wohnung der eingetragenen Beteiligten und deren Vertreter bekannt ist, wenn es dem Versteigerungsgericht eine beglaubigte Abschrift des Wohnungsblatts übersendet?

4. Über die Bedeutung des Wohnungsblatts (§ 21 Nr. 5 der Aktenordnung vom 28. November 1934 – D. J. S. 1492 –).

V. Zivilsenat. Urt. v. 28. Februar 1938.

Die Entscheidung ist abgedruckt unter „Zwangsversteigerung".

RGZ. 164, 385.

Bedarf es der Anlegung eines Grundbuchblatts auf den Namen des veräußernden bisherigen Eigentümers, wenn ein buchungsfreies Grundstück an einen vom Buchungszwang nicht befreiten Erwerber übergehen soll?

GBO. n. F. § 39 Abs. 1.

V. Zivilsenat. Beschl. v. 19. August 1940.

I. Amtsgericht Köthen. — II. Landgericht Dessau.

Die Frage wurde bejaht aus den nachstehenden, zugleich den Sachverhalt ergebenden

Gründen:

Laut notarischem Vertrag vom 17. Juli 1939 hat die Gemeinde D. von ihrem im Grundbuch nicht eingetragenen Wege k ein vermessenes Trennstück von 51 qm an die Witwe Anna H. und die Erben des Bahnarbeiters August H. in D. überlassen und aufgelassen. Dem Antrage der Erwerber auf Zuschreibung dieses Trennstücks zu dem für sie im Grundbuche bereits eingetragenen, anstoßenden Hausgrundstück hat das Grundbuchamt durch Verfügung vom 19. März 1940 entgegengehalten, daß vor der Zuschreibung für das bisher nicht buchungspflichtige Wegetrennstück ein Grundbuchblatt angelegt werden müsse, was unter Beifügung eines Besitzzeugnisses zu beantragen sei. Die hiergegen gerichtete Beschwerde der Erwerber hat das Landgericht zurückgewiesen. Der weiteren Beschwerde möchte das Kammergericht stattgeben, sieht sich aber daran gehindert durch einen in der Württembergischen Zeitschrift für freiwillige Gerichtsbarkeit 1908 S. 200 abgedruckten, auf weitere Beschwerde ergangenen Beschluß des Oberlandesgerichts Stuttgart vom 24. Februar 1908 und hat die Sache deshalb gemäß § 79 Abs. 2 GBO. dem Reichsgericht zur Entscheidung vorgelegt.

Die Voraussetzungen für die Zuständigkeit des Reichsgerichts sind gegeben. In der grundbuchrechtlichen Frage, ob ein bisher buchungsfreies Grundstück, bevor es auf einen dem Buchungszwang unterliegenden Erwerber eingetragen werden könne, der Aufnahme in das Grundbuch durch Anlegung eines Grundbuchblatts auf den Namen des Veräußerers bedürfe, bestand bisher Streit. Sie war bejaht worden von der bisherigen Rechtsprechung des Kammergerichts (KGJ. Bd. 26 S. A 115 = OLGR. Bd. 9 S. 356; KGJ. Bd. 49 S. A 160), dem sich mit dem Oberlandesgericht Stuttgart (a. a. O.) das Schrifttum angeschlossen hatte — s. neuerdings Güthe-Triebel GBO. (6. Aufl.) Bem. 55 zu § 3, Bem. 20 zu § 39; Meikel-Imhof GBO. (4. Aufl.) Bem. V Anm. 241 zu § 3; von Rozycki-von Hoevel Das Grundbuchrecht § 11 S. 22, 23; Hesse-Saage-Fischer GBO. (2. Aufl.) Bem. II 3 zu § 3; Henke-Mönch GBO. (2. Aufl.) Bem. 3 B c zu § 3 —. Verneint hatte sie dagegen das Oberlandesgericht Colmar in einer Entscheidung vom 10. März 1908 (OLGR. Bd. 18 S. 195; vgl. auch Landgericht Frankenthal in DNotZ., bayer. Beilage 1934 S. 240). Das Kammergericht möchte seine eigene frühere Rechtsprechung aufgeben, würde aber damit zu jenem Beschlusse des Oberlandesgerichts Stuttgart in Widerspruch treten. Aus dem sachlichen Recht folgert allerdings auch das Oberlandesgericht Stuttgart die Notwendigkeit einer vorgängigen Eintragung des Veräußerers im Grundbuche nicht; die Auflassung sei vor der Eintragung zulässig, und dem im § 873 BGB. bestimmten Erfordernisse der Eintragung von Rechtsänderungen, d. h. des neuen Rechtsbestandes, werde durch die Eintragung des Erwerbers genügt. Auch im § 19 GBO. werde nicht verlangt, daß der Betroffene eingetragen sei. Wohl aber sei die vorgängige Eintragung des Veräußerers geboten nach der Vorschrift des § 40 Abs. 1 — jetzt § 39 Abs. 1 — GBO., die keine an sich bedeutungslose Förmlichkeit wolle, durch die vielmehr der Grundbuchbeamte in die Lage versetzt werde, ohne weiteres den eingetragenen Berechtigten als den sachlich Berechtigten im Sinne des § 19 GBO. anzusehen. Es ist demnach der (heutige) § 39 Abs. 1 GBO., bei dessen Auslegung das Kammergericht nunmehr von der Entscheidung des Oberlandesgerichts Stuttgart abweichen will. Daß es sich früher um den § 40 Abs. 1 der Grundbuchordnung vom 24. März 1897 handelte, während jetzt der § 39 Abs. 1 der Grundbuchordnung nach der Fassung vom 5. August 1935 in Frage steht, begründet kein Bedenken gegen die Zuständigkeit des Reichsgerichts, weil es um ein und dieselbe Vorschrift geht, die inhaltlich und, von einer sachlich bedeutungslosen Änderung der Fassung abgesehen (statt „derjenige, dessen Recht", heißt es jetzt: „die Person, deren Recht"), auch dem Wortlaute nach unverändert und ohne Unterbrechung in Geltung geblieben ist. Die Sache ist demnach zu Recht vorgelegt worden.

In der Sache selbst kann dagegen dem Kammergericht nicht beigetreten werden. Zwar sind seine Ausführungen darüber, daß dem sachlichen Grundbuchrecht (§ 873 BGB.) die Notwendigkeit vorgängiger Eintragung des Veräußerers als Eigentümers auf einem für diesen erst noch anzulegenden Grundbuchblatt und mithin der Eintragung des Erwerbers im Wege der Umschreibung des Grundstücks auf ihn im Grundbuche nicht zu entnehmen sei, rechtlich bedenkenfrei, wie dies auch schon das Oberlandesgericht Stuttgart vertreten hatte. Dagegen, daß das Kammergericht insoweit seinen früheren Standpunkt verlassen hat, ist nichts zu erinnern.

Darin aber, daß auch das förmliche Grundbuchrecht — jetzt die Grundbuchordnung in der Fassung vom 5. August 1935 nebst ihren Ausführungsvorschriften — keine Bestimmung enthalte, woraus zwingend die Notwendigkeit vorheriger Eintragung des Veräußerers auf einem für ihn bereits bestehenden oder neu zu bildenden Grundbuchblatte gefolgert werden könnte, ist dem Kammergericht nicht beizupflichten. Es mag zwar zutreffen, daß technische Schwierigkeiten nicht entgegenstehen würden, indem bei dem — hier streitigen — Falle der

Veräußerung eines bisher buchungsfreien Grundstücks an einen dem Buchungszwang unterworfenen Erwerber die zum Eigentumsübergang erforderliche Eintragung nach ohne Anlegung eines Grundbuchblattes für den Veräußerer durch bloße Buchung auf dem Blatte des Erwerbers hinreichend deutlich geschehen könnte. Die einem solchen Verfahren entgegenstehende, vom Kammergericht vermißte Vorschrift des förmlichen Grundbuchrechts liegt aber in § 39 Abs. 1 GBO. vor. Die Auslegung, womit das Kammergericht abweichend von seiner bisherigen, lange Jahre hindurch festgehaltenen Übung jetzt mit dem Oberlandesgericht Colmar über die Anwendbarkeit dieser Vorschrift auf den hier streitigen Fall hinwegkommen zu können glaubt, indem es sie auf den Regelfall einschränken will, daß das betroffene Recht ordnungsmäßig schon für den bisher Berechtigten eingetragen sein mußte, ist abzulehnen. Einer solchen Einschränkung steht der klare, uneingeschränkte Wortlaut der Vorschrift entgegen, und sie findet auch sonst keine Stütze. Allerdings stellt sich § 39 Abs. 1 als eine bloße Ordnungsvorschrift dar, deren Nichtbeachtung die sachliche Rechtslage an sich nicht beeinflußt. Aber auch bloße Ordnungsvorschriften dienen der Durchführung des sachlichen Rechts; auch sie sind verpflichtend, und im Gegenteil rechtfertigt die Eigenschaft des § 39 Abs. 1 als einer Vorschrift des Grundbuchverfahrens eher eine strenge, der Zulassung von Ausnahmen abgeneigte Auslegung, wenn nicht ihr Wert als einer verschiedene Deutung und damit Ungleichmäßigkeit der Handhabung oder sogar Willkür ausschließenden Anweisung für die Grundbuchführung geschmälert werden soll. Ein Anhalt dafür, daß sie auch den hier streitigen Fall ergreift, läßt sich aber ferner sowohl den Vorarbeiten des Gesetzgebers wie den Ausführungsvorschriften entnehmen. In der Begründung zu Art. 27 des Preußischen Ausführungsgesetzes zum Bürgerlichen Gesetzbuch (Art. 26 des Entwurfs; Stegemann Materialien zu den Preuß.AusfG. S. 25) — die als maßgeblich auch für die hier in Betracht kommende Anhaltische Vorschrift (Art. 47 des AusfG.z.BGB. vom 18. April 1899, GS. Nr. 1038) betrachtet werden darf — war gesagt: „Zur rechtsgeschäftlichen Übertragung des Eigentums ist auch bei einem vom Buchungszwange befreiten Grundstück im allgemeinen Auflassung und Eintragung im Grundbuche, mithin die vorherige Anlegung eines Grundbuchblatts erforderlich." Die dann vorgeschlagene Ausnahme (Art. 27 Preuß., Art. 47 Anhalt.AG.z.BGB.) betraf nicht den hier streitigen Fall. Und im Hinblick auf das Wort „vorherige" muß jener Satz der Begründung von der vorgängigen Anlegung eines Grundbuchblattes auf den Namen des Veräußerers verstanden werden. So hatte ihn früher auch das Kammergericht verstanden und verwertet (KGJ. Bd. 26 S. A 117), ohne daß es im Vorlegungsbeschluß etwas darüber sagt, weshalb es diesem früheren Erwägungsgrunde jetzt keine Bedeutung mehr beimißt. Wenn ferner in den das Anlegungsverfahren regelnden Vorschriften der Verordnung zur Ausführung der Grundbuchordnung vom 8. August 1935 (RGBl. I S. 1089) § 14 gesagt ist, als Eigentümer sei einzutragen: a) der ermittelte Eigentümer; b) sonst der Eigenbesitzer, dessen Eigentum glaubhaft gemacht sei; c) äußerstenfalls der, dessen Eigentum dem Grundbuchamt am wahrscheinlichsten sei, so weisen auch diese Bestimmungen darauf hin, daß Anlegung des Grundbuchblatts auf den Namen des bisherigen Eigentümers und Veräußerers, nicht des Erwerbers, gemeint ist. Denn der Erwerber erlangt in einem Falle der hier streitigen Art das Eigentum erst mit dem Augenblicke der Eintragung des Grundstücks im Grundbuch auf seinen Namen. Bis dahin ist er nicht Eigentümer, und wenn von der Anlegung des Grundbuchblatts durch Eintragung des Eigentümers gesprochen wird, kann folglich nur auf schon bestehendes Eigentum gezielt und deshalb für den vorliegenden Fall unter Anlegung des Grundbuchblatts nur eine solche auf den Namen des Veräußerers verstanden sein. Schließlich läßt sich der uneingeschränkten Auslegung des § 39 Abs. 1 GBO. im Sinne der früheren Meinung des Kammergerichts auch nicht entgegenhalten, daß die Verfahrensvorschriften der Grundbuchordnung nur für solche Grundstücke Geltung beanspruchten, welche schon ein Blatt im Grundbuche besäßen. Die Grundbuchordnung will vielmehr ihrer Herrschaft grundsätzlich alle Grundstücke ihres Geltungsbereichs unterwerfen, wie § 3 mit den darin ausdrücklich vorgesehenen, aber streng zu beurteilenden Ausnahmen ergibt. Es bedarf daher des besonderen Nachweises, wenn eine ihrer Vorschriften in einem Sonderfall als nicht anwendbar erkannt werden soll. An diesem Nachweise gebricht es für den hier streitigen Fall.

Das Kammergericht hat sich die Auffassung des Oberlandesgerichts Colmar zu eigen gemacht, daß die Aufrechterhaltung seiner früheren Meinung auf einen zwecklosen Formalismus hinauslaufe und den Verkehr durch umständliche und überflüssige Maßnahmen erschweren würde. Auch darin kann ihm nicht gefolgt werden. Auf die Notwendigkeit strenger und gleichmäßiger Beobachtung gerade von Formvorschriften ist schon oben hingewiesen worden. Es mag sein, daß davon in Sonderfällen der hier vorliegenden Art, wo es sich um den Übergang öffentlichen Wegeeigentums von geringem Umfang auf Anlieger handelt, ohne erhebliche Gefahr abgewichen werden könnte. Aber auf den

Einzelfall darf nicht abgestellt werden, wo es sich um die Auslegung einer Vorschrift handelt, deren Anwendungsbereich weit darüber hinausgreift. In diesem Zusammenhange darf darauf hingewiesen werden, daß sich ein wesentlicher Unterschied zwischen der Anlegung des Grundbuchs auf den Namen des Veräußerers und der auf den Namen des Erwerbers (oder der unmittelbaren Zuschreibung auf einem für diesen bereits bestehenden Grundbuchblatt) aus der Anwendbarkeit des § 892 BGB. ergibt. Denn nur in jenem Falle vollzieht sich der Erwerb unter dem Schutze des öffentlichen Glaubens des Grundbuchs, wofür der Zeitpunkt der Vollendung des Erwerbs entscheidet und es daher nichts ausmacht, daß das dem Erwerbe zugrunde liegende Rechtsgeschäft vor der Anlegung des Grundbuchs abgeschlossen wurde (RGZ. Bd. 140 S. 35 [38/39], vgl. auch den Fall RGZ. Bd. 156 S. 122). Wird aber das Grundstück in das Grundbuch unmittelbar auf den Namen des Erwerbers aufgenommen, so kann sich dieser auf keinen Schutz öffentlichen Glaubens berufen. Ist demnach die Stellungnahme der Vorinstanzen nicht zu beanstanden, so gebietet sich die Zurückweisung der weiteren Beschwerde.

Die Frage des demnächst vom Grundbuchamt zu beobachtenden weiteren Verfahrens greift an sich über den hiermit entschiedenen Zweifel hinaus. Da aber das Kammergericht auch dazu im Vorlegungsbeschlusse schon Stellung genommen hat, so bedarf es noch der folgenden Bemerkungen: Ein Anlegungsverfahren nach den Vorschriften der §§ 7 flg. AusfVO. erachtet das Kammergericht mit Recht grundsätzlich auch bei unmittelbarer Eintragung des bisher ungebuchten Grundstücks auf den Namen des Erwerbers für erforderlich. Im vorliegenden Falle will es aber wegen der Offenkundigkeit des Eigentums der Veräußerin sowohl die Vorschrift über ein Aufgebot (§§ 10 flg.) wie über die öffentliche Bekanntmachung (§ 13) für unanwendbar erklären. Auch darin muß ihm widersprochen werden. Das Aufgebot allerdings steht im Ermessen des Grundbuchamts. Die öffentliche Bekanntmachung der bevorstehenden Anlegung in der Gemeinde ist dagegen im § 13 so bestimmt und ausnahmslos vorgeschrieben, daß nicht ersichtlich ist, mit welcher Begründung davon abgesehen werden könnte. Wenn sich aber demnach die ganze hier zu entscheidende Frage darauf zuspitzt, ob das unumgängliche Anlegungsverfahren noch auf den Namen des Veräußerers zu führen ist oder aber die Anlegung eines Grundbuchblattes auf dessen Namen entbehrt werden kann, so ist die Geringfügigkeit der allenfalls zu ersparenden Arbeit und Kosten ein weiterer Grund dafür, von der bisherigen, auf die frühere Rechtsprechung des Kammergerichts gegründeten, langjährigen Übung nicht abzuweichen.

RGZ. 169, 317.

Über die Belehrungspflicht des Grundbuchbeamten.

GBO. a. F. §§ 13, 19.

V. Zivilsenat. Urt. v. 10. August 1942.

I. Landgericht Rottweil. — II. Oberlandesgericht Stuttgart.

Durch einen vom Ratsschreiber Sch. in M. beurkundeten Vertrag verkauften die Kläger am 29. Mai 1929 ihr Wohnhaus mit Scheuer, Hofraum und Garten zum Preise von 14 000 RM an den Landwirt Schä. in P. In derselben Urkunde wurde auch die Auflassung erklärt sowie die Eintragung der Eigentumsänderung im Grundbuche bewilligt und beantragt. Unter Ziffer 1 des Vertrages heißt es:

Der Kaufpreis ist in folgender Weise verzinslich und zahlbar:

a) als Angeld bar sofort 4000 RM,

b) der Rest in beliebigen Teilbeträgen bis längstens 1. Juni 1936 und ist ½ v. H. über Reichsbankdiskont zu verzinsen, jedoch ist niederste Grenze des Zinsfußes 6 v. H., die Höchste Grenze 10 v. H.,

c) für den Restbetrag mit 10 000 RM ist Goldmarkhypothek ohne Brief zu bestellen auf den erkauften Grundstücken.

Der Erwerber wurde am 25. Oktober 1929 als Eigentümer im Grundbuch eingetragen. Die Eintragung einer Restkaufgeldhypothek unterblieb. Die Kläger konnten vom Käufer, der im Jahre 1937 das Anwesen weiterveräußert hat, zum Betrage von 8476 RM ihrer Hauptforderung keine Befriedigung erlangen. Sie haben die Gemeinde M. und das Deutsche Reich auf Schadensersatz in Höhe dieser Summe nebst Zinsen in Anspruch genommen mit der Begründung, der Schaden sei durch eine fahrlässige Amtspflichtverletzung des Ratsschreibers und des Grundbuchbeamten verursacht worden.

Die Beklagten haben ein Verschulden der Beamten bestritten und eigenes Verschulden der Kläger sowie Verjährung eingewandt.

Während das Landgericht der Klage stattgegeben hat, ist sie vom Oberlandesgericht abgewiesen worden. Die Revision der Kläger führte zur Aufhebung und Zurückverweisung, soweit sich die Klage gegen das Deutsche Reich richtet.

Gründe:

Die Begründung, mit der das Berufungsgericht eine schuldhafte Amtspflichtverletzung des Grundbuchbeamten verneint, hält der rechtlichen Nachprüfung nicht stand. Allerdings ist richtig, daß der Grundbuchbeamte zur Prüfung des einem Eintragungsantrage zugrunde liegenden schuldrechtlichen Geschäftes regelmäßig nicht verpflichtet ist und daß er insbesondere auch die wirtschaftliche Tragweite eines solchen Geschäfts mit den Beteiligten nicht zu erörtern hat. Darum handelt es sich aber im gegebenen Fall auch nicht. Da die Urkunde über den Kaufvertrag beim Grundbuchamt einging, ohne daß in einem Begleitschreiben besondere Anträge gestellt waren, war der Grundbuchbeamte verpflichtet, die gesamte Urkunde daraufhin zu prüfen, welche grundbuchlichen Maßnahmen durch sie veranlaßt waren. Das hat mit einer Nachprüfung des Grundgeschäfts als solchen nichts zu tun. Nach §§ 13, 19 GBO. a. F. setzt die Eintragung im Grundbuch regelmäßig einen Antrag und eine Eintragungsbewilligung voraus. Hierbei bedarf es aber nicht des Gebrauchs der Worte „Antrag" und „Bewilligung", wenn nur der Inhalt der Erklärungen zweifelsfrei ergibt, daß eine Eintragung vorgenommen werden soll und daß der durch diese Eintragung Betroffene sie bewilligt. Solche zweifelsfreien Erklärungen sind allerdings hinsichtlich der Eintragung der Restkaufgeldhypothek in der Kaufurkunde nicht enthalten, wenn es dort heißt: „Für den Restbetrag mit 10 000 RM ist Goldmarkhypothek ohne Brief zu bestellen auf den erkauften Grundstücken." Andererseits sind aber die Erwägungen, aus denen das Berufungsgericht annimmt, daß es sich bei dieser Bestimmung lediglich um eine schuldrechtliche Vereinbarung über die spätere Bestellung einer Hypothek handele, nicht durchschlagend. Der Umstand, daß unmittelbar vor dieser Bestimmung schuldrechtliche Abreden über die Verzinsung und Tilgung des Restkaufgeldes getroffen sind, besagt gar nichts. Denn bei der Bestellung einer Hypothek muß ja die ihr zugrunde liegende persönliche Forderung nebst den Zins- und Rückzahlungsbedingungen angegeben werden (vgl. § 1115 BGB.). Ferner ist es nicht ungewöhnlich, daß in einer Kaufurkunde auch schon die dingliche Einigung über die Bestellung der zur Sicherung des Restkaufgeldes bestimmten Hypothek niedergelegt wird. Das Gegenteil ist richtig, namentlich in Fällen, in denen, wie hier, die Auflassung und der Antrag auf Eintragung der Eigentumsänderung in der Kaufurkunde beurkundet werden, da nur die gleichzeitig mit der Eintragung der Eigentumsänderung bewirkte Eintragung der Restkaufgeldhypothek dem Verkäufer die von ihm erwartete Sicherheit bietet. Gegen die Annahme des Berufungsgerichts, daß lediglich eine schuldrechtliche Verpflichtung zur Bestellung einer Hypothek begründet worden sei, spricht vor allem auch der Umstand, daß über den Zeitpunkt, in dem die Hypothek bestellt werden sollte, nichts gesagt ist. Gerade die vom Berufungsgericht angeführten Umstände, daß der Ratsschreiber zur Beurkundung der dinglichen Einigung über die Bestellung der Hypothek nach Art. 33 Abs. 2 Württ. Ausf.G. z. BGB. vom 28. Juli 1899 (RegBl. S. 423) befugt war, daß aber Zweifel darüber bestanden, ob er auch die Eintragungsbewilligung und den Antrag auf Eintragung beurkunden durfte (vgl. § 70 Abs. 2 der Württ. Grundbuchverfügung vom 2. September 1899 [ABl. S. 101]), legen die Annahme nahe, daß der Ratsschreiber jedenfalls eine Einigung der Parteien über die Bestellung der Restkaufgeldhypothek, zu deren Beurkundung er zweifellos zuständig war, auch beurkunden wollte. Gab hiernach der Inhalt der überreichten Urkunde bei sorgfältiger Prüfung zum mindesten nach der Richtung zu Zweifeln Anlaß, ob nicht die Parteien, die, wie das Berufungsgericht feststellt, rechtsunkundig waren, eine Restkaufgeldhypothek mit dinglicher Wirkung bestellen wollten, so durfte der Grundbuchbeamte sich nicht einfach untätig verhalten, weil Antrag und Eintragungsbewilligung nicht zweifelsfrei vorlagen. Die Tätigkeit des Grundbuchbeamten fällt in das Gebiet der freiwilligen Gerichtsbarkeit. Das Reichsgesetz über die freiwillige Gerichtsbarkeit galt allerdings zu der hier maßgebenden Zeit für Grundbuchsachen noch nicht, da diese nicht zu den durch Reichsgestz den Gerichten übertragenen Angelegenheiten gehörten. Aber es folgt aus der Natur der Sache, daß der in Angelegenheiten der freiwilligen Gerichtsbarkeit tätige Beamte verpflichtet ist, durch sachgemäße Belehrung darauf hinzuwirken, daß Zweifel, die sich aus den Erklärungen der Parteien ergeben, geklärt und unvollständige Erklärungen ergänzt werden (vgl. RGZ. Bd. 85 S. 409). Diese Verpflichtung ergab sich insbesondere für den Württembergischen Grundbuchbeamten, wenn ihm, wie hier, eine Urkunde vorgelegt wurde, die von einem nicht vorgebildeten Ratsschreiber aufgenommen worden war (vgl. § 75 Abs. 2 der Württ. Grundbuchverfügung; ferner Mayer Das Württ. Ausf.G. z. BGB. Bd. I S. 234 Fußnote 6; § 3 Abs. 3 der Württ. Abgrenzungsverfügung vom 6. November 1899, abgedruckt bei Mayer a. a. O. S. 556). Das Berufungsgericht wird daher zu prüfen haben, ob der den Klägern entstandene Schaden auf die schuldhafte Amtspflichtverletzung des Grundbuchbeamten zurückzuführen ist. In dieser Richtung ist zu erörtern, ob die Vertragschließenden bereits eine dingliche Einigung über die Bestellung der Hypothek erklärt haben, jedenfalls aber bei einer vom Grundbuchbeamten veranlaßten sachgemäßen Belehrung die Eintragung der Restkaufgeldhypothek gemäß den Vorschriften der Grundbuchordnung bewilligt und beantragt haben würden. Gegebenenfalls sind weiter die Einrede der Verjährung und der Einwand des eigenen Verschuldens der Kläger zu bescheiden. Dagegen kann das Deutsche Reich die Kläger nicht unter Hinweis auf § 839 Abs. 1 Satz 2 BGB. auf einen Schadensersatzanspruch gegen den Ratsschreiber verweisen. Denn bei fahrlässiger Herbeiführung eines Schadens durch mehrere Beamte kann diese Vorschrift nicht dazu führen, die Haftung des einen Beamten auf den anderen abzuwälzen. Das gilt auch dann, wenn an Stelle der Haftung des Beamten die des Staates oder einer anderen öffentlichen Körperschaft tritt (RGZ. Bd. 85 S. 409 [412], Bd. 141 S. 283 [286]).

Freiwillige Gerichtsbarkeit

bearbeitet von

Erich Kummerow
Rechtsanwalt

Allgemeines

RGZ. 94, 172.

Kann durch Parteivereinbarung die Ernennung von Schiedsgutachtern dem Amtsgericht übertragen werden?

IV. Zivilsenat. Beschl. v. 28. November 1918.

I. Amtsgericht Lyck. — II. Landgericht daselbst.

Obige Frage ist für den gegebenen Fall verneint worden aus folgenden

Gründen:

„Durch Vertrag vom 2. Juli 1914 verkaufte der Antragsgegner S. ein Grundstück zum Preise von 140 000 ℳ gegen eine Baranzahlung von 12 000 ℳ an den Antragsteller G. In einem Rechtsstreit, in dem S. die Zahlung weiterer 13 000 ℳ verlangte, kam es am 29. März 1916 zu einem Vergleich, wodurch der Kaufvertrag rückgängig gemacht wurde und S. sich verpflichtete, dem G. von der erhaltenen Anzahlung von 12 000 ℳ den Betrag von 4000 ℳ zurückzuzahlen. Weiter wurde vereinbart, daß der Kreistaxator N. endgültig bestimmen solle, welchen Nutzen der Beklagte aus dem Grundstücke gezogen habe, und so feststellen solle, ob der Betrag von 4000 ℳ zum Ausgleich ausreiche oder ob der Kläger zu diesem Ausgleiche noch einen weiteren Betrag, und gegebenenfalls welchen, zu zahlen habe. Für den Fall, daß N. und andere namentlich bezeichnete Sachverständige diese Feststellungen nicht würden treffen wollen oder können, sollte die Bestimmung der in Frage kommenden Persönlichkeit durch das Amtsgericht in Lyck erfolgen.

N. hat ein Gutachten erstattet. Der Antragsteller ist aber der Ansicht, daß dieses den Anforderungen nicht genüge. Er hat mit der Angabe, daß auch die anderen ernannten Sachverständigen abgelehnt hätten, bei dem Amtsgericht in Lyck beantragt, einen Sachverständigen als Schiedsrichter zu bestellen. Das Amtsgericht bestimmte den Rentner Pf. „als Schiedsgutachter". Gegen diesen Beschluß hat S. Beschwerde eingelegt, indem er einmal geltend machte, N. habe ein dem Vergleich entsprechendes Gutachten erstattet, ferner die Persönlichkeit des ernannten Gutachters für ungeeignet erklärte. Das Landgericht hat die Beschwerde, soweit sie sich gegen die Zulässigkeit der Schiedsgutachterbestellung überhaupt richtete, zurückgewiesen, im übrigen aber den angefochtenen Beschluß aufgehoben und die Sache zur weiteren Verhandlung und Entscheidung über die Bestellung eines Schiedsgutachters an das Amtsgericht zurückverwiesen. S. hat weitere Beschwerde eingelegt und gebeten, den Antrag des G. abzuweisen.

Das Kammergericht hält die gerichtliche Ernennung eines Schiedsgutachters *auf Grund des Vergleichs für rechtlich unzulässig und will* deshalb der Beschwerde abhelfen. Es sieht sich aber daran gehindert durch einen Beschluß des Oberlandesgerichts Jena vom 3. Dezember 1908, in dem die Zulässigkeit einer solchen Ernennung vertreten wird (Bl. f. Rechtspflege in Thüringen Bd. 56 S. 18 flg.). Es hat deshalb die weitere Beschwerde durch Beschluß vom 18. Oktober 1918 gemäß § 28 Nr. 2 FGG. dem Reichsgerichte zur Entscheidung vorgelegt.

1. Der Konfliktsfall ist gegeben. Die vom Kammergerichte gebilligte Annahme des Landgerichts, daß der Vergleich nicht die Vereinbarung eines Schiedsvertrags, sondern eines Schiedsgutachtervertrags enthalte, ist rechtlich nicht zu beanstanden. Beizutreten ist weiter dem Landgericht und dem Kammergerichte darin, daß, wenn die Bestimmung des Schiedsgutachters durch Parteivereinbarung rechtswirksam dem Amtsgericht übertragen werden kann, die alsdann dem Gericht obliegende Tätigkeit in das Gebiet der freiwilligen Gerichtsbarkeit fällt. Die Voraussetzungen des § 28 FGG. liegen also vor. Denn wie das Kammergericht zutreffend sagt, beruht die Entscheidung des Oberlandesgerichts Jena auf Reichsrecht, das sachsen-altenburgische Recht ist nur unterstützend herangezogen. . . .

2. In der Sache selbst ist für den vorliegenden Fall der Auffassung des Kammergerichts beizutreten. Das Oberlandesgericht Jena erkennt an, daß es eine ausdrückliche Vorschrift, auf die es seine Ansicht stützen könnte, nicht gibt. Es meint aber, ein grundsätzliches Bedenken gegen die Zulässigkeit und Wirksamkeit einer Parteivereinbarung, welche die Ernennung von Schiedsgutachtern der für eine unparteiliche Auswahl geeignetsten Stelle, dem Gericht, übertrage, könne nicht bestehen. Zwar werde man nicht jeder beliebigen Vereinbarung von Privaten, daß das Gericht gewisse Personen (etwa auch den Kassierer eines Kegelklubs u. dgl.) zu bestimmen habe, eine die Tätigkeitspflicht des Gerichts bindende Wirkung beimessen können. Man müsse vielmehr gewisse Schranken setzen, wie etwa die, daß das Gericht nach pflichtmäßigem Ermessen ein Bedürfnis und die Angemessenheit der

gerichtlichen Ernennung anerkenne (wie § 2200 BGB.). Aber ein solches Bedürfnis des Rechtslebens zur unparteiischen Auswahl und Ernennung von Schiedsgutachtern könne kaum verneint werden.

Dieser Auffassung ist das Kammergericht mit Recht entgegengetreten, indem es ausführt, der Geschäftskreis, die sachliche Zuständigkeit der Gerichte, sei auf die ihnen durch die Vorschriften der Gesetze übertragenen Angelegenheiten beschränkt und könne durch eine Vereinbarung Dritter nicht erweitert werden. Das war, wie das Oberlandesgericht Jena selbst anerkennt, der Standpunkt des preußischen Rechtes (ROHG. Bd. 2 S. 272, Bd. 10 S. 5, Bd. 17 S. 251). Derjenige des Reichsrechts ist aber kein anderer. Das ist zwar in den Gesetzen nicht allgemein und ausdrücklich ausgesprochen, ergibt sich aber daraus, daß das Gesetz die Fälle, in denen ein Gericht zur Berufung von Personen, die im Interesse von anderen in rechtserheblicher Weise tätig werden sollen, einzeln aufgeführt und für sie die Voraussetzungen des gerichtlichen Einschreitens genau bestimmt hat. . . . Entsprechend hat auch das Reichsgericht in dem vom Oberlandesgerichte Jena erwähnten Beschlusse vom 17. Oktober 1902 (RGZ. Bd. 53 S. 3) angenommen, daß durch Vertrag die Wahl eines Schiedsrichters dem jeweiligen Vorsitzenden einer Zivilkammer als solchem rechtswirksam nicht übertragen werden könne. Die Vereinbarung müsse vielmehr, um rechtswirksam sein zu können, dahin aufgefaßt werden, daß unter dem Vorsitzenden weder eine Behörde, noch ein Beamter in seiner amtlichen Funktion gemeint, sondern eine durch ihr Amt nur bezeichnete physische Person als Privatperson gedacht sei. . . . Was aber von diesem Zweige der Gerichtsbarkeit gilt, muß auch von dem anderen, der freiwilligen Gerichtsbarkeit gelten. Es ist daher nicht angängig, wenn das Oberlandesgericht Jena aus den von ihm angeführten positivrechtlichen Bestimmungen und überhaupt aus der allgemeinen Aufgabe der freiwilligen Gerichtsbarkeit, den Privaten bei der Gestaltung ihrer Privatrechtsverhältnisse förderlich zu sein, also im Wege der sog. Rechtsanalogie, die Zulässigkeit einer Vereinbarung herleiten will, durch welche die Berufung von Schiedsgutachtern dem Amtsgericht übertragen wird. Es handelt sich um Erwägungen de lege ferenda, wenn das Oberlandesgericht meint, das Bedürfnis des Rechtslebens nach einer solchen Mitwirkung des Gerichts könne nicht verneint werden. Der Gesetzgeber selbst hat im Einzelfalle geprüft, inwieweit das Verkehrsinteresse ein Eingreifen des Richters der freiwilligen Gerichtsbarkeit fordert, und dies nur so weit vorgeschrieben, als er ein solches Interesse für vorliegend erachtete. Dies zeigen z. B. die Erwägungen, die zur Einfügung des im I. Entwurfe nicht enthaltenen § 2200 BGB. geführt haben. Gegen die Anträge auf Einfügung wurde der Zweifel geäußert, ob für die gerichtliche Ernennung von Testamentsvollstreckern ein Bedürfnis bestehe und ob nicht damit die Gerichte in übertriebener Weise mit der Fürsorge für Privatinteressen belastet werden würden. Es handle sich nicht, wie bei Bestellung von Vormündern und Pflegern, um die Wahrnehmung der Interessen schutzwürdiger Personen. Auch sei die Mühewaltung, welche den Behörden erwachse, eine größere, weil keine Verpflichtung zur Übernahme der Testamentsvollstreckung bestehe, und mit der Mühe werde nicht selten eine gewisse Verantwortlichkeit verbunden sein. Das Ergebnis war, daß der § 2200 gegenüber weitergehenden Anträgen seine jetzige beschränktere Fassung erhielt (Protokolle Bd. 5 S. 250). Ein ferneres Beispiel bieten die Verhandlungen, die zur jetzigen Formulierung des § 29 BGB. geführt haben (Motive zu § 44 Abs. 6 Satz 2 Entw. I Bd. 1 S. 100, Prot. der II. Komm. Bd. 1 S. 516 flg.). Es ist also nicht zulässig, daß der Richter wegen des vermeintlich weitergehenden Verkehrsbedürfnisses seine Zuständigkeit für eine gerichtliche Tätigkeit in Fällen annimmt, für die das Gesetz sie nicht vorsieht.

Nicht zu bezweifeln ist, daß, wie das Oberlandesgericht Jena darlegt, nicht bloß Privatpersonen, sondern auch Behörden zur Ernennung von Schiedsgutachtern ermächtigt werden können. Voraussetzung ist aber, daß diese Funktion in ihren Geschäftsbereich fällt. Anerkannt ist dies vom Reichsgerichte für Handelskammern (RGZ. Bd. 26 S. 371, Bd. 53 S. 387). Daraus kann aber für die Zulässigkeit einer solchen Ermächtigung an die Gerichte nichts hergeleitet werden.

3. Es kann sich daher nur fragen, ob sich die Ansicht des Oberlandesgerichts Jena im Wege der sog. Gesetzesanalogie (vgl. RGZ. Bd. 65 S. 137) oder einer ausdehnenden Auslegung anderer Zuständigkeitsvorschriften rechtfertigen läßt. Aber auch diese Frage wird vom Kammergerichte für unseren Fall mit Recht verneint. Auszuscheiden sind die Vorschriften der §§ 64, 184 VersVG. und des § 884 Nr. 4 HGB. in Verb. mit § 145 Nr. 1 FGG., in denen für besondere, vom Gesetz genau umschriebene Fälle auf Anrufen von Privatpersonen Sachverständige vom Richter der freiwilligen Gerichtsbarkeit ernannt werden können. Die Vorschriften sprechen wiederum gegen die Auffassung des Oberlandesgerichts Jena. Denn wenn der Gesetzgeber jenes Verfahren allgemein hätte zulassen wollen, wäre es ein Leichtes gewesen, dies im Gesetz über die freiwillige Gerichtsbarkeit zum Ausdruck zu bringen.

Auch § 164 Abs. 1 FGG. leidet keine ausdehnende Auslegung. Er enthält lediglich eine Bestimmung über die Zuständigkeit und das Verfahren für diejenigen Fälle, in denen jemand nach gesetzlicher Vorschrift den Zustand oder den Wert einer Sache durch Sachverständige feststellen lassen kann. Es läßt sich daraus also nichts dafür entnehmen, daß das Gesetz das Gericht auch infolge von Parteivereinbarung mit der Ernennung von Sachverständigen befassen will (vgl. Johow Bd. 43 S. 104). Ob auch der Umstand, daß nach § 164 der Sachverständige nur zur Feststellung des Zustandes oder Wertes einer Sache berufen ist, einer entsprechenden Anwendung entgegenstehen würde, wie das Kammergericht meint, kann hier dahingestellt bleiben.

Zweifelhaft kann es dagegen sein, ob nicht für das Gebiet des preußischen Rechtes der Art. 34 Nr. 2 preuß. Ges. über die freiwillige Gerichtsbarkeit, der wörtlich mit dem vom Oberlandesgericht Jena angezogenen § 5 Nr. 2 des altenburg. AG. zum FGG. vom 4. Mai 1899 übereinstimmt, der Ansicht des Oberlandesgerichts Jena zur Stütze dienen kann. Die Vorschrift dient der Ergänzung des § 15 FGG. Sie läßt die Beeidigung eines Sachverständigen auch außerhalb eines bei dem Richter der freiwilligen Gerichtsbarkeit anhängigen Verfahrens zu (Stegemann, Materialien S. 484; Johow Bd. 42 S. 8). Über die Frage, ob der Richter den zu beeidigenden Sachverständigen auch selbst ernennen kann, sagt das Gesetz nichts. Auch die Gesetzesmaterialien geben darüber keinen Aufschluß. Aber da dies nach § 15 FGG. nicht bloß zulässig, sondern gesetzlich geboten ist (§ 404 ZPO.), so ist jene Frage zu bejahen. Richtig bemerkt Rausnitz (Anm. 9 zu § 164 FGG.), daß der Sachverständige sowohl von sämtlichen Beteiligten vorgeschlagen, als auch seine Auswahl dem Gericht überlassen werden kann. Dann aber ließe sich mit dem Oberlandesgerichte Jena sagen, wenn der Richter der freiwilligen Gerichtsbarkeit auf Antrag der Parteien einen Sachverständigen ernennen und beeidigen kann, so ist nicht abzusehen, weshalb sich seine Tätigkeit nicht auf die bloße Ernennung sollte beschränken dürfen. Die Frage kann aber hier dahingestellt bleiben. Denn wenn man den Art. 34 Nr. 2 analog anwenden will, so muß dies auch, wie das Kammergericht mit Recht annimmt, seinem ganzem Umfange nach geschehen. Er setzt aber voraus, daß alle bei der Angelegenheit beteiligten Personen darauf antragen. Diese Voraussetzung trifft hier nicht zu. Der Antragsgegner S. hat vielmehr dem Antrag ausdrücklich widersprochen, und weil ihm stattgegeben war, Beschwerde und weitere Beschwerde eingelegt. Jenem Erfordernis eines Antrags aller Beteiligten muß, wie auch die Gesetzesmaterialien ergeben, wesentliche Bedeutung beigemessen werden. Gegenüber einem in der Kommission des Abgeordnetenhauses gestellten Antrage, die Einschränkung in Wegfall zu bringen, da auch § 15 des Gesetzes sie nicht enthalte, wurde regierungsseitig ausgeführt, daß sich § 15 nur auf die Vereidigung eines Sachverständigen innerhalb eines anhängigen Verfahrens beziehe und daß anderseits die Vereidigung eines Sachverständigen präjudiziell sein könne für die bei der Angelegenheit Beteiligten (Stegemann S. 551). Allerdings richteten sich diese Bedenken gegen die Zulässigkeit der Beeidigung eines Sachverständigen ohne Einwilligung der Beteiligten. Solche Bedenken können sich aber auch gegen die Ernennung eines Sachverständigen ergeben. Das zeigt der vorliegende Fall. Der Richter der freiwilligen Gerichtsbarkeit soll hier zunächst entscheiden, ob die vertraglichen Voraussetzungen für die gerichtliche Berufung eines Sachverständigen vorliegen, und dann einen solchen auswählen. Eine Entscheidung über streitige Fragen liegt nun allerdings nicht außerhalb des Bereichs der freiwilligen Gerichtsbarkeit (vgl. z. B. §§ 1379 Abs. 1, 2358 flg., 2360 BGB.). Aber doch nur dann nicht, wenn sie durch besondere Vorschrift dem Richter der freiwilligen Gerichtsbarkeit übertragen ist. Sonst gehört sie zum Bereich der streitigen Gerichtsbarkeit. Ließe man im vorliegenden Falle die Entscheidung zu, so würde sich sogleich die Frage erheben, ob die Ernennung des Schiedsgutachters, wie es diejenige des Schiedsrichters im Falle der §§ 1031, 1045 ZPO. ist (Urt. des Reichsgerichts vom 3. Januar 1913 VII. 400/13), eine endgültige sei oder ob sie im ordentlichen Prozeß angefochten werden könne. Mangels einer besonderen Vorschrift ist letzteres anzunehmen. Dann aber würde die Zulassung der Entscheidung des Richters der freiwilligen Gerichtsbarkeit nicht den Bedürfnissen des Verkehrs entsprechen, im Gegenteil leicht zu einer Verwirrung der Rechtslage führen können. Dann nämlich, wenn der Prozeßrichter zu dem Ergebnis käme, daß die vertraglichen Voraussetzungen der Ernennung nicht gegeben gewesen seien. In diesem Falle würde die ganze mühsame und kostspielige Tätigkeit des Gutachters sich als überflüssig herausstellen.

Aus diesen Gründen ist auch die Anwendung des Art. 34 Nr. 2 auf unseren Fall abzulehnen. Hervorzuheben ist übrigens, daß sich der vom Oberlandesgerichte Jena entschiedene Fall von dem vorliegenden insofern unterscheidet, als dort beide Teile über die Ernennung des sog. Obmanns durch das Gericht einig waren und nur Streit über die Frage herrschte, ob das Landgericht oder das Amtsgericht zuständig sei."

RGZ. 133, 102.

1. Über die Zuständigkeit des Reichsgerichts (nach § 28 FGG.) beim Zusammentreffen einer Handelsregistersache mit einer Grundbuchsache.

2. . . . . . .

FGG. § 28.

II. Zivilsenat. Beschl. v. 19. Juni 1931.

Die Entscheidung ist abgedruckt unter „Handelsrecht, Versicherungsaufsichtsgesetz".

RGZ. 148, 175.

1. Liegt dieselbe Rechtsfrage im Sinne von § 28 Abs. 2 FGG vor, wenn über die Notwendigkeit des Sonderbeschlusses einzelner Aktionärgruppen einmal zu § 288 Abs. 3 HGB.*) entschieden worden ist und nun erneut zu § 275 Abs. 3 a. a. O. entschieden werden soll?

2. Ist ein Sonderbeschluß der in Betracht kommenden Aktionärgruppen auch dann erforderlich, wenn der Gesamtbeschluß der Generalversammlung einstimmig gefaßt ist?

3. Hat das Registergericht beim Fehlen des notwendigen Sonderbeschlusses die Eintragung einer Satzungsänderung abzulehnen?

FGG. § 28 Abs. 2. HGB. § 275 Abs. 3.

II. Zivilsenat. Beschl. v. 21. Juni 1935.

Die Entscheidung ist abgedruckt unter „Recht der Handelsgesellschaften".

RGZ. 169, 147.

1. Gilt das Verbot täuschender Firmenzusätze auch dann, wenn der Träger des in der abgeleiteten Firma einer Kommanditgesellschaft enthaltenen Familiennamens, dem der Doktortitel beigefügt ist, des Rechtes zur Führung dieses Titels durch strafgerichtliche Verurteilung verlustig gegangen ist?

2. Ist das Amtslöschungsverfahren nach § 142 FGG. anwendbar, wenn eine Eintragung in das Handelsregister durch eine Veränderung der Umstände, die sie ursprünglich gerechtfertigt erscheinen ließen, nachträglich unzulässig geworden ist?

---

* jetzt § 175 Abs. 2 bzw. § 146 Abs. 2 AktG. v. 30. 1. 1937.

HGB. §§ 18, 24. FGG. § 142.

II. Zivilsenat. Beschl. v. 16. Mai 1942.

Die Entscheidung ist abgedruckt unter „Handelsrecht".

Rechtshilfe

RGZ. 58, 94.

Darf das Amtsgericht eines deutschen Bundesstaates von dem Amtsgericht eines anderen deutschen Bundesstaates im Wege des Rechtshilfeersuchens auf Grund des § 2 des Reichsgesetzes über die Angelegenheiten der freiwilligen Gerichtsbarkeit in Verbindung mit § 167 Abs. 1 daselbst und § 129 Abs. 2 BGB. die gerichtliche Beurkundung einer bei dem ersuchenden Gericht (als Registerbehörde) in formell ungenügender Art erfolgten Anmeldung zur Eintragung in das Handelsregister fordern?

IV. Zivilsenat. Beschl. v. 28. April 1904.

I. Amtsgericht Schwetzingen. — II. Oberlandesgericht Karlsruhe.

Gründe:

„Die Firma Heinrich M. & Co., welche in Sch. (in Baden), dem Wohnorte ihrer Inhaber, ihre Hauptniederlassung und in Z. (im Königreich Sachsen) ihre Zweigniederlassung hatte, stellte privatschriftlich bei dem Amtsgerichte des letzteren Ortes den Antrag, ihre in dem dortigen Handelsregister eingetragene Zweigniederlassung zu löschen. Das Amtsgericht zu Z., als Registergericht, ersuchte infolgedessen das Amtsgericht in Sch. um Entgegennahme dieses Antrages von dem Firmeninhaber „zu richterlichem Protokoll". Das ersuchte Gericht entsprach diesem Ansinnen nicht, sondern veranlaßte nur die Aufnahme einer entsprechenden Erklärung zu Protokoll seines Gerichtsschreibers und übersandte dieselbe alsdann der ersuchenden Behörde. Das Gericht in Z. wiederholte hierauf sein früheres Ersuchen, indem es unter Hinweis auf § 128 des Reichsgesetzes über die Angelegenheiten der freiwilligen Gerichtsbarkeit die Beurkundung durch den Gerichtsschreiber des Amtsgerichts Sch. nicht für genügend hielt und gleichzeitig beantragte, im Ablehnungsfalle die Sache dem zuständigen Oberlandesgericht zu K. zur Entscheidung vorzulegen. Da das Amtsgericht zu Sch. dem Hauptersuchen auch jetzt nicht stattgeben wollte, so verfuhr es nach diesem eventuellen Antrage.

Das Oberlandesgericht zu K. wies nach erfolgter Prüfung das Ersuchen des Amtsgerichts zu Z. durch Beschluß vom 29. Februar 1904 ab und erklärte die Rechtshilfe für unzulässig.

Bei der Begründung dieses Beschlusses wird davon ausgegangen, daß nach § 2 des Reichsgesetzes über die Angelegenheiten der freiwilligen Gerichtsbarkeit und dem dort in Bezug genommenen § 159 Abs. 2 des Gerichtsverfassungsgesetzes geprüft werden müsse, ob die Verweigerung des Rechtshilfeersuchens von seiten des Amtsgerichts Sch. berechtigt sei, weil ihm entweder die örtliche Zuständigkeit mangele, oder die vorzunehmende Handlung nach badischem Rechte verboten sei. Das Oberlandesgericht verneint den Mangel der örtlichen Zuständigkeit, bejaht aber das Vorliegen des zweiten Hinderungsgrundes. Es erkennt an, daß die bloße Erklärung der Firmeninhaber zu Protokoll des Gerichtsschreibers des Amtsgerichts Sch. eine rechtswirksame Anmeldung im Sinne des § 12 HGB. nicht darstellt, weil Sch. in dem gegebenen Falle nicht Registergericht ist (§ 128 des Reichsgesetzes über die Angelegenheiten der freiwilligen Gerichtsbarkeit). Zur Aufnahme eines richterlichen Protokolls behufs Herstellung einer die öffentliche Beglaubigung ersetzenden Beurkundung (§ 129 Abs. 2 BGB.), wie sie das Amtsgericht Z. verlangt, wird jedoch das Amtsgericht Sch. nicht für sachlich zuständig erachtet.

Der „§ 35 Ziff. 3 des badischen Rechtspolizeigesetzes vom 17. Juni 1899" — so führen die Entscheidungsgründe des Oberlandesgerichts aus — „schließt die Gerichte von der Aufnahme öffentlicher Urkunden auf Ansuchen Beteiligter und insbesondere von der Beurkundung der Rechtsgeschäfte aus, die nach dem Bürgerlichen Gesetzbuch oder anderen Reichsgesetzen gerichtlicher oder notarieller Beurkundung bedürfen. Die Ziff. 1 und 2 des § 35, von denen dabei abgesehen ist, kommen vorliegendenfalls nicht in Betracht. Etwas anderes bestimmt . . . ist in § 41 des Rechtspolizeigesetzes, der besagt:

„Für die öffentliche Beglaubigung einer Willenserklärung (Unterschriftsbeglaubigung) ist jedes Amtsgericht nur insoweit zuständig, als die Erklärung auf die zu dessen Zuständigkeit gehörigen Angelegenheiten der freiwilligen Gerichtsbarkeit Bezug hat oder aber zum Gebrauche außerhalb des Deutschen Reiches bestimmt ist."

Zur Zuständigkeit des Amtsgerichts Sch. gehörige Angelegenheit ist eine Registersache des Amtsgerichts Z. nicht."

Gegen diese Entscheidung richtet sich die Beschwerde des Amtsgerichts zu Z. Ihre formelle Statthaftigkeit folgt aus § 160 des Gerichtsverfassungsgesetzes, so daß die Bedingungen für die Abgabe einer Entscheidung durch das Reichsgericht gegeben sind.

In der Sache selbst aber erweist sich die Beschwerde als unzulässig.

Die §§ 158 bis 169 GVG., welche der § 2 des Reichsgesetzes über die Angelegenheiten der freiwilligen Gerichtsbarkeit in den Fällen der von ihm geordneten Rechtshilfeleistung für maßgebend erklärt, regeln, wie der ihnen vorausgehende § 157 ergibt, an sich nur die Rechtshilfe in bürgerlichen Rechtsstreitigkeiten und in Strafsachen. Ihre Anwendbarkeit beschränkt sich daher nach § 1 des Reichsgesetzes über die Angelegenheiten der freiwilligen Gerichtsbarkeit auf „diejenigen Angelegenheiten der freiwilligen Gerichtsbarkeit, welche durch Reichsgesetz den Gerichten übertragen sind". Würde die mit dem Ersuchen des Amtsgerichts Z. bei dem Amtsgericht Sch. bezielte Rechtshilfe eine durch Reichsgesetz den Gerichten übertragene Angelegenheit innerhalb des Gebietes der freiwilligen Gerichtsbarkeit, dem sie unzweifelhaft angehört, nicht betreffen, so entfiele damit zugleich auch die Anwendbarkeit des § 159 GVG., aus welchem sie ihre Stütze entnimmt.

Das fragliche Ersuchen des Amtsgerichts Z. ging dahin, einen von den Inhabern der Firma Heinrich M. & Co. zuerst nur privatschriftlich und alsdann vor dem Gerichtsschreiber des Amtsgerichts zu Sch. zu Protokoll erklärten Antrag auf Löschung der Zweigniederlassung dieser Firma im Handelsregister zu Z. gerichtlich zu beurkunden. Dieser Antrag selbst, eine Willenserklärung, welche rechtliche Folgen zum Zweck hat, stellt sich als Rechtsgeschäft dar.

Es fragt sich also zuvörderst: ist die gerichtliche Beurkundung eines der freiwilligen Gerichtsbarkeit angehörigen Rechtsgeschäftes, insbesondere einer Anmeldung aus § 12 HGB., eine durch Reichsgesetz den Gerichten übertragene Angelegenheit?

Diese Frage muß für Fälle der vorliegenden Art ohne Bedenken verneint werden.

Was zunächst den zehnten Abschnitt des Reichsgesetzes über die Angelegenheiten der freiwilligen Gerichtsbarkeit selbst betrifft, der von den gerichtlichen und notariellen Urkunden handelt, so geht dessen Zweck keineswegs auf eine durchgreifende Ordnung des Beurkundungswesens. Die in ihm aufgestellten Normen sollen nur der einheitlichen Durchführung des gemeinsamen bürgerlichen Rechtes dienen, und dieser Bestimmung entspricht daher auch der Rahmen, innerhalb dessen sie sich bewegen. Auch der Abs. 1 des § 167 a. a. O., welcher vorschreibt: „Für die gerichtliche Beurkundung eines Rechtsgeschäfts, sowie für die gerichtliche Beglaubigung eines Handzeichens sind die Amtsgerichte zuständig",

regelt, wie die Denkschrift zu dem Entwurf eines Reichsgesetzes über die Angelegenheiten der freiwilligen Gerichtsbarkeit, Reichstagsvorlage (Nr. 21 der Drucksachen des Reichstages 1897—1898), ausdrücklich anerkennt, die sachliche Zuständigkeit der Gerichte nur insoweit, als dieselben nach anderen Gesetzen (Reichs- oder Landesgesetzen) zur Beurkundung eines Rechtsgeschäftes überhaupt berufen sind. Lediglich unter dieser Voraussetzung weist derselbe nach dem Vorgange der überwiegenden Mehrzahl der seither geltenden Rechte die Zuständigkeit für eine solche Beurkundung allgemein den Amtsgerichten zu.

Für den gegenwärtigen Fall enthält weder das Bürgerliche Gesetzbuch noch auch ein anderes Reichsgesetz eine derartige Vorschrift. Der § 12 HGB. verlangt für die Anmeldungen zur Eintragung in das Handelsregister entweder eine persönliche Erklärung bei dem Registergericht, also zu Protokoll des Amtsrichters oder des Gerichtsschreibers dieses Gerichts (§ 128 des Reichsgesetzes über die Angelegenheiten der freiwilligen Gerichtsbarkeit), oder die Abgabe einer Erklärung in öffentlich beglaubigter Form. Den Gerichten überhaupt wird eine Beurkundung hierdurch nicht übertragen. Für die öffentliche Beglaubigung aber bestimmt des § 129 Abs. 1 BGB. das Nähere. In dem Abs. 2 daselbst wird sodann verordnet:

„Die öffentliche Beglaubigung wird durch die gerichtliche oder notarielle Beurkundung der Erklärung ersetzt."

Wie es scheint, hat das Amtsgericht zu Z. für sein Ersuchen diese letztere Bestimmung im Auge, indem es den Mangel der öffentlichen Beglaubigung des bisherigen Antrags der Firmeninhaber durch die Erlangung einer gerichtlichen Beurkundung beseitigen will. Hierbei aber wird übersehen, daß der vorgedachte Abs. 2 des § 129 BGB. gleichfalls keine Übertragung im Sinne des § 1 des Reichsgesetzes über die Angelegenheiten der freiwilligen Gerichtsbarkeit enthält, und daß daher die gerichtliche Rechtshilfeleistung nach Maßgabe der § 2 des Reichsgesetzes über die Angelegenheiten der freiwilligen Gerichtsbarkeit auf dieser Grundlage nicht gefordert werden kann.

Mangelt es aber hiernach an den gesetzlichen Erfordernissen für die Berechtigung des Rechtshilfeersuchens von seiten des Amtsgerichts Z. an das Amtsgericht Sch., so steht damit ohne weiteres fest, daß auch der § 159 GVG. auf den gegebenen Fall keine Anwendung zu leiden vermag.

Es erübrigt sich hierdurch zugleich eine Nachprüfung der Erwägungen, aus denen das Oberlandesgericht, gestützt auf Art. 141 Einf.-Ges. zum BGB. und bzw. auf § 191 Abs. 2 des Reichsgesetzes über die Angelegenheiten der freiwilligen Gerichtsbarkeit, nach den Vorschriften des badischen Rechtspolizeigesetzes die Rechtshilfe für unzulässig erklärt."

RGZ. 67, 416.

Darf das Vormundschaftsgericht die Rechtshilfe eines auswärtigen Amtsgerichts dafür in Anspruch nehmen, daß dieses den außerehelichen Erzeuger eines bevormundeten Kindes vorlädt und ihn über die Anerkennung der Vaterschaft, über die Verpflichtung zur Entrichtung von Unterhaltsbeträgen sowie über seine Unterwerfung unter die sofortige Zwangsvollstreckung vernimmt?

FGG. §§ 1, 2, 167. GVG. § 160. BGB. §§ 1837 flg.

IV. Zivilsenat. Beschl. v. 27. Februar 1908.

I. Amtsgericht Hofgeismar. — II. Oberlandesgericht Kassel.

Auf Antrag des Vormundes der bei dem Amtsgericht in Sonneberg bevormundeten Anna M. ersuchte das genannte Amtsgericht am 16. Dezember 1907 das Amtsgericht in Hofgeismar, den als Erzeuger des Mündels von dem Vormunde bezeichneten Dragoner S. in Hofgeismar über die Anerkennung der Vaterschaft, die Zahlung von Alimenten in bestimmtem Jahresbetrage, sowie darüber gerichtlich zu vernehmen, daß er sich wegen dieser Verpflichtung der sofortigen Zwangsvollstreckung unterwerfe. Das Amtsgericht in Hofgeismar lehnte das Ersuchen ab. Das ersuchende Gericht trug auf Entscheidung des Oberlandesgerichts an. Dieses erteilte dem Amtsgericht in Hofgeismar zwar die Anweisung, dem Ersuchen insoweit stattzugeben, als es sich um die Vernehmung des S. über die Anerkennung der Vaterschaft handele, hielt dagegen die amtsgerichtliche Ablehnung im übrigen für gerechtfertigt, weil die Vernehmung des unehelichen Vaters über seine Unterhaltsverbindlichkeit überhaupt, insbesondere aber dann, wenn darüber eine vollstreckbare Urkunde aufgenommen werden solle, nicht im gesetzlichen Geschäftsbereiche des Vormundschaftsgerichts liege. Sie könne daher weder im Sinne des § 2 des Ges. ü. d. Angel. d. freiw. Ger. noch auch im Sinne des zwischen Preußen und Sachsen-Meiningen abgeschlossenen Staatsvertrages vom 2. Mai 1859 den Gegenstand eines Rechtshilfegesuches bilden.

Gegen diesen Teil der Entscheidung des Oberlandesgerichts erhob das Amtsgericht in Sonneberg Beschwerde. Das Reichsgericht gab dem Amtsgericht in Hofgeismar auf, dem Rechtshilfegesuch im vollen Umfange zu entsprechen.

Gründe:

„Der entscheidende Senat ist zwar in einem gleichliegenden Falle (Rep. IV. 34/08) durch Beschluß vom 30. Januar 1908 dem Oberlandesgericht in Kassel beigetreten; er hat ein Rechtshilfegesuch des nämlichen Inhalts insoweit, als dem ersuchten Gericht eine über die Anerkennung der Vaterschaft hinausgehende Vernehmung angesonnen wurde unter Hinweis auf seinen Beschluß vom 28. April 1904 (Entsch. des RG.s in Zivils. Bd. 57 S. 396 flg.) für unzulässig gehalten. Bei nochmaliger Erwägung konnte diese Ansicht nicht aufrecht erhalten werden.

Vormundschaftssachen gehören zu den Angelegenheiten der freiwilligen Gerichtsbarkeit, die den Gerichten durch die Reichsgesetzgebung übertragen sind. Die Befugnis der Vormundschaftsgerichte, in solchen Sachen die Rechtshilfe anderer Gerichte in Anspruch zu nehmen, ist an und für sich durch § 2 des Ges. ü. d. Angel. d. freiw. Ger. in Verbindung mit § 1 gegeben; sie ist übrigens durch § 194 Abs. 4 desselben Gesetzes auch auf nicht gerichtliche Vormundschaftsbehörden ausgedehnt, soweit die Landesgesetzgebung von der ihr durch Art. 147 Einf.-Ges. zum BGB. und durch § 190 Ges. ü. d. Angel. d. freiw. Ger. eingeräumten Ermächtigung Gebrauch gemacht hat. Wenn das Gericht, bei dem die Vormundschaftssache anhängig ist, auf Antrag des Vormundes an den ihm benannten Erzeuger von sich aus eine Vorladung erläßt und bei seinem Erscheinen selbst zur Vernehmung schreitet, so darf nicht bezweifelt werden, daß es damit in den Grenzen der vormundschaftsgerichtlichen Obliegenheiten handelt. Daß sich das Gericht, sofern es darum angegangen wird, der Beurkundung eines den Mündel angehenden Rechtsgeschäfts etwa aus dem Grunde entziehen könnte, weil ihm die Verpflichtung hierzu zwar nach der allgemeinen Vorschrift des § 167 Abs. 1 Ges. ü. Angel. d. freiw. Ger., nicht aber auch in seiner Eigenschaft als Vormundschaftsgericht obläge, ist von vornherein als abwegig von der Hand zu weisen. In Frage kann nur kommen, ob etwa die Vorladung des benannten Erzeugers und die protokollarische Feststellung seiner Erklärungen, wenn er die Anerkennung der Vaterschaft oder der Schuldverpflichtung ablehnt, über den Bereich einer vormundschaftsgerichtlichen Tätigkeit hinausgehen. Nun bildet aber bei der Bevormundung eines unehelichen Kindes die Feststellung der

Vaterschaft und die Klarstellung der Unterhaltspflicht im positiven oder negativen Sinne ein vormundschaftliches Geschäft von solcher Wichtigkeit, daß es oft die ganze Lebenslage des Mündels beeinflußt. Mag darum die Fürsorge des Vormundschaftsgerichts auch zunächst nur darauf zu richten sein, daß die deswegen nötigen Schritte vom Vormunde unternommen werden (§ 1837 BGB.), so schließt dies immerhin nicht aus, daß der Vormundschaftsrichter je nach Lage des Falles den Bemühungen des Vormundes seine Unterstützung zuteil werden läßt. Er fördert damit gleichzeitig die eigenen richterlichen Dienstgeschäfte insofern, als er die Vermögenslage des Mündels fortdauernd im Auge zu behalten hat (§§ 1802, 1840 flg., 1843 BGB.). Jedenfalls entspricht es dem Grundgedanken der öffentlichrechtlichen Regelung des gesamten Vormundschaftswesens weit mehr, wenn der Vormundschaftsrichter einer derartigen Bitte des Vormundes gegenüber sich entgegenkommend zeigt, als wenn er ihr unter Verkennung der Pflicht, zum Wohle des Mündels auch von seiner Seite sachlich beizutragen, mit dem Versuche begegnet, seine Amtstätigkeit nach Gesichtspunkten des formalen Rechtes in möglichst engen Schranken zu halten. Um einen Eingriff in die Verwaltungstätigkeit und eine Beeinträchtigung der Selbständigkeit des Vormundes handelt es sich dabei ebensowenig, wie um eine gesetzwidrige Entlastung des Vormundes durch die richterliche Mühwaltung.

. . .

In dem gleichen Umfang aber, wie der Vormundschaftsrichter befugt ist, zum Besten des Mündels eine eigene Amtstätigkeit zu entfalten, steht es ihm auch zu, die Rechtshilfe auswärtiger Gerichte in Anspruch zu nehmen, wenn ihm durch die örtliche Abgrenzung der Gerichtsbezirke die unmittelbare Erledigung der für zweckmäßig erachteten gerichtlichen Akte unmöglich gemacht oder doch wesentlich erschwert ist. Die sachliche Nachprüfung der Zweckmäßigkeitserwägungen des ersuchenden Gerichtes steht dabei dem ersuchten Gerichte nicht zu.

Das Oberlandesgericht ist selbst bereits dahin gelangt, in Übereinstimmung mit dem in der Beschwerdesache (Rep. IV. 836/07) ergangenen Beschlusse des Senats vom 11. November 1907 die Weigerung des ersuchten Gerichtes, soweit sich das Ersuchen auf die Vorladung des benannten Erzeugers und die Vernehmung über die Anerkennung der Vaterschaft bezieht, für unbegründet zu erklären. Welchen Zweck und welchen zwingenden Grund es aber haben könnte, mit der Vernehmung einzuhalten, wenn die bei der Erörterung kaum zu umgehende und dabei oft im Vordergrunde der beiderseitigen Interessen stehende Unterhaltsfrage zur Sprache kommen sollte, läßt sich nicht erkennen. In dem Rechtshilfefalle des Beschlusses vom 28. April 1904 (Entsch. des RG.s in Zivils. Bd. 57 S. 396 flg.) vermochte sich das ersuchte Gericht wenigstens darauf zu berufen, daß ihm durch eine landesgesetzliche Ausführungsvorschrift die Aufnahme vollstreckbarer Schuldurkunden verwehrt sei. Ein solcher Hinderungsgrund (§ 159 Abs. 2 GVG.) besteht im gegebenen Falle nicht. Auch damit kann die teilweise Versagung der Rechtshilfe nicht begründet werden, daß, wenn es zu einer Anerkennung der Schuldverpflichtung kommt, diese rechtsgeschäftliche Erklärung des Vaters als solche trotz der Bestimmung des § 1714 BGB. einer gerichtlichen oder notariellen Beurkundung nicht unter allen Umständen bedarf. Der darauf gestützte Entscheidungsgrund des Oberlandesgerichts versagt überdies insoweit, als eine Unterwerfung unter die sofortige Zwangsvollstreckung beurkundet werden soll, angesichts des § 794 Nr. 5 ZPO. und des § 167 Abs. 1 Ges. ü. d. Angel. der freiw. Ger., überhaupt.

. . . .

RGZ. 69, 271.

Darf ein Amtsgericht ein Ersuchen um Rechtshilfe ablehnen, weil nach Landesrecht die Amtsgerichte für die den Nachlaßgerichten obliegenden Verrichtungen nicht zuständig sind? Darf ein Ersuchen um Vernehmung eines Erben darüber, ob er die Erbschaft annehme, und ob eine Verfügung von Todes wegen vorhanden sei, abgelehnt werden, weil die Abgabe der Erklärung im Belieben der zu vernehmenden Person stehe?

IV. Zivilsenat. Beschl. v. 15. Oktober 1908.

I. Amtsgericht und Notariat Mannheim. — II. Oberlandesgericht Karlsruhe.

Gründe:

„Am 4. Juni 1908 ist zu K. der Packmeister S. gestorben. Als Nachlaßgericht ordnete das Bayerische Amtsgericht Kaiserslautern die Vernehmung der in K. wohnenden Angehörigen des Erblassers an. In dem Termin erteilten die Witwe und zwei Kinder des Erblassers Auskunft über die Güterrechtsverhältnisse der Eheleute S. und erklärten, der Verstorbene habe keine Verfügung von Todes wegen hinterlassen, Liegenschaften gehörten nicht zum Nachlasse, die amtliche Vermittlung der Auseinandersetzung des Nachlasses solle nicht erfolgen. Das Nachlaßgericht übersandte das Vernehmungsprotokoll an das Badische Amtsgericht zu Mannheim mit dem Ersuchen, eine in N. wohnende Tochter des Erblassers darüber zu vernehmen, ob sie den Erklärungen der übrigen Erbbeteiligten beitrete. Das Amtsgericht zu Mannheim erwiderte unter Bezugnahme auf eine Entscheidung des Oberlandesgerichts zu Karlsruhe vom 20. Februar 1908, die badischen Amtsgerichte seien für die den Nachlaßgerichten obliegenden Verrichtungen nicht zuständig; deshalb werde das Ersuchen an das Notariat in Mannheim als Nachlaßgericht abgegeben. Das Notariat lehnte das Ersuchen um Vernehmung der Tochter des Erblassers ab, weil die Abgabe der verlangten Erklärung im freien Belieben der Beteiligten stehe, daher kein Ersuchen um Rechtshilfe vorliege. Das Notariat beharrte auch auf der Ablehnung, nachdem das Nachlaßgericht auf die §§ 2 und 12 des Gesetzes über die Angelegenheiten der freiwilligen Gerichtsbarkeit hingewiesen und geltend gemacht hatte, nach Art. 3 des Bayerischen Gesetzes vom 9. August 1902, das Nachlaßwesen betreffend, habe das Nachlaßgericht die Erben von Amts wegen zu ermitteln. Darauf wurde die Entscheidung des Oberlandesgerichts zu Karlsruhe herbeigeführt. Durch Beschluß vom 27. Juli 1908 wies das Oberlandesgericht die Beschwerde des Amtsgerichts Kaiserslautern zurück. Das Oberlandesgericht führte aus, es liege ein Rechtshilfefall überhaupt nicht vor. Es handle sich um Abgabe von Erklärungen, bezüglich deren es lediglich im Belieben der in N. wohnenden Tochter des Erblassers liege, ob sie solche abgeben wolle, oder nicht. Um bei dieser anzuregen, daß sie in der von dem ersuchenden Gerichte gewünschten Richtung tätig werde, dazu diene die Rechtshilfe nicht. Das könne von dem ersuchenden Gericht selbst unmittelbar schriftlich bewirkt werden. Der Beteiligten bleibe dann überlassen, ob und in welcher Weise sie die Erledigung herbeiführen wolle, zumal sie ein besonderes Interesse daran haben könne, ihre Erklärung nicht durch einen Beamten des Bezirks, in dem ihr Wohnort liege, beurkunden zu lassen.

Gegen die Entscheidung des Oberlandesgerichts hat das Amtsgericht Kaiserslautern Beschwerde erhoben.

Die Beschwerde ist zulässig und begründet.

Die Amtshandlung, die das Nachlaßgericht vornehmen lassen will, fällt in den Bereich der den Nachlaßgerichten nach Reichsrecht zustehenden Verrichtungen. Nach § 1960 BGB. hat das Nachlaßgericht bis zur Annahme der Erbschaft für die Sicherung des Nachlasses zu sorgen, soweit ein Bedürfnis besteht; diese Sorge liegt ihm auch ob, wenn der Erbe unbekannt, oder wenn ungewiß ist, ob er die Erbschaft angenommen hat. Es ist nicht zu beanstanden, wenn ein Nachlaßgericht (gemäß § 12 FGG.) Ermittlungen veranstaltet, um sich Gewißheit zu verschaffen, ob die Erben die Erbschaft annehmen, oder ob etwa Sicherungsmaßregeln zu ergreifen sind. Die Befragung der Angehörigen des Erblassers, ob eine Verfügung von Todes wegen vorhanden sei, fällt auch nach § 2259 BGB. in Verbindung mit §§ 83 und 12 FGG. in den Bereich der Amtstätigkeit des Nachlaßgerichts.

Gemäß § 2 FGG. in Verbindung mit § 159 GVG. darf das Ersuchen um Rechtshilfe nur abgelehnt werden, wenn dem ersuchten Gerichte die örtliche Zuständigkeit mangelt, oder die vorzunehmende Handlung nach dem Rechte des ersuchten Gerichts verboten ist. Ersucht wurde das Amtsgericht zu Mannheim. Zur Vernehmung der in seinem Bezirke wohnenden Person fehlt ihm nicht die örtliche Zuständigkeit. Die vorzunehmende Handlung ist ihm auch nicht verboten. Der Umstand, daß in Baden für die dem Nachlaßgericht obliegenden Verrichtungen die Notare zuständig sind, ist unerheblich; denn nach § 194 Abs. 4 FGG. bleibt von dieser landesgesetzlichen Zuständigkeitsbestimmung die Verpflichtung der gerichtlichen Behörde, gemäß § 2 Rechtshilfe zu leisten, unberührt.

In der angefochtenen Entscheidung hat das Oberlandesgericht die Ablehnung für gerechtfertigt erachtet, 1. weil es sich um Abgabe von Erklärungen handle, bezüglich deren es lediglich im Belieben der Tochter des Erblassers liege, ob sie solche abgeben wolle oder nicht, 2. weil die Anregung zur Abgabe der Erklärungen von dem Amtsgericht Kaiserslautern selbst unmittelbar schriftlich bewirkt werden könne. Keiner dieser Gründe vermag die Ablehnung zu rechtfertigen. Ob die Tochter des Erblassers die von ihr verlangte Erklärung wird abgeben wollen, ist für die Frage der Zulässigkeit der Rechtshilfe nicht von Bedeutung. Um die bloße Anregung zur Abgabe einer Erklärung handelt es sich nicht; das ersuchende Gericht hält in Ausübung der ihm als Nachlaßgericht zustehenden Tätigkeit eine Vernehmung für erforderlich. Die Zweckmäßigkeit des Ersuchens hat das ersuchte Gericht nicht nachzuprüfen." . . .

RGZ. 84, 317.

Ist das Ersuchen eines Vormundschaftsgerichts um Rechtshilfe abzulehnen, wenn ein Minderjähriger als Erzeuger eines unehelichen Kindes mit der Anerkennung seiner Vaterschaft sowie in vollstreckbarer Form mit der Verpflichtung, Unterhaltsbeträge zu zahlen, vernommen werden soll, bevor sein gesetzlicher Vertreter diesen Erklärungen zugestimmt hat?

FGG. § 2. GVG. §§ 159, 160. BGB. §§ 1718, 111, 108. ZPO. § 794 Abs. 1 Nr. 5. Preuß. FGG. Art. 40 Abs. 2.

IV. Zivilsenat. Beschl. v. 28. März 1914.

I. Amtsgericht Bromberg. — II. Oberlandesgericht Posen.

Auf Antrag des Vormundes der bei dem Amtsgericht in Sommerfeld bevormundeten unehelich geborenen Herta Z. hat das genannte Amtsgericht an das Amtsgericht in Bromberg das Ersuchen gerichtet, den minderjährigen Gefreiten Georg K. daselbst über seine außereheliche Vaterschaft sowie in vollstreckbarer Form über die Verpflichtung zur Zahlung der von dem Vormunde beanspruchten monatlichen Unterhaltsbeträge zu vernehmen. Georg K. erschien vor dem ersuchten Amtsgericht und erklärte: sein Vater, der Obst- und Gemüsegärtner Karl K. in Guben habe ihm bisher die Einwilligung zur Anerkennung der Vaterschaft nicht erteilt, er bäte ihn nach dieser Richtung hin vernehmen zu lassen. Er selbst, Georg K., sei bereit, die Vaterschaft anzuerkennen. Eine weitere Vernehmung unterblieb, das ersuchte Gericht lehnte es namentlich ab, eine vollstreckbare Urkunde aufzunehmen, bevor nicht der gesetzliche Vertreter des Georg K. dazu seine Einwilligung erteilt habe. Das ersuchende Gericht trug demgegenüber auf die Entscheidung des Oberlandesgerichts an. Dieses hat den Antrag, das ersuchte Gericht zur Erledigung des Ersuchens anzuweisen, durch Beschluß vom 28. März 1914 abgelehnt.

Die hiergegen gerichtete Beschwerde des Amtsgerichts in Sommerfeld blieb ohne Erfolg.

Gründe:

„Zutreffend wird in der Begründung der Beschwerde davon ausgegangen, daß das ersuchte Gericht das Ersuchen um Rechtshilfe gemäß § 2 FGG. in Verbindung mit § 159 Abs. 2 GVG. in dem Falle abzulehnen hatte, wenn die vorzunehmende Handlung nach dem Rechte des Ortes der Vornahme verboten war, und daß diese Voraussetzung gemäß Art. 40 Abs. 2 preuß. FGG. dann zutraf, wenn das Rechtsgeschäft, um dessen Beurkundung es sich handelte, offenbar ungültig gewesen wäre. Dieser Fall liegt aber, was das beschwerdeführende Amtsgericht zu Unrecht in Abrede stellt, aus doppeltem Grunde hier vor. Offenbar ungültig wäre die Erklärung des minderjährigen Georg K. zunächst insofern gewesen, als er veranlaßt werden sollte, sich wegen der zu zahlenden Unterhaltsbeiträge ohne vorgängige Einwilligung seines Vaters der sofortigen Zwangsvollstreckung zu unterwerfen. Denn eine derartige Erklärung ist ein einseitiges Rechtsgeschäft. Sie bedarf nur der Form des § 794 Abs. 1 Nr. 5 ZPO., braucht jedoch, um die Vollstreckbarkeit der Urkunde herzustellen, weder von dem Gläubiger wie ein Vertragsangebot angenommen noch auch nur ihm gegenüber abgegeben zu werden. Sie wird auch nicht, wie das beschwerdeführende Amtsgericht annimmt, zu einem Bestandteile des Vertrags, wenn zwischen dem Gläubiger und dem Schuldner die Herstellung der sofortigen Vollstreckbarkeit bedungen wurde, hat also mit der Abschließung dieses kausalen Vertrags überhaupt nichts zu tun. Denn die einem Schuldversprechen hinzutretende Unterwerfung unter die sofortige Zwangsvollstreckung ist ihrem Inhalte nach nicht selbst ein Schuldversprechen. Sie setzt ein solches vielmehr trotz der gleichzeitigen Verlautbarung nur voraus und stellt für sich eine die Vertragsabmachungen insoweit schon ausführende Erfüllung dar. Einseitige Rechtsgeschäfte eines Minderjährigen sind aber, wenn sie ohne die Einwilligung, d. h. ohne die vorhergehende Zustimmung des gesetzlichen Vertreters (§ 183 BGB.) vorgenommen werden, nach § 111 Abs. 1 Satz 1 BGB. schlechthin unwirksam. Für sie gilt auch nicht, was im § 108 BGB. nur für die von einem Minderjährigen ohne Einwilligung des gesetzlichen Vertreters abgeschlossenen Verträge vorgeschrieben ist, daß sie durch dessen Genehmigung, d. h. durch seine nachträgliche Zustimmung (§ 184 BGB.) wirksam werden können.

Ebenso verhält es sich mit der von dem ersuchenden Gerichte verlangten Beurkundung des Vaterschaftsanerkenntnisses nach § 1718 BGB. Eine solche Erklärung des außerehelichen Erzeugers wird gleichfalls mit ihren gesetzlich daran geknüpften Folgen wirksam, ohne daß sie einem anderen gegenüber abgegeben zu werden braucht (vgl. Prot. Bd. 4 S. 678 flg.) und ohne daß sie einer Annahme bedarf. Ihr über die Bedeutung eines rein tatsächlichen Zugeständnisses hinausgehender rechtsgeschäftlicher Inhalt bringt es mit sich, daß sie als einseitiges Rechtsgeschäft zu beurteilen (Entsch. des RG.s in Zivils. Bd. 58 S. 353 und des Obersten Landesgerichts in München, Samml. der Entsch. n. F. Bd. 2 S. 550) und darum, von einem Minderjährigen ohne vorherige Zustimmung abgegeben, als solches nichtig ist.

In beiden Beziehungen, nämlich in Ansehung sowohl der Unterwerfung unter die sofortige Zwangsvollstreckung als auch des Vaterschaftsanerkenntnisses läßt sich die Zulässigkeit der Beurkundung auch nicht, wie dies von dem beschwerdeführenden Amtsgerichte geschieht, damit begründen, daß das ersuchte Gericht gar nicht in der Lage sei, festzustellen, ob nicht der gesetzliche Vertreter der Erklärung bereits zugestimmt habe, und daß deshalb von einer offenbaren Ungültigkeit im Sinne des Art. 40 Abs. 2 keine Rede sein könne. Über die bereits abgegebene Erklärung des Georg K., daß ihm sein Vater die Einwilligung zur Anerkennung der Vaterschaft bisher nicht erteilt habe, durfte sich das Beurkundungsgericht keineswegs hinwegsetzen. Ergibt sich aus den Gesetzesvorschriften, daß das Rechtsgeschäft nur dann wirksam ist, wenn ihm die Einwilligung des gesetzlichen Vertreters vorausgeht, so muß die Erfüllung dieser Voraussetzung feststehen, bevor zur Beurkundung geschritten werden darf. Darüber aber, ob dies tatsächlich feststeht, hat nach eigenem pflichtmäßigem Ermessen der mit der Beurkundung befaßte Richter, nicht das ersuchende Gericht zu befinden. Das ersuchte Gericht hat indessen hier weder rechtlich noch auch tatsächlich fehlgegriffen, wenn es die von dem ersuchenden Gerichte hervorgehobene bloße Möglichkeit, daß der Vater des Georg K. inzwischen seine Einwilligung gegeben haben könnte, nicht für geeignet hielt, das nach der Erklärung des Georg K. als vorhanden angenommene Hindernis hinwegzuräumen.

Damit erledigt sich das Rechtshilfegesuch des Amtsgerichts in Sommerfeld zugleich in seinem ganzen Umfange. An sich möglich bliebe allerdings noch die Beurkundung eines einfachen Versprechens der Unterhaltsleistung ohne sofortige Vollstreckbarkeit, da dieses sich mit der entsprechenden Erklärung des Vormundes der Herta Z. zu einem nach § 108 BGB. genehmigungsfähigen Vertrage zusammenschließen könnte, und ebenso die Beurkundung rein tatsächlicher Angaben hinsichtlich der Abstammung des Kindes (vgl. in letzterer Beziehung den Beschluß des entscheidenden Senats vom 27. Februar 1908 Entsch. Bd. 67 S. 416 flg., insbesondere S. 418 flg.). Allein das ersuchende Gericht hat bei dem Ersuchen um Rechtshilfe bisher in keiner Weise zu erkennen gegeben, daß ihm und dem Vormunde des Mündels mit hierauf beschränkten Erklärungen und Auslassungen des Erzeugers überhaupt gedient sei. Ihre Herbeiführung hing von Zweckmäßigkeitserwägungen ab, über die nicht von dem ersuchten, hier vielmehr von dem ersuchenden Gerichte zu befinden sein würde. Mit der sich auf das ganze Gesuch erstreckenden Ablehnung hat daher das Amtsgericht in Bromberg einstweilen jedenfalls nicht fehlgegriffen.

Demgemäß konnte der Beschwerde nicht stattgegeben werden."

RGZ. 87, 426.

Ist das Ersuchen eines Vormundschaftsgerichts um Vernehmung eines Minderjährigen über die Frage, aber er der Erzeuger eines unehelichen Kindes sei, unter allen Umständen abzulehnen, wenn nicht

vorher der gesetzliche Vertreter des Minderjährigen zu einer Anerkennung der Vaterschaft seine Zustimmung erteilt hat?

FGG. § 2. GVG. §§ 159, 160. BGB. §§ 1718, 111.
Preuß. FGG. Art. 40 Abs. 2.

IV. Zivilsenat. Beschl. v. 23. Dezember 1915.

I. Amtsgericht Berlin-Mitte. — II. Kamergericht Berlin.

„Wie in dem Beschlusse des Senats vom 27. Februar 1908 (RGZ. Bd. 67 S. 417) anerkannt ist, liegt die Vernehmung des vom Vormund eines unehelichen Kindes namhaft gemachten Erzeugers über die Vaterschaft nicht außerhalb des Zuständigkeitsbereichs des Vormundschaftsgerichts. Dieses ist daher auch befugt, erforderlichenfalls ein auswärtiges Gericht um die Vernehmung zu ersuchen. Eine Einschränkung ergibt sich, wenn der angebliche Erzeuger noch minderjährig ist. Ein solcher kann über die Anerkennung der Vaterschaft (§ 1718 BGB.) und die Unterwerfung unter die sofortige Zwangsvolstreckung wegen etwaiger Unterhaltszahlungen (§ 794 Abs. 1 Nr. 5 ZPO.) eine Erklärung mit rechtlicher Wirkung nicht abgeben, wenn nicht sein gesetzlicher Vertreter zu der Erklärung vorher seine Zustimmung erteilt hat (§§ 111 Abs. 1, 183 BGB.). Ersucht in einem solchen Falle das Vormundschaftsgericht ein auswärtiges Gericht um die Entgegennahme dieser Erklärung von dem als Erzeuger in Anspruch genommenen Minderjährigen, so hat das Gericht nach § 159 Abs. 2 GVG. in Verbindung mit Art. 40 Abs. 2 preuß. FGG. das Ersuchen abzulehnen, solange ihm die Zustimmung des gesetzlichen Vertreters nicht nachgewiesen ist. Das hat der jetzt beschließende Senat in dem Bd. 84 S. 317 der Entscheidungen abgedruckten Beschlusse, der aber nicht, wie dort angegeben, am 28. März, sondern am 27. April 1914 ergangen ist, näher dargelegt. In diesem Beschlusse wird indessen bereits darauf hingewiesen, daß jene Vorschriften der Beurkundung rein tatsächlicher Angaben des minderjährigen Erzeugers über die Abstammung des Kindes durch den ersuchten Richter nicht entgegenstehen. Diesem Gesichtspunkt ist damals nur um deswillen keine praktische Folge gegeben worden, weil das ersuchende Gericht bei dem Ersuchen nicht zu erkennen gegeben hatte, daß ihm und dem Vormunde des unehelichen Kindes mit dergestalt beschränkten Erklärungen des Erzeugers gedient sei. Anders liegt die Sache hier. Zunächst — am 8. November 1915 — hat zwar das Amtsgericht in N. das Amtsgericht Berlin-Mitte um Vernehmung des Erzeugers „gemäß V. S. 32", d. h. über Anerkennung der Vaterschaft und der Unterhaltsverpflichtung mit gleichzeitiger Unterwerfung unter die Zwangsvollstreckung ersucht (vgl. Weizsäcker u. Lorenz, Formularbuch für die freiwillige Gerichtsbarkeit, Formular V. S. Nr. 32 S. 43). Dies Ersuchen wurde aber in dem Randschreiben vom 24. November 1914 dahin eingeschränkt, daß der angebliche Erzeuger nur noch zu tatsächlichen Angaben über die Abstammung des Kindes veranlaßt werden sollte. Insoweit durfte nach dem Gesagten das Ersuchen nicht abgelehnt werden."

RGZ. 106, 287.

Kann das Nachlaßgericht ein auswärtiges Gericht oder eine auswärtige Behörde im Wege der Rechtshilfe um Aufnahme des Nachlaßverzeichnisses nach § 2003 BGB. ersuchen, wenn sich der Nachlaß in deren Bezirk befindet?

IV. Zivilsenat. Beschl. v. 12. Februar 1923.

I. Notariat Karlsruhe. — II. Oberlandesgericht daselbst.

Der in Reinheim (Hessen) wohnhaft gewesene, am 8. März 1921 dort verstorbene Johann Georg F. hinterließ als gesetzliche Erben seine Ehefrau und fünf volljährige Kinder, von denen zwei in Karlsruhe, die übrigen in Oberhessen und Düsseldorf wohnen. Die Witwe ist nach dem Tode ihres Mannes nach Karlsruhe verzogen. Die dort wohnhafte Tochter Ottilie M. hat die Errichtung eines amtlichen Nachlaßverzeichnisses nach § 2003 BGB. und die Auseinandersetzung des Nachlasses nach § 86 flg. FGG. beantragt. Von dem hessischen Amtsgericht Reinheim als dem zuständigen Nachlaßgericht ist das Notariat I in Karlsruhe um die Aufnahme des Verzeichnisses ersucht worden, da sich die Nachlaßgegenstände dort befänden. Das Notariat hat das Ersuchen abgelehnt. Das vom Amtsgericht Reinheim angerufene Oberlandesgericht Karlsruhe hat durch Beschluß vom 29. Dezember 1922 das Rechtshilfeersuchen für unzulässig erklärt, weil nach § 2003 BGB. das Nachlaßgericht selbst oder in seinem Auftrag die landesgesetzlich zuständige Dienststelle das Verzeichnis aufzunehmen habe und die Aufnahme durch ein auswärtiges Gericht oder eine auswärtige Behörde mit dem Gesetz nicht vereinbar sei.

Der hiergegen vom Amtsgericht Reinheim beim Reichsgericht eingelegten, nach § 2 FGG., § 160 GVG. zulässigen Beschwerde war stattzugeben.

Nach Art. 147 EG. z. BGB., § 45 Nr. 1 des bad. Rechtspolizeigesetzes vom 17. Juni 1899 gehören die nach Reichsrecht dem Nachlaßgericht obliegenden Verrichtungen, also auch die Aufnahme von Nachlaßverzeichnissen, zum Geschäftsbereich der badischen Notare. Ersuchen um Rechtshilfe in Nachlaßsachen können nach § 194 Abs. 1 FGG. an sie unmittelbar gerichtet werden. Eine Ablehnung darf — von dem Fall der örtlichen Unzuständigkeit abgesehen — nur erfolgen, wenn die vorzunehmende Handlung der ersuchten Behörde nach dem geltenden Rechte verboten, also gesetzlich unstatthaft ist (§ 159 Abs. 2 GVG.). Das trifft entgegen der Annahme des Oberlandesgerichts hier nicht zu.

Allerdings liegt die Aufnahme von Nachlaßverzeichnissen grundsätzlich dem Nachlaßgericht ob (§ 2003 BGB.). Daß aber die Amtshandlung nur von ihm selbst oder in seinem Auftrag von den in seinem Bezirk sonst zuständigen Beamten oder Behörden vorgenommen werden dürfte, läßt sich dem Gesetz nicht entnehmen. Der § 2003 BGB. regelt allgemein die sachliche Zuständigkeit des Nachlaßgerichts, ohne sie zu einer ausschließlichen in dem Sinn zu stempeln, daß die von ihm angeordnete Aufnahme des Nachlaßverzeichnisses nicht auch im Wege des Rechtshilfeersuchens einem auswärtigen Gerichte oder einer auswärtigen Behörde übertragen werden könnte. Eine solche Beschränkung wäre nur anzunehmen, wenn sie sich aus der rechtlichen Natur des Aktes als einer mit Notwendigkeit dem Nachlaßgericht allein obliegenden Verrichtung ergäbe. Das ist aber nicht der Fall. Es handelt sich um die amtliche Aufzeichnung der Nachlaßgegenstände und -schulden auf der Grundlage des vorgelegten Materials und um die Ermittelung des Wertes der Nachlaßsachen, also um eine unterstützende Tätigkeit, durch die den Beteiligten nicht unmittelbare Rechte und Pflichten zugewiesen werden. Eine nachlaßrichterliche Entscheidung ist — anders wie bei der Erteilung des Erbscheins oder der Aufstellung und Bestätigung des Teilungsplans — nicht zu treffen. Ebensowenig können Erwägungen Platz greifen, wie sie die Ablehnung des Rechtshilfeersuchens um Vernehmung der Parteien im Eheprozeß rechtfertigen, wo die Abhörung der persönlich erschienenen Eheleute als Teil der mündlichen Verhandlung allein dem Prozeßgericht obliegt (JW. 1909 S. 21 Nr. 17).

Läßt sich aber hiernach weder aus dem Gesetz noch aus der Natur der Verrichtung folgern, daß das Nachlaßverzeichnis nur von dem Nachlaßgericht selbst oder den von ihm beauftragten, sonst zuständigen Beamten oder Behörden seines Bezirks aufzunehmen ist, so steht nichts im Wege, wenn das Nachlaßgericht, dem Wesen der Rechtshilfe entsprechend, in geeigneten Fällen ein auswärtiges Gericht oder eine auswärtige Behörde um die Vornahme der Amtshandlung ersucht. Ein solcher Fall liegt hier vor, da dem Amtsgericht Reinheim die Aufnahme des Nachlaßbestandes zwar nicht unmöglich, aber doch wesentlich erschwert ist (RGZ. Bd. 67 S. 419). Das Verzeichnis kann nur in Karlsruhe, wo sich der Nachlaß befindet, aufgenommen werden. In Karlsruhe wohnen auch drei der Erben, während die übrigen sich außerhalb des Bezirks des Nachlaßgerichts aufhalten. Unter diesen Umständen erweist sich das Ersuchen ohne weiteres als gerechtfertigt. Im übrigen mag betont werden, daß, wie den Behörden der freiwilligen Gerichtsbarkeit überhaupt in besonderem Maße die Pflicht obliegt, den Beteiligten bei der Verwirklichung ihrer Rechte behilflich zu sein und ihnen hierbei tunlichst entgegenzukommen, so namentlich auch bei Rechtshilfeersuchen von ihnen eine zu enge Auffassung ihrer Rechte und Pflichten nach Möglichkeit vermieden werden muß.

RGZ. 115, 368.

Darf das Vormundschaftsgericht die Rechtshilfe eines auswärtigen Amtsgerichts dafür in Anspruch nehmen, daß dieses den volljährig gewordenen Mündel über Verzicht auf Schlußrechnung und Entlastung des Vormunds vernimmt?

FGG. § 2. GVG. §§ 158, 159. BGB. §§ 1890, 1892.

IV. Zivilsenat. Beschluß v. 6. Januar 1927.

I. Amtsgericht Frankfurt a. M. — II. Oberlandesgericht daselbst.

Die Frage wurde bejaht aus nachfolgenden, den Sachverhalt ergebenden

Gründen:

Nach Eintritt der Volljährigkeit des Mündels, dem in Erbengemeinschaft mit drei älteren Schwestern ein kleines von den Eltern ererbtes Grundvermögen gehört, zeigte der Vormund im Anschluß an frühere Berichte dem Vormundschaftsgericht an, daß das Grundvermögen öffentlich verpachtet, der Pachterlös von 112 RM unter die vier Geschwister gleichmäßig verteilt und der auf den Mündel entfallende Anteil von 28 RM für Kleider und Schuhe verwendet worden sei. Er beantragte, den Mündel, der in Frankfurt a. M. in Stellung sei, über Entlastung zu hören. Das Vormundschaftsgericht ersuchte daraufhin das Amtsgericht in Frankfurt a. M., den bisherigen Mündel über Verzicht auf Schlußrechnung und Entlastung des Vormunds zu hören. Das ersuchte Gericht lehnte das Ersuchen als seinem Inhalt nach unzulässig ab. Das ihm übergeordnete, vom Vormundschaftsgericht angerufene Oberlandesgericht billigte die Ablehnung.

Hiergegen richtet sich die Beschwerde des Vormundschaftsgerichts. Sie ist nach § 2 FGG. in Verbindung mit § 159 Abs. 1 GVG. zulässig, erweist sich auch als begründet. Allerdings kann von Rechtshilfe im Sinne des § 2 FGG. und der dort angezogenen §§ 158 flg. GVG. nur die Rede sein, wenn das Ersuchen eine Amtshandlung betrifft, zu deren unmittelbarer Vornahme das ersuchende Gericht an sich berechtigt wäre und die es nur aus Zweckmäßigkeitsgründen einem anderen Gericht überträgt (RGZ. Bd. 67 S. 419; WarnRspr. 1913 Nr. 119; RGSt. Bd. 20 S. 103, Bd. 46 S. 176). Die Berechtigung des Vormundschaftsgerichts, den Mündel nach Eintritt seiner Volljährigkeit über die beiden im vorliegenden Ersuchen bezeichneten Angelegenheiten zu hören, ist aber von den Vorinstanzen zu Unrecht verneint.

1. Nach § 1890 BGB. hat der Vormund nach der Beendigung seines Amtes dem Mündel, wenn er Vermögen von ihm verwaltet hat, über die Verwaltung Rechenschaft abzulegen. Die danach zu legende Rechnung soll gemäß § 1841 Abs. 1 BGB. eine geordnete Zusammenstellung der Einnahmen und Ausgaben enthalten, über den Ab- und Zugang des Vermögens Auskunft geben und, soweit Belege erteilt zu werden pflegen, mit Belegen versehen sein. Dabei kann auf eine während der Dauer der Vormundschaft bereits gelegte Rechnung, vorbehaltlich der etwa nötig gewordenen Vervollständigung oder Berichtigung, Bezug genommen werden. Nach § 1892 BGB. hat das Vormundschaftsgericht die ihm einzureichende Rechnung rechnungsmäßig und sachlich zu prüfen und ihre Abnahme durch Verhandlung mit den Beteiligten zu vermitteln; soweit die Rechnung als richtig anerkannt wird, hat es das Anerkenntnis zu beurkunden. Eine förmliche, dem § 1841 Abs. 1 entsprechende Schlußrechnung ist im vorliegenden Falle nicht gelegt. Auf eine solche braucht aber auch nicht in allen Fällen gedrungen zu werden. Die Vermögensverwaltung des Vormunds kann im einzelnen Falle so unbedeutend, einfach und durchsichtig gewesen sein, daß die Annahme nahe liegt, der volljährig gewordene Mündel werde, wenn ihm die Vormundschaftsakten vorgelegt und mit ihm durchgegangen werden — vielleicht schon zur Befreiung des Vormunds von unnützem Schreibwerk — auf eine förmliche Schlußrechnung verzichten. Auf einen derartigen Verzicht in geeigneten Fällen hinzuwirken, steht im Ermessen des Vormundschaftsgerichts. An Stelle der ihm sonst obliegenden Vermittlung der Abnahme der Schlußrechnung hat es dann den Mündel in der angegebenen Weise an Hand der Akten

über den Stand der Vermögensverwaltung aufzuklären, und an Stelle der sonst gegebenenfalls vorzunehmenden Beurkundung, daß die Richtigkeit der Rechnung anerkannt werde, hat es den etwaigen Verzicht auf die Schlußrechnung zu beurkunden. Dies liegt im Rahmen der Aufgaben des Vormundschaftsgerichts; es kann demgemäß auch, wie es im vorliegenden Falle durch das Ersuchen um Anhörung des Mündels über Verzicht auf Schlußrechnung geschehen ist, hierzu die Rechtshilfe in Anspruch nehmen (vgl. Schlegelberger FGG. § 2 Anm. 11 S. 34). Ob der vorliegende Fall zu den „geeigneten" Fällen im Sinne der vorstehenden Darlegung gehört, ist vom ersuchten Gericht und den ihm übergeordneten Instanzen nicht zu prüfen.

2. Zweifelhafter ist die in der Rechtsprechung und im Schrifttum umstrittene, u. a. von Schlegelberger (a. a. O.) und dem Kammergericht (KGJ. Bd. 51 S. 42) verneinte, von den Oberlandesgerichten Darmstadt, Kiel und Hamburg (OLG. Bd. 21 S. 191, Bd. 35 S. 383, Bd. 44 S. 179) bejahte Frage, ob das Vormundschaftsgericht berechtigt ist, eine Erklärung des Mündels über eine allgemeine Entlastung des Vormunds herbeizuführen. Das Kammergericht, auf das sich die Vorinstanzen berufen, gründet seine Entscheidung auf die Gesetzesgeschichte. Während die bis zum Inkrafttreten des deutschen Bürgerlichen Gesetzbuchs in Geltung gewesenen Landesgesetze den bisherigen Mündel regelmäßig verpflichteten, dem Vormund über treu und richtig geführte Vormundschaft Entlastung zu erteilen, so insbesondere die preußische Vormundschaftsordnung vom 5. Juli 1875 § 69 Abs. 2, ist eine solche Bestimmung in das Bürgerliche Gesetzbuch nicht aufgenommen. Man hat die Aufnahme nach den Motiven (Bd. 4 S. 1188, 1189) einerseits mit Rücksicht auf die dem Vormunde (nach § 256 ZPO.) offenstehende Möglichkeit einer Feststellungsklage als entbehrlich angesehen; und man hat es anderseits für bedenklich erachtet, den Mündel zu zwingen, sich im Wege eines Rechtsgeschäfts (negativen Anerkennungsvertrags, § 397 Abs. 2 BGB.) einer ihm günstigen Rechtsstellung zu begeben, ohne daß er vielleicht zur Zeit über alle Punkte der Verwaltung des Vormunds genügend unterrichtet sei. Es ist danach richtig, daß im geltenden bürgerlichen Recht dem Vormund ein Anspruch gegen den Mündel auf Entlastung absichtlich versagt ist. Eine freiwillige Erklärung des volljährig gewordenen Mündels darüber, ob er dem bisherigen Vormund Entlastung erteile oder inwieweit er gegen die Führung der Vormundschaft Ausstellungen erhebe, ist nach wie vor zulässig und in vielen Fällen nicht nur für den Mündel ungefährlich, sondern auch einer im beiderseitigen Interesse liegenden gedeih-

lichen Abwicklung der Vormundschaft dienlich. Das Vormundschaftsgericht ist daher berechtigt, in den sich nach seiner Meinung dazu eignenden Fällen, insbesondere wenn es, wie hier, vom Vormund darum angegangen wird, die Abgabe einer Erklärung des Mündels über die Entlastung zu vermitteln. Vernimmt es den Mündel zu diesem Zwecke, so betätigt es sich im Rahmen vormundschaftsgerichtlicher Befugnisse. Daß es in das Belieben des zu Vernehmenden gestellt ist, ob er die in Rede stehende Erklärung abgeben will oder nicht, steht weder der Entfaltung eigener Tätigkeit durch das Vormundschaftsgericht noch der Übertragung dieser Tätigkeit auf ein anderes Gericht entgegen (RGZ. Bd. 69 S. 271). Die Zweckdienlichkeit der Anhörung des bisherigen Mündels ist auch insoweit von dem ersuchten Gericht und den ihm übergeordneten Instanzen nicht zu prüfen.

Das vorliegende Rechtshilfeersuchen ist hiernach in seinen beiden Teilen unter dem Begriff der Rechtshilfe nicht zu beanstanden. Noch weniger kann gesagt werden, daß die vorzunehmende Handlung nach dem Rechte des ersuchten Gerichts verboten sei (§ 158 Abs. 2 GVG.).

Gerichtliche und notarielle Urkunden

RGZ. 49, 127.*

1. Ist der als Konkursverwalter fungierende Notar rechtlich verhindert, Vertragsanträge, welche ein Dritter der Konkursmasse macht, notariell zu beurkunden?

2. Gilt ein so beurkundetes Vertragsangebot ohne weiteres als dem Notar in seiner Eigenschaft als Konkursverwalter zugegangen, oder bedarf es dazu noch einer Zustellung?

3. . . .

FGG. § 168 Satz 2, § 170 Nr. 1, § 171 Nr. 2.

V. Zivilsenat. Urt. v. 26. Oktober 1901.

I. Landgericht Duisburg. — II. Oberlandesgericht Hamm.

Zur klagenden Konkursmasse gehört ein Grundstück. Der Konkursverwalter, ein Rechtsanwalt und Notar, hatte das Grundstück zunächst zur Versteigerung gestellt, in welcher der Beklagte das Meistgebot von 35 000 ℳ abgab. Ein Zuschlag ist nicht erteilt. Demnächst erklärte der Beklagte zu Protokoll jenes Notars am 15. Juni 1900, daß er auf das Grundstück 35 000 ℳ biete und sich sechs Wochen an dieses Gebot gebunden erachte. Dieses Protokoll ist erst am 8. Oktober 1900 für den Beklagten ausgefertigt worden. Am 26. Juli 1900 erklärte der Konkursverwalter (und Notar) zu Protokoll eines anderen Notars, daß er den Vertragsantrag des Beklagten für die klagende Konkursmasse annehme. Nach der Behauptung des Beklagten hat er von dieser Vertragsannahme erst am 29. Juli 1900 erfahren, während Klägerin behauptet, daß dem Beklagten sofort Mitteilung gemacht worden sei.

Klägerin verlangt Erfüllung des ihrer Ansicht nach zustandegekommenen Vertrages durch Zahlung des Kaufpreises und durch Entgegennahme der Auflassungserklärung.

Der erste Richter hat den Beklagten diesem Antrage gemäß verurteilt. In erster Instanz hatte der Beklagte nur eingewendet, daß der Konkursverwalter als solcher gemäß § 168 des Reichsgesetzes über die Angelegenheiten der freiwilligen Gerichtsbarkeit nicht befugt gewesen sei, bei Aufnahme der Erklärung des Beklagten als Notar zu fungieren. Diesen Einwand hat der erste Richter verworfen. In der Berufungsinstanz ist der Beklagte auf diesen Einwand nicht wieder zurückgekommen, hat aber andere Einwendungen erhoben, unter anderen folgende: er habe dem den Konkurs verwaltenden Notar keinen Auftrag erteilt, das (sein Vertragsangebot enthaltende) Protokoll für den Konkursverwalter auszufertigen und diesem die Ausfertigung zuzustellen.

Das Protokoll und damit der Vertragsantrag sei in den Akten des Notars geblieben und niemals für den Konkursverwalter ausgefertigt oder ihm mitgeteilt worden. Diesen Einwand hat der Berufungsrichter für durchgreifend erachtet und demgemäß die Klage abgewiesen.

Auf die Revision der Klägerin ist auf Aufhebung des Berufungsurteiles und auf Zurückverweisung der Sache erkannt aus folgenden

Gründen:

. . . „In der Beurteilung des in erster Instanz erhobenen Einwandes tritt der Berufungsrichter dem ersten Richter bei. Seine darauf bezüglichen Ausführungen, welche nicht zum Gegenstande besonderer Revisionsangriffe gemacht sind, sind richtig. Nach § 170 Nr. 1 des Reichsgesetzes über die Angelegenheiten der freiwilligen Gerichtsbarkeit darf als Notar bei der Beurkundung nicht mitwirken, wer selbst Beteiligter ist, sowie derjenige, für welchen ein Beteiligter als Vertreter handelt. Nach § 168 Satz 2 daselbst ist als Beteiligter im Sinne der §§ 169—182 derjenige anzusehen, dessen Erklärung beurkundet werden soll. Danach ist, wenn im Falle des § 128 BGB. zuerst der Vertragsantrag beurkundet, und erst später die Annahme zu besonderem

Protokolle erklärt wird, bei letzterer Beurkundung der Antragsteller Nichtbeteiligter,

vgl. Schneider, Anm. 6 zu § 168; Jastrow, Notariatsrecht Bd. 1 S. 20 Anm. 5, S. 159 Anm. 2a,

und umgekehrt ist im gleichen Falle der, dem die Offerte gemacht wird, Nichtbeteiligter bei der Beurkundung des Vertragsantrages. Der § 168 Satz 2 bezieht sich nur auf die formale, nicht auf die materielle Beteiligung.

Vgl. *Kom.-Ber. S. 53 flg. zu dem preußischen Gesetz über die freiwillige* Gerichtsbarkeit.

Nach § 171 Abs. 1 Nr. 2 FGG. kann bei der Beurkundung als Notar derjenige nicht mitwirken, zu dessen Gunsten in der Urkunde eine Verfügung getroffen wird. Hier ist von der materiellen Beteiligung die Rede; aber als Beteiligter gilt hier im Gegensatze zu § 168 Satz 2 nicht der Vertreter, sondern der Vertretene. Daher ist „die Vorschrift des preußischen Notariatsgesetzes § 6 nicht aufgenommen, wonach der Notar in Angelegenheiten einer Partei, deren Generalbevollmächtigter er ist, keine beurkundende Tätigkeit ausüben darf. Der Generalbevollmächtigte wird gerade vermöge dieser Eigenschaft häufig zur Errichtung von Urkunden, an denen sein Machtgeber beteiligt ist, besonders geeignet sein, ohne dadurch das Vertrauen der übrigen Beteiligten einzubüßen"

Vgl. Denkschr. zum Reichsgesetze, Mugdan, Mat. Bd. 7 S. 82 flg.

Mit Rücksicht darauf wird im § 171 Abs. 2 FGG. in Übereinstimmung mit § 2235 Abs. 2 BGB. bestimmt, daß die Mitwirkung einer nach § 171 Abs. 1 Nr. 1 und 2 ausgeschlossenen Person nur zur Folge hat, daß die Beurkundung insoweit nichtig ist, als sie eine Verfügung zugunsten dieser Person zum Gegenstande hat. Eine Begünstigung des Notars im Sinne des § 171 liegt aber in dem Vertragsantrage vom 15. Juni 1900 keinenfalls.

Rechtsirrtümlich ist dagegen der übrige Inhalt der Begründung des Berufungsurteiles. Es handelt sich nicht um einen Vertragsantrag, welchen der Beklagte dem abwesenden Konkursverwalter gegenüber gemacht hat, und es kann daher die Anwendung des § 130 BGB. nicht in Frage kommen. Der Berufungsrichter führt aus: „Bei der Beurkundung des Antrages hat der Konkursverwalter lediglich als Notar mitgewirkt. Dem Rechtsanwalt W. als Konkursverwalter gegenüber ist ein Vertragsantrag nicht abgegeben. Das notarielle Protokoll enthält nichts darüber, daß der Beklagte den Antrag dem Rechtsanwalt W. als Vertreter der klagenden Konkursmasse hat machen wollen.

Demgemäß kann nur angenommen werden, daß die Erklärung zum Zwecke der Beurkundung vor dem Notar, nicht aber auch deshalb abgegeben ist, damit der Notar W. in seiner Eigenschaft als Konkursverwalter die Erklärung entgegennehmen sollte. Kommt somit für die Beurkundung des Antrages der Notar als Konkursverwalter nicht in Betracht, so ist der Antrag so zu behandeln, als wenn er in Abwesenheit des Konkursverwalters abgegeben worden wäre. Der Antrag ist empfangsbedürftig, dem Konkursverwalter aber nicht zugegangen; denn letzteres hätte nur dadurch geschehen können, daß dem Verwalter eine Ausfertigung des notariellen Protokolls mit Willen des Beklagten übermittelt wurde. Dies ist aber unstreitig nicht geschehen." Es ist jedoch völlig unzulässig, eine physische Person hinsichtlich dessen, was sie vernimmt, in verschiedene Qualitäten zu zerteilen, so daß sie das, was sie in einer Eigenschaft gehört habe, in der anderen nicht vernommen habe, oder so, daß sie in einer Eigenschaft anwesend, in der anderen abwesend sei. Der Notar, Rechtsanwalt und Konkursverwalter W. hat den Vertragsantrag vernommen, und das genügt.

Vgl. Planck, Anm. 1 zu § 130 BGB.

Aber auch wenn der Natur der Dinge zuwider angenommen werden könnte, daß die physische Person W. bei dem Vertragsangebote als Konkursverwalter nicht anwesend gewesen sei, würde der Berufungsrichter sich im Rechtsirrtum bewegen, weil W. das Angebot vernommen hat, von der Form des Angebotes Kenntnis hatte, und nichts dafür vorliegt, daß er nach dem Willen des Beklagten sein Ohr habe verschließen sollen, derart, daß er als Konkursverwalter nichts hören sollte. Es kann daher dahingestellt bleiben, ob eine solche Willensäußerung überhaupt die Natur der Dinge überwinden und von rechtlicher Erheblichkeit sein könnte. Nicht richtig ist auch, daß das Vertragsangebot nur dann als zugegangen angesehen werden könnte, wenn dem Konkursverwalter das notarielle Protokoll übermittelt worden wäre; vielmehr ist eine Willenserklärung dem anderen dann zugegangen, wenn er von ihr Kenntnis erlangt.

Vgl. Hölder, Bürgerliches Gesetzbuch S. 291 flg.

Diese Kenntnis hat der Notar und Konkursverwalter W. im vorliegenden Falle dadurch erlangt, daß die Offerte vor ihm zu notariellem Protokolle erklärt wurde. Unter diesen Umständen kann die Untersuchung der Frage unterbleiben, ob schon die Möglichkeit, von der Erklärung unter regelmäßigen Verhältnissen Kenntnis zu erlangen, den Begriff des Zugehens erfüllt.

Vgl. Planck, Bd. 1 S. 164 flg.

Ist somit der Grund, aus welchem der Berufungsrichter die Klage abgewiesen hat, unhaltbar, so fragt sich, ob das Urteil sich aus anderen Gründen aufrechterhalten läßt. Von den sonst erhobenen Einwendungen erscheinen zwei" (näher bezeichnete) „unerheblich. . . . Dagegen kann dem letzten Einwande des Beklagten, daß das Vertragsangebot erloschen sei, nicht jede Berechtigung abgesprochen werden. . . .

RGZ. 53, 150.

1. Darf die Feststellung der Vorlesung, Genehmigung und Unterschrift eines Protokolls mit dem Vermerk „v. g. u." geschehen?

FGG. § 177 Abs. 1.

2. Darf nach Art. 12 § 2 preuß. Ausf.-Ges. zum BGB. der Bürgermeister einer Stadt sich selbst, und nur für einen einzelnen Fall, als Urkundsperson bestellen?

V. Zivilsenat. Urt. v. 6. Dezember 1902.

I. Landgericht Insterburg. — II. Oberlandesgericht Königsberg.

Zur Aufnahme des zwischen der Stadt G. (Beklagter) und der Frau E. beabsichtigten Kaufvertrages über ein Grundstück der Frau E. bestellte der Bürgermeister der Stadt G. als Vorstand des Magistrats nach Art. 12 § 2 preuß. Ausf.-Ges. zum BGB. sich selbst zur Urkundsperson und nahm dann zunächst über das von Frau E. der Stadt gemachte — demnächst von der Stadt angenommene — Kaufangebot am 24. Oktober 1900 ein Protokoll auf. In demselben steht unter der Erklärung der Frau E. der Vermerk „v. g. u.", darunter die Unterschrift der Frau E., und darunter: „Vorstehende Verhandlung ist der Frau E. laut vorgelesen und von ihr genehmigt und unterschrieben. B., Bürgermeister."

Folgenden Tags verkaufte Frau E. dasselbe Grundstück dem Kläger. In dem Rechtsstreit über die Frage, welcher Verkauf dem anderen vorgehe, bestritt der Kläger u. a. die Formgültigkeit des Protokolls vom 24. Oktober 1900 aus den sich aus den nachstehenden Entscheidungsgründen ergebenden beiden Gründen und erzielte dadurch in erster Instanz die Verurteilung der Beklagten und in zweiter Instanz die Zurückweisung der von der Beklagten eingelegten Berufung. In der Revisionsinstanz wurde das Berufungsurteil aufgehoben.

Aus den Gründen:

„Das Berufungsgericht läßt die Richtigkeit des vom ersten Richter für die Ungültigkeit des Angebots vom 24. Oktober 1900 verwerteten

Grundes dahingestellt, nimmt aber die Ungültigkeit aus dem vom Kläger in zweiter Instanz geltend gemachten Grunde an. Es faßt den Satz 2 in § 177 Abs. 1 FGG. dahin auf, daß die Vorlesung, Genehmigung und Unterschrift der Beteiligten „im Protokoll", das heiße: in dem Teil des Protokolls, der die Verhandlung mit den Beteiligten wiedergebe, also noch vor deren Unterschrift, festgestellt werden müsse, und ist weiter der Ansicht, daß diese Feststellung nur mit voll ausgeschriebenen Wörtern, nicht abgekürzt mit den Anfangsbuchstaben „v. g. u." geschehen dürfe.

In dem Protokoll vom 24. Oktober 1900 befindet sich der Vermerk „v. g. u." unterhalb des protokollierten Angebots der Frau E.; erst unter diesem Vermerk folgt die Unterschrift der Frau E., und dann weiterhin, hinter einer voll ausgeschriebenen Bescheinigung über die Vorlesung, Genehmigung und Unterschrift der Frau E., die Unterschrift des Bürgermeisters B. als Urkundsperson. Es ist eine sowohl bei dem § 177 FGG., wie für die gleichlautende Vorschrift in § 2242 BGB. bestrittene und vom Reichsgericht bisher noch nicht entschiedene Frage, ob die Feststellung der Vorlesung, Genehmigung und Unterschrift der Beteiligten in dem die Erklärung der Beteiligten enthaltenden Teil des Protokolls erfolgen, und infolgedessen diese Feststellung mit vorgelesen, genehmigt und von den Beteiligten unterschrieben werden müsse, oder ob diese Feststellung — von anderen mitwirkenden Personen abgesehen — allein von der Urkundsperson vorzunehmen und deshalb auch zu unterschreiben sei. Diese Frage braucht im vorliegenden Fall nicht entschieden zu werden, wenn, entgegen der Ansicht des Berufungsgerichts, der abgekürzte Vermerk „v. g. u." die Bedeutung von „vorgelesen, genehmigt, unterschrieben" hat, also die mehrerwähnte Feststellung enthält, denn dann wäre diese Feststellung, wie es nach jener bestrittenen und vom Berufungsgericht befolgten Ansicht geschehen soll, von der Beteiligten, der Frau E., unterschrieben. Die gedachte Voraussetzung liegt vor; abweichend von der Ansicht des Berufungsgerichts, muß der abgekürzte Vermerk für eine genügende Feststellung der Vorlesung und Genehmigung des voranstehenden Inhalts des Protokolls wie der tatsächlich unmittelbar darunter erfolgten Unterschrift der Frau E. erachtet werden.

Das Berufungsgericht bemerkt zur Begründung seiner Ansicht lediglich: das Gesetz verlange unter Umständen die genaue Befolgung vorgeschriebener Formeln, und als solche sei die in Frage stehende Feststellung des beurkundenden Beamten anzusehen. Eine bestimmte Formel für die in Frage stehende Feststellung ist aber im Gesetz nirgends vorgeschrieben. Es gibt auch kein mit der Rechtsfolge der Nichtigkeit bekleidetes Verbot des Gebrauchs von Abkürzungen in öffentlichen Urkunden. Das hier zunächst maßgebende Reichsgesetz über die Angelegenheiten der freiwilligen Gerichtsbarkeit enthält kein solches Verbot, und nach § 200 Abs. 2 dieses Gesetzes (vgl. Art. 151 Einf.-Ges. zum BGB.) darf die Gültigkeit gerichtlicher oder notarieller Urkunden von der Beobachtung ergänzender allgemeiner Vorschriften der Landesgesetzgebung nicht abhängig gemacht werden. Letzteres ist übrigens in der hier in Betracht kommenden preußischen Gesetzgebung auch nicht geschehen. Zwar enthält das preußische Gesetz über die freiwillige Gerichtsbarkeit vom 21. September 1899 in Art. 64 Abs. 1 — sachlich übereinstimmend mit dem preußischen Notariatsgesetz vom 11. Juli 1845 §§ 12, 41, 42, 43 — die Bestimmung, daß gerichtliche und notarielle Urkunden ohne Abkürzungen geschrieben werden sollen, aber der Gebrauch des Wortes „sollen" zeigt, daß damit nur den Urkundspersonen eine, zweifellos sehr gerechtfertigte, Weisung erteilt, nicht dagegen eine Bedingung für die Gültigkeit der Urkunde aufgestellt werden sollte. Vorliegend handelt es sich um eine Grundstücksveräußerung, deren Beurkundung gemäß Art. 12 § 2 preuß. Ausf.-Ges. zum BGB. anstelle des Gerichts oder eines Notars von dem dazu von der Stadtbehörde bestimmten Beamten vorgenommen worden ist, und für Beurkundungen dieser Art ist, wie der § 4 des Art. 12 ergibt, nicht einmal ausdrücklich der vorerwähnte Art. 64 des preußischen Gesetzes über die freiwillige Gerichtsbarkeit als maßgebend erklärt worden.

Fehlt sonach ein gesetzliches Verbot der Abkürzungen in öffentlichen Urkunden bei Vermeidung ihrer Ungültigkeit, so könnte die hier gebrauchte Abkürzung nur dann die Ungültigkeit der Beurkundung nach sich ziehen, wenn sie tatsächlich eine solche nicht enthält, wenn also entweder der beurkundende Beamte mit dem Vermerk „v. g. u." nicht ausdrücken wollte, daß vorgelesen, genehmigt und unterschrieben sei, oder dies nicht beim Lesen der Urkunde als der Sinn des Vermerks erkannt werden konnte. Weder das eine noch das andere trifft zu, daran ist kein Zweifel berechtigt. Daß der beurkundende Bürgermeister die Worte „vorgelesen, genehmigt, unterschrieben" mit „v. g. u." abkürzen wollte, ergibt sich zu allem Überfluß noch daraus, daß er vorsichtshalber unter der Unterschrift der Frau E. jene Worte voll ausgeschrieben wiederholt hat; es ist aber überhaupt nicht erfindlich, was für eine andere Bedeutung jener abgekürzte Vermerk hätte haben sollen. Es wird auch gerade diese Abkürzung in Protokollen, trotz der entgegenstehenden reglementarischen Vorschrift, so häufig angewandt, daß sie im Publikum allgemein verstanden wird, und, wo dies einmal nicht der Fall sein sollte, unschwer die nötige Aufklärung erlangt werden kann. Es darf nicht etwa die Meinung aufgestellt werden, daß die Frau E. bei Leistung ihrer Unterschrift die Bedeutung des von ihr unterschriebenen abgekürzten Vermerks hätte kennen müssen, worüber bisher nicht verhandelt worden ist. Durch ihre Unterschrift bestätigte sie, daß ihr das Voranstehende einschließlich des in Frage stehenden Attestes vorgelesen worden sei, und sie es genehmigt und unterschrieben habe; vorgelesen worden wären ihr dann aber nicht die Buchstaben „v. g. u.", sondern die damit abgekürzten Worte. Übrigens gewährt die unterschriftliche Bestätigung des Vorlesens durch die beteiligte Person überhaupt keine Garantie dafür, daß ihr wirklich vorgelesen und richtig vorgelesen ist, wofern ihr nicht etwa das Protokoll auch zur Durchsicht übergeben worden war; mag die Unterschrift der beteiligten Person unmittelbar unter ihrer Erklärung stehen, oder unter dem Attest der Urkundsperson, so ist die Befürchtung, daß sie zur Unterschrift verleitet sein könnte, ohne daß ihr das Vorstehende vorgelesen und von ihr genehmigt worden wäre, in dem einen Fall nicht mehr oder weniger begründet als in dem anderen.

Dem Vorstehenden nach kann aus dem vom Berufungsgericht angeführten Grunde eine Ungültigkeit des Protokolls vom 24. Oktober 1900 nicht abgeleitet werden. Ebenso ungeeignet dazu ist der Grund des ersten Richters, den das Berufungsgericht dahingestellt gelassen hat. Der § 2 des Art. 12 preuß. Ausf.-Ges. zum BGB. hat seine jetzige, gegenüber der Regierungsvorlage erweiterte, Fassung auf Grund städtischer Petitionen in der Kommission des Abgeordnetenhauses erhalten, aber die Verhandlungen weder dieser noch der Kommission des Herrenhauses noch der gesetzgebenden Körperschaft selbst ergeben einen Anhalt für die Annahme des ersten Richters, daß die dadurch gemäß Art. 142 Einf.-Ges. zum BGB. beabsichtigte Erleichterung der sonst vorgeschriebenen gerichtlichen oder notariellen Beurkundung von Verträgen über Grundstücksübertragungen (§ 313 BGB.) dahin eingeschränkt sein sollte, daß die durch eine öffentliche Behörde vertretene Vertragspartei zwar einen Beamten zur Beurkundung des Vertrags bestellen dürfe, aber nur dergestalt, daß dieser Beamte ein für allemal, nicht bloß für einen einzelnen Fall, zu diesem Geschäfte bestellt werde. Die zustimmenden Erklärungen, die der preußische Justizminister in den bezeichneten beiden Kommissionen zu den später Gesetz gewordenen Abänderungsvorschlägen abgegeben hat, vgl. Materialien des Ausführungsgesetzes (Heymanns Verlag) S. 335, 835, 836,

lassen erkennen, daß er an eine solche Einschränkung nicht gedacht hat. Es wird auch weder durch den Wortlaut des Gesetzes noch durch den Zweck der Bestimmung ein Zweifel an der hier vertretenen Auffassung angeregt, geschweige denn gerechtfertigt.

Demnach war es zulässig, daß der Bürgermeister B. von dem Vorstande der zur Vertretung der Stadt G. berechtigten Behörde mit der Beurkundung des hier in Frage stehenden Vertrages zwischen der Stadt und der Frau E. beauftragt wurde. Hiergegen läßt sich auch nicht, wie es der Kläger versucht hat, ein Bedenken daraus herleiten, daß der Bürgermeister als Vorstand des Magistrats sich selber zur Urkundsperson bestellt hat, denn dadurch sind weder Sonderinteressen der Stadt oder des Bürgermeisters gefördert, noch Interessen der Frau E. verletzt worden." ...

RGZ. 61, 145.

Muß die als Protokollanlage beigefügte Schrift (§ 176 Abs. 2 FGG.) vorgelesen und genehmigt werden?

V. Zivilsenat. Urt. v. 28. Juni 1905.

I. Landgericht Zwickau. — II. Oberlandesgericht Dresden.

Die Parteien hatten am 7. Juli 1902 einen privatschriftlichen Kaufvertrag über das der Klägerin gehörige Haus in Gl. miteinander abgeschlossen und am 11. Juli ihre Unterschriften notariell beglaubigen lassen. Am 25. Juli erklärten sie dann bei Überreichung dieses Vertrages zu notariellem Protokoll, daß sie sich mit zwei im Protokoll wiedergegebenen Änderungen zum gesamten Inhalt des dem Protokoll als Anlage angefügten und ihnen allenthalben bekannten Kaufvertrages bekennten. Das Protokoll wurde ihnen vorgelesen, von ihnen genehmigt und unterschrieben; eine Vorlesung des Kaufvertrages hat dabei nicht stattgefunden.

Der Beklagte trat vom Vertrage zurück und bezahlte zunächst von dem für solchen Fall im Vertrage auf 2000 ℳ festgesetzten Reugelde 1827,97 ℳ. Auf den Rest von 172,03 ℳ belangt, verweigerte er die Zahlung und verlangte widerklagend Rückzahlung der 1827,97 ℳ, weil der Kaufvertrag nicht vor dem Notar vorgelesen und darum nicht in die in den §§ 176 Abs. 2, 177 FGG. vorgeschriebene notarielle Form gebracht sei (§ 313 BGB.). Die Klägerin hielt solche Vorlesung nicht für nötig. In erster Instanz wurde die Klage abgewiesen und Klägerin nach dem Antrag der Widerklage verurteilt; in zweiter Instanz wurde umgekehrt erkannt; das Reichsgericht stellte das Urteil erster Instanz wieder her, aus folgenden

Gründen:

„Die Entscheidung der Sache hängt ausschließlich von der Rechtsfrage ab, ob der von den Parteien bei der notariellen Verhandlung vom 25. Juli 1902 in Bezug genommene und dem notariellen Protokoll als Anlage beigefügte privatschriftliche Kaufvertrag vom 7. Juli 1902 mit dem Protokoll vorgelesen werden mußte, um im Sinne des § 313 BGB. als notariell beurkundet und demnach als formgültig gelten zu können. Diese Frage ist für Urkunden, welche nach § 176 Abs. 2 FGG. einen Teil des Protokolls bilden sollen, bereits vom Reichsgericht in bejahendem Sinn entschieden worden.

Vgl. Entsch. in Zivils. Bd. 54 Nr. 55 S. 195 flg.

Das Berufungsgericht erklärt jedoch, daß es sich von der Richtigkeit dieser Entscheidung nicht habe überzeugen können, und begründet seine abweichende Ansicht im wesentlichen mit folgenden Ausführungen.

Aus der Entstehungsgeschichte der entscheidenden gesetzlichen Bestimmung im § 176 Abs. 2 FGG. lasse sich nichts Sicheres entnehmen. Für die Auslegung komme aber wesentlich in Betracht, daß das Wort „Protokoll" in den §§ 175, 176, 177 FGG. nicht immer in demselben Sinne gebraucht werde: im § 175 und im § 176 bedeute es das fertige Protokoll, auch im Abs. 2 des § 176; einen Teil des Protokolls, wie dort fingiert werde, könne die Schrift nur dann bilden, wenn sie zu einem fertigen Protokoll genommen sei. Der § 177 Abs. 1 dagegen, der Vorlesung des Protokolls vorschreibe, rede von dem noch in der Entstehung begriffenen Protokoll; in diesem Augenblick sei aber eine im Protokoll in Bezug genommene Anlage noch nicht Teil desselben, brauche also nicht vorgelesen zu werden. Jedenfalls lasse sich nicht mit dem Reichsgericht das Gegenteil aus dem Wortlaut entnehmen; der Wortlaut lasse vielmehr die Frage offen, und da entspreche der natürlichen Auffassung am meisten die Annahme, daß das Gesetz nur die Vorlesung dessen fordere, was die beurkundende Person niedergeschrieben habe, weil die Beteiligten das nicht wissen könnten. Was dagegen in der von ihnen in Bezug genommenen Schrift stehe, wüßten sie oder müßten sie wissen; der Notar habe auch gar nicht zu prüfen, ob die Schrift ihren wirklichen Willen enthalte, und sie etwa deshalb vorzulesen. Dazu komme, daß die Vorlesung schon bekannter Erklärungen zwecklos, eine leere Form sei und zu einer unerträglichen Fessel des Geschäftsverkehrs namentlich dann ausarte, wenn es sich um umfangreiche und schwer verständliche Schriftstücke handle; es sei aber nicht anzunehmen, daß das Gesetz etwas Zweckloses und Widersinniges angeordnet habe. Es sei doch in den §§ 2241, 2242 BGB. nicht einmal die Vorlesung eines übergebenen Testaments vorgeschrieben worden, obgleich dabei häufig wichtigere Interessen auf dem Spiel ständen als bei Notariatsakten unter Lebenden.

Diesen Ausführungen gegenüber ist im allgemeinen auf die Begründung des erwähnten reichsgerichtlichen Beschlusses im Bd. 54 der Entsch. zu verweisen und folgendes hinzuzufügen.

Dem Hinweise des Berufungsgerichts auf die verschiedene Bedeutung, in der das Wort „Protokoll" in den §§ 175, 176 und 177 FGG. gebraucht werde, kann für die Auslegung des Abs. 2 des § 176 keine Bedeutung zugestanden werden. Wenn es auch richtig ist, daß die in der Erklärung der Beteiligten in Bezug genommene Schrift dem Protokoll erst als Anlage beigefügt werden kann, wenn das Protokoll fertig ist, so handelt es sich hier doch nicht um den Akt der Beifügung als Protokollanlage, sondern um die Bedeutung der Bestimmung, daß die Schrift dann einen Teil des Protokolls bildet. Diese Bestimmung würde nur eine Fiktion enthalten, wenn die Auslegung des Berufungsgerichts richtig wäre; in Wirklichkeit wäre die Schrift dann nicht Teil, sondern bloß Anlage des Protokolls; das Berufungsgericht faßt denn auch diese Bestimmung nur als Fiktion auf. Es fragt sich aber gerade, ob dies richtig ist, und das muß schon nach dem Wortlaut des Gesetzes verneint werden; denn es heißt dort nicht, daß die so behandelte Schrift als Teil des Protokolls anzusehen sei oder gelte, sondern daß sie einen Teil des Protokolls b i l d e. Einen Teil des Protokolls, das vorgelesen werden muß, kann die angelegte Schrift nur bilden, wenn auch sie (vor der Anlegung) vorgelesen worden ist.

Wenn das Berufungsgericht die Vorlesung der in der Erklärung der Beteiligten in bezug genommenen Schrift auch deswegen für unnötig hält, weil die Beteiligten den Inhalt einer solchen Schrift kennten oder kennen müßten, die Kenntnisnahme des Notars von ihrem Inhalt aber nicht erforderlich sei, so sind auch diese Erwägungen abwegig. Hätte der Gesetzgeber bei Ordnung des gerichtlichen und notariellen Beurkundungswesens, wobei die Erzielung größtmöglicher Zuverlässigkeit im Vordergrunde stand, sich dabei beruhigt, daß für eine in unzuverlässiger Form beurkundete Erklärung die daran mitschuldige Partei zu büßen habe, so würde schon das kaum verständlich sein. Völlig fehl geht aber das Berufungsgericht mit dem Satze, daß der

Notar gar nicht die Aufgabe habe, zu prüfen, ob die bei der Erklärung in bezug genommene Schrift dem wirklichen Willen der Partei entspreche. Es mag dahingestellt bleiben, ob dies dann richtig ist, wenn die Beteiligten nichts weiter beurkundet haben wollen, als daß sie erklärt hätten, sie bekennten sich zu dem Inhalt einer übergebenen Schrift; dann würde die übergebene und dem Protokoll beigefügte Schrift auch nicht einen Teil des Protokolls im Sinne des § 176 Abs. 2 bilden. Nicht richtig ist das aber, wenn, wie der Abs. 2 des § 176 voraussetzt, in der Erklärung auf die Schrift Bezug genommen wird, der Inhalt der Schrift also einen Teil der Erklärung bildet, deren Abgabe beurkundet werden soll. Der Notar darf nicht etwas beurkunden, was nicht Gegenstand seiner Wahrnehmung gewesen ist, darum auch nicht, daß eine Erklärung abgegeben worden sei, die er nicht gehört hat. Im vorliegenden Fall handelt es sich nun obendrein um die Beurkundung eines Grundstückskaufs, eines Rechtsgeschäfts also, das erst durch die notarielle Beurkundung zustande kommen sollte und konnte (§ 313 BGB.), bei dessen Zustandekommen der Notar mitzuwirken hatte, bei dem er sich daher zu diesem Zweck vergewissern mußte, daß die vor ihm abgegebenen und von ihm zu beurkundenden Erklärungen von den Beteiligten gewollt waren. Daher muß er auch wissen und prüfen, was die statt mündlicher Verlautbarung ihm übergebene Schrift enthält, und dies soll durch die Vorlesung erreicht werden; sonst würde jede Sicherheit dafür fehlen, daß das Rechtsgeschäft, das er durch seine Beurkundung erst zustande bringen soll, wirklich zustande kommt. Es würde andernfalls auch der Zweck gerade des hier in Frage kommenden § 313 BGB. große Gefahr laufen, vereitelt zu werden. Wenn es genügte, privatschriftliche Verträge über Grundstücksveräußerungen unvorgelesen auf Grund einer bloßen mündlichen Anerkennungserklärung mit der gerichtlichen oder notariellen Form ausrüsten zu lassen, so wäre der Schutz, den der Gesetzgeber der Unerfahrenheit, Leichtfertigkeit oder Übereilung gewähren wollte, so gut wie verloren.

Der Vergleich mit Testamenten endlich paßt überhaupt nicht. Das Bürgerliche Gesetzbuch hat im § 2238 für das gerichtliche oder notarielle Testament neben der mündlichen Zuprotokollgabe (testamentum apud acta conditum) auch die Übergabe des Testaments (testamentum judici oblatum) beibehalten, bei welch letzterem der Errichtungsakt in der Übergabe der Schrift und in der mündlichen Erklärung, daß dies der letzte Wille sei, besteht. Darum genügt in dem darüber aufzunehmenden Protokoll die Beurkundung dieser beiden Akte (§ 2241

Nr. 3). Die im § 176 Abs. 2 FGG. erwähnte Schriftübergabe dagegen hat keine besondere formale Bedeutung; sie ersetzt bloß die mündliche Erklärung des Inhalts. Der § 168 FGG. hält übrigens auch die abweichenden Vorschriften des Bürgerlichen Gesetzbuchs über die Errichtung von Testamenten ausdrücklich aufrecht."

RGZ. 62, 1.

Darf bei der gerichtlichen und der notariellen Beurkundung von Rechtsgeschäften die durch § 177 Abs. 1 Satz 2 FGG. vorgeschriebene Feststellung, daß das Protokoll vorgelesen, von den Beteiligten genehmigt und von ihnen unterschrieben sei, den Unterschriften der Beteiligten nachfolgen?

IV. Zivilsenat. Beschl. v. 15. Februar 1906.

I. Amtsgericht Dresden. — II. Landgericht daselbst.

Das Amtsgericht in Dresden lehnte die beantragte Eintragung einer Hypothek u. a. mit der Begründung ab, daß bei der notariellen Beurkundung des Eintragungsantrags die Vorschriften des § 177 Abs. 1 Sätze 1 u. 2 FGG. nicht befolgt worden seien. Das notarielle Protokoll enthielt den Schlußvermerk:

„Hierauf ist dieses Protokoll den Beteiligten vorgelesen, von ihnen genehmigt und mit"

(folgen die Namen der Beteiligten)

„eigenhändig unterschrieben worden."

Das Amtsgericht beanstandete als der Anforderung des Gesetzes nicht entsprechend, daß die Feststellung der unterschriftlichen Vollziehung des Protokolls den Unterschriften der Beteiligten nachfolge. Die Beschwerde des Grundstückseigentümers blieb ohne Erfolg.

Die von ihm erhobene weitere Beschwerde wurde vom Oberlandesgericht für begründet gehalten. Das Oberlandesgericht konnte ihr jedoch nicht selbst abhelfen, weil eine Abänderung des landgerichtlichen Beschlusses im Widerspruch gestanden hätte mit der reichsgerichtlichen Entscheidung, die in dem Urteile vom 11. Juli 1905 (Jurist. Wochenschr. S. 541 Nr. 38) zur Frage der Auslegung des § 177 FGG. erlassen ist. Mit Rücksicht hierauf wurde die weitere Beschwerde unter Befolgung des § 28 Abs. 2 desselben Gesetzes dem Reichsgericht vorgelegt. Das Reichsgericht hat ihr stattgegeben aus folgenden

Gründen:

. . . „Der entscheidende Senat des Reichsgerichts hat bei wiederholter Prüfung seine in dem erwähnten Urteile vom 11. Juli 1905 entwickelte Rechtsansicht aufgegeben und ist dadurch zur Abänderung des angefochtenen landgerichtlichen Beschlusses gelangt.

Die bei der Auslegung des § 177 a. a. O. in der Rechtswissenschaft und in der Rechtsprechung entstandenen Meinungsverschiedenheiten haben darin ihren Grund, daß die Gesetzesvorschriften über die gerichtliche und die notarielle Beurkundung von Rechtsgeschäften (§§ 168 flg. a. a. O.) eine mit voller Schärfe durchgeführte Scheidung der urkundlichen Feststellungen, die den „bei der Beurkundung mitwirkenden Personen" obliegen, von den zu beurkundenden Handlungen der rechtsgeschäftlich beteiligten Personen nicht enthalten. Durch das in § 177 Abs. 1 Satz 1 des Gesetzes aufgestellte Erfordernis, daß das vorzulesende Protokoll von den Beteiligten genehmigt und unterschrieben werden muß, wird das Zustandekommen der öffentlichen Beurkundung von einem Zusammenwirken der „mitwirkenden Personen" und der „Beteiligten", und zwar nicht nur bei der Abfassung der rechtsgeschäftlichen Erklärungen (§ 176 Abs. 1 Nr. 3), sondern ebenso bei der Feststellung äußerer Umstände und Vorgänge des Beurkundungsverfahrens, mithin mit bezug auf solche Tatsachen abhängig gemacht, deren Beurkundung dem Wesen der Sache nach dem Urkundsbeamten und den etwa mitwirkenden „Urkundspersonen" (§ 198 Abs. 1) obliegt. Das gilt sowohl von der Angabe des Ortes und des Tages der Verhandlung (§ 176 Abs. 1 Nr. 1, vgl. Entsch. des RG.s in Zivils. Bd. 50 S. 215 flg.), als auch von der Bezeichnung der Beteiligten selbst und der bei der Verhandlung mitwirkenden Personen (§ 176 Abs. 1 Nr. 2, vgl. Entsch. des RG.s in Zivils. Bd. 50 S. 16 flg., insbesondere S. 20); es tritt aber in seiner praktischen Bedeutungslosigkeit ganz besonders bei den Feststellungen hervor, die von dem Urkundsbeamten zu der Frage getroffen werden, ob die Beteiligten die nämlichen sind, für die sie sich ausgeben (§ 176 Abs. 3), da auch insoweit die Beteiligten nicht nur durch Vorlesung von dem Protokolle Kenntnis zu erhalten, sondern wörtlich genommen das Protokoll zu genehmigen haben. Das Gesetz nötigt jedoch durch seine Fassung nicht dazu, die Anforderung einer Bestätigung amtlicher Feststellungen durch die Beteiligten weiter auszudehnen, als das nach dem Zusammenhange der §§ 176 und 177 unabweisbar geboten erscheint.

Wenn nun § 177 neben dem Verhandlungsakte der Vorlesung und Genehmigung des Protokolls und dem Beurkundungsakte der Unterzeichnung durch die Beteiligten ein urkundliches Zeugnis über diesen dreiteiligen Vorgang, also einen weiteren Beurkundungsakt, vorschreibt, so ist das gleichfalls dem Wesen nach eine amtliche, und zwar vorzugsweise eine das Verhalten der Beteiligten mit öffentlichem Glauben bestätigende Feststellung. Daß sie aber nach der Absicht des Gesetzes im umgekehrten Verhältnis wiederum ihrerseits einer Bestätigung durch die Privatbeteiligten bedürfen, und diese Bestätigung denselben Formerfordernissen der Verhandlung und Beurkundung unterliegen sollte, erscheint schon aus dem Grunde nicht annehmbar, weil ein Abschluß der gerichtlichen oder notariellen Beurkundung sich streng genommen alsdann überhaupt nicht erreichen ließe. Das Schriftstück, welches gemäß § 177 Abs. 1 Satz 1 als „Protokoll" den Gegenstand der Vorlesung, Genehmigung und Unterzeichnung hier zunächst durch die Beteiligten, und nicht auch schon durch die mitwirkenden Personen (vgl. § 174) zu bilden hat, braucht beim Beginn dieser Akte mit seinem Inhalt über die im § 176 vorgeschriebenen Bestandteile noch nicht hinauszugehen. Erst im Verlaufe des durch § 177 geregelten Protokollabschlußverfahrens treten ihm weitere Bestandteile hinzu, deren erste Stelle bei genauer Einhaltung der Verfahrensvorschriften die Unterschriften der Beteiligten einnehmen werden, während die durch § 177 Abs. 1 Satz 2 verlangte Feststellung, daß die Vorlesung, Genehmigung und Unterzeichnung geschehen sei, bei ungezwungener Gesetzesauslegung einen Rückblick auf der Vergangenheit angehörige Vorgänge enthält und darum keineswegs an falscher Stelle steht, wenn sie der Zeitfolge entsprechend auch räumlich jenen Unterschriften nachfolgt. In seiner früheren Entscheidung ist nun freilich der Senat davon ausgegangen, daß der Ausdruck „Protokoll" in § 177 Abs. 1 Satz 2 ganz dieselbe Bedeutung habe wie im Satz 1, woraus gefolgert wurde, daß der durch Satz 2 vorgeschriebene Feststellungsvermerk als Teil des Protokolls nach geschehener Vorlesung von den Beteiligten gleichfalls zu genehmigen und zu unterschreiben sei. Dies läßt sich jedoch im Ausgangspunkt und darum auch in der Schlußfolgerung nicht aufrecht erhalten. Nach der Verordnungsweise des Gesetzes, das im § 177 den Verhandlungs- und Beurkundungsvorgang und damit die Entstehung des Protokollabschlusses regelt, ist allenthalben, so oft an dieser Gesetzesstelle der Ausdruck „Protokoll" vorkommt, nicht von der fertigen, sondern von der in der fortschreitenden Vollendung begriffenen Urkunde die Rede. Der Ausdruck weist also im Unterschiede von seiner Anwendung im § 182 und in § 184 Abs. 2 des Gesetzes hier auf ein seine Beschaffenheit veränderndes Schriftstück hin. Aus der Wortfassung des Gesetzes läßt sich daher nichts herleiten, was auf die Annahme hinführen würde, das Gesetz habe mit der in § 177 Abs. 1 Satz 2 vorgeschriebenen Feststellung nicht die mitwirkenden Personen allein betrauen, vielmehr die Vollwirksamkeit ihres Zeugnisses auch in dieser Beziehung von einer Bestätigung durch die Beteiligten abhängig machen wollen. Nur so viel ist richtig, daß die mitwirkenden Personen mit ihren nach § 177 Abs. 3 an das äußerste Ende der Urkunde zu setzenden Unterschriften den Gesamtinhalt aller den Verhandlungs- und Beurkundungsvorgang betreffenden Protokollangaben als richtig bekräftigen, und daß daher von dem in Abs. 1 Satz 2 vorgeschriebenen Feststellungsvermerk dies auch in dem Falle gilt, wenn er den Unterschriften der Beteiligten vorangestellt ist. Die rechtlich unwesentliche Mitunterzeichnung des Feststellungsvermerks durch die Beteiligten ist deshalb zwar zulässig; sie ist jedoch nicht notwendig.

Aus denselben Gründen wurde im gegebenen Falle die Rechtswirksamkeit der notariellen Beurkundung dadurch nicht in Frage gestellt, daß vermöge der Einflechtung der Unterschriften zwar nicht die sämtlichen drei Teile des Feststellungsvermerks, wohl aber das Zeugnis über die geschehene Vorlesung und Genehmigung des Protokolls räumlich den Unterschriften vorangestellt, das Zeugnis über den Ursprung dieser Unterschriften dagegen ihnen nachgestellt wurde.

Die Richtigkeit dieser Annahme und der vorstehenden, zu ihrer Begründung dienenden Darlegungen läßt sich aus der Entstehungsgeschichte des Gesetzes gleichfalls herleiten. Der § 177 FGG. wiederholt im wesentlichen die für die Testamentserrichtung geltenden Vorschriften des § 2242 BGB.

Vgl. die Begründung zu dem Entwurfe des FGG., Drucksachen des Reichstags von 1897/98 Nr. 21 S. 89, Stenographische Berichte Anl. Bd. 1 S. 321.

Im Bürgerlichen Gesetzbuche schließt sich die Vorschrift des § 2242 Abs. 1 Satz 1, daß das Protokoll vorgelesen, von dem Erblasser genehmigt und von ihm eigenhändig unterschrieben werden muß, unmittelbar an die den wesentlichen Inhalt des Protokolls bestimmende Vorschrift des § 2241 an. Dieser Zusamenhang legt ohne weiteres die Auffassung nahe, daß jene Vorschrift auf den in der unmittelbar vorangehenden Vorschrift des § 2241 bezeichneten Inhalt des Protokolls zu beziehen ist. Das gleiche trifft für das Verhältnis des § 177 Abs. 1 Satz 1 FGG. zum § 176 zu. Allerdings wird hier der Zusammenhang der Vorschriften durch die Vorschrift des § 176 Abs. 3 unterbrochen. Diese Vorschrift war in den im Reichsjustizamt aufgestellten Grundzügen eines Gesetzes über die Angelegenheiten der freiwilligen Gerichtsbarkeit noch nicht enthalten. Der Zusatz ist erst auf Anregung der Regierungen von Bayern, Baden und Hessen in den dem Bundesrate vorgelegten Entwurf aufgenommen (vgl. die gedruckte Zusammenstellung der Äußerungen der Bundesregierungen § 147 S. 78). Sinn und Tragweite des § 177 Abs. 1 haben aber dadurch nicht in der Weise geändert werden sollen, daß die im ersten Satze enthaltenen Vorschriften auf den Inhalt des Protokolls nunmehr in einem Umfange ausgedehnt wären, der über die im § 176 angegebenen Bestandteile mit Einschluß dessen, was durch den eingefügten Abs. 3 hinzukam, sogar noch hinausginge.

Aber nicht nur der Wortlaut und der äußere Zusammenhang, sondern auch der Zweck der Vorschriften unterstützt die Auffassung, daß der Feststellungsvermerk nicht einen Teil des nach § 2242 Abs. 1 Satz 1 BGB. und § 177 Abs. 1 Satz 1 FGG. zu verlesenden sowie von den Beteiligten zu genehmigenden und zu unterzeichnenden Protokolls bildet. Durch diese Vorschriften soll den Beteiligten die Möglichkeit gegeben werden, zu überwachen und nachzuprüfen, ob das, was Gegenstand der Beurkundung sein soll, auch richtig ihrem Willen entsprechend beurkundet ist. Dagegen liegt die im Satz 2 vorgesehene Feststellung außerhalb des eigentlichen Gegenstandes der Beurkundung. Hier ist eine Genehmigung und Unterzeichnung durch die Beteiligten und deshalb auch eine Vorlesung zwecklos. Dem gegenüber kann darauf, daß das Reichsrecht nicht, wie das preußische Gesetz über das Verfahren bei Aufnahme von Notariatsinstrumenten vom 11. Juli 1845, eine äußere Scheidung des Protokolls nach seinen verschiedenartigen Bestandteilen vorschreibt, entscheidendes Gewicht nicht gelegt werden, umsoweniger, als die Entstehungsgeschichte der reichsgesetzlichen Vorschriften keinerlei Anhaltspunkte dafür bietet, daß eine in ihren Folgen so weittragende sachliche Abweichung von dem preußischen Rechte beabsichtigt worden sei. Eine Bestätigung dessen kann darin erblickt werden, daß die Auffassung, wonach die in § 177 Abs. 1 Satz 2 vorgeschriebene Feststellung einer Genehmigung und Unterzeichnung durch die Beteiligten nicht bedarf, mehrfach bei den Landesjustizverwaltungen zur Anerkennung gelangt ist.

Sie wird ausdrücklich vertreten in dem Ausschreiben des Großherzoglich hessischen Ministeriums der Justiz vom 3. Juli 1901 (Amtsblatt Nr. 13 unter 16), und zwar mit dem Hinweise darauf, daß sie vom Reichsjustizamte geteilt werde. Die gleiche Auffassung liegt dem § 165 Abs. 1 der Geschäftsordnung für die bayerischen Notariate (Bekanntmachung des Königlich bayerischen Staatsministeriums der Justiz vom 24. Dezember 1899, Justizministerialblatt S. 591) zugrunde; denn es heißt daselbst: „Die Feststellung über die Genehmigung und Unterzeichnung kann wie bisher an den Schluß des Textes und vor die Unterschriften der Beteiligten gesetzt werden." Ferner wird in dem auf amtliche Veranlassung des Königlich preußischen Justizministeriums von Weizsäcker und Lorenz herausgegebenen Formularbuche für die freiwillige Gerichtsbarkeit zum Gebrauche der preußischen Gerichte (1. Aufl. — 1900 — S. 3 Anm. 4, 2. Aufl. — 1904 — S. 2 Anm. 4) ausdrücklich hervorgehoben, daß der Feststellungsvermerk des § 177 Abs. *1* FGG. *den Unterschriften der Beteiligten vorangehen oder ihnen* nachfolgen könne.

In der Literatur wird die gleiche Auffassung vertreten von: Dorner, Kommentar zum Gesetz über die Angelegenheiten der freiwilligen Gerichtsbarkeit (1899) S. 585 Bem. 1 b zu § 177; Kloß, Notariat in Sachsen (1900) S. 36 Bem. 3; Frese, im Zentralblatt für freiwillige Gerichtsbarkeit 1900 S. 305; Güthe, Drei Streitfragen über die Bedeutung des § 177 Abs. 1 Satz 1 u. 2 FGG., Zentralblatt für freiwillige Gerichtsbarkeit Jahrgang 2 (1902) S. 606. 612 flg.; Josef, Lehrb. des Verfahrens der freiwilligen Gerichtsbarkeit (1902) S. 414; Landsberg, An welche Stelle des Protokolls gehört nach § 177 FGG. und § 2242 BGB. der Feststellungsvermerk über die geschehene Vorlesung, Genehmigung und Unterschrift? Juristische Monatsschrift für Posen 1905 S. 141 flg. Von derselben Auffassung gehen aus: Keidel, Handbuch des Verfahrens der Gerichte in Angelegenheiten der freiwilligen Gerichtsbarkeit für Bayern (1903) S. 384 unter o; Wellstein, FGG. 2. Aufl. (1906) S. 369 Bem. 3 zu § 177.

Ferner bemerkt Weißler, Kommentar zum FGG. (1900) Bem. 4 zu § 177, daß ein der preußischen Notariatsordnung sich anschließendes Verfahren, wenigstens bezüglich der Unterschrift, auch jetzt nicht für unzulässig erachtet werden könne.

Die entgegengesetzte Auffassung wird hiernach gegenwärtig kaum noch als die unter den Schriftstellern vorherrschende gelten können.

Schließlich spricht auch der in der Rechtsprechung des Reichsgerichts wiederholt hervorgehobene Umstand, daß den Gesetzesvorschriften über die Testamentserrichtung, ebenso wie den ihnen nachgebildeten Vorschriften der §§ 176 und 177 FGG., die Tendenz zugrunde liegt, nach Möglichkeit eine Formungültigkeit abzuwenden (Entsch. des RG.s in Zivils. Bd. 50 S. 17, 18, 21 und Urteil des dritten Zivilsenats in Sachen E. w. C. vom 28. November 1905, Jurist. Wochenschrift 1906 S. 53 Nr. 3) gegen eine Gesetzesauslegung, die bei der vorhandenen ungenauen Gesetzesfassung sich für die Häufung sachlich wertloser Formanforderungen entscheidet.

Aus allen diesen Gründen konnte das von dem Amtsgericht und von dem Beschwerdegerichte gegen die Formgültigkeit der notariellen Urkunde vom 16. Oktober 1905 erhobene . . . Bedenken nicht für zutreffend gehalten werden." . . .

RGZ. 72, 412.+

1. . . .

2. **Muß eine Vollmacht, auf die als Protokollanlage zum Zwecke der notwendigen oder doch gewollten sachlichen Ergänzung der Haupturkunde in dieser Bezug genommen ist, gemäß §§ 176, 177 FGG. vorgelesen werden?**

3. . . .

V. Zivilsenat. Urt. v. 5. Februar 1910

I. Landgericht II Berlin. — II. Kammergericht daselbst.

Der Beklagte stand seit dem Jahre 1898 mit der Klägerin in Unterhandlungen über die Verwendbarkeit und Bebaubarkeit seines zwischen der jetzigen neuen W.straße und der Spree gelegenen Geländes und über dessen teilweise Übereignung an die Stadt. Am 22. Juni 1905 ließ er zu Protokoll des vom Oberbürgermeister als Urkundsperson bestellten Magistratsassessors Dr. F. das Angebot beurkunden, daß er zwei Teilstücke dieses Geländes von zusammen 17 480 qm an die Stadtgemeinde kostenfrei unter gewissen Bedingungen abtreten wolle und sich an dieses Angebot bis zum 1. November 1905 dergestalt gebunden halte, „daß das Angebot angenommen ist, wenn die Annahmeerklärung bis zu diesem Zeitpunkt in urkundlicher Form abgegeben ist". Auf Grund eines vom Magistrat gebilligten Stadtverordnetenbeschlusses vom Juni 1905 wurde vom Beklagten in dieser Sache hypothekarische Sicherheitsleistung in Höhe von 600 000 ℳ verlangt, welcher Anforderung er auch entsprochen hat.

Am 10. Oktober 1905 erschien vor dem obengenannten Beurkundungsbeamten Dr. F. der Magistratssekretär K. und erklärte zu Protokoll „unter Überreichung anliegender Vollmacht vom 7. Oktober 1905" folgendes wörtlich:

„Das in der überreichten Vollmacht näher bezeichnete Angebot des Rentiers B. B. nehme ich hierdurch an."

An diese Erklärung schließen sich unmittelbar die Schlußworte des Protokolls an:

„Die Verhandlung wurde dem Erschienenen vorgelesen, von ihm genehmigt und wie folgt unterschrieben."

gez. K.
gez. F.

Die diesem Protokoll beigeheftete Vollmacht für K. vom 7. Oktober 1905 ist für den Magistrat vom Bürgermeister R. und vom Magistratsrat F. unterzeichnet und enthält die Ermächtigung, B.s Angebot zu F.schem Protokoll vom 22. Juni 1905, betreffend Fluchtlinienfestsetzung auf dem Gelände zwischen der W.straße und dem Fluß anzunehmen und die hierzu erforderliche Erklärung abzugeben.

Nach vergeblichen Verhandlungen über Auflassung einerseits und Löschung der Sicherheitshypothek zu 600 000 ℳ gegen neue Sicherheitsleistung des Beklagten für seine verbleibenden Verpflichtungen andererseits, und nach Setzung einer Nachfrist des Beklagten für die Straßenherstellung vom 7. Januar 1907 trat der Beklagte am 2. Mai 1907 vom Vertrage zurück. Demnächst klagte die Stadtgemeinde B. auf Verschaffung des Eigentums an den abgetretenen Flächen. Sie erlangte in beiden Vorinstanzen ein obsiegliches Urteil. Auf Revision des Beklagten wurde jedoch die Klage abgewiesen, aus folgenden

Gründen:

1. . . .

2. Dagegen bestreitet die Revision mit Recht die formgerechte Beurkundung der Annahmeerklärung des Magistratssekretärs K. vom 10. Oktober 1905 deswegen, weil, entgegen den §§ 176, 177 FGG., die Vollmacht als Anlage des Protokolls nicht mit vorgelesen worden ist. Zwar soll — was auch nicht ganz unbestreitbar — die Bestätigung der Verlesung des Protokolls im Zweifel zugleich die Verlesung der Anlage dartun (vgl. Jurist. Wochenschr. 1909 509/42); aber im gegebenen Falle bestehen solche Zweifel nicht, da die Klägerin nie bestritten hat, daß eine Verlesung jener Protokollanlage weder beurkundet noch erfolgt ist. Der Vorderrichter hält trotz der strengen Rechtsprechung in dieser Richung (vgl. Entsch. des RG.s in Zivils. Bd. 54 S. 195, Bd. 61 S. 145) eine Verlesung der Anlage im gegebenen Falle deswegen für nicht nötig, weil es sich nur um eine Vollmacht handle, und nicht um eine Willenserklärung eines Vertragsteils, und weil auch ohne Hinweis des Protokolls auf die nähere Bezeichnung des angenommenen Angebots in der Vollmacht deutlich genug gewesen sein

würde, daß nur das einzige vorhandene Angebot gemeint sei. Dem kann aber nicht beigepflichtet werden.

Es mag dahingestellt bleiben, ob einfache Vollmachten als Protokollanlagen dem Verlesungszwang nicht unterworfen sind, wie das Kammergericht in seinen Jahrbüchern 22 A 209 angenommen hat; aber im vorliegenden Falle handelt es sich nicht um eine solche einfache Vollmacht, sondern um eine nach des die Annahme erklärenden K. und nach des Beurkundungsbeamten Willen zur Ergänzung des Protokolls selbst dienliche Urkunde. Der Revisionskläger weist darauf hin, daß im Laufe der Jahre von ihm im ganzen ungefähr sechs verschiedene Angebote der Stadt gemacht worden seien, und daß schon deshalb die in Rede stehende Annahmeerklärung für sich unvollständig, und ihre Ergänzung durch die Anlage notwendig gewesen sei. Diese Frage kann aber auf sich beruhen, weil unzweifelhaft der Magistratssekretär K. ebenso wie der Magistratsassessor Dr. F. als Urkundsbeamter gewollt haben, daß die Anlage zur Ergänzung des Protokolles dienen dienen solle, und weil sich im gegebenen Falle der Beurkundungszwang nicht bloß auf die unbedingt notwendigen, sondern auch auf die von dem Erklärenden gewollten Bestandteile der Erklärung erstreckt hat.

Hiernach und gemäß den Mußvorschriften in den §§ 176, 177 FGG., 313, 128, 125 BGB. ist die Annahmeerklärung vom 10 Oktober 1905 und zwar nicht bloß hinsichtlich ihrer Verweisung auf die Anlage, vielmehr in ganzem Umfange nichtig; und da die im Angebot vom 22. Juni 1905 gesetzte Annahmefrist — der 1. November 1905 — längst verstrichen ist, fehlt es gemäß § 148 BGB. jetzt an der Möglichkeit des Zustandekommens eines Vertrages auf jener Grundlage. Vergeblich beruft sich die Revisionsgegnerin auf die vom Reichsgericht wiederholt (z. B. in den Entsch. des RG.s in Zivils. Bd. 60 S. 338) über falsche Grundstücksbezeichnung im Vertrage ausgesprochenen Grundsätze und will sie diese hier entsprechend angewendet wissen. Jene Entscheidungen nahmen einen unzweifelhaften Irrtum beider Vertragsteile an; von einem Irrtum des Magistratssekretärs K., der die in Rede stehende Ergänzung des Annahmeprotokolls durch die Anlage als notwendig oder doch zweckmäßig gewollt hat, kann aber im gegebenen Falle keine Rede sein.

3. . . .

RGZ. 79, 366.

Kann ein richterliches Protokoll über Errichtung einer öffentlichen Urkunde, worin die Feststellung fehlt, daß es vorgelesen, von den Be-

teiligten genehmigt und von ihnen eigenhändig unterschrieben worden ist, von dem Richter durch nachträgliche Beifügung dieser Feststellung wirksam ergänzt werden?

FGG. § 177 Abs. 1 Satz 2.

II. Zivilsenat. Urt. v. 17. Mai 1912.

I. Landgericht Verden. — II. Oberlandesgericht Celle.

Aus den Gründen:

„Die Klägerin verlangt Auflassung der dem Beklagten gehörigen „Großbrinksitzerstelle" auf Grund eines am 6. August 1908 vor dem Amtsgericht B., das durch den Nebenintervenienten Amtsrichter v. R. vertreten war, beurkundeten „Übergabevertrags". Die Klage ist von dem Berufungsgericht abgewiesen worden mit der Begründung, der Vertrag sei in Ermangelung der in § 313 BGB. vorgeschriebenen gerichtlichen oder notariellen Beurkundung nichtig, weil in dem darüber gemäß § 177 FGG. errichteten Protokolle die in Abs. 1 Satz 2 daselbst vorgeschriebene Feststellung, daß das Protokoll vorgelesen, von den Beteiligten genehmigt und von ihnen eigenhändig unterschrieben worden, nicht enthalten sei.

Die hiergegen gerichtete Revision kann keinen Erfolg haben. Das Berufungsgericht hat festgestellt, daß das Protokoll in seiner ursprünglichen Fassung, wovon der Klägerin eine Ausfertigung erteilt worden ist, so lautete, daß nach Beurkundung der Vertragserklärungen der Beteiligten und nach ihren Unterschriften lediglich der von dem Nebenintervenienten geschriebene Vermerk folgt „Beglaubigt v. R." Das Berufungsgericht erwägt zunächst ohne Rechtsirrtum, daß in diesen Worten die von dem Gesetze verlangte dreifache Feststellung jedenfalls nicht zu finden ist. Dabei kann dahingestellt bleiben, ob der Ausdruck „beglaubigt" als hinreichende Feststellung, daß die Unterschriften von den Beteiligten eigenhändig vollzogen worden sind, angesehen werden kann. Auch wenn man dies annimmt, fehlt noch die weiter erforderliche Feststellung, daß das Protokoll den Beteiligten vorgelesen und von ihnen genehmigt worden ist; die letztere Feststellung kann durch die Feststellung der eigenhändigen Unterschrift nicht ersetzt werden, da das Gesetz ausdrücklich beide Feststellungen nebeneinander verlangt.

Das Berufungsgericht hat aber weiter festgestellt, daß auf Antrag der Klägerin in der Urschrift des Protokolls am 20. Juli 1911 von dem Nebenintervenienten die Worte: „Beglaubigt v. R." gestrichen worden sind und daß folgender Zusatz gemacht worden ist: „Dieses Protokoll, in welchem heute, am 20. Juli 1911, die nach den Unterschriften der Erschienenen folgenden Worte ‚begl.' und ‚v. R.' gestrichen worden sind, wurde, wie der oben genannte Richter auf Grund klarer und vollständiger eigener Erinnerung heute, den 20. Juli 1911, bezeugt, in der Verhandlung vom 6. August 1908 den Beteiligten vorgelesen, und von ihnen genehmigt und mit den obigen Namenszügen, des Großbrinksitzers H. W. und der Haustochter B. W., eigenhändig unterschrieben. v. R." Das Berufungsgericht läßt dahingestellt, wie die Sachlage zu *beurteilen sein würde, wenn der Richter die Urkunde nicht alsbald nach* ihrer Errichtung, sondern erst am 20. Juli 1911 durch seine Unterschrift äußerlich abgeschlossen und dabei die hier fragliche Feststellung getroffen hätte, und wenn vorher keine Ausfertigung erfolgt wäre. Es erwägt, daß, nachdem der Richter durch seine Namensunterschrift die Urkunde äußerlich abgeschlossen und durch den Vermerk: „Zu den Akten" auch zu erkennen gegeben hatte, daß für ihn der Akt der Urkundenaufnahme beendigt sei, nachdem ferner die Urkunde in die Gerichtsschreiberei gelangt und eine Ausfertigung davon erteilt war, der „Abschluß des Rechtsgeschäfts" endgültig vollzogen und nichts mehr nachgeholt werden konnte, was bis dahin nicht vorgenommen war, und daß die Willenserklärungen der Parteien, sofern sie an einem wesentlichen Formmangel litten, nicht durch einseitige Handlungen der Urkundsperson, auch wenn diese im Einverständnis eines der Beteiligten erfolgten, zu formgültigen gemacht werden konnten. Das in der Urkunde beurkundete Rechtsgeschäft sei deshalb trotz des nachträglichen Vermerks nichtig, weil die Urkunde der im Gesetze vorgeschriebenen Form entbehre.

Dieser Rechtsauffassung ist im Ergebnisse jedenfalls beizutreten. Dabei ist davon auszugehen, daß, wie das Reichsgericht unter Aufgabe einer früher (in einem Urteile vom 11. Juli 1905, Jur. Wochenschr. S. 541 Nr. 33) ausgesprochenen Ansicht nunmehr wiederholt angenommen hat,

Entsch. des RG.s in Zivils. Bd. 62 S. 1, Bd. 63 S. 31 flg.,

die in § 177 Abs. 1 Satz 2 FGG., und ebenso für die Errichtung von Testamenten in § 2242 Abs. 1 Satz 2 BGB., erforderte Feststellung, daß das Protokoll vorgelesen, von den Beteiligten genehmigt und eigenhändig unterschrieben worden ist, nicht selbst zu denjenigen Teilen des Protokolls gehört, welche nach § 177 Abs. 1 FGG. und § 2242 Abs. 1 Satz 1 BGB. vorgelesen, von den Beteiligten genehmigt und unterschrieben werden müssen, und daß deshalb der Feststellungsvermerk den Unterschriften der Beteiligten im Protokolle nachfogen kann. Hieraus wird aber auch weiter zu folgern sein, daß, da das Gesetz eine zeitliche

Einheit der Akterrichtung (unitas actus) nicht vorschreibt, diese Feststellung nicht notwendig im Laufe der Verhandlung selbst in Gegenwart der „Beteiligten" zu erfolgen braucht, sondern auch nachher noch in Verbindung mit der in § 177 Abs. 3 vorgeschriebenen Unterschrift der bei der Beurkundung mitwirkenden Personen, im vorliegenden Falle also des beurkundenden Richters, erfolgen kann, wobei dahingestellt werden kann, welche zeitliche Grenze einer solchen nachträglichen Vollziehung eines noch nicht durch Unterschrift des Urkundsbeamten abgeschlossenen Protokolls gezogen werden muß.

Im vorliegenden Falle handelt es sich nicht um die Ergänzung oder Berichtigung eines noch nicht vollzogenen Protokolls, sondern es ist die Frage zu entscheiden, ob und unter welchen Voraussetzungen ein durch die Unterschrift des beurkundenden Beamten bereits vollzogenes Protokoll, dem eine wesentliche Förmlichkeit, nämlich die in § 177 Abs. 1 Satz 2 FGG. vorgeschriebene Feststellung fehlt, durch nachträgliche Heilung dieses Mangels gültig werden kann. Diese Frage war bereits unter der Herrschaft der preußischen Notariatsordnung vom 1. Juli 1845 bestritten. Weißler (Das Notariat der preußischen Monarchie, Kap. 27 III S. 257) führt aus, der Notar könne nicht nur seine Unterschrift nachbringen, sondern auch die Teile, die er allein auszustellen und zu zeichnen hat, also namentlich das in § 14 NotO. vorgeschriebene „Schlußzeugnis" — dessen Inhalt im wesentlichen der in § 177 Abs. 1 Satz 2 des Reichsgesetzes vorgeschriebenen Feststellung entsprach — auch allein berichtigen und ergänzen, selbst wenn er sie schon unterschrieben habe, allerdings nur in der Form selbständiger Bescheinigungen (Nachtragsatteste). Er nimmt zur Begründung seiner Ansicht Bezug auf die Rechtsprechung des Reichsgerichts in Strafsachen hinsichtlich der Berichtigung der Hauptverhandlungsprotokolle im Strafverfahren. Allein die Ansicht Weißlers ist bereits vom Reichsgericht in einer unter der Herrschaft der preußischen Notariatsordnung ergangenen Entscheidung (Zivils. Bd. 43 S. 274) zurückgewiesen worden. Das Reichsgericht führt dabei aus, das notarielle Protokoll bilde ein Ganzes, wovon das in § 14 vorgeschriebene Schlußattest und die Unterschrift des Notars ein wesentlicher Teil sei; mit der Unterschrift des Notars sei der notarielle Akt beendigt, das Protokoll geschlossen; daher bilde, wenn das Schlußattest in einem besonderen nachfolgenden Akte erteilt werde, dieser Akt keinen Teil des Protokolls, sei also keine öffentliche Urkunde. Hieraus ergebe sich, daß wesentliche Mängel des Protokolls nicht durch nachträgliche Atteste des Notars geheilt werden könnten.

Diese Rechtsauffassung muß auch unter der Herrschaft des Reichsgesetzes über die Angelegenheiten der freiwilligen Gerichtsbarkeit als zutreffend erachtet werden. Allerdings kennt das Reichsgesetz nicht, wie die preußische Notariatsordnung, ein besonderes, als solches bezeichnetes „Schlußzeugnis". Aber aus der Reihenfolge der in § 177 aufgestellten Formvorschriften und aus der Bedeutung der in Abs. 3 daselbst vorgeschriebenen Unterschrift der Urkundspersonen ergibt sich, daß mit dieser Unterschrift der Akt der Protokollerrichtung als beendigt und das Protokoll als abgeschlossen zu gelten hat. Eine Wiedereröffnung des Protokolls zum Zwecke der Hinzufügung weiterer Beurkundungen, die als Teile des Protokolls sich darstellen sollen, erfordert also zunächst die Beseitigung der Unterschrift des Urkundsbeamten. Eine solche hat der Nebenintervenient durch Streichung der Worte: „Beglaubigt v. R." versucht. Diese Streichung war aber unzulässig, da derjenige, welcher eine Unterschrift abgegeben hat, sie nach allgemeinen Rechtsgrundsätzen nur so lange einseitig zurücknehmen kann, als er berechtigt ist, über die unterschriebene Urkunde zu verfügen. Im vorliegenden Falle ist festgestellt, daß der Richter durch den Vermerk: „Zu den Akten!" zu erkennen gegeben hat, daß er den Akt der Urkundenerrichtung als beendet ansah, daß die Urkunde zur Gerichtsschreiberei gelangt ist und daß sogar der Klägerin bereits eine Ausfertigung erteilt worden war, so daß die Urkunde vor der Streichung der Unterschrift bereits in unverkennbarer Weise in der Außenwelt in Erscheinung getreten ist. Jedenfalls war spätestens von Erteilung der Ausfertigung ab die Zurücknahme der Unterschrift und damit die Wiedereröffnung des abgeschlossenen Protokolls ohne Zustimmung aller Beteiligten wirkungslos. Blieb aber die Unterschrift des Richters bestehen und damit das Protokoll abgeschlossen, so kann die nachträgliche Beifügung der in § 177 Abs. 1 Satz 2 vorgeschriebenen Feststellung nur als ein besonderer Beurkundungsakt aufgefaßt werden, der keinen Teil des Protokolls bildet. § 177 schreibt aber vor, daß die Feststellung „im Protokolle" zu erfolgen hat. Durch eine Feststellung in einem besonderen Akte wird diesem Formerfordernisse nicht genügt.

Wenn die neuere Rechtsprechung des Reichsgerichts in Strafsachen die nachträgliche Berichtigung eines abgeschlossenen Sitzungsprotokolls durch übereinstimmende Erklärungen des Vorsitzenden und des Gerichtsschreibers in gewissen Grenzen zugelassen und solche Erklärungen als Teile des Protokolls angesehen hat,

vgl. namentlich Entsch. in Strafs. Bd. 19 S. 367, Bd. 21 S. 200, Bd. 24 S. 214; vereinigte Strafsenate Bd. 43 S. 1 flg., so kann daraus nichts für die Zulässigkeit des gleichen Verfahrens gefolgert werden bei Beurkundung von zivilrechtlichen Rechtsgeschäften, bei welchen ganz andere Gesichtspunkte, namentlich auch Rücksichten der Verkehrssicherheit, in Betracht kommen müssen. Diese Rücksichten lassen es nicht zu, daß eine sich als abgeschlossen darstellende und so den Beteiligten zugänglich gemachte gerichtliche oder notarielle Urkunde, der ein wesentliches im Gesetze vorgeschriebenes Formerfordernis fehlt, dessen Mangel die Nichtigkeit des beurkundeten Rechtsgeschäfts nach sich zieht, *durch einseitige Feststellungen des beurkundenden Beamten*, die noch dazu auf Grund einer immerhin unsicheren persönlichen Erinnerung erfolgen, nachträglich zu einer formgerechten öffentlichen Urkunde wird und daß hierdurch das bisher nichtige Rechtsgeschäft Wirksamkeit erlangt. Durch eine solche Möglichkeit würden die berechtigten Interessen sowohl der Vertragsparteien, wie auch dritter Personen, die sich auf die aus der Urkunde hervorgehende Nichtigkeit des Rechtsgeschäfts verlassen haben und verlassen durften, in unerträglicher Weise gefährdet werden (so auch JahrbKG. Bd. 23 A S. 171). Der Beklagte ist somit an seine Vertragserklärung, die in einer der gesetzlich vorgeschriebenen Form entbehrenden Urkunde enthalten ist, nicht gebunden, und die Klage auf Auflassung ist unbegründet. Ein Verstoß gegen Treu und Glauben kann, wie das Berufungsgericht mit Recht ausgeführt hat, darin nicht gefunden werden, daß der Beklagte sich auf den Formmangel beruft. Die Revision mußte aus diesen Gründen zurückgewiesen werden."

RGZ. 88, 147.

Was bedeutet in § 171 Nr. 1 FGG.: „zu dessen Gunsten in der Urkunde eine Verfügung getroffen wird"?

Preuß. AG. z. BGB. Art. 12 §§ 2, 4.

V. Zivilsenat. Urt. v. 4. März 1916.

I. Landgericht Elberfeld. — II. Oberlandesgericht Düsseldorf.

Der Beklagte wird von der Klägerin in Anspruch genommen aus einer Erklärung, die er am 3. Januar 1913 vor dem Oberstadtsekretär B. als Urkundsbeamten für die Klägerin gemäß Art. 12 § 2 preuß. AG. z. BGB. abgegeben hat. Es handelte sich um die Verschiebung einer Fluchtlinie. Diese Verschiebung war durch Erklärung von drei Anliegern, zu denen der Beklagte und der Oberstadtsekretär B. gehörten, am 31. Dezember 1912 beantragt worden. In der Erklärung vom 3. Januar 1913 bot der Beklagte der Stadtgemeinde zwecks Offenlegung der T.-Straße die unentgeltliche, hypotheken- und kostenfreie Abtretung des durch die festgestellte Fluchtlinie bestimmten Teiles seines Grundbesitzes zu Eigentum an. Hinzugefügt war: „Sollte die von den Interessenten beantragte Verschiebung der Fluchtlinie erfolgen, so soll die Abtretung der nach dem festgesetzten neuen Fluchtlinienplane wirklich für die Straße bestimmten Fläche stattfinden." Am 5. Februar 1913 genehmigte die Stadtverordnetenversammlung die anderweitige Festsetzung der Fluchtlinie, und am gleichen Tage wurde namens der Stadt das Angebot des Beklagten vom 3. Januar 1913 in der gleichen Form, in der es gemacht worden war, angenommen. Nach Festsetzung der neuen Fluchtlinie widersetzte sich aber der Beklagte der Ausführung der dazu auf seinem Grundbesitz erforderlichen Vermessungen, indem er erklärte, mangels notarieller Beurkundung rechtlich der Stadt gegenüber nicht gebunden zu sein. Diese erhob daher Klage auf Feststellung der Verpflichtung des Beklagten zur Abtretung des durch die neue Fluchtlinie bestimmten Teiles seines Grundbesitzes und demgemäß auf Verurteilung zur Duldung der Fortschreibungsvermessung dieses Teiles und zur Auflassung der abgemessenen und fortgeschriebenen Parzelle.

Das Landgericht verurteilte den Beklagten „dem Klagantrag entsprechend", indem es aber nur den Leistungsanspruch in die Urteilsformel aufnahm. Es wies die beiden vom Beklagten erhobenen Einwendungen zurück, er habe sich über den Inhalt seiner Erklärung im Irrtum befunden, sie auch rechtzeitig angefochten, und er habe sich bei Abgabe der Erklärung im Zustande der Bewußtlosigkeit oder vorübergehender Störung der Geistestätigkeit befunden. Der Beklagte legte hiergegen Berufung ein mit dem Antrag auf Klagabweisung, die Klägerin Anschlußberufung mit dem Antrag, in Abänderung des Urteils die Verpflichtung des Beklagten zur unentgeltlichen, hypotheken- und lastenfreien Auflassung und Übergabe festzustellen und ihn zu verurteilen, die Fortschreibungsvermessung zu dulden. Das Oberlandesgericht erkannte diesem Antrage der Klägerin entsprechend. Die Revision des Beklagten wurde zurückgewiesen aus folgenden

Gründen:

„Das Berufungsgericht weist die beiden bereits vom Landgericht abgelehnten sich auf §§ 119 u. 105 Abs. 2 BGB. stützenden Einwendungen des Beklagten mit ausreichender Begründung zurück, die, soweit sie rechtlicher Art ist, einen Rechtsirrtum nicht erkennen läßt und auch von der Revision nicht angefochten wird.

Der Beklagte, der im ersten Rechtszuge gegen die Glaubwürdigkeit des als Zeuge vernommenen Oberstadtsekretärs B. auf dessen starkes persönliches Interesse an der Verschiebung der Fluchtlinie hingewiesen hatte, begründete dies vor dem Berufungsgerichte damit näher, daß die Rechtsbeständigkeit des von diesem beurkundeten Angebots, durch das die Verlegung der Fluchtlinie bedingt sei, diesem nicht nur zwei Bauplätze im Werte von je 6000 ℳ, sondern auch einen Eingang zu seinem Wohnhause von der neuen Straße verschaffe; außerdem aber werde dadurch auch ein Bauplatz an einer anderen Straße für ihn frei. Wegen seines Interesses habe er auch gar nicht als Urkundsperson tätig werden dürfen. Die Klägerin bestritt, daß B. an dem Rechtsgeschäfte zwischen den Parteien unmittelbar beteiligt sei oder auch nur ein Interessenwiderstreit zwischen ihm und dem Beklagten vorliege. Die Verschiebung der Fluchtlinie habe dem gemeinsamen Interesse der Anlieger entsprochen. Das Berufungsurteil, das an einer späteren Stelle anerkennt, daß B. ein Interesse an der Verschiebung der Fluchtlinie habe, aber nur ebenso wie die übrigen Anlieger, verneint dessen Unfähigkeit, als Urkundsperson aufzutreten. Denn gemäß §§ 198, 170 Nr. 2 des Reichsgesetzes über die Angelegenheiten der freiwilligen Gerichtsbarkeit vom 17. Mai 1898 würde dies nur zutreffen, wenn er selbst „Beteiligter" gewesen wäre. Dies sei aber nach § 168 Satz 2 nur der, dessen Erklärung beurkundet werden solle. Die Anwendung des § 170 FGG. kann nicht, wie das Berufungsgericht annimmt, aus § 198 begründet werden, da die dortige Bestimmung „Auf die Urkundsperson finden die Vorschriften der §§ 170 bis 172 Anwendung" sich nach Abs. 1 nur auf die vom Richter in Fällen des § 169 an Stelle des Gerichtsschreibers oder der zwei Zeugen zugezogene Urkundsperson bezieht. Hier dagegen handelt es sich um eine auf Grund des preuß. AG. z. BGB. Art. 12 § 2 bestellte Urkundsperson, wobei die Zulässigkeit dieser gesetzlichen Bestimmung sich auf Art. 142 EG. z. BGB. gründet. Der § 4 dieses Art. 12 gibt aber die ausreichende Begründung für die Anwendung der §§ 169 bis 180 FGG.

Daß B. nicht Beteiligter im Sinne des § 168 FGG. ist, ist richtig und wird auch von der Revison nicht verkannt. Dagegen rügt sie, daß das Berufungsgericht unterlassen habe, zu prüfen, ob nicht nach § 171 Nr. 1 FGG. die vertragliche Unterlage des erhobenen Anspruchs unwirksam sei. Obschon das Berufungsgericht sich dieser Prüfung nicht hätte entziehen sollen, so kann doch die Rüge im Ergebnis nicht für begründet erachtet werden.

Nach § 171 Nr. 1 FGG. kann als Richter, Notar, Gerichtsschreiber oder Zeuge bei der Beurkundung nicht mitwirken (und dies gilt nach Art. 12 § 4 preuß. AG. z. BGB. auch für die Urkundsperson des § 2 dieses Artikels): „derjenige, zu dessen Gunsten in der Urkunde eine Verfügung getroffen wird". Für die Revision ist zu unterstellen, daß die Verschiebung der Fluchtlinie, wenn sie auch nach der Feststellung des Berufungsgerichts dem gemeinschaftlichen Interesse aller Anlieger entsprach, doch dem als Urkundsperson bei der Erklärung des Beklagten *vom 3. Januar 1913 tätig gewesenen Anlieger B. die vom Beklagten* behaupteten Vorteile gebracht hat. Die vom Beklagten in der Urkunde vom 3. Januar 1913 abgegebene Erklärung enthält eine Verfügung im Sinne des § 171 Nr. 1 FGG., denn der Ausdruck „Verfügung" will hier nicht dasselbe besagen, wie regelmäßig im Bürgerlichen Gesetzbuche, sondern jede rechtsgeschäftliche Willenserklärung bezeichnen (Fuchs in ZBl. f. G. Bd. 6 S. 489; KGJahrb. Bd. 38 A S. 191; Schlegelberger, FGG. § 171 Nr. 1). Das Gesetz macht aber die Ausschließung der Urkundsperson davon abhängig, daß zu deren Gunsten in der Urkunde eine Verfügung getroffen wird. Über die Bedeutung des Ausdrucks „zugunsten" herrscht in der Rechtslehre Streit. Die Entstehungsgeschichte bietet keinen Anhalt für die Auslegung, denn der Wortlaut ist aus dem Entwurfe (§ 167) unverändert in das Gesetz übergegangen, und die Bemerkung in der Denkschrift (S. 88), daß für Rechtsgeschäfte unter Lebenden nicht strengere Erfordernisse aufgestellt werden könnten als im Bürgerlichen Gesetzbuche für Verfügungen von Todes wegen führt kaum weiter, da dort die Ausschließung von der Mitwirkung für die im Testamente Bedachten ausgesprochen wird (§ 2235 BGB.).

Die Sicherheit des geschäftlichen Verkehrs verlangt unbedingt, daß Zweifel über die Rechtsbeständigkeit des Inhalts einer Urkunde nach Möglichkeit vermieden werden. Es kommt hinzu, daß die Ausschließungsgründe der §§ 170 flg. FGG. die Eigenart von Ausnahmebestimmungen haben und schon aus diesem Grunde einer gewissen einengenden Auslegung unterliegen. Man wird daher eine Verfügung „zugunsten" der Urkundsperson nicht schon in deren Besserstellung nach irgendeiner Richtung („Vorteil irgendwelcher Art" s. Fuchs, FGG. § 171 Anm. 2, der aber später diese Auffassung aufgegeben zu haben scheint, denn im ZBl. f. G. Bd. 6 S. 492 verlangt er eine „günstigere Gestaltung der Rechtslage"; Weißler, FGG. § 171 Anm. 1), sondern nur in einer Verbesserung ihrer Rechtsstellung zu sehen haben (s. Josef, FGG. § 171 Anm. 3; Güthe, GBO. § 29 Nr. 55; Schlegelberger, FGG. § 171 Nr. 1–7, wohl auch

Franz, Das Deutsche Notariat nach Reichsrecht S. 116). Insoweit, daß es sich um einen rechtlichen Vorteil handeln muß, ist daher dem Beschlusse des Kammergerichts vom 17. Februar 1902 (KGJahrb. Bd. 24 A. S. 6) beizutreten, der unter dem Begünstigten nach § 171 Nr. 1 FGG. die Person verstanden wissen will, der in der Urkunde von den Beteiligten ein Recht gewährt werde. Auch dem ist beizupflichten, daß diese Gewährung in der Urkunde selbst erfolgt sein muß. Denn das Gesetz spricht von dem, zu dessen Gunsten in der Urkunde eine Verfügung getroffen wird. Der Erfolg der rechtlichen Besserstellung muß also durch die in der Urkunde niedergelegte rechtsgeschäftliche Willenserklärung eintreten. Es darf nicht so sein, daß er erst als deren Folge eintritt oder gar erst eintreten kann (Josef im Recht 1906 S. 926). Die Begünstigung muß also, wie Schlegelberger (a. a. O. Nr. 11) sagt, die unmittelbare Folge (richtiger unmittelbare Wirkung) des Rechtsgeschäfts sein (s. auch Fuchs, FGG. § 171 Anm. 2; Franz a. a. O. S. 121; Kammergericht, Beschluß vom 14. Februar 1907, KGJahrb. Bd. 34 A. S. 19). Wollte man die Fähigkeit zur Mitwirkung als Urkundsperson schon dann versagen, wenn die rechtsgeschäftliche Willenserklärung dem, der als Urkundsperson gewirkt hat, nur die Ursache oder ein Mittel zur Verbesserung seiner rechtlichen Lage gewesen ist, während die Verbesserung selbst dadurch noch nicht erzeugt worden ist, so würde man zum Nachteile der geschäftlichen Verkehrssicherheit der Erhebung von Einwendungen Tür und Tor öffnen, da es dann an einer irgendwie festen Grenze fehlen würde.

Hiernach läßt sich die von der Revison aufgestellte Ansicht, daß der Oberstadtsekretär B. unfähig gewesen sei, als Urkundsperson bei der von ihm mit dem Beklagten am 3. Januar 1913 aufgenommenen Verhandlung tätig zu werden, nicht rechtfertigen. Denn wenn man selbst unterstellt, daß er aus der Verschiebung der Fluchtlinie die vom Beklagten behaupteten Vorteile gezogen habe, so sind dies doch lediglich Vorteile wirtschaftlicher, nicht rechtlicher Art; sie enthalten oder gewähren keine rechtliche Besserstellung. Berücksichtigt man dagegen, daß dem Anlieger, der sich an einer städtischen Straße anbaut, gewisse Anliegerrechte zustehen (RGZ. Bd. 62 S. 87, Bd. 66 S. 340, Bd. 70 S. 77), so ist zu beachten, daß B. diese rechtliche Besserstellung keinesfalls unmittelbar durch die in der Urkunde vom 3. Januar 1913 getroffene Verfügung des Beklagten erlangt hat.

Ist hiernach in der Urkunde keine Verfügung zugunsten des B. getroffen worden, so war er auch nicht gemäß Art. 12 § 3 preuß. AG. z.

BGB. und § 171 Nr. 1 FGG. behindert, bei Aufnahme der Urkunde als Urkundsperson tätig zu sein."

RGZ. 96, 181.

Wird durch den unter das Protokoll gesetzten Vermerk „Vorgelesen, genehmigt, unterschrieben" festgestellt, daß auch die dem Protokolle beigefügten Anlagen verlesen worden sind?

FGG. § 177 Abs. 1 Satz 1, 2, § 176 Abs. 2.

V. Zivilsenat. Urt. v. 21. Juni 1919.

I. Landgericht Hamburg. — II. Oberlandesgericht daselbst.

Aus den Gründen:

„Der Beklagte hat seine Zahlungspflicht zunächst um deswillen bestritten, weil die ihm verkauften Kuxrechte nicht zu Recht beständen, indem die Gewerkschaft R. nicht ordnungsmäßig gegründet und daher nicht zur Entstehung gelangt sei. Er macht in dieser Beziehung in erster Linie den Einwand geltend, der vor Notar M. am 11. Juni 1916 errichtete Gründungsakt der Gewerkschaft sei nichtig, weil das laut dem notariellen Protokoll überreichte Statut der Gewerkschaft nicht gemäß § 177 Abs. 1 Satz 1 FGG. verlesen, jedenfalls die Verlesung nicht gemäß Satz 2 daselbst festgestellt sei.

Der Berufungsrichter hat diesen Einwand für unbegründet erklärt. Er geht davon aus, daß das Statut, da es Gegenstand der von den beiden Gründern abgegebenen Vertragserklärung und somit Teil der von dem Notar zu beurkundenden Vereinbarung war, vorgelesen und genehmigt werden mußte, und daß die Feststellung der stattgehabten Verlesung im Protokoll erforderlich war. In diesem Sinne hat das Reichsgericht bereits wiederholt ausgesprochen (RGZ. Bd. 54 S. 195, Bd. 61 S. 145), daß eine dem Protokoll als Anlage beigefügte Schrift ebenso wie jenes vorgelesen und genehmigt werden muß. Das muß, wie in den angeführten Urteilen hervorgehoben ist, jedenfalls dann gelten, wenn die für das Zustandekommen des abzuschließenden Vertrags wesentlichen Willenserklärungen in der Anlage enthalten sind. Das aber ist, wie der Berufungsrichter zutreffend annimmt, hier der Fall, da die zur Bildung einer Gewerkschaft nach gothaischem Recht gemäß §§ 107, 108 des gothaischen Berggesetzes vom 23. Oktober 1899 (GS. S. 125) in dem gerichtlich oder notariell zu beurkundenden Vertrage („Statut") zu treffenden Bestimmungen in der überreichten Anlage, die auch ausdrücklich als „Statut" bezeichnet wird, enthalten sind, während das Protokoll selbst nicht den Inhalt des Vertrags, sondern nur dessen Überreichung beurkundet. Der Berufungsrichter sieht aber als erwiesen an, daß dem Formerfordernisse der Verlesung und Genehmigung und der Feststellung der Verlesung in dem Protokolle genügt ist. Es heiße nämlich darin:

„Wir (die Gründer) überreichen hiermit das Statut, das wir dem Protokoll als Anlage nach Genehmigung durch die Gewerkenversammlung beizufügen beantragen . . . Die Erschienenen hielten darauf die erste Gewerkenversammlung ab und beschlossen, das überreichte Statut anzunehmen. . . . Um dreimalige Ausfertigung dieser Verhandlung mit dem überreichten Statut und der Vollmacht wird gebeten."

Sodann folge am Schlusse des Protokolles der Vermerk:

„Vorgelesen, genehmigt und wie folgt eigenhändig unterschrieben" (folgen die Unterschriften).

In der Ausfertigung sei zunächst das Protokoll, sodann die Vollmacht und schließlich das „Statut" abschriftlich wiedergegeben. Der Berufungsrichter führt aus, es könne hiernach nicht zweifelhaft sein, daß das Statut von den Gründern überreicht, vom Notar angenommen und dem Protokoll als Anlage beigefügt sei. Die im Protokoll enthaltene Feststellung „Vorgelesen, genehmigt, unterschrieben" umfasse aber auch die dem Protokoll als Anlage beigefügte Schrift, denn gemäß § 176 Abs. 2 FGG. bilde die Anlage einen Teil des Protokolles. Für diese Auffassung nimmt der Berufungsrichter Bezug auf das in RGZ. Bd. 71 S. 320 abgedruckte Urteil des erkennenden Senats. Danach umfasse (so meint er) das Protokoll im Sinne des Gesetzes auch die Anlage, es greife daher § 415 Abs. 1 ZPO. Platz, wonach der volle Beweis des von dem Notar bekundeten Vorganges erbracht sei, vorbehaltlich des in Abs. 2 zugelassenen Gegenbeweises der unrichtigen Beurkundung des Vorganges. Diesen Gegenbeweis habe aber der Beklagte nicht erbracht. . . .

Die Revision wendet gegen diese Ausführungen ein, es werde durch die Worte „Vorgelesen, genehmigt, unterschrieben" nur festgestellt, daß der diesen Worten vorausgehende Inhalt des Schriftstücks, nicht aber daß auch die Anlagen vorgelesen seien. In dem in Bd. 71 S. 318 entschiedenen Falle habe der Vermerk gelautet: „Das Protokoll wurde vorgelesen usw."; deshalb sei dort mit Recht angenommen, daß durch die Feststellung der Verlesung des Protokolles auch festgestellt sei, daß die Anlagen vorgelesen und genehmigt seien. Der Revision ist zuzugeben, daß in dem Falle Bd. 71 S. 318 als Gegenstand des Verlesens ausdrücklich das Protokoll genannt war, von welchem kraft gesetzlicher Bestimmung die Anlagen einen Teil bilden (§ 176 Abs. 2 FGG.), und daß das Reichsgericht wegen dieser rechtlichen Natur der Anlagen als Teile des Protokolles damals angenommen hat, die Feststellung der Verlesung des Protokolles enthalte die Feststellung, daß auch die Anlagen verlesen seien. Der Senat hat aber bereits in einem ganz genau wie der vorliegende gelagerten Falle, in welchem ebenso wie hier und vor dem gleichen Notar eine Gewerkschaft gothaischen Rechtes gegründet worden war und der Verlesungsvermerk den gleichen Wortlaut hatte wie hier (V 342/09, Urt. vom 30. April 1910) angenommen, daß auch bei solcher Sachlage die Erwägungen der Entscheidung in Bd. 71 zutreffen. Es handelt sich dabei um eine Auslegung des Verlesungsvermerks, also eines Teiles der öffentlichen Urkunde, hinsichtlich des dadurch beurkundeten Vorganges (§ 415 ZPO.); die Urkunde unterliegt insoweit, als es sich um die Frage handelt, welcher Vorgang durch sie beurkundet wird, der freien Beweiswürdigung. Auch in dem vorliegenden Falle besteht eine hinreichende Veranlassung, der Auslegung des Berufungsgerichts entgegenzutreten, derzufolge der Vermerk „Vorgelesen" dahin zu verstehen ist, daß das Protokoll, und also auch die gesetzlich einen Teil davon bildenden Anlagen, als vorgelesen beurkundet werden sollten, um so weniger als das, was dem Vermerke vorhergeht, tatsächlich das Protokoll und als solches im Eingange auch bezeichnet ist und darin auch die Überreichung der Anlagen bereits erwähnt ist. Daß der Notar, dem als Urkundsperson die Feststellung der Verlesung oblag, den Willen hatte, als Gegenstand der Verlesung das Protokoll einschließlich des als Anlage überreichten Statuts zu bezeichnen, muß um so mehr angenommen werden, als nur dadurch, wie dem Notar jedenfalls bekannt war, der Vorschrift des § 177 FGG. Genüge geleistet werden konnte. Dieser Wille ist aber auch zu ausreichendem Ausdrucke gekommen. Es ist in der Rechtsprechung anerkannt, daß die Feststellung der Verlesung eines notariellen oder gerichtlichen Protokolles gemäß § 177 Abs. 1 FGG. durch den Vermerk „Vorgelesen, genehmigt, unterschrieben" sogar in der abgekürzten Form „V. g. u." erfolgen kann, wie das auch vielfach in Notariatsurkunden üblich ist (vgl. RGZ. Bd. 53 S. 150; Ebert-Dudek-Lindemann, FGG. zu § 177 Erl. 2; Schlegelberger, FGG. zu § 177 Erl. III 2). Der Berufungsrichter hat deshalb ohne Rechtsirrtum angenommen, daß dem Formerfordernisse des § 177 Abs. 1 FGG. Genüge geleistet sei. . . .

RGZ. 109, 368.⁺

Hat die Unrichtigkeit der Angaben über Ort oder Tag der Verhandlung in einer notariellen Urkunde die Nichtigkeit der beurkundeten Erklärungen zur Folge?

FGG. § 176 Abs. 1 Nr. 1. BGB. § 2241*).

V. Zivilsenat. Urt. v. 20. Dezember 1924.

I. Landgericht Altona. — II. Oberlandesgericht Kiel.

Zu Urkunde Nr. 294 des Notars Dr. B. in M. für das Jahr 1922 erklärte der Beklagte, daß er seinen im Grundbuch von M. eingetragenen Grundbesitz nebst Inventar und Vorräten, vorbehaltlich der landrätlichen Genehmigung und des Verzichts der Höfebank in K. auf ihr Vorkaufsrecht, zum Preise von 4 000 000 ℳ an den Kläger und den Privatmann Sch. zur ideellen Gemeinschaft verkaufe, während die miterschienenen Ehefrauen der Käufer diese Erklärung als deren Bevollmächtigte annahmen. Da der Beklagte alsbald nach der Beurkundung dieses Vertrags dessen Gültigkeit bestritt, weil die beurkundeten Erklärungen im Einverständnis der Beteiligten nur zum Scheine abgegeben, die wirklich getroffenen Abreden aber nicht beurkundet seien, so erhob der Kläger im Dezember 1922 gegen den Beklagten Klage und beantragte zunächst Feststellung der Gültigkeit des Vertrags. Nachdem die landrätliche Genehmigung des Vertrags erteilt und der Verzicht der Höfebank auf ihr Vorkaufsrecht erfolgt war, änderte er seinen Antrag dahin ab, daß er nunmehr Auflassung und Übergabe des Grundbesitzes an ihn und den Mitkäufer Sch. verlangte. Der Beklagte bat die Klage auf Grund des von ihm gegen die Gültigkeit des Kaufvertrags erhobenen Einwandes abzuweisen. Das Landgericht gab der Klage statt. In der Berufungsinstanz machte der Beklagte unter Wiederholung des bezeichneten Einwandes ferner geltend: 1. Der der Klage zugrunde liegende Vertrag sei auch deshalb nichtig, weil er nicht, wie in der darüber aufgenommenen Urkunde angegeben, am 26. August 1922 in Hamberge i. H., sondern erst kurz nach Mitternach am 27. desselben Monats auf dem Gebiete der benachbarten Gemeinde Hansfelde errichtet sei. 2. Der Kläger könne auch etwaige Vertragsrechte nicht allein, sondern nur in Gemeinschaft mit Sch. geltend machen.

Das Oberlandesgericht wies die Klage ab.

---

*) Jetzt § 13 d. TestGes. v. 31. 7. 1938

Die gegen das Berufungsurteil eingelegte Revision wurde zurückgewiesen.

Gründe:

Das Berufungsurteil beruht auf der Erwägung, daß der der Klage zugrunde liegende Vertrag aus zwei selbständigen Gründen wegen Verstoßes gegen § 313 BGB. nichtig sei, und zwar erstens deshalb, weil in der über ihn errichteten notariellen Urkunde sowohl der Ort als auch der Tag der Verhandlung nicht richtig angegeben sei, nach § 176 Abs. 1 Nr. 1 FGG. aber eine jede dieser Unrichtigkeiten die Nichtigkeit der beurkundeten Erklärungen zur Folge habe, zweitens deshalb, weil der Inhalt der getroffenen Vereinbarungen selbst nicht richtig beurkundet sei.

Der letztere Entscheidungsgrund entbehrt allerdings ausreichender Begründung (wird näher ausgeführt).

Nicht zu beanstanden ist dagegen der weitere Entscheidungsgrund, daß der Vertrag wegen Verstoßes gegen § 176 Abs. 1 Nr. 1 FGG. nichtig sei. Ob die dieser Annahme zugrunde liegende Feststellung, daß in der notariellen Urkunde Ort und Tag der Verhandlung nicht richtig angegeben seien, insoweit zu bemängeln ist, als es sich um die Feststellung des Tages der Verhandlung handelt, kann auf sich beruhen. Denn einwandfrei ist jedenfalls vom Berufungsrichter festgestellt, daß infolge eines Versehens des Notars der Ort der Verhandlung nicht richtig beurkundet ist. Auch ist dem Berufungsrichter darin beizutreten, daß dieser Mangel die Nichtigkeit des Vertrags zur Folge habe. Allerdings ist die Frage, ob ein Verstoß gegen § 176 Abs. 1 Nr. 1 FGG. die Nichtigkeit der beurkundeten Erklärungen nach sich ziehe, in Schrifttum und Rechtsprechung lebhaft bestritten. Auch bestand in dieser Hinsicht eine Meinungsverschiedenheit zwischen dem III. und IV. Zivilsenat des Reichsgerichts. Der III. Zivilsenat hatte nämlich in dem RGZ. Bd. 74 S. 421 abgedruckten Urteil vom 16. Dezember 1910 ausgesprochen, daß nach der mit dem Wortlaut des § 176 Abs. 1 Nr. 1 übereinstimmenden Vorschrift des § 2241 Nr. 1 BGB. eine auf Versehen beruhende Unrichtigkeit der Protokollangaben über Ort oder Tag der Verhandlung bei einem Testament seine Nichtigkeit nicht zur Folge habe, und daß zu einer Unterscheidung zwischen Testamenten und sonstigen der gerichtlichen oder notariellen Beurkundung bedürfenden Rechtsgeschäften in dieser Hinsicht kein Grund vorliege, da § 176 FGG. dem § 2241 BGB. nachgebildet sei. Dagegen blieb der IV. Zivilsenat in seinem Erkenntnis vom 12. Dezember 1912 (RGZ.

Bd. 81 S. 95) und auch in späteren Entscheidungen (RGZ. Bd. 84 S. 163; JW. 1917 S. 466 Nr. 11 und S. 926 Nr. 3) dabei stehen, daß die sachliche Unrichtigkeit der erwähnten Protokollangaben die Nichtigkeit der beurkundeten Erklärungen zur Folge habe und nur dann unschädlich sei, wenn sich — was im vorliegenden Fall nicht in Betracht kommt — aus dem Protokoll selbst Zweifel über das richtige Datum ergeben und diese Zweifel sich aus unmittelbar mit der Protokollierung zusammenhängenden, dem Gesetz entsprechenden Beurkundungsvorgängen klar stellen lassen. Mit Rücksicht auf diese seiner grundsätzlichen Auffassung hinzugefügte Einschränkung fand der IV. Zivilsenat bisher keinen Anlaß, eine Entscheidung der Vereinigten Zivilsenate über die streitige Rechtsfrage einzuholen. In der vorliegenden Sache mußte jedoch mit Rücksicht auf die der Auffassung des erkennendn Senats entgegenstehende Entscheidung des III. Zivilsenats, da von ihr die Entscheidung in vorliegener Sache abhängt, zunächst durch Beschluß vom 8. Oktober 1924 die Einholung einer Entscheidung der Vereinigten Zivilsenate gemäß § 136 GVG. angeordnet werden. Nachträglich erwies sich jedoch die Aufhebung dieses Beschlysses als geboten, weil der III. Zivilsenat inzwischen in seiner Sitzung vom 6. November 1924 beschlossen hatte, seinen früheren Standpunkt aufzugeben und sich der Rechtsauffassung des IV. Zivilsenats anzuschließen, damit aber die Voraussetzungen für die Anrufung des Plenums weggefallen waren. Dieses Abgehen des III. Zivilsenats von seiner früheren Meinung erweist sich auch als gerechtfertigt. Denn für die Rechtsauffassung, daß nach § 176 Abs. 1 Nr. 1 FGG. die Unrichtigkeit der Angaben über Ort oder Tag der Verhandlung die Nichtigkeit der beurkundeten Erklärungen zur Folge habe, spricht zunächst schon der Wortlaut dieser Vorschrift. Denn die Bestimmung:

„Das Protokoll muß enthalten:

1. Ort und Tag der Verhandlung;"

läßt sich ungezwungen nur dahin verstehen, daß ihr nicht schon durch Einfügung eines beliebigen Ortes oder Tages, sondern nur dann genügt ist, wenn das Protokoll den Ort und Tag der Verhandlung enthält, also über ihn eine richtige Auskunft gibt. Auch ergibt der unzweideutige Wortlaut des Gesetzes („muß enthalten"), daß es sich bei dieser Vorschrift nicht um eine Ordnungsvorschrift, sondern um eine zwingende Vorschrift handelt, deren Nichtbeobachtung die Nichtigkeit des beurkundeten Rechtsgeschäfts zur Folge hat.

Für diese Auslegung spricht auch der gesetzgeberische Grund der Vorschrift, der, wie die Motive und Protokolle zu der gleichlautenden

Vorschrift des § 2241 BGB. ergeben, darin besteht, daß Ort und Zeit der Vornahme eines Rechtsgeschäfts nicht nur für seine Auslegung, sondern auch für seine Rechtsgültigkeit von wesentlicher Bedeutung sein können, und daß die Feststellung des Ortes der Verhandlung auch für die Beurteilung der Zuständigkeit des Richters oder Notars zur Vornahme der Beurkundung maßgebend sein kann.

Dazu kommt, daß die Feststellung der Unrichtigkeit einer Beurkundung grundsätzlich nur dazu führen kann, daß das unrichtig Beurkundete als nicht beurkundet gilt, nicht aber dazu, daß das als beurkundet zu gelten hätte, was hätte beurkundet werden sollen. Es fehlt vielmehr in diesem Falle insoweit an einer vorschriftsmäßigen Beurkundung und kann daher, wenn Zeit oder Ort der Verhandlung nicht richtig beurkundet sind, keine andere Beurteilung Platz greifen, als wenn Angaben hierüber im Protokoll nicht enthalten sind. Der Hinweis der Revision darauf, daß im Falle einer falschen Bezeichnung des Vertragsgegenstandes das als erklärt zu betrachten sei, was die Vertragschließenden mit dieser Bezeichnung gemeint haben und richtig bezeichnet zu haben glauben, ist verfehlt. Denn in diesem Falle sind die von ihnen abgegebenen Erklärungen so, wie sie abgegeben sind, richtig beurkundet, und es handelt sich nur um die Frage, wie diese Erklärungen nach den auch bei formbedürftigen Verträgen heranzuziehenden Umständen des Falles auszulegen sind. Eine solche Auslegung kommt aber bei einer unrichtigen Feststellung des Ortes oder des Tages der Verhandlung, wie sie hier in Frage stehen, nicht in Betracht.

. . . .

Daß die Vorschrift des § 176 Abs. 1 Nr. 1 FGG., wenn sie in dem hier vertretenen Sinne ausgelegt wird, keine reine Formvorschrift in dem Sinne darstellt, daß sich die Gültigkeit einer dieser Vorschrift unterliegenden Urkunde nach rein äußerlichen Merkmalen lediglich aus dem Inhalt dieser Urkunde erkennen läßt, ist richtig, aber nicht entscheidend. Denn daß eine Formvorschrift in diesem Sinne hätte erlassen werden sollen, ist nach obigen Darlegungen nicht anzunehmen.

Auch die sonstigen für die frühere Auffassung des III. Zivilsenats angeführten Gründe sind nicht überzeugend. Zunächst sind aus den nur die Beweiskraft öffentlicher Urkunden betreffenden Vorschriften der Zivilprozeßordnung für die hier allein in Betracht kommende Frage der materiellrechtlichen Gültigkeit der beurkundeten Erklärungen keine Schlüsse zu ziehen, da es sich um ganz verschiedene Zweckbestimmungen dieser Urkunden handelt und es daher sehr wohl möglich ist, daß einer solchen Urkunde Beweiskraft, aber keine materiellrechtliche Gültigkeit zukommt.

Nicht von ausschlaggebender Bedeutung kann auch die Erwägung sein, daß die hier vertretene Rechtsauffassung zu einer wesentlichen Abschwächung der Kraft und Bedeutung der gerichtlichen und notariellen Urkunden führe, und daß es auch ein unannehmbares Ergebnis sei, wenn ein von den Beteiligten unzweifelhaft gewolltes Rechtsgeschäft an einem Versehen des Urkundsbeamten bei der Feststellung des Ortes oder des Tages der Urkunde scheitern müsse. Denn zunächst ist zu berücksichtigen, daß auch gegenüber dem sonstigen Inhalt solcher Urkunden der Gegenbeweis unrichtiger Beurkundung mit der Wirkung offen steht, daß das nicht richtig Beurkundete als nicht erklärt gilt. Auch kann ein Versehen bei der Feststellung des Ortes und Tages der Verhandlung nicht vorkommen, wenn der Notar diesen sehr einfachen Feststellungen auch nur geringe Sorgfalt zuwendet; dazu kommt, daß diese Feststellungen mit zu verlesen sind und daß mithin die Beteiligten Gelegenheit haben, ihre Richtigkeit nachzuprüfen. Auch ist zu erwägen, daß es, wenn der Urkundsbeamte nicht die erforderliche Sorgfalt beobachtet, ebensogut vorkommen kann, daß diese Feststellungen im Protokoll unterlassen werden, dieser Mangel aber unbestrittenermaßen die Nichtigkeit der beurkundeten Erklärungen zur Folge hat. Schließlich kann auch die vom Gesetz vorgeschriebene Rechtsfolge der Nichtigkeit einer dem Gesetze nicht entsprechenden Beurkundung nicht dazu führen, die an diese Beurkundung zu stellenden Anforderungen, dem Wortlaut und Zweck des Gesetzes zuwider, im Interesse der Aufrechterhaltung des Geschäfts einengend auszulegen, und zwar um so weniger, als der Gesetzgeber selbst bestrebt war, die Formvorschriften tunlichst zu beschränken. Auch müßte das Bestreben, ein Rechtsgeschäft in dieser Weise ungeachtet der Formverletzung aufrecht zu erhalten, dazu führen, daß von den Formvorschriften des Gesetzes immer mehr abgebröckelt würde und schließlich eine sichere Grenze nicht mehr zu finden wäre.

Daß die von der Revision herangezogenen Vorschriften der Zivilprozeßordnung und der Strafprozeßordnung über den Inhalt und die Beweiskraft von Sitzungsprotokollen und Urteilstatbeständen und die zu ihnen ergangene Rechtsprechung hier nicht in Betracht kommen, bedarf keiner weiteren Darlegung.

Endlich ist auch kein entscheidendes Gewicht darauf zu legen, daß die vor dem Inkrafttreten des Gesetzes über die freiwillige Gerichtsbarkeit geltenden landesgesetzlichen Vorschriften über die Errichtung von gerichtlichen und notariellen Urkunden über Rechtsgeschäfte von Wissenschaft und Rechtsprechung dahin verstanden wurden, die Unrichtigkeit der Angaben über Zeit und Ort der Beurkundung beeinträchtige die Gültigkeit des beurkundeten Geschäfts nicht (Weißler, Das Notariat in der preußischen Monarchie S. 260 VI). Denn durch die Fassung des § 176 FGG. ist zur Genüge zum Ausdruck gekommen, daß dieses Gesetz hieran nicht festhält. Auch weicht, wie bereits RGZ. Bd. 74 S. 423 hervorgehoben, der jetzige Rechtszustand von dem früheren unzweifelhaft insofern ab, als nach gemeinem Recht und preußischem Allgemeinem Landrecht nicht einmal das Fehlen der Feststellungen über Ort und Tag der Verhandlung die Nichtigkeit der beurkundeten Erklärung zur Folge hatte.

Ist sonach die Frage, ob die Unrichtigkeit der Angaben über den Ort oder den Tag der Verhandlung nach § 176 Abs. 1 Nr. 1 FGG. die Nichtigkeit der beurkundeten Erklärungen im Gefolge habe, zu bejahen, so ist dem Berufungsrichter im Ergebnis beizutreten, da hier mindestens der Ort der Verhandlung nicht richtig angegeben ist. Darauf, daß diese Unrichtigkeit insofern keine beträchtliche ist, als es sich um eine ganz in der Nähe gelegene Ortschaft handelt, kann es nicht ankommen.

RGZ. 121, 30.

1. Ist der Notar durch § 171 Abs. 1 Nr. 1 des Gesetzes über die freiwillige Gerichtsbarkeit gehindert, eine ihm selbst erteilte Vollmacht zu beurkunden?

2. Kann die Vorschrift des § 1829 Abs. 1 Satz 2 BGB. durch Parteivereinbarung außer Kraft gesetzt werden?

3. Zur Einwilligung der Eltern in die Kindesannahme gemäß §§ 1747, 1748 BGB.

IV. Zivilsenat. Beschl. v. 13. April 1928.

I. Amtsgericht Hannover. — II. Landgericht daselbst.

Die uneheliche Mutter der am 9. August 1926 in Köln geborenen Elisabeth G. hat am 4. Januar 1927 zu notariellem Protokoll folgendes erklärt: „Ich gebe meine Einwilligung dazu, daß mein . . . außerehelich geborenes Kind Elisabeth G. von denjenigen Eheleuten als gemeinschaftliches Kind an Kindesstatt angenommen wird, denen das Kind am 7. Januar 1927 übergeben und die in den Listen der Adoptionsabteilung des Vereins für Säuglingsfürsorge und Wohlfahrtspflege im Regierungsbezirk Düsseldorf unter Nummer E 26/156 geführt werden."

Durch einen notariellen Vertrag vom 28. Juli 1927, geschlossen in Düsseldorf zwischen dem Stadtoberinspektor Pf. als dem Beauftragten des dortigen Jugendamts und den Eheleuten H. in Hannover, nahmen diese die Elisabeth G. als gemeinschaftliches Kind an Kindesstatt an. Der Beauftragte des Jugendamts gab in der Vertragsurkunde die Erklärung ab, daß die Eheleute H. in den Listen der vorerwähnten Adoptionsabteilung unter Nummer E 26/156 geführt würden und mit den in der Einwilligungserklärung vom 4. Januar 1927 genannten Eheleuten personengleich seien. Die Beteiligten beauftragten weiter den Notar, die Genehmigung des Vormundschaftsgerichts zu dem Vertrag zu beantragen, den Antrag auf Befreiung von den Beschränkungen des § 1744 BGB. sowie auf Bestätigung des Vertrags einzureichen und die Eintragung im Geburtsregister zu veranlassen. Am Schlusse heißt es: „Das Vormundschaftsgericht wird ersucht, eine Ausfertigung des ergehenden Beschlusses dem amtierenden Notar zuzusenden. Mit Erteilung der Genehmigung und Eingang einer Ausfertigung desselben bei dem amtierenden Notar soll dieser Vertrag für alle Beteiligten rechtswirksam sein, ohne daß es einer Zustellung an die andere Vertragspartei bedarf."

Die Genehmigung ist durch Beschluß des Vormundschaftsgerichts in Düsseldorf vom 23. September 1927 erteilt, auch ist Ausfertigung des Beschlusses dem Jugendamt sowie dem Notar zugesandt worden. Das Amtsgericht in Hannover hat die Befreiung von dem Alterserfordernis des § 1744 BGB. gewährt, aber durch Beschluß vom 12. Oktober 1927 die Bestätigung des Annahmevertrags (§§ 1741, 1754 BGB.) versagt, weil die Einwilligung der Kindesmutter nicht erkennen lasse, daß ihr die Annehmenden bekannt gewesen seien, und weil außerdem der Nachweis fehle, daß die vormundschaftsgerichtliche Genehmigung den Eheleuten H. vom Vormund mitgeteilt und damit rechtswirksam geworden sei. Die sofortige Beschwerde der Eheleute H. gegen diese Entscheidung ist vom Landgericht durch Beschluß vom 28. Oktober 1927 unter Billigung des ersten Ablehnungsgrundes des Amtsgerichts zurückgewiesen worden. Die Eheleute H. und der Amtsvormund haben sofortige weitere Beschwerde erhoben. Das Kammergericht beabsichtigt, die weitere Beschwerde zurückzuweisen. Es ist zwar der Ansicht, daß die nach §§ 1747, 1748 BGB. erforderliche Einwilligung der Kindesmutter eine Kenntnis des Namens und der Person des Annehmenden nicht immer voraussetze, daß es vielmehr genüge, wenn die Einwilligung, wie hier geschehen, im Hinblick auf eine bestimmte Kindesannahme erklärt und die Prüfung der Verhältnisse des

Annehmenden einer vertrauenswürdigen Stelle überlassen werde. Dagegen verneint das Kammergericht, daß die vormundschaftsgerichtliche Genehmigung zu dem Annahmevertrag wirksam geworden sei, weil es an der Mitteilung dieser Genehmigung durch den Vormund an die Annehmenden fehle (§ 1829 Abs. 1 Satz 2 BGB.). Wenn auch zu solchem Zwecke die doppelseitige Bevollmächtigung eines Dritten (durch den Vormund zur Mitteilung der Genehmigung an die Annehmenden und durch diese zur Entgegennahme der Mitteilung) stattfinden könne, so sei es doch gemäß § *171* Abs. *1* Nr. *1* FGG. unzulässig, daß der amtierende Notar die Doppelvollmacht auf sich selbst beurkunde, weil damit eine Verfügung zu seinen Gunsten getroffen werde. Die Entscheidung hänge deshalb allein davon ab, ob die im Schlußabsatz des Vertrags enthaltene Vereinbarung der Beteiligten statthaft sei, daß die gerichtliche Genehmigung nicht durch — ausdrückliche oder stillschweigende — Mitteilung des Vormunds, sondern in anderer Weise wirksam werden solle. Das Kammergericht möchte auch diese Frage verneinen, da Vorschriften wie die in § 1829 Abs. 1 Satz 2 BGB. enthaltene über das Inkrafttreten eines obrigkeitlichen Aktes durch Vereinbarung der Parteien nicht geändert werden dürften, der Vormund sich aber auch nicht im voraus des Rechts begeben könne, im Interesse des Mündels nach seinem pflichtmäßigen Ermessen nachträglich dem Genehmigungsbeschluß durch Nichtmitteilung an den Vertragsgegner seine Wirksamkeit zu nehmen, ebenso wie er gegebenenfalls einen Versagungsbeschluß durch Beschwerde anzufechten habe. Das Kammergericht sieht sich aber an der Zurückweisung der weiteren Beschwerde gehindert durch den Beschluß des Bayerischen Obersten Landesgerichts vom 1. Dezember 1922 (JFG. 1 S. 347, auch abgedr. in Samml. der Entsch. des BayObstLG. Bd. 22 S. 139 und in OLG. Bd. 43 S. 384), der eine Vereinbarung des hier in Rede stehenden Inhalts für wirksam erklärt, und hat daher die sofortige weitere Beschwerde gemäß § 28 Abs. 2, 3 FGG. dem Reichsgericht vorgelegt.

Sachlich war in der Frage, die den Anlaß zur Vorlegung gegeben hat, dem Kammergericht beizutreten, der angefochtene Beschluß war jedoch aus einem anderen Grunde aufzuheben.

Der Genehmigungsbeschluß des Vormundschaftsgerichts ist dem Jugendamt als Amtsvormund durch Zustellung am 27. September 1927 bekanntgemacht worden. Nach § 1829 Abs. 1 Satz 2 BGB. soll die Genehmigung dem anderen Teil gegenüber erst wirksam werden, wenn sie ihm durch den Vormund mitgeteilt wird. Es fragt sich, ob und in welcher Weise hier eine solche Mitteilung erfolgt ist, und verneinendenfalls, ob von den Parteien vereinbart werden kann, daß die Genehmigung in anderer Weise als durch die Mitteilung wirksam werden soll.

1. Daß die Mitteilung des Vormunds, die rechtsgeschäftliche Bedeutung hat, auch stillschweigend, mittels schlüssiger Handlungen, sowie daß sie durch einen Bevollmächtigten des Vormunds erfolgen kann, ist nicht zu bezweifeln. Anerkannt ist weiter die Zulässigkeit einer *Doppelbevollmächtigung in der Weise, daß ein Dritter vom Vormund* zur Mitteilung der Genehmigung an den Vertragsgegner und von diesem zur Empfangnahme der Mitteilung ermächtigt wird (WarnRspr. 1922 Nr. 98; BayOLG. in JW. 1923 S. 758 Nr. 1). Die Vorschrift des § 181 BGB. steht dem nicht entgegen; jedoch muß der Wille des Bevollmächtigten, nach Eingang der Genehmigung diese sich selbst — als dem Vertreter des anderen Teils — mitzuteilen, nach außen irgendwie in die Erscheinung treten. Ob im vorliegenden Fall eine solche Doppelvollmacht des Notars gewollt war, ist durch Auslegung der Vertragsurkunde zu ermitteln. Nach dem Schlußabsatz der Urkunde könnte es scheinen, als ob der Notar nur zur Entgegennahme der einen Ausfertigung des Genehmigungsbeschlusses nach Art eines Zustellungsbevollmächtigten ermächtigt sein sollte und als ob die Beteiligten nicht die Erteilung einer doppelseitigen Vollmacht an den Notar im obigen Sinne gewollt, sondern einen Verzicht auf die Mitteilung der Genehmigung und deren Wirksamwerden ohne die Mitteilung vereinbart hätten. Diese Auslegung muß, als auf tatsächlichem Gebiet liegend, dem Landgericht vorbehalten bleiben. Sollte es sich um eine Doppelvollmacht handeln, so hat der Notar, indem er die Ausfertigung des Genehmigungsbeschlusses dem Amtsgericht in Hannover zur Bestätigung des Vertrags einreichte, nach außen in hinreichender Weise zu erkennen gegeben, daß er auch in seiner Eigenschaft als Bevollmächtigter der Eheleute H. von der ihm zugegangenen vormundschaftsgerichtlichen Entscheidung Kenntnis genommen und diese sich selbst mitgeteilt hat. Zu erörtern bleibt dann aber noch, ob der Notar eine solche, auf ihn selbst ausgestellte Vollmacht beurkunden konnte angesichts der Vorschrift des § 171 Abs. 1 Nr. 1 FGG., da hier eine Mitwirkung derjenigen Urkundspersonen verboten wird, zu deren Gunsten in der Urkunde eine Verfügung getroffen wird. Ist das nicht der Fall, so ist diese Beurkundung nichtig (§ 171 Abs. 2 FGG.) und deshalb die Genehmigung mangels ordnungsmäßiger Mitteilung an den Vormund nicht rechtswirksam geworden.

Das Kammergericht hält im Einklang mit seiner bisherigen Rechtsprechung (KGJ. Bd. 38 A 190, s. auch das. 24 A 6, 51 A 91, OLG. Bd. 43 S. 382 Anm., ebenso die Kommentare zu § 171 FGG. von Schlegelberger, Wellstein, Dronke, Josef, Keidel, ferner Franz, Notariat S. 120, Predari GBO. S. 509, Güthe-Triebel GBO. I Anm. 55 zu § 29, Komm. v. RGR. Anm. 11 zu § 925, BayOLG. i. Samml. d. Entsch. Bd. 18 S. 211) eine solche Beurkundung für unzulässig. Dem kann nicht beigetreten werden. Daß durch die bloße Erteilung einer Vollmacht dem Bevollmächtigten noch kein materieller Vorteil zugewendet wird, zieht niemand in Zweifel. Ebensowenig läßt sich sagen (wie auch das Kammergericht nicht verkennt), daß der Notar mit der Vertretungsmacht ein Recht in subjektivem Sinne erwirbt. Die Bevollmächtigung schafft vielmehr nur die subjektive Eignung des Vertreters, für einen andern zu handeln und dadurch Rechtswirkungen für ihn hervorzurufen. Insofern darf von einer Erweiterung seiner Rechtsstellung gesprochen werden. Es ist aber nicht anzuerkennen, daß damit eine Verfügung zu seinen Gunsten im Sinne des § 171 Abs. 1 Nr. 1 FGG. getroffen wird. Der hier geforderte Begriff der Begünstigung setzt nach Sinn und Zweck der Vorschrift voraus, daß die Urkundsperson einen Vorteil entweder sachlicher (wirtschaftlicher) oder doch rechtlicher Art erlangt; ihre Rechtslage muß eine Verbesserung erfahren (RGZ. Bd. 88 S. 150). Das trifft nicht zu, wenn dem Beurkundenden lediglich Vertretungsmacht, d. h. die Macht, für einen anderen zu handeln, verliehen wird. Ihre Verleihung erfolgt nicht zu seinem Besten und nicht in seinem Interesse; er gewinnt mit der Möglichkeit, fremde Rechte auszuüben, wohl eine Ausdehnung seiner Befugnisse zu rechtsgeschäftlichem Handeln, aber weder ein subjektives Recht noch auch einen Vorteil, der ihm selbst zugute käme und deshalb die Besorgnis eines unlauteren oder parteiischen Verhaltens rechtfertigen würde. Ob neben der Vollmacht ein Auftrag zur Geschäftsbesorgung an den Notar (§ 675 BGB.) vorliegt und wieweit etwa dessen Beurkundung durch ihn selbst unzulässig wäre, ist für die hier zu entscheidende Frage ohne Bedeutung, da die Vollmacht als solche vom Auftrag streng zu scheiden und hinsichtlich ihrer Wirksamkeit selbständig zu beurteilen ist.

Auf dem hier vertretenen Standpunkt stehen außer den Kommentaren von Ebert-Dudek-Lindemann, Schultze-Görlitz, Birkenbihl und Weißler zu § 171 FGG. u. a. Kroschel in Z. d. deutsch. NotV. 1902 S. 340, Fuchs in ZBlFG. Bd. 6 S. 501 flg., Kreß in Z. d. Bay. NotV. 1919 S. 67, Oberneck, RGRecht 1 § 27,

3 und besonders O. Fischer in JW. 1924 S. 923. Entsprechend hat das Reichsgericht in einem Urteil vom 24. Januar 1908 (Z. d. Rhein. NotV. Bd. 56 S. 183) angenommen, daß in einem gerichtlichen Erbteilungsvertrag der Richter bevollmächtigt werden könne, die Zustimmungserklärung der Abwesenden als Vertreter sämtlicher Beteiligten entgegenzunehmen. Keine entscheidende Bedeutung ist freilich dem Umstand beizumessen, daß der Notar in einer von ihm aufgenommenen letztwilligen Verfügung zum Testamentsvollstrecker bestimmt werden kann, weil die Sondervorschrift des § 2235 BGB. nur die Mitwirkung der Bedachten verbietet, zu denen der Testamentsvollstrecker nicht gehört. Auch aus § 1753 Abs. 2 BGB., § 66 FGG., wonach der Notar bei oder nach der notariellen Beurkundung des Vertrags mit der Einreichung des Bestätigungsantrags bei Gericht betraut werden kann, läßt sich für die allgemeine Zulässigkeit der Beurkundung einer eigenen Vollmacht noch nichts herleiten.

2. Konnte aber die Ausstellung der Vollmacht auf den Notar — sofern eine solche überhaupt vorliegt — von ihm selbst rechtsgültig beurkundet werden, so ist der Genehmigungsbeschluß des Vormundschaftsgerichts infolge der Mitteilung und ihrer Entgegennahme durch den beiderseitigen Vertreter wirksam geworden. Einer Entscheidung der weiteren Frage, ob die Beteiligten bindend vereinbaren können, daß die Genehmigung auf andere Weise als durch die Mitteilung wirksam werden solle, bedarf es daher nur noch für den Fall, daß eine Doppelbevollmächtigung nicht gewollt war. Diese Frage wird, entgegen dem Kammergericht, in der im Vorlegungsbeschluß angezogenen Entscheidung des Bayerischen Obersten Landesgerichts vom 1. Dezember 1922, ebenso in dessen Beschluß vom 28. November 1901 (Samml. d. Entsch. Bd. 2 S. 748) und ferner von Planck Anm. 5, Staudinger Anmerk. 3 b γ, Fuchs Anm. 2 e zu § 1829 BGB., Schlegelberger Anm. 27 zu § 55 FGG., Breit in ZBlFG. Bd. 4 S. 586/87 und Kreß a. a. O. S. 70 bejaht. Übereinstimmung besteht darüber, daß der Vertragsgegner nicht einseitig auf die Mitteilung des Vormunds verzichten und ihm dadurch das Recht nehmen kann, sich frei zu entschließen, ob er von der Genehmigung Gebrauch machen will oder nicht. Dagegen erklären es die oben Angeführten unter Hinweis auf § 151 BGB. für zulässig, daß dem Vormund vom Vertragsgegner im Wege beiderseitiger Vereinbarung gestattet wird, seinen Entschluß in anderer Weise als durch Mitteilung an jenen zu bestätigen, daß der Vertragsgegner also zwar nicht auf die Kundgebung der Entschließung überhaupt, wohl aber auf ihren Zugang verzichtet. Eine solche Vereinbarung wäre hier darin

zu finden, daß die Vertragsparteien verabredeten, die Genehmigung solle schon durch den Eingang der Beschlußausfertigung beim Notar und ohne Zustellung an die Eheleute H. für alle wirksam werden. Mit Recht macht aber das Kammergericht in seinem Vorlegungsbeschluß geltend, daß angesichts der öffentlich-rechtlichen Natur der gerichtlichen Genehmigung eine entsprechende Anwendung des § 151 BGB. ausgeschlossen sei. Zwar hat die Genehmigung privatrechtliche Wirkungen und in gewissen Beziehungen rechtsgeschäftliche Eigenschaften. Sie ist aber in erster *Linie obrigkeitliche Handlung, vorgenommen im Interesse* der staatlichen Fürsorge für den Mündel (RGZ. Bd. 99 S. 74) und untersteht insofern zwingenden Vorschriften, die nicht durch Vereinbarungen der Parteien geändert werden können. Das gilt namentlich auch von der Bestimmung des § 1829 Abs. 1 Satz 2 BGB. über den Eintritt ihrer Wirksamkeit, die eine Mitteilung des Vormunds an den Vertragsgegner und damit deren Empfangsbedürftigkeit unbedingt vorschreibt. Wegen dieser Rechtsnatur der Genehmigung kann eine entsprechende Anwendung des für private Willenserklärungen geltenden § 151 BGB. nicht in Frage kommen. Zutreffend weist das Kammergericht in diesem Zusammenhang darauf hin, daß das Vormundschaftsgericht selbst nach § 55 FGG. nicht mehr in der Lage ist, die Genehmigungsverfügung nach ihrem Wirksamwerden abzuändern; auch diese Vorschrift enthält zwingendes Recht und könnte durch Privatvereinbarung nicht außer Kraft gesetzt werden. Gegen die Zulässigkeit der in Rede stehenden Vereinbarung haben sich demgemäß ausgesprochen Schultheis in ZBlFG. Bd. 3 S. 265, Schmid das. S. 270, Kipp FamR. § 115 Anm. 48, Goldmann-Lilienthal BGB. Bd. 3 S. 294.

Als weiteren Grund für seine Ansicht führt das Kammergericht das Interesse des Mündels an. Der Vormund könne sich nicht durch eine Vereinbarung der gedachten Art im voraus der Möglichkeit begeben, pflichtgemäß zu prüfen, ob er im Interesse des Mündels von der Genehmigung überhaupt Gebrauch machen oder eine Nichtgenehmigung durch Beschwerde anfechten solle. Auch das ist zu billigen. Dem Vormund liegt die Amtspflicht ob, das Interesse des Mündels überall zu wahren und die zu seinem Schutze gegebenen Vorschriften zu beachten. Den Schutz des Mündels bezweckt aber auch die Vorschrift des § 1829 Abs. 1 Satz 2 BGB., insofern sie zugleich dem Vormund die Verpflichtung auferlegt, nach ergangener Entscheidung des Vormundschaftsgerichts nochmals zu prüfen, was im Interesse des Mündels liegt. Durch Vereinbarung mit dem Vertragsgegner darf er sich nicht von vornherein außerstand setzen, dieser öffentlich-rechtlichen Pflicht der Fürsorge für den Mündel zu genügen.

3. Die Einwilligung der unehelichen Mutter ist nicht allgemein, sondern zu einem bestimmten Kindesannahmevertrag erteilt. Die Mutter handelt dabei kraft eigenen Rechts, nicht in Vertretung der Kindesinteressen. Daß sie die Person und den Namen der Annehmenden kenne, ist nicht zu fordern. Um so weniger steht hier, wo die Mutter die Auswahl geigneter Adoptiveltern dem vom Jugendamt gemäß § 6 JGW. herangezogenen Verein für Säuglingsfürsorge überlassen hat, der Wirksamkeit ihrer Einwilligungserklärung im Wege, daß ihr die Annehmenden von Person nicht bekannt sind.

Hiernach war unter Aufhebung des angefochtenen Beschlusses die Sache zunächst zur Auslegung des Vertrags und zur anderweitigen Entscheidung nach Maßgabe der dargelegten Grundsätze an das Landgericht zurückzuverweisen.

RGZ. 122, 80.

Ist der Notar bei Aufnahme einer Urkunde nur zur Belehrung der Personen verpflichtet, deren Erklärungen beurkundet werden sollen, oder muß er auch mitanwesende Dritte belehren, in deren Interesse die Beurkundung erfolgen soll?

FGG. § 169. Preuß. FGG. Art. 40.

III. Zivilsenat. Urt. v. 2. Oktober 1928.

I. Landgericht Görlitz. — II. Oberlandesgericht Breslau.

Der Land- und Gastwirt M. bot gewisse Grundstücke, die er selbst von dem Agenten T. gekauft, von ihm aber noch nicht aufgelassen erhalten hatte, dem Kläger zum Kauf an. Am 18. März 1924 begaben sich beide zu dem verklagten Notar, damit dieser das Verkaufsangebot beurkunde. Bei ihm kam zur Sprache, daß M. noch nicht Eigentümer der Grundstücke war, daß zwischen M. und T. ein Prozeß wegen der Auflassung schwebte und daß T. die Auflassung von der Zahlung von 2902,40 GM. Prozeßkosten abhängig machte. Der Beklagte wies die Erschienenen darauf hin, daß M. erst dann die in Aussicht genommene Vormerkung für den Kläger eintragen lassen könne, wenn er selbst als Grundstückseigentümer eingetragen sein werde. In die vom Beklagten aufgenommene notarielle Urkunde, worin M. die Grundstücke dem Kläger zum Kauf anbot, wurde daher auf Vorschlag des Beklagten die Erklärung des M. aufgenommen, er habe die Auflassung von seinem

Vorbesitzer T. noch nicht erhalten und stehe dafür ein, daß diese erfolge; er trete ausdrücklich seine Rechte auf Auflassung aus dem mit T. am 13. März 1923 geschlossenen notariellen Vertrag an den Käufer ab, so daß dieser unmittelbar von T. die Auflassung fordern könne; für den Fall aber, daß er, M., noch selbst als Eigentümer eingetragen werden sollte, beantrage er, für den Kläger eine Vormerkung zur Erhaltung des Rechts auf Auflassung aus diesem Angebot im Grundbuch einzutragen. Vom Kaufpreis bekannte M. 5000 GM. erhalten zu haben. *Diese 5000 GM. zahlte der Kläger auch sofort. Später erklärte er, daß* er das Kaufangebot des M. nicht annehme, und ließ sich von diesem in einer vollstreckbaren Urkunde die Rückzahlung der 5000 GM. versprechen. Diese Rückzahlung ist nicht erfolgt. M. hat den Offenbarungseid geleistet.

Der Kläger macht nunmehr den Beklagten für den Verlust der von ihm an M. geleisteten Anzahlung von 5000 GM. verantwortlich. Er behauptet, er habe Bedenken getragen, an M. den Betrag zu zahlen, als er bei den Verhandlungen im Büro des Beklagten erfahren habe, daß M. noch nicht eingetragener Grundstückseigentümer sei und sich in einem Rechtsstreit mit T. befinde. Er habe deshalb den Beklagten um Rat gefragt, wie es zu machen sei, daß er seine 5000 GM. nicht einbüße. Darauf habe ihm der Beklagte erwidert, daß M. ihm doch sein Recht auf Auflassung abtrete und daß er dadurch vollständig gesichert sei. Damit sei zwischen ihm und dem Beklagten ein Vertragsverhältnis entstanden, aus dem dieser für die Folgen der Unrichtigkeit seiner Auskunft hafte. Aber auch abgesehen von diesen vertraglichen Beziehungen sei ihm der Beklagte schadensersatzpflichtig. Schon kraft seiner Amtspflicht habe ihn der Notar, ohne daß er danach habe zu fragen brauchen, darauf aufmerksam machen müssen, daß die Abtretung des Rechts auf Auflassung keine Sicherheit für die 5000 GM. enthalte.

Das Landgericht hat die Klage abgewiesen; das Oberlandesgericht hat dagegen den Beklagten zur Zahlung von 5000 RM. nebst Zinsen verurteilt. Die Revision des Beklagten führte zur Aufhebung und Zurückverweisung.

Gründe:

Das Berufungsgericht hat dahingestellt gelassen, ob der Beklagte dem Kläger eine unrichtige Auskunft über die Sicherung seiner Anzahlung erteilt hat, und hat eine Haftung des Beklagten schon deshalb bejaht, weil er unterlassen habe, den Kläger auf das Fehlen jeglicher Sicherheit im Falle der Nichtannahme des Kaufangebots hinzuweisen.

Es geht in rechtlicher Beziehung davon aus, daß der Notar kraft seines Amtes verpflichtet sei, den wahren Willen der Beteiligten zu erforschen und ihnen zu diesem Zwecke Rechtsbelehrungen zu erteilen, sie namentlich auch über die Bedeutung der zu beurkundenden Erklärungen zu belehren, wenn Anlaß bestehe, an der Kenntnis der Beteiligten von der rechtlichen Tragweite der Erklärung zu zweifeln. Der Beklagte habe eine derartige Belehrung auch dem Kläger erteilen müssen, obwohl er nur eine Erklärung des M. beurkundet habe. Denn die Pflicht des Notars, die gehörige Sorgfalt auf die Erfüllung seiner Amtstätigkeit zu verwenden, bestehe nicht nur denjenigen Personen gegenüber, auf deren Antrag er tätig werde und die bei dem zu beurkundenden Geschäft als unmittelbar Beteiligte erschienen; in den Kreis der sorgfaltsberechtigten Personen fielen alle, deren Interessen durch das Amtsgeschäft des Notars berührt würden. Letzteres treffe auf den Kläger zu, der durch die Beurkundung ein Recht auf Annahme des Angebots erworben habe. Mithin habe dem Beklagten eine Amtspflicht gegenüber dem Kläger obgelegen, die er (wie in den Urteilsgründen näher ausgeführt wird) fahrlässig verletzt habe, indem er den Kläger nicht darauf aufmerksam gemacht habe, daß dieser die Anzahlung von 5000 GM. ohne Sicherheit aus den Händen gebe.

Dem Berufungsgericht kann indessen nicht darin beigepflichtet werden, daß der Beklagte schon vermöge seines Amtes als Notar den Kläger über die rechtliche Tragweite des ihm von M. gemachten Vertragsangebots und der darin erklärten Abtretung der Auflassungsansprüche des M. gegen T. habe unterrichten müssen. Die im Anschluß an Art. 40 preuß. FGG. von der Rechtsprechung anerkannte Belehrungspflicht des Notars ist ein Teil der ihm in seiner Eigenschaft als Urkundsbeamter obliegenden Amtspflichten. Die Belehrung dient den Zwecken der Beurkundung und soll sicherstellen, daß sich Wille und urkundliche Erklärung decken. Schon daraus folgt, daß sich die Belehrung nur an die Personen richten kann, deren Wille förmlich bezeugt, deren Erklärungen beurkundet werden sollen, d. h. an die Beteiligten im Sinne der Gesetzesvorschriften über die gerichtliche und notarielle Beurkundung von Rechtsgeschäften (§ 168 Satz 2 FGG.). Eine Belehrungspflicht gegenüber Dritten, die nicht zu den Beteiligten gehören, läßt sich auch nicht aus Art. 40 preuß. FGG. entnehmen. Dort wird nur verlangt, daß der Notar seine Zweifel an der Gültigkeit des Geschäfts den Beteiligten mitteile. Demgemäß besteht in der Rechtslehre Einhelligkeit darüber, daß der Notar nur die Beteiligten zu belehren hat (Oberneck, Das Notariatsrecht S. 28; Schlegelberger, Kommentar zum FGG. Anm. 2 zu Art. 40 preuß. FGG.; Szkolny, die Belehrungspflicht des Notars S. 36).

Da der Beklagte am 18. März 1924 nur eine Erklärung des M. aufzunehmen hatte, gehörte der Kläger nicht zu den bei dieser Beurkundung Beteiligten. Zwar wurden durch sie seine Interessen berührt, da ihm in der Urkunde ein Kaufangebot gemacht wurde. Dieser Umstand ist jedoch für das Bestehen einer amtlichen Belehrungspflicht des Notars ihm gegenüber ohne Belang. Die Tragweite des in der Rechtsprechung anerkannten Satzes, daß die Pflichten als Urkundsbeamter dem Notar allen denen gegenüber obliegen, die im Vertrauen auf die durch das beurkundete Geschäft geschaffene Rechtslage im Rechtsverkehr tätig werden, wird vom Berufungsgericht, das sich auf ihn stützt, verkannt. Er setzt die Amtspflichten des Notars als gegeben voraus und läßt keinen Schluß auf ihren Inhalt, auch nicht auf ihren Umfang in persönlicher Hinsicht zu. Daraus, daß der Notar allen Interessenten gegenüber zur Erfüllung seiner Belehrungspflicht verbunden ist, kann nicht gefolgert werden, daß er alle Interessenten belehren müsse, ebensowenig wie sich — um ein unmittelbar einleuchtendes Beispiel zu gebrauchen — aus der gegenüber allen Interessenten bestehenden Haftung des Notars für eine sorgfältige Beurkundung ergibt, daß er ihre Erklärungen beurkunden muß. Die Unhaltbarkeit des vom Oberlandesgericht eingenommenen Standpunkts wird durch die weitere Erwägung dargetan, daß der Kreis der Personen, deren Belange durch eine Beurkundung berührt werden und die der Notar sämtlich zu belehren verpflichtet sein soll, regelmäßig ganz unbegrenzt ist. Der Notar kann diese Interessenten gar nicht kennen, geschweige denn sie in der vom Berufungsgericht verlangten Weise aufklären. Man müßte also die Belehrungspflicht des Notars jedenfalls auf die Personen beschränken, die außer den Beteiligten im eigentlichen Sinne bei der Beurkundungshandlung zugegen sind und mit denen der Notar bei dieser Gelegenheit in Berührung kommt. Indessen hängt es völlig vom Zufall oder wenigstens von Umständen ab, die mit der Beurkundung selbst unmittelbar nichts zu tun haben, ob die Interessenten sich mit zum Notar begeben. Es läßt sich nicht rechtfertigen, von diesem mehr oder minder willkürlichen Schritt die notarielle Belehrung abhängig zu machen.

Die vorstehend dargelegte und näher begründete Unterscheidung zwischen denen, die der Notar belehren muß, und denen, die aus der Verletzung dieser Belehrungspflicht Schadensersatzansprüche herleiten können, liegt bereits der RGZ. Bd. 95 S. 214 abgedruckten Entscheidung des Senats zugrunde, wo es S. 219 heißt: „Nach der Feststellung des Berufungsgerichts war der dem Beklagten mitgeteilte Zweck der Beurkundung (eines Testaments) unter anderem gerade die Wahrung des Interesses des Klägers. Das genügt aber, um in der Unterlassung der Belehrung über das zur Erreichung dieses Zwecks Notwendige die Verletzung einer Amtspflicht, nicht nur gegenüber dem Beteiligten (dem Erblasser), dessen Erklärung beurkundet wird und an den die Belehrung zu richten ist, sondern auch gegenüber dem Dritten, in dessen Interesse die Beurkundung erfolgen soll, zu finden." Auch dort ist also eine Belehrungspflicht des Notars nur in Beschränkung auf die Beteiligten ausgesprochen. Dabei ergibt sich, was die Übereinstimmung des vorliegenden Falles mit dem früheren noch verstärkt, aus den an anderer Stelle jenes Urteils (S. 217) mitgeteilten, als wahr unterstellten Behauptungen des damaligen Klägers, daß er, ein Schwiegersohn des Erblassers, sich am Tage der Beurkundung des Testaments an den Besprechungen und Beratungen beteiligt und den Notar, den Beklagten in jenem Rechtsstreit, um Rat gefragt hat.

Das angefochtene Urteil, das lediglich auf der Annahme einer dem Beklagten kraft seines Amtes als Notar obliegenden Belehrungspflicht beruht, muß daher aufgehoben werden.

RGZ. 124, 62.

In welcher Weise hat sich der Notar Gewißheit über die Persönlichkeit einer zur Aufnahme einer Urkunde bei ihm erschienenen, ihm bis dahin unbekannten Frau zu verschaffen, die von einem miterschienenen, dem Notar bis dahin ebenfalls unbekannten, sich aber durch Vorlegung einer Urkunde ausweisenden Mann als seine Ehefrau bezeichnet wird?

FGG. § 176 Abs. 3.

III. Zivilsenat. Urt. v. 9. April 1929.

I. Landgericht Hannover. — II. Oberlandesgericht Celle.

Der Kläger sagte dem ihm bekannten Schlachter Karl Sch. aus J. die Hergabe eines Darlehens von 1000 RM. zu, wenn ihm die Ehefrau des Sch. zur Sicherheit eine Hypothek an ihrem Grundstück bestelle. Am 5. Juli 1926 begab sich Sch. zum verklagten Notar, der ihn nicht kannte, dem gegenüber er sich aber durch Vorlegung seines Militärpasses auswies. Eine ihn begleitende weibliche Person stellte er dem Beklagten als seine Ehefrau vor. Der Beklagte nahm daraufhin eine Urkunde auf, in der die Ehefrau Sch. erklärte, sie habe vom Kläger ein Darlehen von 1000 GM. erhalten und bewillige und beantrage dafür die Eintragung einer Hypothek auf ihrem in J. gelegenen Grundbesitz, und in der der Ehemann Sch. seine ehemännliche Genehmigung zu diesen Erklärungen seiner Ehefrau erteilte. Auf Wunsch der Erschienenen stellte der Beklagte noch ein Schriftstück aus, in dem er der Ehefrau Sch. bescheinigte, daß er für sie einen Darlehensvertrag zugunsten des Bankdirektors H. in H. (des Klägers) beurkundet habe; das Darlehen betrage 1000 GM. Auf Grund dieser Bescheinigung und einer Quittung, die von der erschienenen Frauensperson mit „Frau Emilie Sch. geb. Kr." und von Sch. unterzeichnet worden war, zahlte der Kläger 1000 RM. an letzteren aus. Auf Grund der vom Beklagten aufgenommenen Verhandlung wurde die bewilligte Hypothek von 1000 RM. auf dem Grundbesitz der Ehefrau Sch. eingetragen. Nunmehr stellte sich heraus, daß nicht sie, sondern eine andere Frauensperson beim Beklagten erschienen war und die von ihm protokollierten Erklärungen abgegeben hatte. Der Kläger mußte die Löschung der Hypothek bewilligen.

Er ist der Auffassung, daß der Beklagte bei Feststellung der Persönlichkeit der am 5. Juli 1926 vor ihm erschienenen Frau nicht die für ihn als Notar gebotene Sorgfalt habe walten lassen. Die unrichtige Beurkundung und der durch sie dem Kläger zugefügte Schaden sei mithin auf die schuldhafte Amtspflichtverletzung des Beklagten zurückzuführen. Der Kläger hat daher Klage auf Ersatz des ihm entstandenen Schadens erhoben. Der Beklagte bestreitet, sich einer Fahrlässigkeit schuldig gemacht zu haben, da er sich auf die Angaben des hinreichend ausgewiesenen Sch. habe verlassen dürfen. Auch leugnet er den ursächlichen Zusammenhang zwischen seinem Verhalten und der Schädigung des Klägers.

Das Landgericht hat die Klage abgewiesen. Das Oberlandesgericht hat ihr dagegen stattgegeben. Die Revision des Beklagten blieb erfolglos. Aus den

Gründen:

Zu Unrecht erhebt die Revision gegen das Berufungsgericht den Vorwurf, es überspanne den Begriff der Sorgfalt, die ein Notar nach der Verkehrsauffassung zu beobachten habe, wenn er sich über die Persönlichkeit der zur Vornahme einer Beurkundung bei ihm Erschienenen Gewißheit verschaffen wolle. Notariellen Beurkundungen muß im Verkehr unbedingtes Vertrauen entgegengebracht werden können. Daraus folgt, wie der Vorderrichter in Übereinstimmung mit der Rechtsprechung des Reichsgerichts (vgl. aus neuester Zeit noch JW. 1928 S. 1864 Nr. 17) zutreffend angenommen hat, daß der Notar bei Prüfung der Persönlichkeit der vor ihm Erschienenen kraft seines Amtes zur äußersten Sorgfalt verpflichtet ist. Diese Sorgfalt gebietet, wie der Senat gleichfalls schon ausgesprochen hat (JW. 1913 S. 1044 Nr. 17 = WarnRspr. 1913 Nr. 418), daß sich der Notar mit der Anerkennung einer ihm unbekannten Person durch einen Dritten nur dann begnügt, wenn er diesen Dritten als zuverlässig kennt. Auch dessen Glaubwürdigkeit muß er prüfen, soweit sie ihm nicht bereits bekannt ist. Dieser Verpflichtung hat der Beklagte im vorliegenden Fall nicht entsprochen. Das von ihm aufgenommene Protokoll vom 5. Juli 1926 enthält hinsichtlich der Persönlichkeitsfeststellung nur den Satz: „. . . letzterer (Schlachter Karl Sch.) ausgewiesen durch Militärpaß des Landsturm-Inf. Ers.-Batl. X 31, ausgestellt am 3. Juni 1917, so daß ich Gewißheit über die Person der Erschienenen erhielt." Es läßt also nicht einmal erkennen, ob der Beklagte überhaupt in eine besondere Prüfung der Persönlichkeit der angeblichen Ehefrau Sch. eingetreten ist. Jedenfalls hat er sich damit zufrieden gegeben, daß Sch. die mit ihm Erschienene als seine Ehefrau ausgab. Das reichte aber nicht aus, da ihm Sch. bis dahin völlig unbekannt war, er also gar nicht in der Lage war, dessen Vertrauenswürdigkeit zu beurteilen. An wen der Gläubiger das Darlehen zahlen sollte, ob an die Ehefrau Sch., wie der Beklagte nach dem Inhalt der Urkunde angenommen haben mag, oder an den Ehemann, wie tatsächlich zwischen diesem und dem Kläger verabredet war, war für die entscheidende Frage nach der Glaubwürdigkeit des Sch. ohne Bedeutung.

Der Umstand, daß es sich um ein angebliches Ehepaar handelte, entlastet den Beklagten nicht. Es mag nur selten vorkommen, daß sich ein Ehemann eine notarielle Urkunde über Erklärungen seiner Ehefrau dadurch erschleicht, daß er statt ihrer eine andere Frauensperson zum Notar mitbringt. Diese Erfahrungstatsache rechtfertigt es aber nicht, bei Ehefrauen stets oder auch nur regelmäßig die Vorstellung durch den Ehemann als genügenden Persönlichkeitsnachweis anzusehen. Die Möglichkeit unlauterer Machenschaften des Ehemanns hinter dem Rücken seiner Ehefrau besteht für den Notar immer, falls ihm nicht der Ehemann als zuverlässig bekannt ist. Über dessen Vertrauenswürdigkeit muß sich der Notar also vergewissern, ehe er die alleinige Anerkennung der Persönlichkeit der Ehefrau durch den angeblichen Ehemann als genügende Grundlage für seine Urkundstätigkeit ansehen darf. Es läßt sich nicht verkennen, daß diese Forderung gewisse Schwierigkeiten für die Feststellung der Persönlichkeit von Ehefrauen mit sich bringt, die mit ihrem Ehemann Erklärungen bei einem Notar beurkunden lassen wollen, dem sie unbekannt sind. Denn alle Urkunden, die kein Lichtbild der Ehefrau tragen, sind in solchem Falle nicht beweiskräftig, da sie sich der Ehemann bei dem regelmäßig vorauszusetzenden Zusammenleben der Eheleute ohne Wissen seiner Ehefrau verschafft haben kann, um sie zu Täuschungszwecken zu verwenden. Hierauf kann aber bei der schon betonten Notwendigkeit unbedingter Zuverlässigkeit notarieller Urkunden kein entscheidendes Gewicht gelegt werden. Auf die Angabe eines ihm nicht weiter bekannten Mannes, die Erschienene sei seine Ehefrau, darf sich der Notar gleichwohl nicht verlassen.

Der Hinweis der Revision darauf, daß nach verbreiteter Praxis der Notare und Richter die Sachkunde eines Erschienenen in Verbindung mit der Vorstellung durch eine gehörig ausgewiesene Person in der Regel genüge, um eine völlige Gewißheit über die Persönlichkeit zu erlangen, geht fehl. Denn eine solche Sachkunde der bei ihm erschienenen Frauensperson hat der Beklagte nach dem Protokoll nicht festgestellt. Der Grundbuchauszug über den Grundbesitz der Ehefrau Sch., den der Ehemann Sch. dem Beklagten vorgelegt haben soll, besaß keine Beweiskraft für die Persönlichkeit der mit Sch. erschienenen Frau. Der Auszug gehörte zu den Papieren, die sich Sch. schon kraft seiner Stellung als Ehemann ohne weiteres beschaffen konnte. Ihm durfte der Beklagte daher für den Persönlichkeitsnachweis keine Bedeutung beimessen.

Ein Verschulden des Beklagten ist sonach vom Vorderrichter ohne Rechtsverstoß festgestellt worden. . . .

RGZ. 134, 274.

Muß der Dolmetscher das Protokoll in der fremden Sprache selbst vortragen, oder genügt es, wenn er es durch einen anderen in der fremden Sprache vortragen läßt und den Vortrag überwacht?

FGG. § 179. BGB. §§ 125, 313.

IV. Zivilsenat. Urt. v. 10. Dezember 1931.

I. Landgericht Ratibor. — II. Oberlandesgericht Breslau.

Der Kläger schloß mit seiner todkranken Tochter, der Ehefrau des Beklagten, am 15. Juli 1925 zu Protokoll des herbeigeholten Notars H. einen Gutsüberlassungsvertrag, worin er ihr seinen Bauernhof für 12000 RM. verkaufte und sich ein Altenteil vorbehielt. Da der Kläger erklärte, daß er nur der polnischen Sprache mächtig sei, zog der Notar die Krankenschwester Albertine Sch., gen. Schwester Leonilla, als Dolmetscherin hinzu. Am Schlusse des Protokolls wurde bemerkt, daß es den Vertragschließenden vorgelesen, darauf durch den Dolmetscher in polnischer Sprache vorgetragen, demnächst von ihnen genehmigt und eigenhändig unterschrieben worden sei. Die Tochter des Klägers starb, später auch ihr Kind; beide wurden durch den Beklagten beerbt. Dieser ging eine zweite Ehe ein. Zur Auflassung ist es bisher nicht gekommen.

Der Kläger klagt auf Feststellung der Nichtigkeit des Vertrags. Er machte geltend, daß ihm zur Zeit des Vertragsschlusses die Geschäftsfähigkeit gefehlt habe, daß er zum Abschluß durch widerrechtliche Drohung des Beklagten bestimmt und seine Erklärung von ihm angefochten, der Vertrag auch später wieder aufgehoben worden sei. Ferner berief er sich auf Nichtigkeit des Vertrags wegen Verstoßes gegen die guten Sitten sowie wegen Formmangels. In dieser Hinsicht behauptete er, das Protokoll sei nicht von der Schwester Leonilla, sondern vom Bürovorsteher des Notars in polnischer Sprache vorgetragen worden. Der Beklagte bestritt das alles.

Das Landgericht hielt den Formfehler für bewiesen und gab aus diesem Grunde der Klage statt. Das Berufungsgericht wies sie ab. Die Revision des Klägers führte zur Wiederherstellung des ersten Urteils.

Gründe:

Das Berufungsgericht erörtert zunächst die übrigen Klagegründe, hält keinen für tatsächlich begründet und sieht als entscheidend an, ob der Vertrag gegen die Formvorschrift des § 179 FGG. verstoßen habe. Hierzu stellt es fest, daß die Schwester Leonilla den Kaufvertrag weder selbst wörtlich übersetzt noch dem Inhalt nach in polnischer Sprache vorgetragen habe. Die Schwester Leonilla hat als Zeugin bekundet, sie könne wohl polnisch, aber nicht sehr viel, sie habe den Vertragsinhalt in der polnischen Übersetzung des Bürovorstehers nicht verstanden. Spätere Beweiserhebungen haben der Frage gegolten, in welchem Maße die Schwester Leonilla die polnische Sprache beherrsche. Das Berufungsgericht hält nun zwar die Beobachtung der Vorschriften des § 179 Abs. 1 bis 4 FGG., wenn überhaupt ein Dolmetscher zugezogen werde (Abs. 5), für wesentlich, glaubt aber, trotz seiner tatsächlichen Feststellung den Vertrag nicht für nichtig erklären zu können, weil die Möglichkeit bestehe, daß die Schwester Leonilla sich des Bürovorstehers als eines Werkzeugs bedient habe, indem sie ihn habe übersetzen lassen und die Richtigkeit der Übersetzung überwacht habe. Das Berufungsgericht meint, daß ein solches Verfahren dem Gesetze genügt haben würde und daß der Kläger gegenüber der notariellen Urkunde beweisen müsse, es sei nicht so verfahren worden, daß er aber diesen Beweis nicht geführt habe.

Von den prozessualen Bedenken, welche die Revision gegen die Annahme des Berufungsgerichts erhebt, daß möglicherweise so verfahren worden sei, kann abgesehen werden, und ebenso von der Frage, ob die Vermutung des § 418 ZPO. noch anwendbar ist. Denn schon darin muß der Revision beigetreten werden, daß ein solches Verfahren, wie es das Berufungsgericht hier unterstellt, dem Gesetze nicht genügt hätte.

Nach § 179 Abs. 2 FGG. muß das Protokoll dem der deutschen Sprache nicht mächtigen Beteiligten durch den Dolmetscher oder, wenn ein Dolmetscher nicht zugezogen worden ist, durch den Richter oder den Notar in der fremden Sprache vorgetragen werden und die Feststellung enthalten, daß dies geschehen ist. Weder der Wortlaut noch die Entstehungsgeschichte der Vorschrift (Drucks. des Bundesrats Session von 1897 Nr. 100 S. 59, Drucks. des Reichstags 9. Legislaturperiode V. Session 1897/98 Nr. 21 S. 90, Bericht der VI. Kommission Drucks. Nr. 109 S. 70 flg.) bieten den geringsten Anhalt dafür, daß dabei an etwas anderes gedacht worden sein könnte als an einen eigenen Vortrag des Dolmetschers oder des Richters oder Notars. Ebensowenig läßt sich mit dem Berufungsgericht der Abs. 5 des § 179, wonach die Wirksamkeit der Beurkundung von der Zuziehung eines Dolmetschers nicht abhängig ist, für eine „weite" Auslegung der vorangehenden Vorschriften verwenden. Diese von der Reichstagskommission eingefügte Vorschrift beruht nach dem Kommissionsbericht (S. 69 flg.) auf dem Gedanken, daß die oft streitige Frage, ob die Zuziehung eines Dolmetschers geboten sei — wofür nach der damaligen Fassung die Erklärung eines Beteiligten noch nicht ausreichte — nicht zu Angriffen gegen die Wirksamkeit der Urkunde benutzt werden dürfe. Nirgends ist aber der Gedanke hervorgetreten, daß bei Zuziehung eines Dolmetschers die für diesen Fall gegebenen Vorschriften lässig gehandhabt werden dürften; dagegen spricht schon die gewählte „Muß"-Form (vgl. KG. im Jahrb. Bd. 21 A S. 12; Schlegelberger FGG. § 179 Anm. 3). Nun ist es aber offenbar etwas anderes, ob der Dolmetscher selbst vorträgt oder ob er einen anderen vortragen läßt und diesen nur überwacht; dabei können ihm Übersetzungsfehler leicht entgehen, sei es durch Unaufmerksamkeit, sei es durch Mangel eigener Sprachbeherrschung, wie er hier nach der Aussage der Schwester Leonilla vorgelegen hat. Dem Berufungsgericht kann daher auch nicht zugegeben werden, daß ein solches Verfahren dem, was das Gesetz vorschreibt, gleichwertig sei. Da nach der getroffenen Feststellung die zwingende Vorschrift des § 179 Abs. 2 FGG. nicht beobachtet worden ist, so ergibt sich daraus die Nichtigkeit des Vertrags (§§ 125, 313 BGB.), und es bedarf keiner Untersuchung, ob noch ein anderer von den geltend gemachten Klagegründen zutrifft. . . .

RGZ. 144, 339.

Inwieweit darf der Notar die Gelegenheit seiner amtlichen Inanspruchnahme benutzen, um auf die Regelung einer privaten Rechtsangelegenheit hinzuwirken, die zwischen ihm und den ihn als Notar Angehenden schwebt?

V. Zivilsenat. Urt v. 16. Mai 1934.

I. Landgericht Bremen. — II. Oberlandesgericht Hamburg.

Durch Kaufvertrag vom 12. Februar 1931, den der verklagte Notar beurkundete, erwarb der Kläger von seinem Vater dessen Grundstück in Br. In § 4 des Vertrags ist bestimmt:

> Ferner übernimmt der Käufer die Schuld des Verkäufers gegenüber den Erben von August Cl. in Höhe von FGM. 1500 und verpflichtet sich, zu Gunsten der Erben des August Cl. eine Hypothek in Höhe von insgesamt FGM. 1500 auf dem Grundstück . . . eintragen zu lassen.

Die Vorgeschichte dieser Bestimmung ist die folgende:

August Cl., der in Glasgow lebte, hatte mit seinem Bruder, dem Vater des Beklagten, einem Rechtsanwalt Dr. jur. Christian Cl., unter Zustimmung von beider Schwester, einer Frau Lily v. H. geb. Cl., einen notariellen Vertrag „gemäß § 2371 BGB." geschlossen, wonach August Cl. sämtliche ihm am Nachlaß seiner Eltern zustehenden Rechte auf Christian Cl. übertrug gegen dessen Verpflichtung, diesen ihm überwiesenen Erbteil seines Bruders getrennt von seinem sonstigen Vermögen zu verwalten und mündelsicher zu belegen, die Aufkünfte des Erbteils, unter Umständen auch Teile vom Bestande, seinem Bruder auszukehren, von dem beim Tode des Bruders vorhandenen Vermögen aber die Hälfte seiner Schwester v. H. oder deren Kindern zu überweisen. Aus diesem Vermögen, das vertragsgemäß zunächst von Christian Cl. und nach dessen Tode (1908) von seinem Sohne, dem Beklagten, getrennt verwaltet wurde, war im Jahre 1907 dem Vater des Klägers ein Darlehen von 10 000 ℳ gewährt und dafür an dessen

Grundstück auf den Namen von August Cl. Hypothek bestellt worden. Im Oktober 1921 war August Cl. gestorben, nachdem er sich in England hatte einbürgern lassen. Auf Kündigung des Beklagten hatte der Vater des Klägers das Darlehen am 20. April 1922 zum Nennbetrag in Papiermark auf ein bei der Br.er Bank geführtes Konto August Cl. zurückgezahlt, wohin bis dahin auch die Zinsen abgeführt worden waren. Im Grundbuch war jedoch die Hypothek nicht gelöscht worden. Nachdem die Witwe August Cl. mit Ansprüchen, die sie vor dem Deutsch-Englischen Gemischten Schiedsgerichtshof erhoben hatte, abgewiesen worden war, hatte der Beklagte im Herbst 1928 versucht, die Hypothek als noch zu Recht bestehend gegen den Vater des Klägers mit der Begründung geltend zu machen, daß die Zahlung von 1922, weil nicht durch das Reichsausgleichsamt vermittelt, keine befreiende Wirkung gehabt habe. Der damals durch einen Rechtsanwalt Dr. O. vertretene Schuldner hatte hierauf nicht geantwortet. Als sich dann aber Anfang 1931 der Kläger und sein Vater mit der Bitte um Beurkundung ihres Kaufvertrags an den Beklagten wandten, hatte dieser angeregt, gleichzeitig die Aufwertung der nur in entwertetem Gelde gezahlten, noch ungelöschten Hypothek zu bereinigen, und es war eine Einigung dahin erzielt worden, daß eine Aufwertung zu 15 % durch Eintragung einer neuen Hypothek von 1500 FGM. stattfinden solle.

In der im Kaufvertrag vom 12. Februar 1931 vorgesehenen Weise ist jedoch die Sache nicht durchgeführt worden. Vielmehr hat in einer vom Beklagten entworfenen, aber nicht von ihm, sondern von einem anderen Notar B. beglaubigten Urkunde vom 13. März 1931 noch der Vater des Klägers die Eintragung von Einzelhypotheken für die fünf Erbbeteiligten (nach der Höhe ihrer Anteile) bewilligt. Erst darauf ist das Grundstück mit den am 9. Mai 1931 eingetragenen Hypotheken am 20. Mai 1931 auf den Kläger umgeschrieben worden, während die alte Hypothek von 10 000 ℳ nach den Vorschriften des Grundbuchbereinigungsgesetzes gelöscht wurde.

Aus eigenem Recht, aber auch auf eine Abtretungserklärung seines Vaters gestützt, hat der Kläger mit der vorliegenden Klage gegen den Beklagten den Anspruch erhoben, daß dieser ihm nach seiner Wahl entweder Löschungsbewilligungen der fünf Gläubiger der auf seinem (des Klägers) Grundstück eingetragenen Hypotheken über insgesamt 1500 GM beschaffe oder 1500 GM nebst 4 % Prozeßzinsen zahle. Er begründet diesen Anspruch auf vertragliches oder außervertragliches Verschulden des Beklagten bei Herbeiführung des Aufwertungsvergleichs, indem damals ein Anspruch auf Aufwertung der für August

Cl. zwar noch eingetragenen, aber vor dem 15. Juni 1922 zurückgezahlten Darlehnshypothek gar nicht bestanden habe. Das Landgericht hat nach seinem Antrag erkannt, das Oberlandesgericht dagegen die Klage abgewiesen. Die Revision des Klägers führte zur Aufhebung und Zurückverweisung.

Gründe:

Der Beschwerdegegenstand übersteigt nicht 6000 RM. Es kommt daher für die Nachprüfung des Revisionsgerichts nur eine Amtspflichtverletzung des verklagten Notars als Klagegrund in Betracht (§ 547 Nr. 2 ZPO., § 71 Abs. 3 GVG., § 77 Brem. AG.z.GVG. vom 17. Mai 1879; RGZ. Bd. 130 S. 401, Bd. 140 S. 418).

Ob dem Beklagten eine Verletzung seiner Notarspflicht zur Last gelegt werden könne, hat das Berufungsgericht nur in dem engeren Bereich des § 171 FGG. erwogen, insoweit aber die Frage, ob in der Beurkundung einer Verpflichtung des Klägers, zu Gunsten der Erben des August Cl. eine Hypothek von 1500 GM zu bestellen, eine Amtspflichtverletzung des Beklagten zu finden sei, schon deshalb für keiner näheren Prüfung bedürftig erklärt, weil nicht gemäß dem beurkundeten Kaufvertrag verfahren worden sei, weil vielmehr die Hypotheken abweichend vom Kaufvertrag bereits vom Vater des Klägers bestellt und dessen Eintragungsbewilligung nicht vom Beklagten, sondern vom Notar B. beglaubigt worden sei. Insoweit sei daher eine etwa unzulässige Beurkundung auf alle Fälle wirkungslos geblieben. Was aber die Übernahme der persönlichen Schuld durch den Kläger anlange, so handle es sich dabei nicht um eine Verfügung zu Gunsten des Gläubigers (Beklagten). Übrigens sei auch durch den etwaigen Verstoß gegen § 171 FGG. insofern kein Schaden entstanden, als nach Abs. 2 das. die unzulässige Mitwirkung kraft Gesetzes ohne rechtliche Folgen geblieben sei. Dem Gedankengang des Landgerichts aber, daß der Schaden vermieden worden wäre, wenn ein unbeteiligter Notar die Angelegenheit bearbeitet hätte, vermöge sich der Berufungsrichter nicht anzuschließen. Der Beklagte sei selbstverständlich an der Bearbeitung seiner eigenen Aufwertungssache nicht gehindert gewesen. In Frage habe höchstens kommen können, ob er insoweit die Beurkundung selbst vornehmen dürfe. Es bestehe aber nicht der geringste Zweifel, daß, wenn er sich insoweit der Beurkundung enthalten und einen anderen Notar hinzugezogen hätte, dieser die Beurkundung oder die Beglaubigung einer vom Beklagten entworfenen Erklärung ohne weiteres vorgenommen hätte. Ein solcher Notar würde nicht die mindeste

Veranlassung — weder eine Pflicht noch ein Recht — gehabt haben, die notarielle Rechtsgrundlage der von ihm beglaubigten Hypothekenbestellung irgendwie nachzuprüfen, wie ja auch der Notar B. die allein maßgebende Eintragungsbewilligung ohne weiteres beglaubigt habe.

Schon nach der Seite des ursächlichen Zusammenhangs hin begegnen diese Ausführungen des Berufungsgerichts wesentlichen Bedenken. Die Beurkundung der Hypothekenbestellungs-Verpflichtung des Klägers will der Berufungsrichter aus dem Ursachenzusammenhang deshalb streichen, weil nicht gemäß dem Kaufvertrag verfahren, der Hypothekeneintragung vielmehr demnächst in einer Bewilligung des Vaters des Klägers eine neue Grundlage gegeben worden sei. Dabei wird aber die Prüfung versäumt, inwieweit nicht die Anerkennung einer Schuld des Vaters des Klägers von 1500 FGM. gegenüber den Erben von August Cl. in dem beurkundeten Vertrag wesentlich mitbestimmend und folglich ursächlich gewesen sein könnte für dessen Eintragungsbewilligung vom 13. März 1931 . . . Der Beurteilung des ersten Richters tritt weiter das Berufungsgericht mit der Darlegung entgegen, es unterliege nicht dem geringsten Zweifel, daß, wenn sich der Beklagte der eigenen Beurkundung enthalten und einen anderen Notar hinzugezogen hätte, dieser die Beurkundung oder die Beglaubigung einer vom Beklagten entworfenen Erklärung (wie solche hier genügt hätte) ohne weiteres vorgenommen haben würde. Hier fehlt zunächst die Prüfung, ob es nach Lage der Umstände Sache des Beklagten gewesen wäre, einen anderen Notar hinzuzuziehen, ob er sich nicht vielmehr mit Rücksicht auf seine eigene Beteiligung als Gläubiger einer zweifelhaften Hypothek jeder weitergehenden Einflußnahme auf die notarielle Erledigung der Angelegenheit über die Ablehnung eigener Notarstätigkeit hinaus hätte enthalten sollen. Ferner läßt der Berufungsrichter für seine Überzeugung, daß auch die Beurkundung des Kaufvertrags durch einen unbeteiligten Notar zu keinem anderen Verlauf der Sache geführt hätte, alle nähere Begründung vermissen. Von der Gewissenhaftigkeit deutscher Notare darf und muß aber nach der Lebenserfahrung im Gegenteil erwartet werden, daß bei einer Beurkundung des Kaufvertrags durch einen unbeteiligten und nach keiner Richtung, auch nicht durch Mitgabe eines Entwurfs, beeinflußten anderen Notar bei der Frage der Übernahme der im Grundbuch noch eingetragenen Hypothek von 10 000 ℳ auch deren Rechtsbestand namentlich im Hinblick auf die Zahlung vom April 1922 und den Stichtag des 15. Juni 1922, zur Erörterung gelangt wäre. Auch über die in ihrer Wichtigkeit nicht zu verkennende Frage, ob bei den Verhandlungen, die zum Abschluß des Aufwertungsabkommens führten, der Stichtag des 15. Juni 1922 (§ 15 AufwG.) zur Sprache gebracht worden ist, enthält sich das Berufungsurteil der tatsächlichen Feststellung . . . Zu Gunsten der Revision muß jedenfalls davon ausgegangen werden, daß der Beklagte den, wie offenbar auch das Berufungsgericht nicht bezweifelt, seinem Anspruch entgegenstehenden Stichtag für die rückwirkende Aufwertung nicht zur Sprache gebracht hat, daß aber gelegentlich der Beurkundung des Kaufvertrags durch einen unbefangenen Notar die Bedeutung dieses Stichtages hervorgetreten sein und den Verlauf der Sache beeinflußt haben würde. Nun meint das Berufungsgericht zwar, die Beurkundung des Kaufvertrags sei hier außer Betracht zu lassen, weil für die Hypothekenbestellung durch den Vater des Klägers auch die bloße Beglaubigung einer vom Beklagten entworfenen Erklärung durch einen anderen Notar genügt, dieser aber zu einer Nachprüfung der sachlichen Rechtslage keinerlei Anlaß — weder Pflicht noch Recht — gehabt und daher die Beglaubigung ohne weiteres vorgenommen haben würde. Dabei mangelt es aber wiederum an der Prüfung, ob es dem Beklagten nach Lage des Falls seine Notarpflicht gestattet hätte, eine von ihm entworfene Eintragungsbewilligung durch einen anderen Notar lediglich beglaubigen zu lassen und diesem somit eine Prüfung ihrer Rechtsgrundlage zu entziehen, von der keinesfalls ausgeschlossen werden kann, daß sie ebenfalls zur Aufdeckung der Bedeutung des Stichtags vom 15. Juni 1922 geführt haben würde.

Über diese Bedenken hinaus ist nun aber eine grundlegend rechtsirrige Auffassung des Berufungsgerichts darin festzustellen, daß es geglaubt hat, vom Standpunkt der Notarspflichten des Beklagten aus den Abschluß der Aufwertungsvereinbarung und die Beurkundung des Kaufvertrags nebst dem Entwurf der Eintragungsbewilligung als zwei völlig selbständige Angelegenheiten beurteilen zu dürfen, die untereinander keinerlei Zusammenhang von rechtlicher Erheblichkeit besäßen. Dieser Auffassung kann nicht beigetreten werden.

Nach dem Tatbestand des Berufungsurteils hat der Kläger vor dem Berufungsgericht weder zur Begründung einer Anfechtung des Aufwertungsabkommens Tatsächliches vorgetragen noch dessen Unwirksamkeit gemäß § 779 BGB. geltend gemacht. Auch vom Beklagten, der ja die Gültigkeit vertritt, ist nichts dagegen vorgebracht worden. Das Revisionsgericht hat daher auszugehen vom Vorliegen eines Aufwertungsvergleichs, gegen dessen Rechtswirksamkeit Tatsachen von Erheblichkeit nicht vorgebracht sind. Auf diesem Aufwertungsvergleich beruht die Eintragung der Hypotheken, in deren rechtsgültigem Bestehen der

Kläger (soweit erforderlich, unter Zurückgreifen auf seinen Rechtsvorgänger) seinen Schaden erblickt. Für die hiernach dem Revisionsgericht lediglich obliegende Prüfung, ob in der Herbeiführung des Aufwertungsvergleichs und der Hypothekeneintragung eine für den Schaden des Klägers oder seines Vaters ursächliche Amtspflichtverletzung des Beklagten als Notars zu erblicken sei, muß nun die Vorschrift des § 171 Abs. 1 FGG. jedenfalls von der unmittelbaren Anwendung ausscheiden. Denn die Eintragungsbewilligung, auf Grund deren die Eintragung der Hypotheken erfolgt ist, hat der Beklagte weder beurkundet noch auch nur beglaubigt. Es fragt sich, ob ihm dennoch eine für die Eintragung mitursächliche Amtspflichtverletzung zur Last gelegt werden kann. Der erste Richter hat ihm, allerdings unter dem Gesichtspunkt des Vertragsverschuldens, zum Vorwurf gemacht, daß er mit seiner Tätigkeit als Notar die Erledigung einer Privatangelegenheit zu seinem Vorteil verquickt und nicht die Beteiligten, wenn er schon die Gelegenheit zur Ordnung einer Privatsache benutzen wollte, an einen anderen Notar verwiesen habe. Dem ist auch unter dem in Wahrheit allein maßgebenden Gesichtspunkt der Amtspflichtverletzung beizustimmen. Unstreitig hat lediglich eine Inanspruchnahme des Beklagten in seiner Eigenschaft als Notar die äußere Gelegenheit und die Veranlassung für ihn gegeben, die seit mehr als zwei Jahren ruhende Frage einer Aufwertung der im April 1922 in Papiermark ausgezahlten Hypothek von 1907 erneut zur Sprache zu bringen. Der Kaufvertrag, mit dessen Beurkundung der Beklagte beauftragt wurde, nötigte vom Standpunkt der Vertragschließenden aus nicht zu einer Ordnung der Angelegenheit durch einen Vergleich. Wenn der Berufungsrichter Zweckmäßigkeitsgründe dafür anerkennt, so begründet er doch nicht, für wen anders als den Beklagten eine solche Mitbehandlung der Aufwertungssache in der Kaufvertragsurkunde zweckmäßig gewesen sei. Wollte also der Beklagte, obwohl lediglich als Notar angegangen, diese Gelegenheit zum Anlaß nehmen, um zu seinem und seiner Verwandten Vorteil eine von ihm als den Beteiligten gegenüber noch schwebend angesehene Aufwertungsangelegenheit zu bereinigen, so entstand für ihn die Frage und hatte er zu prüfen, ob und inwieweit hiermit eine Ausübung seines Amtes als Notar vereinbar war, dies umsomehr, als er sich des bisherigen ablehnenden Verhaltens der Gegenseite bewußt sein mußte.

Die Frage der Abgrenzung des Pflichtenkreises der Notare gehört dem Landsrecht an, soweit nicht besondere reichsrechtliche Normen eingreifen; und auch, soweit in Ermangelung positiver landesrechtlicher

Vorschriften auf allgemeine Rechtsgedanken und Rechtsgrundsätze zurückgegriffen werden muß, kommen diese an sich nur als Bestandteile des Landesrechts in Betracht (RGZ. Bd. 109 S. 10, Bd. 136 S. 222). Aber unbeschadet der grundsätzlichen Irrevisibilität des bremischen Landesrechts ist das Revisionsgericht doch nicht gehindert, seiner Beurteilung einen allgemeinen Rechtssatz als auch dem Landesrecht angehörig dann zugrundezulegen, wenn das Berufungsgericht eine gegenteilige Feststellung in betreff des Landesrechts nicht getroffen hat. Dies hat zumal dann zu gelten, wenn der allgemeine Satz auch im einschlägigen Reichsrecht nach besonderer, obschon nicht unmittelbar zutreffender, Richtung seinen Ausdruck gefunden hat. Allgemeiner Rechtsgrundsatz nicht nur des Notarsrechts, sondern des Beamtenrechts überhaupt und daher auch für die Notare geltend ist es aber, daß der Beamte seine amtliche Inanspruchnahme nicht zum Anlaß nehmen darf, eine private Angelegenheit zwischen ihm und dem, für den er amtlich tätig werden soll, im Zusammenhang mit seiner amtlichen Betätigung zu seinem Vorteil zu regeln. Dieser Grundsatz gelangt auch reichsrechtlich zur Anerkennung in den Vorschriften, die dem Notar im Hinblick auf seine nähere oder entferntere Beteiligung die Mitwirkung bei der Errichtung von Urkunden der freiwilligen Gerichtsbarkeit unter gewissen tatsächlichen Voraussetzungen verbieten (§§ 170 flg. FGG.). Er greift aber über das dort geordnete Gebiet hinaus. Seine Geltung für das bremische Notarsrecht hat offenbar auch der Berufungsrichter nicht in Abrede stellen wollen. Das Berufungsgericht irrt aber über die Möglichkeit der rechtlichen Trennung von privater Tätigkeit und Amtsbetätigung, wenn es glaubt, von zwei auf der einen Seite durch die Gleichheit der beteiligten Personen verbundenen und sich ferner mindestens wirtschaftlich nahe berührenden Angelegenheiten die — zeitlich zusammenfallende — Erledigung der einen ausschließlich der privaten Betätigung des Notars, die der anderen aber rein seinem amtlichen Pflichtenkreise zuweisen zu können. Bei der Erörterung vertraglichen Verschuldens des Beklagten geht das Berufungsgericht selbst davon aus, daß der Vater des Klägers und dieser selbst großes Vertrauen zum Beklagten als Notar gehabt und deshalb ohne Nachprüfung, insbesondere ohne sich anderweitig sachkundig beraten zu lassen, angenommen haben möchten, daß die von ihm vorgeschlagene Regelung (der privaten Aufwertungsangelegenheit) der Rechtslage und der Billigkeit entspreche. Hiernach ist auch das Berufungsgericht der Auffassung gewesen, daß das Vertrauen, mit dem der Kläger, wie sein Vater, die amtliche Tätigkeit des Notars in Anspruch nahmen, sie mitbeeinflußt hat in ihrer

Stellungnahme zu den Vorschlägen, die ihnen der Beklagte bei dieser amtlichen Inanspruchnahme zur Regelung einer zwischen ihnen und ihm schwebenden privaten, jedoch ebenfalls das Grundstück, dessen Verkauf beurkundet werden sollte, betreffenden Angelegenheit machte. Es bestand also auch nach der Annahme des Berufungsgerichts ein Einwirkungszusammenhang zwischen der amtlichen Inanspruchnahme des Notars und der Erledigung der Privatangelegenheit, dessen Bedeutung nicht beiseite geschoben werden kann mit der Erwägung, daß die Tätigkeit des Notars erst eingesetzt habe, als die Ordnung des Privatgeschäfts abgeschlossen gewesen sei. Nach der bisher nicht widerlegten Darstellung des Klägers hat, vorbereitet durch den Vermittler P., nur eine einzige Verhandlung bei dem Beklagten stattgefunden, bei der am 12. Februar 1931 nach der Erledigung der Aufwertungsfrage sogleich der Kaufvertrag beurkundet worden ist. Bei solcher Sachlage konnte aber der Beklagte den Einfluß des Vertrauens, das er in seiner Stellung als Notar genoß, auf die Entschließung der Gegenseite in der Aufwertungsangelegenheit nicht verkennen; er mußte sich sagen, daß die Gegenseite zu seinem und seiner Mitbeteiligten Vorteil durch ihr Vertrauen zu ihm befangen und in ihrer Widerstandskraft gegen seinen Vorschlag geschwächt sein konnte. Bei dieser Sachlage durfte er ohne Verletzung seiner Amtspflicht mit seiner Tätigkeit als Notar die Ordnung seiner Privatangelegenheit nicht verbinden. Entweder hatte er diese ruhen zu lassen, oder aber er hatte, wenn er, obwohl als Notar angegangen, die Gelegenheit zur Ordnung der Privatsache benutzen wollte, seine Tätigkeit als Notar abzulehnen. Und zwar mußte er dies von vornherein tun. Nicht etwa hätte er seine Inanspruchnahme als Notar zum Anlaß nehmen dürfen, die Aufwertungssache durch einen Vergleich zu ordnen, um dann nachher die Parteien an einen anderen Notar zu verweisen; denn auch bei solchem Verhalten wäre der Einfluß des Vertrauens, mit dem sich die Beteiligten an ihn als Notar wandten, auf ihre Entschließung in der Privatsache nicht ausgeschaltet gewesen. Diese strenge Scheidung der Amtstätigkeit des Notars von seinen Privatangelegenheiten ist geboten, um von dem hohen Gut des Vertrauens in die volle Unbefangenheit der Amtshandlung des Notars jeden Zweifel fernzuhalten; sie schützt aber auch den Notar selbst vor Versuchung, in der er anläßlich seiner Amtsübung geführt werden kann. Es bedarf hiernach nicht noch der weiteren Ausführung, daß es dem Beklagten keinesfalls hätte gestattet werden können, bei seiner Verhandlung mit dem Kläger und dessen Vater über ein so erhebliches, seinem Aufwertungsbegehren im Wege stehendes Bedenken wie den

Stichtag vom 15. Juni 1922 hinwegzugehen. Wenn er, wie das Berufungsgericht annimmt, an die „Vertretbarkeit" seines Standpunkts geglaubt hat, so ist dies doch zu seiner Entlastung um so weniger ausreichend, als das Wort „vertretbar" zwischen „Überzeugtsein" und „eben noch für angängig halten" einen weiten Spielraum läßt. Den Versuch von 1928 hatte der Beklagte nicht verfolgt, und die Schutzerwägung des Oberlandesgerichts, er habe auch 1931 damit rechnen müssen, daß die Gegenseite nicht ohne genügende sachkundige Beratung ihre Entschließung treffen werde, findet in den Tatumständen keine Rechtfertigung. Denn die Vertretung des Vaters des Klägers durch den Rechtsanwalt Dr. O. im Deutsch-Englischen Schiedsgerichtsverfahren lag mehrere Jahre zurück, und der Beklagte selbst hatte nicht behauptet, daß ihm der Verlauf der Angelegenheit im Jahre 1931 Grund zu der Annahme anderweitiger rechtskundiger Beratung der Gegenseite gegeben habe.

Muß hiernach vom Vorliegen einer Amtspflichtverletzung des Beklagten ausgegangen und kann jedenfalls nach den bisherigen Feststellungen die Möglichkeit keineswegs ausgeschlossen werden, daß richtiges Verhalten des Beklagten den in der Bewilligung der Aufwertung liegenden Schaden der Gegenseite verhütet haben würde, so bedurfte die Sache der Zurückverweisung behufs anderweitiger tatsächlicher Prüfung nach Maßgabe der vorstehenden rechtlichen Beurteilung.

RGZ. 146, 155.

Kann ein (preußischer) Notar, der statt der erforderlichen Beurkundung einer Willenserklärung deren Beglaubigung vorgenommen hat, gegenüber dem Vorwurf der schuldhaften Verletzung seiner Belehrungspflicht einwenden, er habe die rechtliche Bedeutung der von ihm gelesenen Erklärung nicht erkannt?

PrFGG. Art. 60. BGB. § 839.

III. Zivilsenat. Urt. v. 13. November 1934.

I. Landgericht Frankfurt a. M. — II. Oberlandesgericht daselbst.

Das Oberlandesgericht hat den gegen den verklagten ehemaligen Notar wegen Amtspflichtverletzung erhobenen Schadensersatzanspruch dem Grunde nach für gerechtfertigt erklärt. Die Revision des Beklagten wurde zurückgewiesen. Der Sachverhalt ergibt sich aus den

Gründen:

Der Kläger und seine Ehefrau wollten das von der ledigen Paula S. am 18. Juni 1927 geborene Kind Kurt S. als gemeinschaftliches Kind an Kindesstatt annehmen. Die Verhandlungen mit der Kindesmutter vermittelte die inzwischen verstorbene Frau M., die zur Vormünderin des Kindes bestellt worden war. Sie übersandte der Kindesmutter einen Vordruck, der die Überschrift „Adoptions-Verzicht" trug[1]). Der Beklagte hat als Notar am *20. November 1927, nachdem sein Bürovorsteher* in das Schriftstück die Angaben über die Person des Kindes und seinen Aufenthaltsort eingefügt und die Kindesmutter die Urkunde unterschrieben hatte, diese Unterschrift als von ihm anerkannt beglaubigt. Im Vertrauen darauf, daß dadurch die Einwilligung in die Kindesannahme durch den Kläger und seine Ehefrau von der Kindesmutter bindend erklärt worden sei, hat der Kläger das Kind etwa Anfang März 1928 bei sich aufgenommen und es bis zum 1. Februar 1930 bei sich behalten und verpflegt. Da mangels gerichtlicher oder notarieller Beurkundung die Mutter an die Erklärung nicht gebunden war (§§ 1747, 1748 Abs. 3 BGB.) und sie sich später geweigert hat, ihre Einwilligung in der nötigen Form zu erklären, ist die Kindesannahme gescheitert. Für die nutzlos aufgewandten Kosten verlangt der Kläger vom Beklagten Ersatz.

In dieser Sache sind bereits zwei Urteile des erkennenden Senats ergangen, die beide auf Aufhebung und Zurückverweisung lauteten: vom 24. Mai 1932 III 280/31[2]) und vom 19. Sptember 1933 III 32/33[3]). Nach ihnen ist davon auszugehen, daß eine bindende Einwilligungserklärung der Kindesmutter beschafft werden sollte und also die Form der gerichtlichen oder notariellen Beurkundung hätte gewählt werden müssen. Wenn der Beklagte mit Zustimmung der Beteiligten von dem Inhalt der ihm vorgelegten Urkunde Kenntnis genommen hat, so hätte er, wie der erkennende Senat ebenfalls bereits früher ausgeführt hat, als damaliger preußischer Notar die Beglaubigung ablehnen oder die Kindesmutter darauf hinweisen müssen, daß durch die Unterschriftsbeglaubigung die Wirksamkeit und Unwiderruflichkeit der Einwilligungserklärung der Mutter nicht eintrete. Hätte er das getan, so

---

[1]) Der Vordruck lautete weiter: „Ich erkläre ausdrücklich, daß ich einverstanden bin, daß mein . . . adoptiert wird. Ich übertrage der derzeitigen Vormundschaft das Recht, den Adoptionsvertrag in meinem Namen abzuschließen."

[2]) Abgedr. JW. 1932 S. 2866 Nr. 9, HRR. 1933 Nr. 302 und Gruch. Bd. 72 S. 453.

[3]) Abgedr. WarnRspr. 1933 Nr. 182.

würde damals die Kindesmutter mit der Beurkundung ihrer Erklärung einverstanden gewesen, diese alsbald vorgenommen worden und der Annahmevertrag demnächst zustande gekommen sein.

Das Berufungsgericht stellt mit einwandfreier Begründung fest, daß der Beklagte bei der Beglaubigung von dem nur aus zwei kurzen Sätzen bestehenden Inhalt der Urkunde Kenntnis genommen hat. Es rechnet ihm zum Verschulden an, daß er sich gleichwohl in rechtlicher Hinsicht des Inhalts der Urkunde nicht bewußt geworden ist und infolgedessen weder die Kindesmutter darüber belehrt hat, daß durch die Beglaubigung eine rechtswirksame Einwilligungserklärung zur Adoption nicht zu erzielen war, noch auch die Beglaubigung des in dieser Form offenbar ungültigen Geschäfts abgelehnt hat.

Die Revision wendet ein, das Verschulden habe nur bejaht werden dürfen, wenn dem Beklagten auch der r e c h t l i c h e Inhalt der Urkunde bewußt geworden wäre und er die rechtliche Ungültigkeit der Erklärung erkannt gehabt hätte. Darüber fehle im angefochtenen Urteil eine Feststellung. Die Revision führt dazu weiter aus, daß nach den Urteilen des Senats der Notar nicht wissentlich einen Mißbrauch der öffentlichen Beglaubigung habe vollenden dürfen; danach liege eine Amtspflichtverletzung nicht vor, wenn der Notar aus mangelnder Erkenntnis des rechtlichen Inhalts der Erklärung nicht wisse, daß nur in der Form der Beurkundung eine wirksame Erklärung abgegeben werden könne.

Dem kann nicht beigepflichtet werden. Das Berufungsgericht hatte in seinem ersten Urteil in bewußter Abweichung von der in RGZ. Bd. 87, S. 232 mitgeteilten Entscheidung des erkennenden Senats die Ansicht vertreten, daß sich die Amtspflicht des Notars bei einer Unterschriftsbeglaubigung nicht auf den Inhalt der Urkunde erstrecke. Dem ist der Senat in seinem ersten in dieser Sache ergangenen Urteil vom 24. Mai 1932 III 280/31 entgegengetreten und hat unter teilweiser Wiederholung der Ausführungen seiner früheren Entscheidung an dem darin aufgestellten Grundsatz festgehalten, daß der preußische Notar, wenn er mit Zustimmung der Beteiligten von dem Inhalt der von ihm zu beglaubigenden Urkunde Kenntnis nimmt und so die offenbare Strafbarkeit oder offenbare Ungültigkeit des Inhalts ersieht, die Beglaubigung der Unterschrift ablehnen muß. In dem Bd. 87 abgedruckten Urteil wird allerdings, wie der Wortlaut der Ausführungen und ihr Zusammenhang ergibt, als selbstverständlich vorausgesetzt, daß für den Notar beim Lesen der zu beglaubigenden Urkunde deren rechtliche Bedeutung ohne weiteres erkennbar ist und infolgedessen der Notar sie erkennt, daß er, wie es im Urteil des Senats vom 24. Mai 1932 heißt, durch die Kenntnisnahme erfährt, zu welchem Geschäft seine Mitwirkung durch die Beglaubigung der Urkunde begehrt wird. Daraus darf aber nicht, wie es die Revision tut, geschlossen werden, daß sich der Notar, wenn er mit Zustimmung der Beteiligten die Urkunde liest, um deren rechtliche Bedeutung nicht zu kümmern brauche. Denn wenn er vom Inhalt der Urkunde Kenntnis nimmt, tut er das als Notar in seiner Amtseigenschaft vermöge seiner Rechtskunde, um sich über den Gegenstand des Geschäfts und dessen rechtliche Bedeutung ein Urteil zu bilden. Demgemäß hat der Senat im Urteil vom 24. Mai 1932 ausgesprochen, daß der Notar, wenn er auch nicht verpflichtet sein möge, eine von ihm nur zu beglaubigende Urkunde in allen Einzelheiten nachzuprüfen, doch bei einer offenbaren Ungültigkeit ihres Inhalts die Beglaubigung ablehnen müsse. Damit ist bereits ausgesprochen, daß der Notar, wenn er im Einverständnis mit den Beteiligten vom Inhalt der Urkunde Kenntnis nimmt, die ihm bei kurzem Inhalt und einfacher Rechtslage ohne Mühe sofort mögliche Prüfung der rechtlichen Bedeutung ihres Inhalts vornehmen muß. Nur dann vermag er auch der Belehrungspflicht zu genügen, die ihn nach jenem Urteil trifft, wenn der Inhalt der Urkunde und die bloße Unterschriftsbeglaubigung ungeeignet sind, den erstrebten Erfolg herbeizuführen.

Wenn der erkennende Senat in den erwähnten Entscheidungen wiederholt betont hat, der Notar dürfe nicht wissentlich zu einem Mißbrauch der öffentlichen Beglaubigung beitragen, so bedeutet dieser Ausspruch nicht, daß der Notar nur dann die Beglaubigung ablehnen muß, wenn er sich bewußt ist, etwas zu beglaubigen, was in dieser Form keine Wirksamkeit erlangen kann. Vielmehr dient der Ausspruch zur Widerlegung der vom Senat mißbilligten Ansicht, daß bei einer Unterschriftsbeglaubigung durch den Notar dessen Kenntnis vom Inhalt der Urkunde seinen Amtspflichtenkreis unberührt lasse, einer Ansicht, die bei folgerichtiger Durchführung zu dem unhaltbaren Ergebnis führen müßte, daß der Notar sogar bei einem offenbar strafbaren oder offenbar ungültigen Inhalt der Urkunde trotz der davon in zulässiger Weise erlangten Kenntnis amtlich zur Hebung der Beweiskraft durch öffentliche Beglaubigung mitwirken dürfte. Soll der Mißbrauch der öffentlichen Beglaubigung, wie es die Sicherheit des rechtsgeschäftlichen Verkehrs erfordert, nach Möglichkeit verhütet werden, so muß der Notar die im dargelegten Sinne offenbare Ungültigkeit des von ihm zur Kenntnis genommenen Inhalts der Urkunde beachten und seine Mitwirkung ablehnen. Er kann sich dann nicht darauf berufen, daß er sich über den rechtlichen Inhalt und Zweck der in der Urkunde niedergelegten Erklärung keine Vorstellung gemacht habe. Eine offenbare Ungültigkeit liegt in solchem Falle namentlich dann vor, wenn der Notar, der mit Einwilligung der Beteiligten die Urkunde zur Kenntnis genommen hat, bei nur oberflächlicher Prüfung hätte erkennen müssen, daß zur Wirksamkeit des Rechtsgeschäfts die öffentliche Beglaubigung der Unterschrift nicht ausreichte, sondern die Form der *Beurkundung gewählt werden mußte.*

So aber lag die Sache hier. Das Berufungsgericht hat daher ohne Rechtsverstoß angenommen, der Beklagte habe seine Amtspflicht schuldhaft dadurch verletzt, daß er bei der Beglaubigung der Unterschrift der Kindesmutter nicht erkannt hat, daß zur Wirksamkeit ihrer Erklärung die Formvorschrift des § 1748 Abs. 3 BGB. zu beachten war.

RGZ. 156, 82.

1. Muß der Notar zur Feststellung der Persönlichkeit eines ihm Unbekannten in der Regel einen mit Lichtbild versehenen amtlichen Ausweis verlangen?

2. Unter welchen Voraussetzungen gehört die Verwahrung von Wertpapieren und Geld sowie die Abführung von Geld an die Empfangsberechtigten zu den Amtspflichten des Notars?

3. Inwieweit muß bei einer Schadensersatzklage aus § 839 BGB. wegen fahrlässiger Amtspflichtverletzung die Voraussetzung des Abs. 1 Satz 2 das. vor Erlaß eines Zwischenurteils über den Grund des Anspruchs geprüft werden?

FGG. § 176 Abs. 3. BGB. § 839. ZPO. § 304.

V. Zivilsenat. Urt. v. 30. Oktober 1937.

I. Landgericht Breslau. — II. Oberlandesgericht daselbst.

Am 20. Mai 1933 nahm der Beklagte als Notar eine Urkunde auf, nach welcher der darin als erschienen aufgeführte Gastwirt D. aus B. bekannte, dem Kläger 11 000 GM, mindestens 11 000 RM, als Darlehen zu verschulden, und weiter erklärte, zur Sicherheit für diese Schuld eine Hypothek an seinem — näher bezeichneten — Hausgrundstück zu bestellen mit der Maßgabe, daß der Hypothekenbrief an den Gläubiger zu Händen des Notars ausgehändigt werden solle. Über die Persönlichkeit des Erschienenen heißt es in der Urkunde:

Der Erschienene ist dem Notar von Person nicht bekannt. Seine Persönlichkeit erachtete der Notar durch Vorlegung des auf seinen Namen von dem B. Bankverein eGmbH. in B. am 30. Januar 1933 ausgestellten Gegenbuche Nr. 7549 und einer Quittung der Finanzkasse B.-Land vom 23. Januar 1933 über gezahlte Gebühren sowie durch hinreichende Sachkenntnis zu seiner Gewißheit für festgestellt.

Auf Grund dieser Urkunde wurde für den Kläger am 30. Mai 1933 auf dem bezeichneten Grundstück des Gastwirts D. eine Darlehnshypothek von 11 000 RM nebst 6 v. H. Zinsen seit dem 1. Juli 1933 eingetragen. In Wirklichkeit war jedoch vor dem Beklagten nicht der Grundstückseigentümer D. erschienen, sondern ohne dessen Wissen sein Grundstücksverwalter B., der sich für den Grundstückseigentümer D. ausgab und auch die notarielle Urkunde mit dessen Namen unterzeichnete. Mit B. als dem angeblichen Grundstückseigentümer D. war der Kläger durch die Vermittlung des Grundstücksmaklers V. in B. in Verbindung gekommen. Dieser hatte den Beklagten mit Schreiben vom 10. Mai 1933 über die näheren Bedingungen der Hypothekenbestellung unterrichtet.

Am 1. Juli 1933 übergab der Kläger dem Beklagten einen Reichsbankscheck über 9 400 DM und 500 RM bar. Die Hypothekenvaluta sollte nämlich nur mit einer Kürzung um 10% eingezahlt, auch sollte der Betrag von 500 RM von dem Beklagten bis zur Durchführung bestimmter Ausbesserungsarbeiten an dem belasteten Hausgrundstück zurückbehalten werden. Nach Einlösung des Schecks zahlte der Beklagte an V. auf Grund eines ihm übersandten, mit dem Namen D. unterzeichneten Provisionsscheines die mit B. vereinbarte Provision von 550 RM sowie zur Ablösung der zu löschenden Posten Nr. 3 und 4 an den B.er Bankverein 3257,60 RM und an Frau V. 1526,25 RM. Der nach Abzug der entstandenen Kosten von 175,65 RM verbleibende Restbetrag von 3890,50 RM wurde an B. ausgezahlt. Die Abführung der zurückbehaltenen 500 RM an diesen erfolgte erst, nachdem der Kläger am 11. Oktober 1933 mitgeteilt hatte, daß die Ausbesserungsarbeiten durchgeführt seien. Über die empfangenen Beträge quittierte B. mit dem Namen D. Er zahlte auch längere Zeit hindurch an den Kläger die fälligen Hypothekenzinsen. Die Grundschuld Nr. 3 und die Hypothek Nr. 4, mit denen B. ebenfalls, unter Täuschung der die Eintragungsbewilligungen beurkundenden Notare, das Grundstück belastet hatte, wurden gelöscht. Erst nachdem B. noch eine weitere Grundschuld für den B.er Bankverein hatte eintragen lassen, erfuhr der Grundstückseigentümer zufällig von den Belastungen seines Grundstücks.

B. ist wegen Untreue in Tateinheit mit schwerer Urkundenfälschung zu 8 Monaten Gefängnis verurteilt worden. Auf die Klage des Grundstückseigentümers D. ist der Kläger verurteilt worden, die Löschung der für ihn eingetragenen Hypothek zu bewilligen. Eine durch den Rechtsanwalt St. im Namen des Klägers an B. gerichtete Aufforderung, dem Kläger den entstandenen Schaden zu ersetzen, ist erfolglos geblieben; B. ist nicht in der Lage, irgendwelche Zahlungen zu leisten.

Der Kläger verlangt Ersatz des ihm durch die Darlehnshingabe sowie durch die Kosten des Rechtsstreits mit dem Grundstückseigentümer und die Zahlungsaufforderungen an B. entstandenen Schadens, den er erstens für das Darlehen auf 11 000 RM und zweitens für die Kosten auf 1854,53 RM beziffert. Indem er die Klage auf Amtspflichtverletzung und auf Haftung aus Vertrag stützt, hat er vorgetragen, bereits im Mai 1933 habe zwischen ihm und dem Beklagten in dessen Büro eine erste Besprechung stattgefunden, in der die Hypothekenbestellung und die Auszahlung des Darlehns erörtert worden sei. Dabei habe er betont, er müsse sich ganz auf den Beklagten verlassen, da er den Grundstückseigentümer nicht kenne. Hierauf habe der Beklagte auf seine Pflicht zur genauen Prüfung der Person des Darlehnsnehmers hingewiesen und bemerkt, er habe schon schwierigere Angelegenheiten geregelt; der Kläger könne sich beruhigen, seine Anwesenheit bei der notariellen Verhandlung sei nicht erforderlich. Entgegen dieser Zusicherung habe sich der Beklagte sowohl bei der Aufnahme der notariellen Urkunde als auch bei der Auszahlung des ihm zu treuen Händen überlassenen Geldes mit einer ganz unzureichenden Persönlichkeitsprüfung begnügt.

Der Beklagte bittet um Abweisung der Klage. Er hat bestritten, bereits im Mai mit dem Kläger eine Besprechung gehabt zu haben, und behauptet, die erste Zusammenkunft habe am 1. Juli 1933 stattgefunden. Bei der Prüfung der Personengleichheit des bei der Verhandlung vom 20. Mai 1933 vor ihm Erschienenen mit dem Grundstückseigentümer D. habe er nicht fahrlässig gehandelt. Zu einem besonderen Argwohn habe er keinen Anlaß gehabt, da ihm der Besuch des Grundstückseigentümers durch den als zuverlässig bekannten Makler V. nach dem Schreiben vom 10. Mai 1933 auch noch fernmündlich angezeigt worden sei. B. habe unter dem Namen D. schon vorher mit V. in Geschäftsverbindung gestanden. Der Beklagte habe nicht annehmen können, daß auch V. getäuscht worden sei. Unter diesen Umständen hätten die von B. vorgelegten Urkunden und seine Sachkenntnis als genügender Ausweis angesehen werden müssen. Auch die weitere Abwicklung des Geschäfts habe seine Meinung, daß B. wirklich der Grundstückseigentümer D. sei, bestätigen müssen. Hierfür habe der ihm mit Schreiben des V. vom 29. Juni 1933 übersandte, mit dem Namen D. unterschriebene Provisionsschein und die Ablösung der alten Hypotheken sowie die Einbehaltung der erst nach Vornahme der Ausbesserungsarbeiten auszuzahlenden 500 RM gesprochen. Der Beklagte hat weiter vorgetragen, er habe nur eine amtliche Tätigkeit entfaltet. Demnach müsse der Kläger zunächst nachweisen, daß er von dem Makler V. und von den abgelösten Hypothekengläubigern keinen Ersatz verlangen könne. Er hat ferner die Höhe des Schadens bestritten und eigenes Verschulden des Klägers eingewandt.

Das Landgericht hat durch Teil-Zwischenurteil den Klaganspruch zu 1 (Darlehen) dem Grunde nach für gerechtfertigt erklärt. Auf die Berufung des Beklagten hat das Oberlandesgericht dieses Urteil dahin abgeändert, daß es den Klaganspruch zu 1 in Höhe von 1100 RM nebst anteiligen Zinsen abwies; im übrigen hat es die Berufung zurückgewiesen. Die Revision des Beklagten führte zur Aufhebung und Zurückweisung.

Gründe:

Das Oberlandesgericht hat angenommen, daß als Grundlage des Klaganspruchs sowohl Verletzung der Amtspflicht als auch Haftung aus Vertrag in Betracht komme, und hat daher die Frage, ob der Kläger auf andere Weise Ersatz seines Schadens erlangen könne (§ 839 Abs. 1 Satz 2 BGB.), unerörtert gelassen. Der hiergegen gerichtete Angriff der Revision ist gerechtfertigt.

Gemäß der Rechtsprechung des Reichsgerichts gehört nach dem hier maßgebenden früheren Rechte die Verwahrung von Wertpapieren und von Geld sowie die Abführung von Geld an die Empfangsberechtigten zu den Amtspflichten des preußischen Notars, wenn diese Tätigkeit im Zusammenhang mit einem notariellen Akt, insbesondere zu dessen Ausführung, erfolgt. Trägt die einheitliche Gesamttätigkeit des Notars amtlichen Charakter, so kann eine ihr zugehörige Einzeltätigkeit nicht als außeramtlich angesehen werden (vgl. RGZ. Bd. 114 S. 295; RGUrt. in JW. 1930 S. 753 Nr. 1, 1933 S. 2899 Nr. 3, 1936 S. 2535 Nr. 7). Das Oberlandesgericht meint, der Zusammenhang zwischen der Beurkundungstätigkeit des Notars und der Annahme des Geldes sowie dessen Abführung an die Empfangsberechtigten fehle im gegebenen Falle, weil zwischen der Beurkundung und der Abwicklung des Geschäfts ein zu großer Zeitraum liege und weil dem Beklagten das Geld zwar auf Grund früherer, mit der Beurkundung im Zusammenhang stehender Besprechungen, jedoch erst nach der Eintragung der Hypothek ausgehändigt worden sei, so daß erst durch diese Übergabe ein Treuhandverhältnis zwischen dem Beklagten und dem Kläger zustande gekommen sei. Dem kann indessen nicht gefolgt werden. Zunächst ist die Zeitspanne zwischen der Beurkundung (20. Mai 1933) und der Empfangnahme des Geldes durch den Beklagten (1. Juli 1933) nicht besonders groß. Auf diesen Umstand kommt es aber schon deshalb nicht an, weil die Hingabe der Hypothekensumme nach dem maßgebenden Schreiben des Maklers V. vom 10. Mai 1933 erst am 1. Juli 1933 erfolgen sollte. In diesem Schreiben war auch bereits vorgesehen, daß die Posten Nr. 3 und 4 gelöscht werden sollten. Endlich ist in der Hypothekenurkunde bestimmt, daß der Brief vom Grundbuchamt an den Notar ausgehändigt werden sollte. Der für die Hypothek des Klägers vorgesehene Rang konnte nur durch die Löschung der Posten Nr. 3 und 4 erreicht werden. Diese Löschungen konnten wiederum nur erfolgen, wenn die Gläubiger befriedigt waren. Hiernach kann es keinem Zweifel unterliegen, daß der Notar außer mit der Beurkundung der Hypothekenbestellung auch mit der Empfangnahme des Hypothekengeldes und dessen Abführung an die Empfangsberechtigten in seiner amtlichen Eigenschaft befaßt war. Für die Annahme eines besonderen Treuhandverhältnisses ist demnach kein Raum. Da aber dem Beklagten nur Fahrlässigkeit vorgeworfen wird, so setzt die Klage aus § 839 BGB. voraus, daß der Kläger auf andere Weise keinen Ersatz erlangen kann. Diese Voraussetzung ist bereits in dem Verfahren über den Grund des Anspruchs wenigstens insoweit zu prüfen, als vor Erlaß eines Urteils gemäß § 304 ZPO. festgestellt werden muß, daß durch die anderweite Ersatzmöglichkeit der Schaden keinesfalls in voller Höhe ausgeglichen wird. Da nach dieser Richtung hin weitere tatsächliche Erörterungen erforderlich sind, so war die Aufhebung des Berufungsurteils und die Zurückverweisung der Sache geboten.

Bei der erneuten Verhandlung wird das Oberlandesgericht Gelegenheit haben, die Frage des Verschuldens des Beklagten einer nochmaligen Prüfung zu unterziehen. Da den notariellen Urkunden und Beglaubigungen wegen ihrer außerordentlichen Bedeutung für die Sicherheit des Rechtsverkehrs unbedingtes Vertrauen entgegengebracht werden muß, so hat die Rechtsprechung des Reichsgerichts von jeher verlangt, daß der Notar bei der Feststellung der Persönlichkeit des vor ihm Erschienenen (§ 176 Abs. 3 FGG.) die äußerste Sorgfalt anwende (RGZ. Bd. 124 S. 62). Das zuverlässigste Mittel zur Feststellung einer Persönlichkeit ist zweifellos ein mit einem Lichtbild versehener amtlicher Ausweis. Die Entwicklung, namentlich in den letzten Jahren, hat dazu geführt, daß eine große Zahl, wenn nicht die Mehrheit der Volksgenossen sich im Besitz eines derartigen Ausweises befindet und daß bei den verschiedensten Anlässen die Vorlegung eines solchen verlangt wird. Bei der oben gekennzeichneten großen Bedeutung notarieller Urkunden und Beglaubigungen ist es daher keine Überspannung der dem Notar obliegenden äußersten Sorgfaltpflicht, wenn von ihm nunmehr gefordert wird, daß er in der Regel die Persönlichkeit eines seine amtliche Beurkundungs- oder Beglaubigungstätigkeit in Anspruch nehmenden Unbekannten nur auf Grund eines mit einem Lichtbild versehenen amtlichen Ausweises feststellt. Begnügt er sich mit anderen Erkenntnisquellen, so wird er dies in der Regel auf seine Gefahr tun, da, falls nicht besondere Umstände eine andere Beurteilung rechtfertigen, nicht angenommen werden kann, daß er die äußerste Sorgfalt angewandt habe.

Im gegebenen Falle kommt jedoch in Betracht, daß die Rechtsprechung des Reichsgerichts bisher einen solchen Grundsatz nicht aufgestellt hatte, sondern davon ausgegangen ist, daß mangels einer besonderen gesetzlichen Vorschrift der Notar nicht gehalten sei, zur Persönlichkeitsprüfung gerade die Vorlegung eines amtlichen Ausweises zu verlangen (RGUrt. III 448/31 v. 14. Juni 1932 in DNotZ. 1933 S. 60). Daher kann dem Beklagten noch nicht zum Verschulden angerechnet werden, daß er die Vorlegung eines solchen Ausweises nicht verlangte. Nun hat zwar auch das Berufungsgericht das Verschulden des Beklagten hierin nicht erblickt. Allein die Möglichkeit ist nicht von der Hand zu weisen, daß es sich bei der Beurteilung der Verantwortlichkeit des Beklagten doch von dem an die Spitze seiner Ausführungen gestellten Grundsatz hat beeinflussen lassen, der für die hier in Betracht kommende Zeit noch nicht anerkannt war. Mit Recht beschwert sich die Revision auch darüber, daß das Oberlandesgericht aus dem Umstande Schlüsse zu Ungunsten des Beklagten gezogen hat, daß die in der notariellen Urkunde angegebene Wohnung des Eigentümers D. mit der im Grundbuch verzeichneten Wohnung nicht übereinstimmte. Denn abgesehen davon, daß bei der Grundbucheinsicht die Wohnung des Eigentümers für den Notar nicht von Wichtigkeit war, kommt es auch häufig vor, daß der Wohnungswechsel nicht alsbald im Grundbuche vermerkt wird. Ist zwar dem Oberlandesgericht nicht entgegenzutreten, wenn es annimmt, daß jede einzelne der von dem Beklagten benutzten Erkenntnisquellen für sich allein ungenügend war, so könnte doch möglicherweise das Gesamtbild, das sich dem Beklagten geboten hat, zu seiner Entlastung dienen. Nicht ohne Bedeutung wäre in diesem Zusammenhang eine nähere Aufklärung des Inhalts des dem Beklagten vorgelegten Gegenbuchs des B.er Bankvereins, namentlich nach der Richtung hin, welche Eintragungen darin von dem Bankverein selbst vorgenommen oder bestätigt waren. Weiter käme in Betracht, *in welchem Umfange sich der Beklagte von der Sachkenntnis des angeblichen D.* überzeugt hat. Schließlich wird das Oberlandesgericht die von ihm auf S. 16 der Urteilsabschrift nur kurz gestreiften besonderen Umstände des Darlehnsgeschäfts, die lange Dauer seiner Abwicklung, die Verwendung eines großen Teils des Hypothekengeldes zur Abstoßung älterer Grundstückslasten, die Zurückhaltung eines Teils bis zur Ausführung von Ausbesserungen, nochmals in den Kreis seiner Erwägungen ziehen müssen. Allerdings ist gegenüber den Ausführungen der Revision in diesem Zusammenhang darauf hinzuweisen, daß es nicht genügt, wenn der Notar keinen Grund zum Verdacht gegen die Persönlichkeit des vor ihm Erschienenen hat, sondern daß er sich die positive Gewißheit über die Persönlichkeit verschaffen muß.

Beschwerde und weitere Beschwerde

RGZ. 48, 27.

Liegt darin, daß die mit weiterer Beschwerde angefochtene Entscheidung, statt von der Kammer für Handelssachen, von der Zivilkammer des Landgerichtes erlassen worden ist, eine unter § 551 ZPO. fallende Gesetzesverletzung?

Gesetz über die Angelegenheiten der freiwilligen Gerichtsbarkeit vom 20. Mai 1898 §§ 27, 30.

I. Zivilsenat. Beschl. v. 16. Februar 1901.

I. Amtsgericht Groß-Gerau. — II. Landgericht Darmstadt.

In einer Beschwerdesache, zu deren Entscheidung das Reichsgericht auf Grund des § 28 Abs. 3 des Gesetzes über die Angelegenheiten der freiwilligen Gerichtsbarkeit vom 20. Mai 1898 berufen war, wurde die aufgeworfene Frage bejaht aus folgenden

Gründen:

. . . „Die Beschwerde muß . . . für begründet angesehen werden. Darin, daß über die erste sofortige Beschwerde in dem jetzt angefochtenen Beschlusse vom 3. Dezember 1900, entgegen der in § 30 Abs. 1 Satz 2 FGG. gegebenen Vorschrift, die II. Zivilkammer des Beschwerdegerichtes statt der bei diesem Gerichte gebildeten Kammer für Handelssachen entschieden hat, ist ein Rechtsverstoß zu erblicken, der unter den in § 27 Satz 2 daselbst zur entsprechenden Anwendung angezogenen § 551 ZPO. fällt und daher ohne besonderen Nachweis des ursächlichen Zusammenhanges zur Aufhebung des das Gesetz verletzenden Beschlusses führen muß. Zwar gegen die Ziff. 1 des angeführten § 551, welche das Oberlandesgericht in Übereinstimmung mit einer . . . Entscheidung des preußischen Kammergerichtes vom 18./25. Juni 1900 zur Anwendung bringen will, verstößt das Verfahren des Beschwerdegerichtes nicht. Nach dieser Ziffer ist eine Entscheidung stets als auf einer Verletzung des Gesetzes anzusehen, „wenn das erkennende Gericht nicht vorschriftsmäßig besetzt war". Aber eine richtig besetzte Zivilkammer des Landgerichtes wird dadurch, daß sie über eine Angelegenheit entscheidet, welche vor die Kammer für Handelssachen gehört, auch wenn diese Zuteilung auf zwingender Vorschrift beruht, nicht zu einer vorschriftswidrig besetzten Kammer für Handelssachen, sondern bleibt, was sie war, eine vorschriftsmäßig besetzte Zivilkammer. Wohl aber muß die Ziff. 4 des § 551 für anwendbar gehalten werden, welche den Fall hervorhebt, daß das Gericht seine Zuständigkeit oder Unzuständigkeit mit Unrecht angenommen hat. In Angelegenheiten der freiwilligen Gerichtsbarkeit, welche zu den in Abschn. 7 des Gesetzes aufgeführten Handelssachen gehören, erscheint die Berufung der Kammern für Handelssachen zur Entscheidung über die Beschwerden nach § 30 Abs. 1 FGG. im zweiten Satze so wesentlich, daß die trotzdem entscheidende Zivilkammer die Grenzen ihrer Zuständigkeit überschreitet. Für den Umfang des Zivilprozesses, das unmittelbare Anwendungsgebiet des § 551, hat die Ziff. 4 die Auslegung gefunden, daß die darin erwähnte Zuständigkeit und Unzuständigkeit sich nicht auf das Verhältnis zwischen Zivilkammer und Kammer für Handelssachen beziehe, da beide Kammern sich nicht als mehrere Gerichte gegenüberständen, sondern nur koordinierte, wenn auch verschiedenartige, Organe des gleichen, zuständigen Landgerichtes seien.

Vgl. Urteil des Reichsgerichtes, I. Zivilsenates, vom 16. September 1891 bei Gruchot, Bd. 37 S. 765; Urteil des Obersten Landesgerichtes zu München vom 14. Juli 1883 in dessen Entscheidungen Bd. 14 S. 401; Gaupp, Zivilprozeßordnung 3. Aufl. zu § 1 unter I, 3, zu § 513 unter II, 4; Petersen u. Anger, Zivilprozeßordnung 4. Aufl. zu § 1 Note 2, zu § 551 unter 4 (Bd. 2 S. 76).

Eine Ausnahme wird nur für den Fall gemacht, daß die Kammer für Handelssachen auswärts oder doch für einen besonderen, örtlich abgegrenzten Teil des Landgerichtsbezirkes gebildet ist.

Vgl. Urteil des Reichsgerichtes, I. Zivilsenates, vom 9. März 1889, Entsch. desselben in Zivils. Bd. 23 S. 371.

Für diese Auffassung ist nicht ausschließlich das bloß formale Verhältnis zwischen Zivilkammer und Kammer für Handelssachen maßgebend gewesen, sondern dabei auch wesentlich die Art und Weise berücksichtigt worden, wie im siebenten, den „Kammern für Handelssachen" gewidmeten Titel des Gerichtsverfassungsgesetzes in §§ 101 flg. die sachliche Zuständigkeit für beide Arten von Kammern bestimmt ist. Die Zuweisung ist in der Hauptsache fakultativ, dergestalt daß die Verhandlung vor der Kammer für Handelssachen stets einen Parteiantrag voraussetzt (§§ 102, 104 Abs. 1), daß aber auch bei Rechtsstreitigkeiten, die an sich oder nach der Entwicklung im Laufe des Verfahrens vor die andere Kammer gehören würden, die Verweisung an diese regelmäßig gleichfalls an einen solchen Antrag gebunden ist, und daß nur die Kammer für Handelssachen unter gewissen Voraussetzungen (§ 103 Abs. 2, § 105), die Zivilkammer aber gar nicht (§ 104 Abs. 2) die Verweisung von Amts wegen aussprechen darf. Es ist also die vom Gesetze vorgesehene Zuteilung keineswegs ausschließlich, und weder der Zivilkammer noch der Kammer für Handelssachen gebricht es an der Zuständigkeit zur Entscheidung der an sich vor die andere Kammer gewiesenen Sachen. Danach hat der Gesetzgeber selbst kein entscheidendes Gewicht darauf legen wollen, ob die Verhandlung vor der Zivilkammer, oder vor der Kammer für Handelssachen erfolge, und diesem Standpunkte hat er auch durch die Vorschrift in § 106 Ausdruck gegeben, wonach gegen eine Entscheidung über die Verweisung eines Rechtsstreites an die Zivilkammer oder die Kammer für Handelssachen kein Rechtsmittel stattfindet. Eine Regelung der Zuständigkeit in dieser Art ist, wenn sie auch im Gesetze selbst vorgesehen ist, nicht mehr wesentlich verschieden von der Verteilung der Geschäfte, welche auf Grund des § 62 GVG. unter mehreren Kammern vorgenommen wird, und kann in der Hauptsache, ebenso wie diese, als eine innere Angelegenheit des Gerichtes, im Gegensatze zu der nach außen wirkenden

Zuständigkeitsabgrenzung, angesehen werden. Anders ist es auf dem Gebiete der freiwilligen Gerichtsbarkeit. Die Vorschrift in § 30 Abs. 1 Satz 2 FGG. ist zwingend: wenn bei einem Landgericht eine Kammer für Handelssachen gebildet ist, so tritt für Handelssachen diese Kammer an die Stelle der Zivilkammer. Damit ist — unter dieser Voraussetzung — die Zuständigkeit der Zivilkammer ausgeschlossen; es hängt nicht von dem Willen der Beteiligten ab, sondern ist gesetzliches Gebot, daß dann die Entscheidung über die Beschwerde durch die Kammer für Handelssachen, und allein durch diese, erfolge. Die Zivilkammer darf hier nicht nur, im Gegensatze zu § 104 GVG., sondern sie muß die Beschwerde, für deren Erledigung sie nicht zuständig ist, an die Kammer für Handelssachen abgeben. Damit erlangt im Umfange dieser Angelegenheiten die Stellung der Kammern für Handelssachen gegenüber den Zivilkammern eine ganz andere, selbständigere Bedeutung als auf dem Gebiete des Zivilprozesses. Die zwingende Kompetenzbestimmung durch das Gesetz kann nicht mehr als bloßes Internum der Gerichte aufgefaßt werden. Andererseits weist eben diese Zwangsvorschrift wieder darauf hin, daß der Gesetzgeber der Mitwirkung fachmännisch gebildeter Laienrichter größeren und entscheidenderen Wert beigelegt hat, indem er sie hier, im Gegensatze zu dem Prozeßverfahren, obligatorisch machte. Daß diese Mitwirkung nur in der Beschwerdeinstanz stattfinden soll, und auch da nur, wenn eine Kammer für Handelssachen bereits vorhanden ist, kann nicht dagegen angeführt werden. Wenn der Gesetzgeber nicht soweit gehen wollte, daß er im Interesse der umfassenden Mitbeteiligung von Handelsrichtern neue Gerichtsorgane schuf, so folgt daraus doch nicht, daß er die Tätigkeit der Kammern für Handelssachen nicht an sich zur fachgemäßen Prüfung und Entscheidung dieser Sachen für besonders geeignet hielt und aus diesem Grunde da, wo die bestehende Gerichtsverfassung ihm dies gestattete, nicht die Heranziehung der Kammern für Handelssachen anstatt der Zivilkammern als eine wesentliche, die Rechtspflege fördernde Einrichtung ansah. Im Verfolge dieses Gedankens liegt auch die Annahme nahe, daß er nach Möglichkeit die Beachtung seiner Kompetenzvorschrift habe sichern wollen. Eine genügende Sicherung aber liegt, wie der gegenwärtige Fall zeigt, in der Vorschrift selbst noch nicht, und sie würde auch nicht gegeben sein, wenn die Verletzung der Vorschrift nur unter dem Gesichtspunkt des § 550 ZPO. in Betracht fiele, da es in den meisten Fällen schwer, wo nicht unmöglich, wäre, den ursächlichen Zusammenhang zwischen dieser Rechtsnormverletzung und dem sachlichen Inhalt der Entscheidung festzustellen. Diese Erwägungen begründen die Auslegung, daß im Sinne des Gesetzes über die Angelegenheiten der freiwilligen Gerichtsbarkeit die Entscheidung einer Zivilkammer anstatt der nach § 30 Abs. 1 dazu berufenen Kammer für Handelssachen einen Verstoß gegen Zuständigkeitsnormen enthält, welcher unter die Ziff. 4 des § 551 ZPO. fällt, und diese Auslegung findet ihre formelle Rechtfertigung darin, daß nach § 27 FGG. die darin angezogenen Paragraphen der Zivilprozeßordnung, darunter auch der § 551, nur zur „entsprechenden" Anwendung kommen sollen. Im gleichen Sinne hat sich eine Mehrzahl von Kommentatoren des Gesetzes über die Angelegenheiten der freiwilligen Gerichtsbarkeit ausgesprochen, z. B. Birkenbihl zu § 30 Bem. 2 (S. 113), Dronke zu § 30 Bem. 1 (S. 27). Die abweichende Ansicht bei Domer zu § 27 Bem. 5 flg. (S. 160/161) und in dem Beschlusse des Oberlandesgerichts Stuttgart bei Mugdan u. Falkmann, Rechtsprechung der Oberlandesgerichte Bd. 1 Nr. 29, berücksichtigt nicht, daß für das Verfahren in Angelegenheiten der freiwilligen Gerichtsbarkeit die Frage anders liegt als für den Zivilprozeß.

Die Anwendung des § 551 Ziff. 4 ZPO. führt . . . zur Aufhebung des angefochtenen Beschlusses. In der Sache selbst aber kann das Reichsgericht nicht entscheiden; vielmehr muß die Zurückverweisung an das Beschwerdegericht erfolgen, damit nunmehr die zuständige Kammer für Handelssachen die Entscheidung über die Beschwerde treffe. Der in § 27 FGG. gleichfalls angezogene § 563 ZPO. ist nicht anwendbar, da es sich nicht um eine Gesetzesverletzung in der Begründung der Entscheidung, sondern um eine die Gültigkeit der Entscheidung selbst betreffende Verletzung von Verfahrensnormen handelt. Auch aus einem anderen Grunde ergibt sich die Notwendigkeit der Zurückverweisung. Zwar erwähnt das Gesetz in den das Beschwerdeverfahren regelnden Bestimmungen (§§ 19 flg.) diese Maßregel nicht und enthält auch nicht einmal eine dem § 575 ZPO. entsprechende Vorschrift. Dennoch kann es nicht zweifelhaft sein, daß es seiner Meinung widerstreben würde, wenn der zur Entscheidung über die weitere Beschwerde berufene Richter in allen Fällen in der Sache selbst entscheiden wollte. Indem das Gesetz gegen die Verfügungen des Gerichts erster Instanz das Rechtsmittel der Beschwerde (§ 19) und gegen die Entscheidungen des Beschwerdegerichts das Rechtsmittel der weiteren Beschwerde (§ 27) gewährt, geht es grundsätzlich davon aus, daß den Beteiligten die Möglichkeit zu geben sei, eine zweifache Nachprüfung in den höheren

Instanzen zu verlangen. Wenn aber, wie vorliegend, die Entscheidung des Beschwerdegerichts wegen Unzuständigkeit aufgehoben werden muß, und die Entscheidung eines zuständigen Beschwerdegerichts überhaupt ermangelt, so würde für den Fall, daß der dritte Richter selbst die sachliche Entscheidung träfe, die Prüfung in der Beschwerdeinstanz ganz wegfallen, und nur eine einmalige Nachprüfung, und noch dazu bloß unter den beengenden Voraussetzungen der weiteren Beschwerde, übrigbleiben (vgl. die verwandte Entscheidung in Bd. 14 S. 387 der *Entsch. des RG.s in Zivils.). Um so weniger kann ein solches Ergebnis* von dem Gesetz gewollt sein, als es sonst, entgegen seiner Absicht, daß wenigstens in der Beschwerdeinstanz die Entscheidung durch eine Kammer für Handelssachen eintrete, gänzlich ausgeschlossen wäre, einem in dieser Richtung vorgekommenen Vorstoße nachträglich abzuhelfen." . . .

RGZ. 56, 124.

Kann nach dem Gesetz über die Angelegenheiten der freiwilligen Gerichtsbarkeit vom 20. Mai 1898 die Beschwerde gegen den Beschluß, durch welchen das Vormundschaftsgericht zu einem seiner Genehmigung bedürfenden Rechtsgeschäft dem Vormund (Pfleger) die Genehmigung versagt hat, auch von dem Dritten erhoben werden, der dem Mündel bei jenem Geschäft als Vertragsgegner gegenübersteht?

Gesetz über die Angelegenheiten der freiwilligen Gerichtsbarkeit vom 20. Mai 1898 §§ 16, 18, 20, 55, 62, 63.

IV. Zivilsenat. Beschl. v. 12. November 1903.

I. Amtsgericht München I. — II. Landgericht daselbst.

Die Witwe des Gärtnermeisters Br. in M. schloß mit ihren minderjährigen Kindern, vertreten durch ihren Pfleger, den Hausmeister W. in A., am 29. Juli 1903 vor dem Notariat München V einen Erbteilungsvertrag, zu welchem der Pfleger nach § 1822 Ziff. 2 BGB. in Verbindung mit § 1915 das. der vormundschaftsgerichtlichen Genehmigung bedurfte. Sie machte darin auf Grund des Art. 83 Abs. 2 des bayrischen Gesetzes vom 9. Juni 1899 unter Zustimmung des Pflegers ein Recht auf Ausgleichung des Ehegewinns aus der Errungenschaftsgemeinschaft geltend. Das Vormundschaftsgericht versagte, entgegen dem Antrag der beiden Vertragschließenden, durch Verfügung vom 9. August 1903 dem Vertrag die Genehmigung, und die von der Witwe Br. hiergegen eingelegte Beschwerde wurde vom Landgericht durch Beschluß vom 15. September 1903 als unzulässig verworfen.

Die von der Genannten gegen diesen Beschluß eingewendete weitere Beschwerde legte das Oberste Landesgericht in München gemäß § 28 Abs. 2 des Gesetzes über die Angelegenheiten der freiwilligen Gerichtsbarkeit zur Entscheidung dem Reichsgericht vor. Es war der Meinung, daß die Beschwerdeführerin zur Erhebung ihrer Beschwerde gesetzlich nicht legitimiert sei, erachtete sich aber behindert, das Rechtsmittel aus diesem Grunde als unbegründet zurückzuweisen, weil es sich hierdurch in Widerspruch setzen würde mit dem Beschluß des Oberlandesgerichts Braunschweig vom 28. September 1901, der in Bd. 2 S. 207 der Entscheidungen in Angelegenheiten der freiwilligen Gerichtsbarkeit und des Grundbuchrechts veröffentlicht sei.

Gründe:

. . . „Es handelt sich für die zu treffende Entscheidung um die Frage, ob nach den Bestimmungen des Reichsgesetzes über die Angelegenheiten der freiwilligen Gerichtsbarkeit die Beschwerde gegen den Beschluß, durch welchen das Vormundschaftsgericht zu einem seiner Genehmigung bedürfenden Rechtsgeschäft dem Vormund die Genehmigung versagt, auch von dem Dritten erhoben werden kann, welcher bei jenem Geschäft dem Mündel als Vertragsgegner gegenübersteht.

Die Bedingungen zur Abgabe einer Entscheidung durch das Reichsgericht liegen nach § 28 Abs. 2 und 3 des erwähnten Gesetzes vor, da die weitere Beschwerde eine vormundschaftliche Angelegenheit betrifft, welche durch Reichsgesetz den Gerichten übertragen ist (§ 1 a. a. O.).

Das Oberste Landesgericht zu München hat die erhobene Frage vorbehaltlos verneint, und seinen Ausführungen ist durchweg beizutreten.

Der § 20 a. a. O. bestimmt über das Beschwerderecht für die Angelegenheiten der freiwilligen Gerichtsbarkeit mit Bezug auf die Verfügungen des Gerichts erster Instanz allgemein:

> „Die Beschwerde steht jedem zu, dessen Recht durch die Verfügung beeinträchtigt ist.
>
> Soweit eine Verfügung nur auf Antrag erlassen werden kann, und der Antrag zurückgewiesen worden ist, steht die Beschwerde nur dem Antragsteller zu."

Wenn nun auch für die Legitimation zur Erhebung des Rechtsmittels nicht geprüft zu werden braucht, wie und durch wen der Beschwerdeführer von der erlassenen Verfügung Kenntnis erhielt, so versteht sich der Natur der Sache nach doch von selbst, daß von einer Beeinträchtigung seines Rechts durch die Beschwerde nicht eher die Rede sein kann, als bis die Verfügung rechtlich existent, also nach außen hin wirksam geworden ist. Diese Wirksamkeit aber tritt bei einer Verfügung, welche die Erteilung oder Versagung der nach dem Gesetz notwendigen Genehmigung des Vormundschaftsgerichts zu einem von dem Vormund namens des Mündels abgeschlossenen Vertrag ausspricht, erst ein, wenn die Genehmigung oder deren Verweigerung von dem Vormundschaftsgericht dem Vormunde gegenüber erklärt, also nach Maßgabe des § 16 des Gesetzes über die Angelegenheiten der freiwilligen Gerichtsbarkeit ihm bekannt gemacht, und hierauf von dem Vormund dem anderen Vertragschließenden mitgeteilt worden ist (§§ 1828 und 1829 Abs. 1 Satz 2 BGB.). Da nun aber der § 55 des Gesetzes über die Angelegenheiten der freiwilligen Gerichtsbarkeit (in Beschränkung der in § 18 Abs. 1 aufgestellten Regel) vorschreibt, daß eine die Genehmigung zu einem Rechtsgeschäft erteilende oder verweigernde Verfügung von dem Vormundschaftsgericht insoweit nicht mehr geändert werden kann, als die Genehmigung oder deren Verweigerung einem Dritten gegenüber wirksam geworden ist, und da in dem letzteren Fall nach §§ 62, 63 a.a.O. auch das Beschwerdegericht eine solche Änderung nicht mehr vornehmen darf, so ergäbe sich für die Beschwerde des Vertragsgegners des Mündels gegen eine die Genehmigung versagende Verfügung des Vormundschaftsgerichts der Schluß, daß ihre erfolgreiche Erhebung überhaupt rechtlich unmöglich wäre. Bis der Vormund die gerichtliche Verfügung ihm mitteilt, würde sie rechtlich für ihn als Dritten nicht vorhanden, und daher auch durch Rechtsmittel nicht angreifbar sein; von dem Augenblicke an aber, wo er die Mitteilung durch den Vormund empfängt, wäre sie zur Wirksamkeit gelangt, und ihre Abänderung im Wege der Beschwerde daher nicht mehr zulässig. Dieses Verhältnis bestätigt in zwingender Weise die Annahme, daß der Gesetzgeber die Erteilung oder Verweigerung der Genehmigung durch das Vormundschaftsgericht als eine lediglich innere Angelegenheit ansieht, als ein Verfahren zwischen Vormund und Vormundschaftsgericht, das ausschließlich dem Interesse des Mündels dient, und in welches ein Dritter behufs Wahrnehmung eigener Rechte nicht eingreifen kann.

Mit der vorentwickelten Auffassung stimmt überein die in dem Protokoll der zweiten Kommission für die Lesung des Bürgerlichen Gesetzbuchs Bd. 4 S. 798 enthaltene Bemerkung, daß die schon damals aufgeworfene Frage, ob auch einem Dritten gestattet sein solle, die Genehmigung des Vormundschaftsgerichts zu einem zwischen ihm und dem Vormund geschlossenen Vertrage für sich nachzusuchen, von mehreren Seiten verneint wurde, indem zur Begründung angeführt ward, „daß das Vormundschaftsgericht es in der hier fraglichen Beziehung nur mit dem Vormund zu tun" habe, und daß es dem Dritten „nur unbenommen" sei, „die Erteilung der Genehmigung bei dem Vormundschaftsgericht anzuregen"; ein Anrecht, einen Bescheid zu erhalten, habe er jedoch nicht, und ebensowenig ein Beschwerderecht wegen verweigerter Genehmigung. Eine Entscheidung der Kommission erfolgte damals nicht, und man glaubte, diese der Beratung des Reichsgesetzes über die freiwillige Gerichtsbarkeit vorbehalten zu müssen. Aber auch bei der Beratung des letzteren Gesetzes gab der Regierungsvertreter in der Reichstagskommission die Erklärung ab, daß es „zu weit" gehe, dem Dritten, mit welchem der Vormund ein der Genehmigung des Vormundschaftsgerichts bedürftiges Rechtsgeschäft abgeschlossen habe, im Falle der Versagung der Genehmigung das Beschwerderecht zu geben, auch wenn der Vormund mit der Versagung einverstanden sei; der Dritte habe kein Recht auf die Genehmigung und nicht den Beruf, das Interesse des Mündels wahrzunehmen.

Vgl. Hahn-Mugdan, Materialien Bd. 7 S. 124.

Es liegt kein Anhalt vor zu der Annahme, daß diese Grundsätze bei der Schaffung des Gesetzes haben verlassen werden sollen. Auch das Bürgerliche Gesetzbuch geht bei der Gestaltung des Vormundschaftsrechts überall davon aus, daß der Vormund der alleinige Repräsentant und Vertreter des Mündels ist, und daß dem Vormundschaftsgericht nur die Aufsicht und die Disziplin über ihn im Interesse des Mündels übertragen ist (§§ 1793, 1837 BGB.). Hieraus erklären sich auch die Vorschriften der §§ 1828, 1829 a. a. O. für die von dem Vormund geschlossenen Verträge. Handelt der Vermund nicht pflichtwidrig, so mangelt dem Vormundschaftsgericht die Befugnis, sich in die rechtlichen Beziehungen zwischen dem Vormund und Dritten und in das hieraus entspringende geschäftliche Verhalten des ersteren einzumischen. Die Entscheidung, mittels welcher das Vormundschaftsgericht dem Vormund die Genehmigung zu einem von ihm abgeschlossenen Rechtsgeschäfte erteilt oder versagt, ist demnach, wie schon dieses Prinzip ergibt, nur für den Vormund selbst bestimmt, und auch hieraus folgt, daß das Gesetz nicht dem dritten Vertragschließenden das Recht geben wollte, den in einem solchen Falle ergehenden Versagungsbeschluß des Vormundschaftsgerichts durch Beschwerde anzufechten.

Es kann dieser Argumentation nicht entgegengehalten werden, daß schon aus dem bloßen Vorhandensein der Bestimmungen der §§ 55, 62, 63 des Gesetzes über die Angelegenheiten der freiwilligen Gerichtsbarkeit hervorgehe, daß auch gegen Verfügungen, durch welche das Vormundschaftsgericht einer Rechtshandlung des Vormundes die Genehmigung gewähre oder verweigere, eine Beschwerde stattfinde, weil das Recht des Beschwerdegerichts, diese Verfügung abzuändern, darin ausdrücklich beschränkt werde. Die Unmöglichkeit einer solchen Beschwerde wird hier gar nicht behauptet; denn es fehlt an einem Grunde, sie dem Vormunde selbst zu versagen. Dieser Umstand aber ändert nichts an der Tatsache, daß sie nicht auch von dem Dritten erhoben werden kann.

Steht nun aber hiernach der § 20 Abs. 1 a. a. O. der Beschwerdeführerin für die Erhebung ihrer Beschwerde nicht zur Seite, und kommt es deshalb für die gegenwärtige Entscheidung auch gar nicht darauf an, in welchem Sinne die Worte „Recht" und „beeinträchtigt" in jener Vorschrift gemeint sind, so muß ebendasselbe gelten von der Vorschrift in § 20 Abs. 2 a. a. O., welche, sofern eine Verfügung nur auf Antrag erlassen werden kann, und der Antrag zurückgewiesen ist, die Beschwerde aus Abs. 1 nur dem Antragsteller gibt. Der Abs. 2 des § 20 verhält sich, wie seine Stellung innerhalb des letzteren zeigt, nicht wie eine Erweiterung, sondern wie eine Einschränkung des Beschwerderechts aus Abs. 1. Nur der Antragsteller, dessen Recht durch die abweisende Verfügung beeinträchtigt ist, erscheint aus Abs. 2 beschwerdeberechtigt; aber auch dieser nicht in dem hier behandelten Falle, daß sein zurückgewiesener Antrag die Genehmigung eines von ihm mit dem Vormunde geschlossenen Vertrages betrifft.

Auch der § 57 Ziff. 9 a. a. O. greift für die vorliegende Beschwerde ebensowohl aus dem letzteren Grunde, als auch schon deshalb nicht Platz, weil sein Tatbestand gar nicht gegeben ist. Denn obgleich der Beschwerdeführerin wegen ihrer konkurrierenden Eigenschaft als Mutter der Pflegebefohlenen auch die Sorge für die Person derselben zusteht (§ 1686 in Verbindung mit §§ 1631 bis 1633 BGB.), und sie in dieser Richtung daher berechtigte Interessen hat, so handelt es sich doch gegenwärtig gar nicht um eine die Sorge für die Person der Kinder betreffende Angelegenheit (Erziehung, Bestimmung des Aufenthaltes, Herausgabe). Die Verfügung, über welche Beschwerde geführt wird, betrifft nur die Nichtgenehmigung des notariellen Vertrages vom 29. Juli 1903, also eine vermögensrechtliche Angelegenheit, und die Beschwerdeführerin nimmt mit ihrem Rechtsmittel gar nicht das Wohl ihrer Kinder, sondern als deren Vertragsgegnerin nur ihr eigenes Interesse wahr." . . .

RGZ. 85, 276.

Ist, wenn das Amtsgericht es abgelehnt hat, auf Anregung eines Verletzten die Löschung einer Eintragung im Handelsregister von Amts wegen zu betreiben, das Landgericht aber auf Beschwerde das Amtsgericht zur Einleitung des Verfahrens angewiesen hat, gegen diese Anweisung die weitere Beschwerde zulässig?

FGG. §§ 141, 142.

II. Zivilsenat. Beschl. v. 22. September 1914.

I. Amtsgericht Dresden. — II. Landgericht daselbst.

Die Firma Aug. K. & Söhne in D. brachte beim Amtsgericht die Löschung der Firma „A. K. jr. früher F. W., Inhaberin die Aktiengesellschaft Dresdner Gasmotorenfabrik vorm. M. H. in D." in Anregung, weil eine Aktiengesellschaft nicht neben ihrer eigenen Firma eine gemäß § 22 HGB. erworbene weitere Firma führen dürfe. Das Amtsgericht lehnte die Einleitung des Löschungsverfahrens ab. Es wurde jedoch auf Beschwerde vom Landgericht hierzu angewiesen. Hiergegen legte die Aktiengesellschaft weitere Beschwerde ein. Das Oberlandesgericht in Dresden wollte der weiteren Beschwerde abhelfen, hielt sich aber durch die Beschlüsse des Kammergerichts in Berlin vom 20. März 1900 (KG-Jahrb. Bd. 20 S. A 36) und vom 29. November 1912 (RJAmtEntsch. Bd. 12 S. 222) für daran verhindert und legte die Sache gemäß § 28 Abs. 2 FGG. dem Reichsgericht vor. Dieses verwarf die weitere Beschwerde, ohne die streitige Rechtsfrage zu entscheiden.

Aus den Gründen:

„Das Reichsgericht nimmt an, daß die Voraussetzungen des § 28 Abs. 2 a. a. O. gegeben sind, erachtet aber, abweichend vom Oberlandesgericht, das eine sachliche Entscheidung treffen wollte und damit die Zulässigkeitsfrage stillschweigend bejaht hat, die weitere Beschwerde für unzulässig.

Die Eintragung hat zum Inhalt, daß die Aktiengesellschaft Dresdner Gasmotorenfabrik vorm. M. H. in D. unter Beibehaltung ihrer alten Firma für ihr bisheriges Geschäft das bis dahin von der offenen Handelsgesellschaft A. K. jr. früher F. W. in D. betriebene und ihr von dieser übertragene Geschäft unter der Firma „A. K. jr. früher F. W., Inhaberin die Aktiengesellschaft Dresdner Gasmotorenfabrik vorm. M. H." fortführe. Wenn daher, wie das Landgericht in Übereinstimmung mit der Rechtsauffassung des Kammergerichts in Berlin angenommen hat, eine Aktiengesellschaft an demselben Ort nicht mehrere Geschäfte unter verschiedenen Firmen betreiben darf, so ist diese Eintragung bewirkt worden, obgleich sie wegen Mangels einer wesentlichen Voraussetzung unzulässig war, und das Registergericht kann sie in Gemäßheit des § 142 FGG. von Amts wegen löschen.

Das Löschungsverfahren des § 142 ist aber dahin geordnet, daß das Registergericht den Beteiligten von der beabsichtigten Löschung zu benachrichtigen und ihm zugleich eine angemessene Frist zur Geltendmachung eines Widerspruchs zu bestimmen hat (§ 142 Abs. 2), daß die Entscheidung über einen etwa erhobenen Widerspruch vom Registergericht zu treffen ist (§ 142 Abs. 3, § 141 Abs. 3 Satz 1), daß gegen die den Widerspruch zurückweisende Verfügung die sofortige Beschwerde stattfindet (§ 141 Abs. 3 Satz 2), und daß die Löschung nur erfolgen darf, wenn Widerspruch nicht erhoben oder wenn die den Widerspruch zurückweisende Verfügung rechtskräftig geworden ist (§ 141 Abs. 4). Wie die Denkschrift hervorhebt (S. 73), kommen diese Vorschriften auch dann zur Anwendung, „wenn ein Dritter, der durch die Eintragung in seinen Rechten beeinträchtigt ist, oder das zur Vertretung des Handelsstandes berufene Organ (vgl. § 126 FGG.) die Löschung einer zu Unrecht erfolgten Eintragung beantragt. Weigert sich das Registergericht, einem solchen Antrage stattzugeben und wird hiergegen Beschwerde erhoben, so ist dem Landgericht, falls es den Antrag für begründet erachtet, durch die allgemeinen Vorschriften über die Beschwerde freie Hand gelassen, entweder selbst die Sache zu erledigen oder sie an das Amtsgericht zurückzuverweisen. Wählt das Landgericht den ersteren Weg, so muß es seinerseits in Gemäßheit des § 142 Abs. 2 (§ 138 Abs. 2 des Entwurfs) dem von der beabsichtigten Löschung Betroffenen eine angemessene Frist zur Geltendmachung eines Widerspruchs bestimmen."

Im vorliegenden Falle hat die Firma Aug. K. & Söhne in D., als durch die Eintragung angeblich Beeinträchtigte, den Löschungsantrag gestellt. Das Amtsgericht hat es abgelehnt, die beteiligte Aktiengesellschaft von der beabsichtigten Löschung zu benachrichtigen und ihr eine Widerspruchsfrist zu bestimmen, weil es der Ansicht ist, daß eine Aktiengesellschaft an demselben Orte mehrere Geschäfte unter verschiedenen Firmen führen könne. Auf die Beschwerde der Antragstellerin hat dagegen das Landgericht dem Amtsgericht die Anweisung erteilt, von dem erwähnten Bedenken gegen die Einleitung des Löschungsverfahrens abzusehen.

Eine derartige Anweisung enthält jedoch, wie schon in einem gleichliegenden Falle das Kammergericht in Berlin durch Beschluß vom 26. November 1908 (Jahrb. Bd. 37 S. A 194 = RJAmtEntsch. Bd. 10 S. 23) ausgesprochen hat, keine mit der weiteren Beschwerde anfechtbare Entscheidung. In der Begründung dieses Beschlusses heißt es: „Indem das Gesetz vorschreibt, daß der Registerrichter dem Beteiligten bei Benachrichtigung von der beabsichtigten Löschung eine angemessene Frist zur Geltendmachung eines Widerspruchs zu bestimmen und selbst über den Widerspruch zu entscheiden habe, entzieht es die Benachrichtigung dem Beschwerdewege. Die Beschwerde ist erst gegen die Entscheidung über den Widerspruch zulässig, und zwar im Falle der Zurückweisung des Widerspruchs nur als sofortige Beschwerde. Gerade das letztere beweist deutlich, daß es nicht im Belieben des Beteiligten liegen kann, ob er gegen die Benachrichtigung von der beabsichtigten Löschung beim Beschwerdegericht oder beim Registergericht Abhilfe suchen will. Dem Registerrichter darf die Möglichkeit nicht entzogen werden, mittels einer nur binnen bestimmter Frist anfechtbaren Entscheidung die gesetzliche Grundlage für die beabsichtigte Löschung zu schaffen. Hätte deshalb im vorliegenden Fall das Landgericht, wozu es nach den oben wiedergegebenen Ausführungen der Denkschrift befugt gewesen wäre, die in § 142 Abs. 2 FGG. vorgeschriebene Benachrichtigung an den Beteiligten unter Bestimmung einer angemessenen Frist selbst erlassen, so würde gegen diese von ihm in der Beschwerdeinstanz getroffene Verfügung gleichfalls nicht die weitere Beschwerde, sondern nur der Widerspruch zulässig gewesen sein, und dann würde die Entscheidung über einen etwaigen Widerspruch ebenso, wie wenn es als Gericht erster Instanz die Benachrichtigung erlassen hätte (§ 143 FGG.), ihm als dem an die Stelle des Registerrichters tretenden Beschwerdegericht zugestanden haben (J o s e f zu § 142 FGG. Anm. 8, zu § 23 Anm. 4 B,

Ebert-Dudek-Lindemann zu § 141 Anm. 3). Ist dies aber richtig, so kann auch gegen die vom Landgericht tatsächlich erlassene Anordnung, daß das Amtsgericht die in § 142 Abs. 2 FGG. vorgeschriebene Benachrichtigung und Fristbestimmung vorzunehmen habe, die weitere Beschwerde nicht zugelassen werden. Diese Anordnung des Landgerichts enthält ebensowenig eine selbständig mit der Beschwerde anfechtbare Entscheidung wie die Benachrichtigung und Fristbestimmung. Ob sie gerechtfertigt war, darüber ist vom Amtsgericht auf einen etwaigen Widerspruch hin zu entscheiden." Dem kann nur beigepflichtet werden. Vom Standpunkt des Gesetzes aus liegt in der unter Bestimmung einer Widerspruchsfrist erfolgenden Benachrichtigung von der beabsichtigten Löschung noch keine „Beeinträchtigung" des Rechtes des Beteiligten, und noch weniger läßt sich schon in der Anweisung zum Erlaß einer solchen Benachrichtigung eine Beeinträchtigung im Sinne des § 20 FGG. (vgl. § 27 das.) finden. Der Beteiligte kann der beabsichtigten Löschung widersprechen, und erst die nach Ablauf der Widerspruchsfrist zu treffende Entscheidung eröffnet ihm, wenn sie auf Vornahme der Löschung gerichtet ist, den Weg der (sofortigen) Beschwerde." . . .

RGZ. 110, 311.

Kann die Beschwerde und die weitere Beschwerde in Angelegenheiten der freiwilligen Gerichtsbarkeit zu Protokoll des Amtsrichters eingelegt werden?

FGG. §§ 21, 29.

IV. Zivilsenat. Beschl. v. 19. März 1925.

I. Amtsgericht Neuß. — II. Landgericht Düsseldorf.

Das Amtsgericht Neuß ordnete mit Beschluß vom 2. Dezember 1924 an, daß die vier Kinder des Invaliden B. in Neuß gemäß §§ 63, 67 des Jugendwohlfahrtsgesetzes zur vorläufigen Fürsorgeerziehung zu bringen seien. Die vom Vater gegen den Beschluß eingelegte Beschwerde wurde vom Landgericht hinsichtlich dreier Kinder zurückgewiesen; der Beschluß wurde dem B. am 23. Dezember zugestellt. Am 30. gl. Mts. ging beim Landgericht ein Schriftstück des B. vom 29. Dezember ein, in dem er bat, seine 17jährige Tochter Gertrud freizugeben, da er sie für die Haushaltung brauche. Das Landgericht sandte das Schreiben an das Amtsgericht Neuß mit dem Ersuchen, den B. darüber zu Protokoll vernehmen zu lassen, ob er weitere Beschwerde einlegen wolle. Der

Amtsrichter in Neuß lud den B. auf den 5. Januar 1925 vor sich und nahm an diesem Tage eine Erklärung entgegen, wonach B. auf Befragen angab, daß er gegen den landgerichtlichen Beschluß hinsichtlich der Tochter Gertrud weitere Beschwerde einlege, und daß dies die Absicht seiner Eingabe vom 29. Dezember gewesen sei. Das darüber aufgenommene Schriftstück enthält den Schlußvermerk: v. g. u. und die Unterschrift des B. und des Amtsrichters. Die Akten mit dieser Erklärung gingen am 7. Januar beim Landgericht ein und wurden von ihm dem Kammergericht zur Entscheidung über die weitere Beschwerde vorgelegt.

Das Kammergericht erachtet die weitere Beschwerde für unzulässig, weil sie nicht in der vorgeschriebenen Form, nämlich nicht zu Protokoll des Gerichtsschreibers nach §§ 29, 21 FGG., eingelegt sei. Es würde die weitere Beschwerde als unzulässig verwerfen, sieht sich daran aber gehindert durch einen Beschluß des Bayerischen Obersten Landesgerichts vom 4. Juni 1923, abgedruckt im Jahrbuch für Entscheidungen in Angelegenheiten der freiwillige Gerichtsbarkeit Bd. 1 S. 25 worin ausgesprochen wird, daß der Formvorschrift des § 29 FGG. auch genügt sei, wenn die Beschwerde vor dem Amtsrichter erklärt und von ihm zu Protokoll genommen werde. Es hat deshalb die weitere Beschwerde dem Reichsgericht vorgelegt.

Die Voraussetzungen für das Verfahren nach § 28 Abs. 2, 3 FGG. sind gegeben.

Was den streitigen Punkt anlangt, so bestand bisher in Rechtsprechung und Rechtslehre beinahe völlige Einigkeit dahin, daß die Einlegung der weiteren Beschwerde zu Protokoll des Amtsrichters unzulässig sei (für die erste Beschwerde nach § 21 FGG. liegt die Sache insofern anders, als dort die Einlegung durch formlose Beschwerdeschrift zulässig ist und die Rechtsprechung dem von der Partei mitunterschriebenen Protokoll des Amtsrichters die Eigenschaft einer solchen Beschwerdeschrift zuerkannt hat). Abweichend nur Weißler, FGG. 21 A. 2b und ein Beschluß des Kammergerichts vom 29. Oktober 1888 zu dem im wesentlichen gleichlautenden § 53 des preußischen Ausführungsgesetzes zum Gerichtsverfassungsgesetz, abgedruckt KGJ. Bd. 8 S. 3. Eine ausführliche Zusammenstellung des Materials findet sich bei Unger in der Zeitschr. für ZP. Bd. 38 S. 511 A. 34 und Bd. 42 S. 118 A. 40, sowie bei Schlegelberger, FGG. A. II 2 zu § 29. Das Kammergericht hat sich zum § 29 FGG. erstmals in einem Beschluß vom 21. Mai 1900 in diesem Sinn ausgesprochen, abgedruckt in den

Mitt. des RJA. Bd. 1 S. 41 und im KGJ. Bd. 20 A. S. 145, und daran in weiteren Entscheidungen festgehalten. Auch das Bayerische Oberste Landesgericht hat bisher in diesem Sinne erkannt (Samml. v. Entsch. Bd. 5 S. 510, Bd. 9 S. 409, Bd. 12 S. 655).

In dem oben erwähnten Beschluß vom 4. Juni 1923 sagt nun das Bayerische Oberste Landesgericht, daß es von seiner bisherigen Rechtsprechung abgehen wolle, ohne die abweichende Rechtsprechung des Kammergerichts zu erwähnen. Es glaubt den Wortlaut des § 29 FGG. deshalb *nicht für maßgebend ansehen zu sollen, weil der mit dieser* Vorschrift verfolgte Zweck — daß nämlich der Beschwerdeführer bei der Einlegung der weiteren Beschwerde, die nur auf Verletzung von Rechtsnormen gestützt werden könne, durch eine mit dem gerichtlichen Verfahren und dem materiellen Recht vertraute Person beraten werde und so der Gebrauch von vornherein aussichtsloser Rechtsbehelfe vermieden werde — durch die Entgegennahme der Erklärung durch den Richter in noch höherem Maße gewahrt werde.

Das Kammergericht führt dagegen in seinem Vorlegungsbeschluß aus, bei der Auslegung von Formvorschriften komme nicht nur der Zweck, sondern auch das Wesen der Formvorschrift als solcher in Betracht; das Wesen der Formvorschrift bestehe aber gerade darin, daß eine Rechtshandlung eben nur in der vom Gesetzgeber verlangten Art und Weise vorgenommen werden könne, nicht aber auf andere Art und von anderen Personen, wenn auch hierdurch ein gleichartiges Endergebnis erzielt werden könnte. An der Vorschrift des Gesetzes müsse festgehalten werden, wenn das auch im Einzelfall als formalistisch erscheinen könne, wie auch in RGZ. Bd. 101 S. 429 gesagt werde. Das Kammergericht weist schließlich noch darauf hin, daß auch der bei einem Kollegialgericht angestellte Richter einen Prozeß bei einem solchen Gericht nicht selbst führen könne, sondern sich durch einen Rechtsanwalt vertreten lassen müsse, obwohl er die gleiche berufliche Vorbildung wie dieser genossen habe.

Der Senat tritt den Ausführungen des Kammergerichts im Ergebnis bei. Es geht nicht an, Formvorschriften mit der bloßen Erwägung beiseite zu schieben, daß der Zweck der Vorschrift auch auf andere Weise ebensogut erreicht werden könne. Das würde schließlich dahin führen, daß von Fall zu Fall geprüft werden müßte, ob unter den jeweils gegebenen Umständen der Zweck der Formvorschrift auch ohne ihre Einhaltung erreicht worden sei. Für die Sicherheit des Rechtsverkehrs sind aber Formvorschriften, die ihn allgemein und für jeden Fall regeln, nicht zu entbehren (RGZ. Bd. 109 S. 374, Bd. 110 S. 169).

Aus der Entstehungsgeschichte des Gesetzes über die freiwillige Gerichtsbarkeit ist etwas Bestimmtes über den Grund, aus welchem die Fassung der §§ 21, 29 gewählt worden ist, nicht zu entnehmen. Doch ist S. 39 der Denkschrift gesagt, die Vorschriften über die Form der Beschwerdeeinlegung seien den Bestimmungen in § 73 der Grundbuchordnung nachgebildet. Sie enthalten aber in Wirklichkeit gerade in dem hier in Betracht kommenden Punkte eine Abweichung von § 73 GBO., indem dort (und infolgedessen auch in § 80 GBO.) die Einlegung der Beschwerde zu Protokoll des Grundbuchamts — also entweder des Grundbuchrichters oder des Grundbuchführers, vgl. Güthe, A. C II 2 zu § 80 GBO. — zu erfolgen hat. Die Abweichung ist sicherlich in bewußter Weise erfolgt, wenn man im übrigen, wie erwähnt, die Bestimmungen der Grundbuchordnung als Vorlage benützte; der Grund der Abweichung ist aber nicht ersichtlich gemacht. Es kann sein, daß Gründe von der Art obgewaltet haben, wie sie Unger in der Zeitschrift für Zivilprozeß Bd. 38 S. 511 erörtert: man habe einerseits nicht dem Amtsrichter die bequeme Gelegenheit an die Hand geben wollen, auf die Willensentschließung der Beteiligten hinsichtlich Einlegung der Beschwerde und Art ihrer Begründung einzuwirken, anderseits nicht dem Amtsrichter eine dem richterlichen Ansehen abträgliche Mitwirkung bei Anfechtung seiner eigenen Verfügung auferlegen wollen. Diese Erwägungen würden allerdings auch für die Grundbuchordnung zutreffen; aber vielleicht hat man erwogen, daß beim Grundbuchamt nur Geschäfte mehr formaler Art verhandelt werden, während beim Richter der freiwilligen Gerichtsbarkeit sachliche Geschäfte von oft tief in das Familienleben eingreifender Wirkung verhandelt werden, bei denen die Rücksicht auf die persönliche Auffassung des Richters eine größere Rolle spielt als beim Grundbuchamt.

Schließlich kommt auch noch in Betracht, daß die Gerichtsverfassung den Gerichtsschreiber nicht als bloßen Gehilfen des Richters behandelt, sondern ihm bestimmte Geschäfte in ausschließlicher und selbständiger Weise überträgt; von der Rechtsprechung wird sogar die Zuständigkeit des Gerichtsschreibers im einzelnen Falle nicht bloß gegenüber dem Richter, sondern auch gegenüber anderen, aus dem Gerichtschreiberstand hervorgegangenen Beamten abgegrenzt (JW. 1905 S. 52 Nr. 26, Urteil vom 9. Juli 1923 IV 53/23). Diese Rechtslage nötigt zu dem Schlusse, daß auch die Vorschrift in § 21 FGG. bewußt auf eine Scheidung der Zuständigkeit abzielt, durch welche ja auch in keiner Weise eine Erschwerung des Geschäftsverkehrs für die Parteien verursacht wird.

RGZ. 124, 322.

Ist ein Oberlandesgericht, das auf weitere Beschwerde eine Sache an das Beschwerdegericht zurückverwiesen hatte, an seine dieser Entscheidung zugrundegelegte Rechtsauffassung gebunden, wenn die neue Entscheidung des Beschwerdegerichts wiederum mit der weiteren Beschwerde angefochten wird?*

FGG. § 28.

IV. Zivilsenat. Beschl. v. 13. Mai 1929.

I. Amtsgericht Landsberg a. W. — II. Landgericht daselbst.

Das Amtsgericht hatte nach § 63 Abs. 1 Nr. 1 des Gesetzes für Jugendwohlfahrt die fünf minderjährigen Kinder der unverehelichten H. zur Fürsorgeerziehung überwiesen. Auf die sofortige Beschwerde der Mutter hob das Landgericht die Anordnung des Amtsgerichts insoweit auf, als das jüngste Kind der Fürsorgeerziehung überwiesen worden war; im übrigen wies es die sofortige Beschwerde zurück. Gegen diesen Beschluß erhoben die Mutter der Minderjährigen und das Städtische Jugendamt sofortige weitere Beschwerde. Das Kammergericht hob daraufhin den Beschluß des Landgerichts auf und verwies die Sache zur anderweitigen Erörterung und Entscheidung an die Vorinstanz zurück. Zur Begründung führte es aus: Der § 55 JWG. sei vom Landgericht nicht in den Kreis seiner Erwägungen gezogen worden. Es müsse geprüft werden, ob die Kinder hilfsbedürftig im Sinne dieser Vorschrift seien; denn die nur zur Verhütung der Verwahrlosung bestimmte vorbeugende Überweisung eines hilfsbedürftigen Minderjährigen zur Fürsorgeerziehung sei unzulässig, wenn für diese Verhütung keine besonderen Aufwendungen erforderlich würden.

Nunmehr hob das Landgericht durch Beschluß vom 19. Dezember 1928 die amtsgerichtliche Entscheidung völlig auf und wies den Antrag des Jugendamts auf Überweisung sämtlicher Kinder zur Fürsorgeerziehung ab. Es erachtet zur Verhütung der Verwahrlosung die Entfernung der Minderjährigen aus der bisherigen Umgebung für erforderlich, weist aber den Antrag auf Anordnung der vorbeugenden Fürsorgeerziehung im Hinblick auf § 55 JWG. zurück, weil die Minderjährigen als hilfsbedürftig anzusehen seien und ihre anderweitige Unterbringung mangels erheblicher Erziehungsschwierigkeiten keine besonderen, die Grenzen der Fürsorgepflicht überschreitenden Aufwendungen erfordere.

*) Die Entscheidung ist wegen Aufhebung des § 55 JWG. durch die VO. vom 4. 11. 32 nicht mehr von Interesse, soweit es sich um den materiellrechtlichen Inhalt handelt.

Gegen diesen Beschluß richtete sich die weitere Beschwerde des Städtischen Jugendamtes, mit der geltendgemacht wurde, daß nach § 63 Abs. 1 Nr. 1 JWG. die Fürsorgeerziehung einzutreten habe, wenn, wie hier, für die Entfernung eines hilfsbedürftigen Minderjährigen aus seiner bisherigen Umgebung keine privaten Mittel zur Verfügung ständen.

Das Kammergericht wollte die sofortige weitere Beschwerde zurückweisen, erachtete sich aber für gehindert durch zwei ihm inzwischen bekannt gewordene Beschlüsse des Oberlandesgerichts Stuttgart (einer davon abgedruckt im Jahrb. FG. Bd. 4 S. 100), in denen die Ansicht des Jugendamtes vertreten wird, und legte die Sache unter Bezugnahme auf § 28 Abs. 2 FGG. dem Reichsgericht zur Entscheidung vor. Dieses lehnte die Entscheidung ab aus folgenden

Gründen:

Das Reichsgericht ist zu einer Entscheidung über die weitere Beschwerde nicht in der Lage, da die Voraussetzungen des § 28 Abs. 2 FGG. nicht gegeben sind. Der angefochtene Beschluß des Landgerichts entspricht der Auslegung, die das Kammergericht in seinem die erste Entscheidung des Landgerichts aufhebenden Beschluß den §§ 55, 63 Abs. 1 Nr. 1 JWG. gegeben hat, und an diese Rechtsauffassung ist das Kammergericht auch jetzt noch gebunden, so daß die Abweichung von der Rechtsauffassung des Oberlandesgerichts in Stuttgart bei der jetzt zu treffenden Entscheidung unvermeidlich und nicht mehr, wie § 28 Abs. 2 FGG. voraussetzt, vom Willen des Kammergerichts abhängig ist.

Zu der Frage, ob die gedachte Gebundenheit besteht, hat der Senat in einem Beschluß vom 21. Februar 1927 IV B 68/26 folgendes ausgeführt: Die Annahme der Gebundenheit läßt sich allerdings nicht ohne weiteres durch eine entsprechende Anwendung der für das streitige Verfahren geltenden Rechtssätze begründen (§ 565 Abs. 2 ZPO.; RGZ. Bd. 58 S. 288, Bd. 94 S. 13, Bd. 100 S. 60). Denn Zweck und Natur der freiwilligen Gerichtsbarkeit unterscheiden diese wesentlich von der streitigen. Das hat insbesondere in § 18 FGG. Ausdruck gefunden. Der Begriff der materiellen Rechtskraft ist für die Regel dem Gesetz über die freiwillige Gerichtsbarkeit fremd (KGJ. Bd. 32 A S. 76). Das Rechtsmittel ist in diesem Gesetz besonders geregelt, teilweise allerdings unter Verweisung auf Vorschriften der Zivilprozeßordnung; unter ihnen findet sich aber § 565 Abs. 2 nicht, ebensowenig § 318 ZPO. Das Kammergericht hat denn auch in Abweichung von einer früheren Entscheidung des Feriensenats (ROLG. Bd. 1 S. 311) die Gebundenheit des Gerichts der weiteren Beschwerde in einem Falle wie dem vorliegenden verneint (KGJ. Bd. 45 A S. 92 flg.). Keidel (FGG. 3. Aufl.) hat sich dem (in Anm. 5 Abs. 2 zu § 27) ohne nähere Begründung angeschlossen. Derselben Meinung sind Josef in Pos. Monatsschrift 1913 S. 30 und Unger in Buschs Zeitschrift Bd. 41 S. 185 Anm. 99. Dieser Ansicht kann indessen nicht beigetreten werden. Auszugehen ist davon, daß auch im Verfahren der freiwilligen Gerichtsbarkeit im Falle der Aufhebung und Zurückverweisung an die Vorinstanz diese die im aufhebenden Beschluß niedergelegte Rechtsauffassung ihrer neuen Entscheidung zugrundezulegen hat (so das Kammergericht, ferner Josef a. a. O. und Keidel Abs. 1 a. a. O.). Es gilt also auch hier der Grundsatz des § 565 Abs. 2 ZPO. Dieser Grundsatz hat zur notwendigen Folge, daß auch das Gericht der weiteren Beschwerde an seine maßgeblich ausgesprochene Rechtsauffassung so lange gebunden bleibt, als das für die Vorinstanzen zutrifft, d. h. so lange eine dem Rechtsmittelverfahren zugrundeliegende und durch die Entscheidung des Gerichts der weiteren Beschwerde beeinflußte Verfügung einer Vorinstanz in Frage steht. Es handelt sich dann nicht, wie das Kammergericht annimmt, um eine neue selbständige Verfügung, die in allen Beziehungen erneuter Nachprüfung unterläge. Derselbe Gesichtspunkt ist auch in den vorher angeführten, zu § 565 Abs. 2 ZPO. ergangenen Urteilen des Reichsgerichts entscheidend gewesen. Auf die Vorschrift des § 318 ZPO. ist nur nebenher verwiesen, so daß die Erwägung des Kammergerichts, das Gesetz über die freiwillige Gerichtsbarkeit kenne keine ihr entsprechende Bestimmung, nicht maßgebend sein kann. § 18 FGG. steht schon deshalb nicht entgegen, weil nach ihm nur das Gericht erster Instanz zur Abänderung seiner Verfügung — soweit sie nicht der sofortigen Beschwerde unterliegt — befugt ist. Das Kammergericht wäre nicht in der Lage gewesen, den einmal erlassenen Beschluß abzuändern. Erst recht kann eine Änderung nicht in Frage kommen, nachdem das Landgericht nunmehr erneut entschieden hat. Daß der abweichende Standpunkt allein den praktischen Bedürfnissen entspreche, wie das Kammergericht ausführt, ist nicht anzuerkennen. Im Gegenteil erscheint es schwer erträglich, wenn in einem Rechtsmittelverfahren, das eine und dieselbe Anordnung zum Gegenstand hat, von der höchsten Instanz bald so bald anders entschieden werden könnte. Eine Sache würde auch, wenn z. B. keine abweichende Entscheidung des Reichsgerichts oder eines anderen Oberlandesgerichts in Betracht kommt, unter Umständen überhaupt nicht zu Ende kommen. Ob nach Erledigung des Rechtsmittelzugs gegen eine

Verfügung des Amtsgerichts dieses in der Lage ist, nunmehr abweichend zu beschließen, ist für die Beantwortung der vorliegenden Frage ohne rechtliche, aber auch ohne erhebliche praktische Bedeutung.

An dieser Rechtsansicht hält der Senat auch nach wiederholter Prüfung fest. Daraus ergibt sich die getroffene Entscheidung.

RGZ. 132, 311.

Hat der Wettbewerber als solcher im Verfahren des Registerrichters auf Löschung oder Untersagung des Gebrauchs einer unwahren Firma ein Beschwerderecht nach § 20 des Gesetzes über die Angelegenheiten der freiwilligen Gerichtsbarkeit?

II. Zivilsenat. Beschl. v. 21. April 1931.

I. Amtsgericht Bremen. — II. Landgericht daselbst.

Der Sachverhalt und die Entscheidung ergeben sich aus den

Gründen:

1. Im Handelsregister des Amtsgerichts Bremen ist seit dem 17. Januar 1919 die Firma „D.-Werke Adolph D. Gesellschaft mit beschränkter Haftung" mit jetzt 50000 RM Stammkapital für ein Unternehmen zur Herstellung von Maschinen und Eisenwaren und zum Handel mit solchen eingetragen. Die Beschwerdeführerin, Firma „Vereinigte Baubeschlagfabriken Gr., GmbH." in Stuttgart-Feuerbach, die nach ihrem Vortrag mit der vorbezeichneten Firma in schärfstem Wettbewerb steht, hat am 6. Oktober 1930 beim Amtsgericht Bremen wegen des Wortes „D.-Werke" angeregt, jene Firma gemäß § 142 FGG. zu löschen, nötigenfalls gemäß § 37 Abs. 1 HGB. in Verb. mit §§ 132 bis 139, 140 FGG. gegen sie einzuschreiten. Bei diesem Einschreiten könnte es sich immer nur um ein Vorgehen gegen den Gebrauch der Firma im ganzen handeln, nicht um eine Unterdrückung des beanstandeten Firmenbestandteils allein (ROLG. Bd. 6 S. 340; JW. 1925 S. 2489 Nr. 1; Staub-Bondi § 37 Anm. 4a; Düringer-Hachenburg-Hoeniger § 37 Anm. 5). Die Beschwerdeführerin macht geltend, die Bezeichnung „D.-Werke" verstoße gegen den Grundsatz der Firmenwahrheit und sei nach § 4 GmbH. in Verb. mit § 18 Abs. 2 HGB. unzulässig. Nur große Industriebetriebe dürften nach ständiger Rechtsprechung die Bezeichnung „Werk" oder gar „Werke" führen. Die Gegnerin aber, eine Familiengesellschaft, besitze nur ein Grundstück und beschäftige nur etwa 80 Arbeiter; sie sei daher ein kleineres, nicht einmal zur Führung der Bezeichnung „Werk" in der

Einzahl berechtigtes Unternehmen. Durch den unbefugten Firmengebrauch sei die Beschwerdeführerin in ihren Rechten, nämlich in dem Rechtsgut ihres selbständigen, eingerichteten Gewerbebetriebs verletzt.

2. Das Amtsgericht Bremen hat mit Beschluß vom 28. Oktober 1930 ein Einschreiten abgelehnt, nachdem durch die Handelskammer daselbst festgestellt worden war, daß die Gesellschaft mbH. aus der offenen Handelsgesellschaft „D.-Werke Adolph D." hervorgegangen ist, die am 9. Juni 1917 zunächst unter der Firma „D.-Werk Adolph D." handelsgerichtlich eingetragen worden war, aber nach Eröffnung einer — erst in der Inflationszeit wieder aufgelösten — zweiten Betriebsstätte am 11. Juni 1918 die veränderte Firma „D.-Werke Adolph D." angenommen und zur Eintragung gebracht hat. Die hiergegen erhobene Beschwerde hat das Landgericht unter Bejahung des Beschwerderechts als unbegründet zurückgewiesen, weil ein Einschreiten im öffentlichen Interesse (wie sowohl für das Verfahren nach § 140 als auch für das nach § 142 FGG. erforderlich) nicht geboten sei. Auf die weitere Beschwerde will sich das Oberlandesgericht Hamburg dahin aussprechen, daß die nach § 29 FGG. formgerecht eingelegte Beschwerde unzulässig sei, weil kein Recht der Beschwerdeführerin im Sinne des § 20 Abs. 1 das. verletzt sei. Es sieht sich jedoch am Ausspruch dieser Unzulässigkeit, wofür es sich auch auf die Entscheidung des Kammergerichts vom 26. November 1908 KGJ. Bd. 37 A S. 199 = RJA. Bd. 10 S. 20 beruft, durch die Erkenntnisse des Bayerischen Obersten Landesgerichts vom 19. September 1921 (Bayer. Rpfl. 1922 S. 74 = LZ. 1922 Sp. 31) und vom 17. Juni 1922 (JFG. Bd. 1 S. 188) gehindert, woselbst ein Beschwerderecht des Wettbewerbers anerkannt ist. Daher hat das Oberlandesgericht Hamburg die Beschwerde gemäß § 28 Abs. 2 FGG. dem Reichsgericht zur Entscheidung vorgelegt. Der Fall des § 28 Abs. 2 ist nach dieser Vorschrift in Verb. mit § 199 Abs. 1 und 2 das. gegeben.

3. Dem Oberlandesgericht Hamburg und dem Kammergericht ist beizupflichten. Nach § 20 Abs. 1 FGG. steht die Beschwerde jedem zu, „dessen Recht durch die Verfügung" (des Gerichts erster und höherer Instanz) „beeinträchtigt ist". Diese Vorschrift hat ihre gleichmäßige Bedeutung für alle Gebiete der freiwilligen Gerichtsbarkeit. Jede erweiternde Auslegung auf dem einen Gebiet hat unübersehbare Wirkungen für die übrigen Gebiete. Wie die Entstehungsgeschichte zeigt (vgl. die Darstellung bei Schlegelberger Komm. z. FGG. 3. Aufl. 1927 zu § 20 Bd. 1 S. 291), war wegen der Ausdehnung des Beschwerderechts schon die Fassung des Gesetzes umstritten. Angenommen

wurde schließlich die Fassung des Entwurfs § 19, zu der die Denkschrift Mat. S. 39 erklärt: „Hiernach genügt es zur Anfechtung nicht, daß die Verfügung auf die rechtlichen Beziehungen des Beschwerdeführers von Einfluß ist und daß er insofern ein Interesse an ihrer Änderung hat, vielmehr ist stets erforderlich, daß eine Beeinträchtigung seines Rechtes vorliegt. Diese Regelung steht mit allgemeinen Rechtsgrundsätzen im Einklang. Darüber hinauszugehen ist weder durch ein praktisches Bedürfnis noch durch Rücksichten der Billigkeit geboten".

Die „Verfügung" des Gerichts muß die Beeinträchtigung des Rechts enthalten. Kann dies auch dadurch geschehen, daß eine Verfügung, die eine Beeinträchtigung von Rechts wegen zu beseitigen hatte, nicht erlassen wird, so muß in diesem Falle doch zweierlei vorliegen: eine Beeinträchtigung des Rechts und eine Verpflichtung des Gerichts der freiwilligen Gerichtsbarkeit, sie zu beseitigen. Diese Verpflichtung des Registergerichts hat das Landgericht bei beiden vorgeschlagenen Wegen des Einschreitens verneint, und zwar gleichermaßen für das im Wege einer Kannvorschrift*) geregelte Löschungsverfahren nach § 142 FGG. (hier in Verb. mit § 144 Abs. 1 Satz 2 und Abs. 3 FGG. und § 75, § 3 Abs. 1 Nr. 1 GmbHG.), wie auch für die als Mußvorschrift gekennzeichnete Gebrauchsuntersagung nach § 37 Abs. 1 HGB., § 140 FGG., die auch bei der Gesellschaft mbH. Anwendung findet (JW. 1910 S. 121 Nr. 31). Die Ansicht des Landgerichts kann hier jedoch unerörtert bleiben, da die Meinungsverschiedenheit der Obergerichte nach der anderen Richtung hin besteht, ob nämlich ein Recht der Beschwerdeführerin beeinträchtigt sein kann. Dies ist aber zu verneinen.

Das Recht, auf dem die Beschwerdeführerin fußt, ist ihr selbständiger eingerichteter Gewerbebetrieb. Eine Beeinträchtigung ihres Namensrechts (RGZ. Bd. 109 S. 213, Bd. 115 S. 401 (406); JW. 1927 S. 1585 Nr. 21) und Firmenrechts kommt nicht in Frage, da die Gegnerin, abgesehen von dem für alle Fälle gleichmäßig vorgeschriebenen Zusatz „mit beschränkter Haftung", keinen Firmenbestandteil der Beschwerdeführerin gebraucht und bei dem sonst völlig verschiedenen Wortlaut der beiderseitigen Firmen jede Verwechslungsgefahr ausgeschlossen ist. Deshalb scheidet auch § 16 UnlWG. aus. Der eingerichtete Gewerbebetrieb, den die Rechtsprechung als ein Recht anerkennt, müßte aber als solcher Gegenstand der Beeinträchtigung sein, wenn der Beschwerdeführerin, die allerdings — wie jeder andere — zu dem Amts-

*) Vgl. hierzu RGZ. Bd. 122 S. 312 (314) (abgedr. unter „Handelsgesellschaften").

verfahren nach §§ 142, 144 oder § 140 FGG. Anregung geben konnte, auch ein Beschwerderecht nach § 20 FGG. eingeräumt werden soll. Eine Verhinderung oder Störung ihres eigenen Gewerbebetriebs kann indessen die Beschwerdeführerin selbst nicht behaupten. Eine solche hat auch das Bayerische Oberste Landesgericht in den von ihm behandelten ähnlichen Fällen nicht angenommen, sondern in der schon angeführten älteren Entscheidung vom 19. September 1921, zu welcher die spätere nichts Neues bringt, unter Anführung der reichsgerichtlichen Entscheidungen in JW. 1913 S. 435 Nr. 12, 1915 S. 915 Nr. 3 und im Recht 1918 Nr. 236 selbst ausdrücklich abgelehnt.

Das Bayerische Oberste Landesgericht ist aber der Meinung, nach §§ 3, 13 UnlWG. bestehe ein Unterlassungsanspruch des Wettbewerbers gegenüber dem Mißbrauch des — gesetzlichen — Firmenrechts, und wenn die Verfügung des Registerrichters dieses Recht verletze, müsse ein Beschwerderecht nach § 20 FGG. gegeben sein. Es weist darauf hin, in JW. 1913 S. 435 Nr. 12 (Urteil des I. Zivilsenats des Reichsgerichts vom 29. Januar 1913) sei ausdrücklich „das Recht aus dem sonstigen Wettbewerbsrecht", außer § 16, „vorbehalten". Es sei, so wird weiter gesagt, nur folgerichtig, daß, wer selbst das Recht zur Unterlassungsklage habe, auch das Beschwerderecht erhalte. Für den springenden Punkt, ob durch die Führung einer unwahren, zur Täuschung über die Verhältnisse des Unternehmens geeigneten Firma das „Recht" eines Wettbewerbers verletzt wurde, geht jedoch die Bezugnahme auf jenes Reichsgerichtsurteil fehl. Damals wurde zurückverwiesen, damit im ordentlichen Prozeßverfahren geprüft werde, ob zur Rechtfertigung des erhobenen Unterlassungs- und Löschungsanspruchs „vielleicht eine andere Bestimmung des Gesetzes wider den unlauteren Wettbewerb Platz zu greifen habe". Daß die Klägerin durch den Gebrauch der zur Täuschung über den Umfang des Geschäfts geeigneten, folglich gegen § 18 Abs. 2 HGB. verstoßenden Firma „in ihren Rechten" verletzt sei, wurde unter Versagung des Klagerechts nach § 27 Abs. 2 HGB. ausdrücklich verneint. Das Zutreffen irgendeiner anderen Vorschrift des Wettbewerbsgesetzes wird also gerade **nicht** dahin beurteilt, daß dadurch die Klägerin „in ihren Rechten verletzt" sein müsse. Nun ist die Rechtsprechung des Reichsgerichts, besonders des mit dem einschlägigen Rechtsgebiet befaßten erkennenden Senats, auch in der Frage der Zulässigkeit der auf §§ 823, 1004 BGB. sich stützenden quasinegatorischen Unterlassungsklage auf dem

Gebiete des gewerblichen Rechtsschutzes nicht dabei stehengeblieben, daß nur ein unmittelbar gegen den Bestand des Betriebs gerichteter Eingriff eine Verletzung des Rechts des eingerichteten und ausgeübten Gewerbebetriebs darstelle. Vielmehr ist diese Auffassung als zu eng bezeichnet und die Klage gegen unbefugte Beeinträchtigungen der gewerblichen Betätigung auch ohne Rücksicht darauf gewährt oder als berechtigt erklärt worden, ob ein sich unmittelbar gegen den Bestand richtender Eingriff vorliege (so unter Berufung auf JW. 1905 S. 174 Nr. 15 und RGZ. Bd. 109 S. 52 die Urteile dieses Senats in JW. 1929 S. 1217 Nr. 25 und vom 27. Februar 1931 II 155/30). Dabei werden aber immer Beeinträchtigungen des freien Gewerbebetriebs des Klagenden verlangt, mag man auch diese bürgerlich-rechtliche Unterlassungsklage als mit zur Abwehr unlauteren Wettbewerbs gegeben bezeichnen. Es handelt sich, wie stets betont wird, um eine auf dem Sondergebiet des gewerblichen Rechtsschutzes vor sich gehende Ausfüllung der in den Einzelvorschriften des Bürgerlichen Gesetzbuchs und in den Sondergesetzen enthaltenen Lücken durch Richterrecht zur Deckung schutzwürdiger Interessen. Diese Rechtsprechung liegt am äußersten Rande oder entfernt sich schon von dem Rechtsboden, auf dem das Gesetz über die Angelegenheiten der freiwilligen Gerichtsbarkeit das Beschwerderecht zuläßt. Hier genügt es gerade nicht, daß schutzwürdige Interessen bestehen; es muß ein Recht beeinträchtigt sein. Das hält die Rechtsprechung des Senats auch insoweit fortdauernd für erforderlich, als es sich um das durch eine Verletzung „in seinen Rechten" bedingte Klagerecht des Firmeninhabers nach § 37 Abs. 2 HGB. handelt (RGZ. Bd. 114 S. 90 [94]; JW. 1902 S. 27 Nr. 20, 1913 S. 435 Nr. 12; Staub-Bondi § 37 Anm. 14 gegen Düringer-Hachenburg-Hoeniger § 37 Anm. 8). Es ist nicht, wie das Bayerische Oberste Landesgericht sagt, folgerichtig, wenn jedem, der irgendeine Unterlassungsklage hat, das Beschwerderecht verstattet wird; gegenüber dem positiven Inhalt des § 20 FGG. ist dies vielmehr unstatthaft. Die Unterlassungsansprüche des Wettbewerbsgesetzes, zu deren Verfolgung in den Fällen der §§ 1, 3, 6, 8, 10, 11, 12 nach § 13 das. nicht bloß Gewerbetreibende, welche Waren oder Leistungen gleicher oder verwandter Art herstellen oder in den geschäftlichen Verkehr bringen, sondern auch Verbände zur Förderung gewerblicher Interessen berechtigt sind, haben in der Regel kein außerhalb dieser Interessen bestehendes Rechtsverhältnis zur Voraussetzung; sie entstammen grundsätzlich nicht einem Individualrecht. Die Vorschriften dieses Gesetzes sind nicht bloß der Wettbewerber halber gegeben, sondern sie dienen auch den Interessen des Publikums und der Wahrung des Rechtsfriedens (RGZ. Bd. 115 S. 330, Bd. 120 S. 49).

Von irgendeinem Eingriff in die freie gewerbliche Betätigung der Beschwerdeführerin ist hier keine Rede; es handelt sich allein darum, daß die Gegnerin durch eine inhaltlich unwahre Angabe in einem Firmenbestandteil ihren eigenen Absatz fördert und dadurch mittelbar dem Erfolg der geschäftlichen Betätigung der Beschwerdeführerin Abbruch tut. Konkurrenz ist aber, wie in JW. 1913 S. 435 Nr. 12 mit Recht gesagt ist, noch nicht ein Eingriff in den geordneten Geschäftsbetrieb eines anderen. Dies gilt selbst dann, wenn sie sich eines unlauteren Mittels bedient, das nicht zugleich einen solchen Eingriff enthält. Der in JW. 1905 S. 174 Nr. 15 behandelte Fall, wo aus den Unterlassungsansprüchen des Wettbewerbsgesetzes ein Untersagungsrecht hergeleitet und der geschäftlichen Betätigung des Klägers in den Weg gelegt wurde, enthält demgegenüber gerade einen Eingriff in dessen geschäftliche Betätigung. Die Unterlassungsklage nach §§ 3, 13 Unl.WG. ist der Beschwerdeführerin durch die Verfügung des Registergerichts weder genommen noch beeinträchtigt. Wie bei der Ordnung des Beschwerderechts gemäß § 20 FGG. nach der Denkschrift das praktische Bedürfnis in Erwägung gezogen wurde, so ist bei der Zulassung des Beschwerderechts des Wettbewerbers als solchen, das dann auch den zur Unterlassungsklage berechtigten Verbänden nicht versagt werden könnte, der mehr aufs Formale gerichtete Aufgabenkreis der Registerführung gegenüber demjenigen der Rechtsprechung in Zivilsachen zu berücksichtigen und als Gegengrund zu würdigen. Wie schon im § 127 FGG. zum Ausdruck gebracht ist (vgl. Denkschrift S. 70 zu § 123 des Entwurfs), paßt die unter Umständen von eingehenden Erörterungen und Ermittlungen des Tatbestands abhängige Beurteilung „streitiger Rechtsverhältnisse" und erst recht der im Wettbewerbsgesetz gesicherten schutzwürdigen Interessen nicht in jenen Aufgabenkreis. Es geht nicht an, die Austragung der mannigfaltigen Wettbewerbs-Streitigkeiten, die mit der Firmenführung zusammenhängen, durch Einräumung des Beschwerderechts in das Amtsverfahren des Registerrichters zu verlegen. Gegen ein Beschwerderecht aus dem Grunde des Wettbewerbs und insbesondere wegen eines Verstoßes gegen § 18 Abs. 2 HGB. sprechen sich auch aus Schlegelberger Komm. z. FGG. § 20 Anm. 22 und Josef in HansRZ. 1922 S. 871.

RGZ. 137, 222.*

1. Kann in der bloßen Ankündigung der Erteilung eines Erbscheins von seiten des Nachlaßrichters eine beschwerdefähige Verfügung liegen?

2. . . .*)

FGG. § 19. BGB. §§ 1944, 2260, 2273.

IV. Zivilsenat. Beschl. v. 14. Juli 1932.

I. Amtsgericht Hildesheim. — II. Landgericht daselbst.

Der Sachverhalt ergibt sich aus den

Gründen:

Der Spediteur Louis G. und seine Ehefrau Minna geb. S. in H. errichteten am 12. April 1907 ein privatschriftliches gemeinschaftliches Testament, in dem sie sich gegenseitig zu Alleinerben einsetzten und bestimmten, daß nach ihrem beiderseitigen Ableben ihre beiden Söhne Louis und Otto sich in den Nachlaß gleichmäßig teilen sollten; an deren Stelle sollte für den Fall, daß sie vor den Eltern mit Hinterlassung von Nachkommen sterben würden, diese Nachkommenschaft treten. Nach dem Tode des Ehemannes G. wurde dieses Testament am 22. November 1907 eröffnet und seinem ganzen Inhalt nach verkündet. Der Sohn Louis starb im Mai 1925 ohne Nachkommen. Nachdem die Witwe G. am 19. Dezember 1928 gestorben war, ging am 31. Januar 1929 ein notariell beglaubigtes Schreiben des Otto G. von demselben Tage beim Nachlaßgericht ein, in dem er unter Hinweis auf das gemeinschaftliche Testament der Eltern die Erbschaft ausschlug. Auf die Mitteilung des Nachlaßgerichts, daß die Ausschlagung (einen Tag) nach Ablauf der Frist des § 1944 BGB. eingegangen sei, erwiderte er unter dem 25. Februar 1929 (eingegangen am 28. Februar) u. a., daß er die Annahme der Erbschaft und die Versäumung der Ausschlagungsfrist wegen Irrtums in der Berechnung der Frist auf Grund des § 1956 BGB. unter Wiederholung der Ausschlagung anfechte. Ferner beantragte er zu notariellem Protokoll vom 10. April 1929 unter Bezugnahme auf diese Erklärungen in seiner Eigenschaft als gesetzlicher Vertreter seiner drei minderjährigen Kinder, einen Erbschein dahin zu erteilen, daß diese Nacherben für die Erbschaft des Louis G. bzw. Erben der Witwe Minna G., und zwar zu je einem Drittel geworden seien. Der Antrag wurde vom Nachlaßgericht abgelehnt und die hiergegen erhobene Beschwerde vom Landgericht zurückgewiesen. Die Entscheidungen beider Ge-

---

*) Geringere Bedeutung.

richte beruhen auf der Erwägung, daß die Kinder durch ihren Vater von der Erbfolge ausgeschlossen seien, da dieser die Ausschlagung verspätet erklärt habe und die Anfechtung der Fristversäumnis keinen Erfolg haben könne. Die weitere Beschwerde des Otto G. wurde vom Kammergericht aus dem Grunde zurückgewiesen, weil der Antrag vom 10. April 1929 der nötigen Bestimmtheit entbehre, auch auf die unzulässige Bescheinigung zweier Erbfolgefälle in ein und demselben Erbschein hinauslaufe.

Nunmehr beantragte Otto G. zu Protokoll des Nachlaßgerichts vom 23. Mai 1931, einen Erbschein nach der Witwe G., seiner Mutter, dahin der zu erteilen, daß diese von i h m beerbt worden sei. Daraufhin legte der Nachlaßrichter an demselben Tage die Blattsammlung der Vormundschaftsabteilung zur Kenntnisnahme vor, wobei er seine Ansicht dahin aussprach, daß zur Prüfung der Frage, ob Otto G. die Erbschaft wirksam ausgeschlagen habe, seinen Kindern ein Pfleger zu bestellen sei. Nachdem ein solcher bestellt worden war und unter dem 28. September 1931 der Erteilung des beantragten Erbscheins widersprochen hatte, fertigte der Nachlaßrichter zwar unter dem 5. November 1931 die Urschrift eines Erbscheins, wonach Otto G. laut Testament vom 12. April 1907 seine Mutter Minna G. beerbt habe, legte aber die Blattsammlung vor Ausfertigung des Erbscheins dem Vormundschaftsgericht zur Entscheidung darüber vor, ob im Interesse der Kinder der Erbschein mit der Beschwerde angefochten werden solle. Diese Beschwerde wurde vom Pfleger mit der Begründung eingelegt, daß Otto G. wirksam ausgeschlagen habe und demzufolge seine Kinder Erben nach Minna G. geworden seien. Das Landgericht wies die Beschwerde zurück. Die vom Pfleger eingelegte weitere Beschwerde ist vom Kammergericht dem Reichsgericht vorgelegt worden, und zwar mit folgender Begründung:

1. Eine beschwerdefähige Entscheidung des Nachlaßgerichts liege nicht vor. Der Beschwerde zugänglich seien nur solche Verfügungen, die eine auf die Herbeiführung eines Rechtserfolges gerichtete Anordnung des Gerichts enthielten. Der bei der Verfügung der Herstellung eines Erbscheins in Betracht kommende Rechtserfolg sei die Erteilung einer Ausfertigung des Erbscheins an den darin bezeichneten Erben, damit dieser die Möglichkeit erhalte, davon den Gebrauch zu machen, den das Gesetz mit seinen Bestimmungen über den Erbschein bezwecke. Diesen Erfolg habe das Nachlaßgericht mit der Fertigung des Erbscheinsentwurfs bis auf weiteres aber gerade nicht herbeiführen wollen. Der

von ihm entworfene Erbschein habe nicht alsbald in Ausfertigung zum bestimmungsmäßigen Gebrauch an den Erben hinausgehen, sondern so lange lediglich Entwurf bleiben sollen, bis seine Richtigkeit auch von den oberen Instanzen anerkannt worden wäre. Es handle sich hiernach um nichts weiter als um die Ankündigung einer vom Nachlaßgericht nur in Aussicht genommene Maßnahme, deren Durchführung von der Stellungnahme der höheren Instanzen und der Verantwortungsübernahme durch sie habe abhängig sein sollen. Eine derartige Ankündigung *unterliege nicht der Anfechtung mit der Beschwerde.* Da die Beschwerdeführer dadurch, daß das Landgericht die hiernach unzulässige Beschwerde aus sachlichen Gründen zurückgewiesen habe, nicht beschwert seien, wolle das Kammergericht die weitere Beschwerde zurückweisen. Es sehe sich aber daran gehindert durch die Entscheidungen des Bayerischen Obersten Landesgerichts in Zivilsachen Bd. 10 S. 208, Bd. 18 S. 180 und Bd. 19 S. 211. Auch in den dort entschiedenen Fällen handele es sich um Beschwerden gegen die bloße Ankündigung in Aussicht genommener Maßnahmen. Das Oberste Landesgericht habe jedoch die Zulässigkeit der Beschwerden nicht in Zweifel gezogen. Angesichts dieses Sachverhalts sei der Fall des § 28 Abs. 2 FGG. gegeben.

2. Das Kammergericht könne auch die Frage der Zulässigkeit der Beschwerde nicht dahingestellt lassen, da es bei sachlicher Prüfung zu einer Rechtsauffassung gelangen würde, die mit einer Entscheidung des Reichsgerichts nicht übereinstimme, also auch für den Fall der Zulässigkeit der Beschwerde die Sache dem Reichsgericht zur Entscheidung vorlegen müsse. Durch das gemeinschaftliche Testament sei Otto G., nachdem die Witwe G. Alleinerbin nach ihrem vorverstorbenen Ehemann geworden und der Sohn Louis G. vor ihr ohne Nachkommen verstorben sei, als alleiniger Erbe seiner Mutter berufen. Sein Antrag, ihm einen entsprechenden Erbschein zu erteilen, hänge also davon ab, ob er die Erbschaft nach seiner Mutter wirksam ausgeschlagen habe. Die sechswöchige Ausschlagungfrist des § 1944 BGB. sei um einen Tag überschritten. Daß Otto G. schon vor dem Tode der Erblasserin vom wesentlichen Inhalt des Testamentes, also vom Grunde seiner Berufung Kenntnis erlangt, auch den Tod seiner Mutter alsbald erfahren habe, sei vom Landgericht mit bindender Wirkung für das Gericht der weiteren Beschwerde festgestellt worden. Nach der angegebenen Vorschrift beginne die Frist nicht vor der Verkündung des Testaments. Gleichwohl sei die Frist vom Todestage der Witwe G. an zu berechnen;

denn das Testament sei bereits vor ihrem Tode, nämlich am 22. November 1907 eröffnet und seinem ganzen Inhalte nach verkündet worden, weil eine Sonderung der beiderseitigen Verfügungen der Ehegatten nicht möglich gewesen sei. Daraus folge, daß das Testament auch bezüglich der von der Ehefrau getroffenen Verfügungen bereits am 22. November 1907 wirksam verkündet worden sei. Da hiernach die Ausschlagungsfrist vom Todestage der Witwe G., d. h. vom 19. Dezember 1928 an zu berechnen sei, so sei sie mit dem 30. Januar 1929 abgelaufen, so daß die am 31. Januar beim Nachlaßgericht eingegangene Ausschlagungserklärung des Otto G. verspätet sei. (Es wird weiter ausgeführt, daß das Kammergericht bei Beurteilung der Anfechtung der Versäumung der Ausschlagungsfrist von seiten des Otto G. von der Entscheidung in RGZ. Bd. 58 S. 81 abweichen wolle.)

Die Voraussetzungen, unter denen nach § 28 Abs. 2 FGG. das Reichsgericht zu entscheiden hat, sind gegeben. Der beschließende Senat erachtet aber, abweichend von der Ansicht des Kammergerichts, die Beschwerde für zulässig und die weitere Beschwerde unter anderen als den von diesem vertretenen Gesichtspunkten für begründet.

Zu 1. Die Anfechtbarkeit der Verfügung des Nachlaßgerichts vom 5. November 1931 ist in Übereinstimmung mit den angeführten Beschlüssen des Bayerischen Obersten Landesgerichts zu bejahen. Im allgemeinen wird man allerdings demjenigen, dessen vermeintliche Erbrechte durch die Erteilung eines Erbscheins an einen anderen verletzt werden, ein Beschwerderecht erst dann zuzugestehen haben, wenn der Erbschein erteilt oder wenigstens seine Erteilung angeordnet worden ist. Diese Voraussetzung ist hier nicht gegeben. Das Kammergericht übersieht aber folgendes. In der Verfügung des Nachlaßgerichts, die mit dessen offensichtlichem Einverständnis vom Vormundschaftsgericht dem Pfleger der Kinder des Otto G. mitgeteilt wurde, liegt zugleich die Eröffnung, daß das Nachlaßgericht die Kinder nicht als Erben ansehe und einem etwaigen Antrage des Pflegers, einen Erbschein für die Kinder zu erteilen, keine Folge geben werde. Es entspricht der herrschenden Ansicht, daß auch die Mitteilung einer Rechtsansicht von seiten des Gerichts in einer bestimmten Angelegenheit ein Beschwerderecht begründet, sofern an diese Mitteilung die Eröffnung geknüpft wird, daß das Gericht die auf einer abweichenden Rechtsauffassung beruhenden, bereits angekündigten Anträge ablehnen werde (vgl. Schlegelberger Komm. z. FGG. Anm. 5 Abs. 2 zu § 19 und Nachweise). So liegt der Fall im wesentlichen hier. Daß das Gericht mit dem Antrage des Pflegers, einen Erbschein für die Kinder zu erteilen, rechnen mußte, ergibt sich ohne weiteres aus dessen Eingabe vom 28. September 1931, worin er der Erteilung eines Erbscheins an Otto G. mit der ausdrücklichen Begründung widersprochen hatte, daß die Kinder Erben seien.

Diese Beurteilung entspricht auch den praktischen Bedürfnissen. Ist der Erbschein erst einmal erteilt, so kann durch Verfügungen des durch ihn als Erben Ausgewiesenen beträchtlicher Schaden verursacht werden, bis der andere Teil die Wiedereinziehung des Erbscheins erreicht hat. Übrigens würde auch vom Standpunkt des Kammergerichts aus die Beschwerde gegeben sein, wenn der Nachlaßrichter noch die Ausfertigung und Absendung des Erbscheins verfügt hätte. Wenn er von dieser Verfügung alsbald dem Pfleger Kenntnis gegeben und dieser noch vor der Absendung des Erbscheins an Otto G. Beschwerde eingelegt hätte, so wäre der Nachlaßrichter nach § 24 Abs. 2 FGG. in der Lage gewesen, die Zurückbehaltung und gerichtliche Verwahrung des Erbscheins anzuordnen (vgl. Schlegelberger a. a. O. Anm. 7 Nr. 1 zu § 24 FGG.). Es läßt sich sachlich nicht rechtfertigen, die Beschwerde bloß deswegen nicht zuzulassen, weil der Nachlaßrichter von der Anordnung einer Aushändigung des Erbscheins schon nach dessen Entwurf abgesehen hat. Das Ergebnis wäre schließlich wenig befriedigend, wenn man das Beschwerdeverfahren, zu dem der Pfleger vom Gericht selbst veranlaßt worden ist, als unzulässig ansehen wollte, nachdem es in die letzte Instanz gelangt ist und Kosten verursacht hat.

Zu 2. . . .

RGZ. 150, 15.

1. Genügt den Erfordernissen der §§ 21, 29 FGG. eine Erklärung zum Protokoll des Urkundsbeamten, die diesem von dem Beschwerdeführer in die Feder diktiert worden ist?

2. Ist es für die Frage der Formgültigkeit einer solchen Erklärung von Belang, wenn der Urkundsbeamte in einer später eingeforderten dienstlichen Äußerung erklärt, es wäre bei eigener selbständiger Abfassung der Verhandlungsschrift von dem Diktat des Beschwerdeführers nicht wesentlich abgewichen?

3. Ist eine vom Urkundsbeamten protokollierte Erklärung des Beschwerdeführers, er wolle Beschwerde einlegen, für sich allein wirksam, wenn die ihr beigegebene Begründung wegen Formmangels unbeachtlich bleiben muß und aus dem Protokoll hervorgeht, daß der Be-

schwerdeführer eine Beschwerde ohne Diktataufnahme seiner Begründung nicht hat erheben wollen?

II. Zivilsenat. Beschl. v. 20. Dezember 1935.

I. Amtsgericht Hess.-Lichtenau. — II. Landgericht Kassel.

Die Fragen wurden verneint aus folgenden, den Sachverhalt ergebenden

Gründen:

Frau M. betreibt in H.-L. ein Lebensmittelgeschäft, das über den Umfang des Kleingewerbes nicht hinausgeht, und verwendet zu dessen Bezeichnung ihren bürgerlichen Namen mit dem Zusatz „Hamburger Kaffeelager". Der Einzelhandelsverband K. und die Industrie- und Handelskammer K./M. hatten beim Amtsgericht als Registergericht angeregt, der Frau M. die Verwendung des Zusatzes „Hamburger Kaffeelager" zu untersagen. Das Amtsgericht hatte durch Beschluß vom 24. November 1934 abgelehnt, dieser Anregung zu entsprechen. Auf die Beschwerde der Industrie- und Handelskammer K./M. hat das Landgericht am 2. März 1935 diesen Beschluß aufgehoben und der Geschäftsinhaberin aufgegeben, sich bei Meidung einer Ordnungsstrafe des Gebrauchs der Geschäftsbezeichnung „Hamburger Kaffeelager'" auf ihrem Firmenschild und in geschäftlichen Mitteilungen zu enthalten. Gegen diese ihr am 14. März 1935 zugestellte Verfügung hat sich Frau M. zunächst mit einem Schreiben vom 17. März 1935, beim Landgericht eingegangen am 19. März 1935, gewandt, das mit den Worten beginnt: „Gegen den Beschluß vom 2. März 1935 . . . erhebe ich hierdurch die sofortige Beschwerde . . ." und sodann eine nähere Begründung des Rechtsmittels enthält. Nach schriftlicher Belehrung über die Formerfordernisse des § 29 FGG. hat sie am 25. März 1935 beim Landgericht eine weitere Erklärung zum Protokoll des Urkundsbeamten der Geschäftsstelle abgegeben. Darin heißt es:

Es erschien die Geschäftsinhaberin M. in H.-L. und erklärte nach entsprechender Belehrung:

Ich will gegen den Beschluß des Landgerichts vom 2. März 1935 Beschwerde erheben und zwar meine Erklärung wörtlich in die Feder des beurkundenden Beamten diktieren, d. h. dasselbe erklären, was ich bereits in meiner privatschriftlichen Schrift an das Landgericht vom 17. März 1935 ausgeführt habe.

Ich erkläre oder diktiere daher das folgende: . . .

Hierauf folgt eine wörtliche Wiedergabe des Schreibens vom 17. März 1935. Das Protokoll schließt mit den Worten: „Vorg., gen., unterschrieben" und den Unterschriften der Beschwerdeführerin und des Urkundsbeamten. Dieser hat darunter noch hinzugefügt, daß die Erklärungen der Beschwerdeführerin in der Sache selbst auf deren ausdrückliches Verlangen wörtlich nach ihrem Schriftsatz an das Landgericht vom 17. März 1935 wiedergegeben seien; auf etwaige Rechtsnachteile sei sie hingewiesen worden. Am 26. April 1935 hat er auf Anfrage des Kammergerichts weiter zu den Akten vermerkt, daß sich seine Bedenken lediglich gegen die von der Beschwerdeführerin verlangte Form des Protokolls gerichtet hätten und daß er bei selbständiger Fassung des Protokolls in wesentlichen Punkten von dem Diktat der Beschwerdeführerin nicht abgewichen sein würde.

Das Kammergericht möchte die weitere sofortige Beschwerde als formgerecht ansehen und ihr stattgeben, glaubt sich aber hieran durch die Entscheidung des Reichsgerichts, und zwar des jetzt beschließenden Senats, in RGZ. Bd. 101 S. 426 gehindert, in der die Frage verneint wird, ob eine Erklärung zum Protokoll des Urkundsbeamten im Sinne des § 21 Abs. 2 FGG. dadurch hergestellt werden könne, daß dieser eine ihm überreichte private Schrift mit der protokollarischen Eingangs- und Schlußformel versieht und den so entstandenen Wortlaut eines Protokolls unterzeichnet. Es hat deshalb die weitere sofortige Beschwerde gemäß § 28 Abs. 2 FGG. dem Reichsgericht vorgelegt.

Die Vorausetzungen für eine Entscheidung des Reichsgerichts nach § 28 Abs. 2 FGG. sind gegeben. Es handelt sich um die Anwendung und Auslegung der §§ 29, 21 FGG., also reichsgesetzlicher Vorschriften über das Verfahren in einer Angelegenheit der freiwilligen Gerichtsbarkeit, die als Handelssache nach den §§ 125 flg. FGG., § 37 HGB. den Gerichten übertragen ist. Es kann auch nicht zweifelhaft sein, daß sich das Kammergericht mit einer Zulassung der weiteren Beschwerde in ihrer vorliegenden Form in Widerspruch zu der von ihm angezogenen reichsgerichtlichen Entscheidung setzen würde. Das Kammergericht weist zutreffend darauf hin, daß es für die in dieser Entscheidung behandelte Rechtsfrage nicht von Bedeutung sein könne, ob der Urkundsbeamte die privatrechtliche Eingabe selbst mit einer Eingangs- und Schlußformel versieht oder ob er ihren Inhalt, sei es nach Diktat, sei es ohne solches, auf ein anderes Blatt Papier wörtlich überträgt und dann mit den für ein Protokoll üblichen Eingangs- und Schlußworten umkleidet. In beiden Fällen kommt es entscheidend nur darauf an, daß sich der Urkundsbeamte einer eigenen selbständigen Prüfung des Gegenstands seiner Beurkundung enthält und diesen nicht nach seiner Auffassung, sondern in Unterordnung unter den Willen des Erklärenden zu Papier bringt. Hier wie dort steht in Frage, ob damit den Erfordernissen einer Erklärung zum Protokoll des Urkundsbeamten der Geschäftsstelle Genüge getan ist.

Der beschließende Senat hat in seiner vorgenannten Entscheidung ausgeführt: Durch die Vorschrift, daß die sofortige weitere Beschwerde in Angelegenheiten der freiwilligen Gerichtsbarkeit nicht nur durch eine von einem Rechtsanwalt unterzeichnete Beschwerdeschrift, sondern auch durch Erklärung zum Protokoll des Urkundsbeamten eingelegt werden könne, habe einerseits dem Beschwerdeführer eine Erleichterung gewährt, anderseits das Beschwerdegericht vor unnötig weitläufigen, unverständlichen, mutwilligen oder ungehörigen, die Würde des Gerichts verletzenden Beschwerdeeingaben bewahrt werden sollen. Dieser letzte Zweck werde vereitelt, wenn man unterschiedslos jede dem Urkundsbeamten übermittelte, von ihm mit der protokollarischen Eingangs- und Schlußformel versehene privatschriftliche Eingabe, sofern sie nur die Absicht der Beschwerdeeinlegung erkennen lasse, als Beschwerdeerklärung zum Protokoll des Urkundsbeamten gelten lassen wolle. Denn damit sei die Gewähr dafür, daß der Urkundsbeamte das ihm vom Beschwerdeführer Vorgetragene selbständig geprüft und gesichtet und das nach seiner Auffassung Zweckdienliche in die Niederschrift aufgenommen habe, aufgehoben oder mindestens ganz erheblich abgeschwächt. Möge die Durchführung des Grundsatzes, daß durch eine derartige Behandlung einer privaten Schrift eine Erklärung zum Protokoll des Urkundsbeamten nicht herbeigeführt werden könne, besonders dann als formalistisch und hart erscheinen, wenn die Schrift ihrem Inhalt und ihrer äußeren Erscheinung nach den Zweck einer Beschwerdeschrift an sich erfüllen würde, so sei eine unterschiedliche Behandlung solcher in Protokollform gebrachter Eingaben je nach der mehr oder weniger großen Tauglichkeit ihres Inhalts mit Wesen und Zweck der Formvorschrift nicht vereinbar und nur geeignet, Verwirrung zu stiften. Der Sicherheit des Rechtsverkehrs gegenüber, in deren Interesse die strengere Auffassung unverkennbar liege, falle die Härte, die damit je nach der Sachlage für den Beschwerdeführer verbunden sein könne, nicht entscheidend ins Gewicht.

Das damit aufgestellte Erfordernis, daß der Urkundsbeamte unter selbständiger Prüfung und Sichtung des ihm Vorgetragenen nur das nach seiner Auffassung Zweckdienliche in die Niederschrift aufnehme, erkennt auch das Kammergericht grundsätzlich als berechtigt an. Es glaubt aber, daß diesem Erfordernis auch bei wörtlicher Übernahme einer privatschriftlichen Erklärung in das Protokoll dann genügt werde, wenn diese nach der Auffassung des Urkundsbeamten in Form und Inhalt sachgemäß sei, insbesondere nichts Überflüssiges enthalte, und es deshalb einer Sichtung des darin Niedergelegten nicht bedürfe. Könne festgestellt werden, daß der Urkundsbeamte dieser Überzeugung gewesen sei und geglaubt habe, mit der unveränderten Verwertung der Eingabe eine den gesetzlichen Anforderungen entsprechende Beschwerde zu beurkunden, so bleibe der Zweck der Formvorschrift gewahrt. Die Beschwerde könne in solchem Fall unbedenklich als zulässig angesehen werden.

Diese Auffassung des Kammergerichts mag zutreffen, wenn sich erweisen läßt, daß der Urkundsbeamte bei der Beurkundung in der Tat Erwägungen über die Sachdienlichkeit und Zweckmäßigkeit der ihm vorgelegten privaten Schrift angestellt und deren wörtliche Wiedergabe für gut befunden hat, weil sie enthält, was nach seiner Meinung zu einer ordnungsmäßigen Erhebung und Begründung der Beschwerde gehört. Denn dann steht fest, daß er sich bei der Abfassung des Protokolls der Mühe einer sachlichen Prüfung des ihm Unterbreiteten unterzogen und es nach Form und Inhalt als seiner eigenen Auffassung entsprechend angesehen hat. In welche Worte er seine Beurkundung kleidet, ist ohne Belang. Es steht nichts entgegen, daß er sich einer vom Beschwerdeführer stammenden Fassung bedient, sofern nur außer Zweifel ist, daß sich diese mit seiner eigenen Ansicht deckt und zum Ausdruck bringt, was er selbst sagen wollte. Steht fest, daß der Inhalt des Protokolls auf selbständiger, in ordnungsmäßiger Erfüllung der ihm zugewiesenen Aufgaben ausgeübter Tätigkeit des Urkundsbeamten beruht und von ihm vertreten wird, so liegt darin auch bei wörtlicher Übernahme des ihm schriftlich oder mündlich Vorgetragenen die Gewähr, daß Wesen und Zweck der gesetzlichen Formvorschrift gewahrt sind. Eine solche Feststellung wird sich aber in der Regel dann verbieten, wenn aus der Niederschrift des Urkundsbeamten selbst hervorgeht, daß sich dieser mit dem Inhalt der Beschwerde nicht in eigener, selbständiger Tätigkeit befaßt hat und deshalb deren Fassung nicht als sein Werk gelten lassen will. Im vorliegenden Fall ergibt das Protokoll, daß sich der Urkundsbeamte bei der Beurkundung einer eigenen Stellungnahme zu dem Vorbringen der Beschwerdeführerin enthalten und das ihm Vorgetragene ihrem Wunsche gemäß zu Papier gebracht hat, ohne selbst auf Inhalt und Form der Niederschrift irgendwelchen

Einfluß zu nehmen. Wenn er im Anschluß daran vermerkt, daß er die Erklärungen der Beschwerdeführerin auf deren ausdrückliches Verlangen wörtlich nach ihrem Schriftsatz vom 17. März 1935 wiedergegeben und sie auf etwaige Rechtsnachteile hingewiesen habe, so bringt er damit zum Ausdruck, daß er eine Verantwortung für den Inhalt des Protokolls ablehne und für eine von ihm vorausgesehene oder doch für möglich gehaltene Beanstandung einer derartigen Beschwerdeeinlegung nicht einstehen wolle. Er bekennt damit, daß sich der Beurkundungsvorgang nicht so abgespielt habe, wie er es selbst als zur Schaffung eines ordnungsmäßigen Protokolls notwendig angesehen habe. Ergibt sich hieraus, daß er bei Abfassung seiner Niederschrift deren Inhalt nicht als eine von ihm für richtig und zweckdienlich erachtete Beurkundung hat vertreten wollen, so kann dieser Mangel eines für die Protokollierung wesentlichen Erfordernisses auch nicht dadurch behoben werden, daß er nachträglich erklärt, er würde bei selbständiger Fassung des Protokolls in wesentlichen Punkten vom Diktat der Beschwerdeführerin nicht abgewichen sein. Denn dadurch wird an dem Hergang der Beurkundung selbst und an der Art und Weise der Protokollerrichtung nichts geändert. Die Erklärung besagt nicht, daß der Urkundsbeamte entgegen seiner früheren Angabe, die er damit als falsch bezeichnen würde, bei der Beurkundung doch eine eigene, selbständige Tätigkeit entfaltet und das ihm Vorgetragene geprüft habe, sondern gibt nur seine Meinung darüber wieder, wie er das Protokoll möglicherweise abgefaßt haben würde, wenn er seinen Inhalt hätte bestimmen können. Die Beachtung einer solchen Erklärung würde nur darauf hinauslaufen, daß eine ohne die selbständige Mitwirkung des Urkundsbeamten erhobene Beschwerde lediglich deshalb zugelassen würde, weil ihr — ausschließlich vom Beschwerdeführer selbst herrührender — Inhalt sachdienlich ist. Daß es aber hierauf nach dem Wesen und Zweck der vom Gesetz aufgestellten Formvorschrift nicht ankommen kann, hat der beschließende Senat in der angeführten Entscheidung ausgesprochen. An dieser Auffassung ist festzuhalten.

Eine wirksame Beschwerdeeinlegung kann auch nicht darin erblickt werden, daß die Beschwerdeführerin vor Beginn ihres Diktates erklärt hat, Beschwerde gegen den Beschluß des Landgerichts erheben zu wollen. Zwar bedarf, ebenso wie die einfache, so auch die weitere Beschwerde keines ausdrücklichen Antrags und keiner Begründung. Es genügt, wenn der Beschwerdeführer bekundet, daß er eine Nachprüfung der ihm ungünstigen Entscheidung durch das im Instanzenzug übergeordnete Gericht verlange, und diese Erklärung im Falle der weiteren Beschwerde in der in § 29 FGG. vorgeschriebenen Form abgibt. Voraussetzung hierbei ist aber, daß der Wille des Beschwerdeführers als unbedingt und endgültig kundgegeben in der vorgeschriebenen Form in die Erscheinung tritt. Das geht aus der Niederschrift vom 25. März 1935 nicht eindeutig hervor. Erklärte die Beschwerdeführerin, daß sie Beschwerde erheben, „und zwar ihre Erklärung wörtlich in die Feder des beurkundenden Beamten diktieren" wolle, und ließ sie hierauf nach Diktat niederschreiben: „Ich erkläre oder diktiere daher das folgende: Gegen den Beschluß vom 2. März 1935 . . . erhebe ich hierdurch die sofortige Beschwerde . . .", so ist anzunehmen, daß sie ihre Erklärung, soweit sie rechtserheblich sein sollte, erst mit der Niederschrift des Diktates beginnen lassen wollte und ihre vom Urkundsbeamten am Eingang des Protokolls wiedergegebenen Worte lediglich eine Ankündigung dessen bedeuteten, was sie zu erklären beabsichtigte. Die Fassung des Protokolls ergibt in aller Deutlichkeit, daß es der Beschwerdeführerin vor allem darauf ankam, ihre Beschwerde uneingeschränkt und ohne Änderung so niederschreiben zu lassen, wie sie in ihrem Schreiben vom 17. März 1935 enthalten war. Sie legte erkennbar besonderen Wert darauf, nicht nur Beschwerde einzulegen, sondern dieser auch eine Begründung beizugeben, die sich mit dem Wortlaut ihres Schreibens deckte. Das beweisen insbesondere die bestimmenden Worte „und zwar" im Eingang des Protokolls, mit denen sie ihre Absicht bekundete, Beschwerde in der von ihr gleichzeitig verwirklichten Gestalt anbringen zu wollen. Es liegt nichts dafür vor und der Inhalt des Protokolls spricht dagegen, daß sich die Beschwerdeführerin auch dann zur Erhebung der Beschwerde verstanden haben würde, wenn sie dabei auf die von ihr in Aussicht genommene Begründung hätte verzichten müssen. Beharrte sie trotz Belehrung über die Nachteile, die ihr aus der von ihr gewünschten Form der Beschwerdeerhebung erwachsen konnten, auf der wörtlichen Wiedergabe ihrer schriftlichen Eingabe, so rechtfertigt dies den Schluß, daß sie deren Wortlaut in seiner Gesamtheit als wesentlichen und unteilbaren Inhalt ihrer Erklärung angesehen wissen wollte. Über die möglichen Formen der Beschwerdeerhebung war sie bereits durch die Mitteilung des Landgerichts vom 23. März 1935 unterrichtet. War ihr also bekannt, daß sich ihre Absicht ohne die Gefahr eines Nachteils auch durch Einreichung einer von einem Rechtsanwalt unterzeichneten Beschwerdeschrift verwirklichen ließ, so kann auch aus dem Zeitpunkt der Protokollerrichtung nicht gefolgert werden, daß sie ihre Erklärung unerachtet der Unbeachtlichkeit der beigefügten Begründung als Beschwerde habe gelten lassen wollen. Denn es blieb ihr bis zum Ablauf der Beschwerdefrist noch genügend Zeit, um ihre Beschwerde in der von ihr für richtig und unerläßlich angesehenen Fassung in Gestalt einer vorschriftsmäßigen Beschwerdeschrift anzubringen.

Das Rechtsmittel der Beschwerdeführerin scheitert nach alledem am Mangel der nach §§ 21, 29 FGG. erforderlichen Form und war deshalb als unzulässig zu verwerfen.

RGZ. 151, 57.*

Steht dem Nachlaßverwalter gegen den Beschluß des Nachlaßgerichts, durch den die Nachlaßverwaltung aufgehoben wird, ein Beschwerderecht zu?

FGG. §§ 20, 57 Abs. 1 Nr. 1 und 3, § 75. BGB. §§ 1975, 1985.

IV. Zivilsenat. Beschl. v. 30. März 1936.

I. Amtsgericht Köln. — II. Landgericht daselbst.

Die Frage ist verneint worden aus folgenden, den Sachverhalt ergebenden

Gründen:

Am 18. Oktober 1931 verstarb in K. die geschiedene Ehefrau Maria K. geb. St. Sie hatte durch Testament ihren Sohn Rolf K. zu ihrem alleinigen Erben eingesetzt. Da Rolf K. sich eine Erklärung über Annahme der Erbschaft zunächst vorbehalten hatte, hat das Amtsgericht als Nachlaßgericht am 6. November 1931 eine Nachlaßpflegschaft angeordnet und zum Nachlaßpfleger den Rechtsanwalt Dr. Sch. ernannt. Am 17. November 1931 nahm der Erbe Rolf K. die Erbschaft an und beantragte gleichzeitig, die Nachlaßverwaltung anzuordnen. An demselben Tag erging der Beschluß des Nachlaßgerichts, wodurch die Nachlaßverwaltung angeordnet wurde, und am 7. Dezember 1931 der weitere Beschluß, durch den der bisherige Nachlaßpfleger Dr. Sch. zum Nachlaßverwalter bestellt wurde. Der Erbe Rolf K. ist im Jahre 1933 nach Kapstadt ausgewandert. Im Oktober 1933 regten verschiedene Nachlaßgläubiger beim Nachlaßgericht an, die Nachlaßverwaltung aufzuheben, da der Erbe absichtlich ein unvollständiges Inventar eingereicht habe und daher nicht berechtigt gewesen sei, die Anordnung einer Nachlaßverwaltung zu beantragen. Durch Beschluß vom 20. September 1935 hat das Nachlaßgericht die Nachlaßverwaltung aufgehoben, da die Anordnung der Nachlaßverwaltung von Anbeginn an unberechtigt gewesen sei, weil der Erbe Teile des Nachlaßvermögens nicht zum Inventar angegeben habe, außerdem auch, da eine weitere Fortführung der Nachlaßverwaltung wegen Mangels einer den Kosten des Verfahrens entsprechenden Masse nicht mehr tunlich sei. Gegen diesen Beschluß hat der Nachlaßverwalter Dr. Sch. Beschwerde eingelegt. Er vertritt die Auffassung, daß die einmal angeordnete Nachlaßverwaltung zu Ende geführt werden müsse, selbst wenn sich die Anordnung späterhin als ungerechtfertigt herausstelle; im übrigen seien bei Fortführung der Nachlaßverwaltung besondere Kosten nicht zu besorgen, da das Nachlaßgrundstück unter Zwangsverwaltung stehe, und es sei daher, zumal mit einer baldigen Besserung der geldlichen Lage des Nachlasses gerechnet werden dürfe, auch eine Aufhebung der Nachlaßverwaltung wegen ungenügender Masse nicht gerechtfertigt. Das Landgericht hat durch Beschluß vom 19. Oktober 1935 die Beschwerde als unzulässig verworfen; zur Begründung legt es unter Berufung auf die Rechtsprechung des Kammergerichts (KGJ. Bd. 40 S. 41) dar, daß dem Nachlaßverwalter gegen den die Nachlaßverwaltung aufhebenden Beschluß des Nachlaßgerichts kein Beschwerderecht zustehe, da nach § 20 FGG. nur derjenige zur Beschwerde berechtigt sei, dessen Recht durch den angefochtenen Beschluß beeinträchtigt werde; der Nachlaßverwalter habe weder ein Recht auf Fortführung der Nachlaßverwaltung noch ein rechtliches Interesse im Sinne des § 57 Abs. 1 Nr. 1 oder 3 FGG. an deren Aufrechterhaltung. Gegen diesen Beschluß des Landgerichts hat der Nachlaßverwalter das Rechtsmittel der weiteren Beschwerde eingelegt.

Diese weitere Beschwerde des Nachlaßverwalters möchte das Kammergericht als unbegründet zurückweisen. Es sieht sich an einer solchen Entscheidung aber dadurch gehindert, daß das frühere Bayerische Oberste Landesgericht in München in einem Beschluß vom 11. Dezember 1926 (JW. 1927 S. 1651 Nr. 5 = JFG. Bd. 4 S. 151) den gegenteiligen Standpunkt eingenommen hat. Dieser Beschluß bejaht die Beschwerdeberechtigung des Nachlaßverwalters im Hinblick darauf, daß dieser für die Erfüllung seiner Aufgabe nicht nur den Erben, sondern auch den Nachlaßgläubigern verantwortlich sei (§ 1985 Abs. 2 BGB.), und folgert hieraus sein rechtliches Interesse (§ 57 Abs. 1 Nr. 3 FGG.) daran, daß die Nachlaßverwaltung nicht vor Erledigung seiner Aufgabe vom Nachlaßgericht aufgehoben werde.

Abweichend davon möchte das Kammergericht im Einklang mit seiner bisherigen Rechtsprechung daran festhalten, daß dem Nachlaßverwalter gegen die Verfügung, welche die Nachlaßverwaltung aufhebt, die Beschwerde nicht zusteht. . . .

Die Voraussetzungen, unter denen nach § 28 Abs. 2 FGG. die weitere Beschwerde dem Reichsgericht zur Entscheidung vorzulegen ist, sind gegeben. Der Auffassung des Kammergerichts, das in seinem Vorlegungsbeschluß das Beschwerderecht des Nachlaßverwalters gegen die Aufhebung der Nachlaßverwaltung verneinen will, ist beizupflichten.

Die Nachlaßverwaltung ist eine Unterart der Nachlaßpflegschaft mit dem besonderen Zweck der Befriedigung der Nachlaßgläubiger (§ 1975 BGB.). Sie unterliegt daher, soweit nichts Abweichendes ausdrücklich bestimmt ist oder sich aus ihrer Natur und Zweckbestimmung ergibt, den Vorschriften über die Nachlaßpflegschaft. Auf die Nachlaßpflegschaft finden wie auf jede andere Pflegschaft im allgemeinen die für die Vormundschaft geltenden Vorschriften Anwendung. Das gilt auch hinsichtlich des Verfahrens mit der Maßgabe, daß für die Nachlaßpflegschaft und Nachlaßverwaltung an die Stelle des Vormundschaftsgerichts das Nachlaßgericht tritt (§ 1962 BGB.; § 75 FGG.). Für das Beschwerderecht gegen Beschlüsse des Nachlaßgerichts wegen Nachlaßpflegschaft und Nachlaßverwaltung sind also — soweit nicht in dem die Nachlaßsachen behandelnden fünften Abschnitt des Reichsgesetzes über die Angelegenheiten der freiwilligen Gerichtsbarkeit besondere Vorschriften enthalten sind — sowohl die allgemeinen Vorschriften der §§ 19 flg. FGG. als die besonderen Vorschriften der §§ 57 flg. das. maßgebend. In Betracht zu ziehen ist im vorliegenden Fall der § 20 FGG.; danach steht die Beschwerde jedem zu, dessen Recht durch die Verfügung beeinträchtigt ist, welche die Nachlaßverwaltung aufhebt; ferner der § 57 Abs. 1 Nr. 1 und 3 FGG.; danach steht gegen die Verfügung, durch welche eine Vormundschaft oder Pflegschaft oder auch — § 75 FGG. — eine Nachlaßpflegschaft oder eine Nachlaßverwaltung aufgehoben wird, die Beschwerde weiterhin auch jedem zu, der ein rechtliches Interesse an der Änderung der Verfügung hat.

Was zunächst die Anwendbarkeit des § 20 FGG. betrifft, so wird ein Recht des Vormunds oder Pflegers auf Fortdauer der Vormundschaft oder Pflegschaft sowohl im Schrifttum (Schlegelberger FGG. § 20 Anm. 13) als auch von der Rechtsprechung (Kammergericht in KGJ. Bd. 25 S. 188) allgemein verneint; ebenso wird dem Nachlaßpfleger oder Nachlaßverwalter ein Recht auf Durchführung der Nachlaßpflegschaft oder der Nachlaßverwaltung nirgendwo zugestanden (Kammergericht in KGJ. Bd. 40 S. 42; OLG. Hamburg in ROLG. Bd. 40 S. 15); auch das Oberste Landesgericht in München hat in seiner oben erwähnten Entscheidung vom 11. Dezember 1926 sich nicht auf den Standpunkt gestellt, daß dem Nachlaßverwalter ein Recht auf Fortdauer der Nachlaßverwaltung zustehe.

Die Meinungsverschiedenheit beginnt erst, soweit es sich um die Anwendung des § 57 Abs. 1 Nr. 1 und 3 FGG. handelt. Der Streit geht um die Frage, ob ein rechtliches Interesse des Vormunds, Pflegers, Nachlaßpflegers und Nachlaßverwalters an einer Änderung des die Vormundschaft, Pflegschaft, Nachlaßpflegschaft oder Nachlaßverwaltung aufhebenden Beschlusses des Vormundschafts- oder Nachlaßgerichtes anzuerkennen ist. Das Kammergericht spricht dem gesamten vorgenannten Personenkreis ein rechtliches Interesse an der Beseitigung einer die Vormundschaft, Pflegschaft oder Verwaltung aufhebenden Verfügung ab (KGJ. Bd. 40 S. 41). Das Oberste Landesgericht in München, in seiner mehrerwähnten Entscheidung vom 11. Dezember 1926, will es dahingestellt sein lassen, ob in den gewöhnlichen Fällen einer Pflegschaft dem Pfleger ein rechtliches Interesse an der Aufrechterhaltung der Pflegschaft zusteht; es billigt aber dem Nachlaßverwalter ein solches rechtliches Interesse zu, weil er den Nachlaß zu verwalten und die Nachlaßverbindlichkeiten aus dem Nachlaß zu berichtigen habe und weil er für die Erfüllung dieser Aufgabe nicht nur den Erben, sondern auch den Nachlaßgläubigern verantwortlich sei (§ 1985 Abs. 1 und 2 BGB.); es gewährt deshalb dem Nachlaßverwalter gemäß § 57 Abs. 1 Nr. 3 FGG. ein Beschwerderecht im eigenen Namen gegen eine die Nachlaßverwaltung aufhebende Verfügung des Nachlaßgerichts. . . .

Nach der Auffassung des beschließenden Senats liegt für eine solche unterschiedliche Behandlung, wie sie vom Obersten Landesgericht in München . . . vertreten wird, kein ausreichender Grund vor. Alle, die zu dem in Betracht kommenden Personenkreis gehören, also sowohl der Vormund als der Pfleger, wie auch der Nachlaßpfleger und der Nachlaßverwalter haben in ihrer Rechtsstellung das gemeinsam, daß ihre Tätigkeit auf einem ihnen gesetzlich übertragenen Amt beruht. Das gilt für die Stellung des Vormunds und Pflegers im familienrechtlichen Teil des Bürgerlichen Gesetzbuchs; der Vormund und der Pfleger führen ein Amt, das sie aus den Händen des Vormundschaftsrichters empfangen und bei dessen Führung ihnen das Vormundschaftsgericht als Aufsichtsbehörde übergeordnet bleibt; der Vormund, dem der familienrechtliche Pfleger in dieser Hinsicht gleichsteht (§ 1915 BGB.), übt eine staatliche Fürsorgetätigkeit für Personen aus, die nicht in der Lage sind, ihre Angelegenheiten selbst wahrzunehmen; als ein „Amt" wird diese ihm übertragene Fürsorgetätigkeit vom Bürgerlichen Gesetzbuch selbst an verschiedenen Stellen (§§ 1885, 1886, 1893) bezeichnet. Das gleiche gilt aber auch für die Rechtsstellung des Nachlaßpflegers und des Nachlaßverwalters im erbrechtlichen Teil des Bürgerlichen Gesetzbuchs; die Nachlaßpflegschaft wird vom Bürgerlichen Gesetzbuch als eine Personenpflegschaft aufgefaßt, die ganz dem Vormundschaftsrecht des vierten Buches des Bürgerlichen Gesetzbuchs unterstellt ist; die Rechtsstellung des Nachlaßverwalters aber hat das Reichsgericht (RGZ. Bd. 65 S. 287) so bestimmt: sie entspreche derjenigen des Konkursverwalters, der vom Reichsgericht in ständiger Rechtsprechung als ein amtliches Organ angesehen wird (RGZ. Bd. 29 S. 29, Bd. 53 S. 352, Bd. 97 S. 109 u. a.). Aus der Eigenschaft eines amtlichen Organs, die mithin allen diesen Personen zukommt, ergibt sich, daß die ihnen vom Gesetz eingeräumten rechtlichen Befugnisse mit ihren amtlichen Pflichten unauflöslich verknüpft sind; das ist auch in der Fassung des Gesetzes ausgesprochen, das in § 1793 dem Vormund gleichzeitig das Recht und die Pflicht zur Fürsorge und Vertretung des Mündels zuweist und in § 1985 sogar nur von den Verpflichtungen spricht, die es dem Nachlaßverwalter auferlegt; sie alle sind Träger eines Pflichtenkreises und als solche alle einer Aufsicht — sei es des Vormundschaftsgerichts, sei es des Nachlaßgerichts — unterstellt. Aus dieser Rechtsstellung aller genannten Personen als amtlicher Organe ergibt sich weiterhin, daß für sie kein rechtliches Interesse an dem Fortbestehen des ihnen übertragenen Amtes besteht. Denn der Begriff des rechtlichen Interesses, der sich im Gesetz über die Angelegenheiten der freiwilligen Gerichtsbarkeit ebenso wie im Bürgerlichen Gesetzbuch wiederholt findet, setzt überall das Vorhandensein eines rechtlich anerkannten und geschützten Privatinteresses, also das Bestehen eines Privatrechtes voraus; oder, wie es das Kammergericht in seinem mehrerwähnten Beschluß vom 9. Mai 1910 (KGJ. Bd. 40 S. 43) zutreffend ausdrückt: ein rechtliches Interesse hat ein auf Rechtsnormen beruhendes und durch solche geregeltes, gegenwärtig bestehendes Verhältnis einer Person zu einer anderen Person oder zu einer Sache zur Voraussetzung (ebenso Schultzenstein Beschwerderecht in Vormundschaftssachen in Buschs Zeitschrift für Deutschen Zivilprozeß Bd. 25 S. 223). Der Begriff des rechtlichen Interesses — von dessen Vorhandensein in § 57 Abs. 1 Nr. 1 und 3 mit § 75 FGG. das Beschwerderecht gegen die Aufhebung einer Vormundschaft, einer Pflegschaft, einer Nachlaßpflegschaft oder einer Nachlaßverwaltung abhängig gemacht wird — ist viel enger als der Begriff des berechtigten Interesses, der jedes verständige, durch die Sachlage gerechtfertigte Interesse umfaßt (Schlegelberger § 34 RFGG. Anm. III 1). Ein „berechtigtes" Interesse genügt, worauf das Kammergericht in dem erwähnten Beschluß vom 9. Mai 1910 ebenfalls zutreffend hingewiesen hat, in anderen im Reichsgesetz über die Angelegenheiten der freiwilligen Gerichtsbarkeit vorgesehenen Fällen, so im Falle des § 57 Abs. 1 Nr. 9 das., und kann dann dazu führen, daß auch einem Vormund oder Pfleger unter Umständen ein Beschwerderecht gegen einen die Vormundschaft oder Pflegschaft aufhebenden Gerichtsbeschluß zusteht; allerdings, wie sich aus § 57 Abs. 1 Nr. 9 ergibt, nur dann, wenn es sich dabei um eine die Sorge für die Person des Mündels betreffende Angelegenheit handelt; das Vorhandensein eines solchen berechtigten Interesses hat das Kammergericht in seiner Entscheidung vom 9. Mai 1913 (RJA. Bd. 13 S. 73) festgestellt und demgemäß in jenem die Sorge für die Person des Kindes betreffenden Fall die Beschwerde des Pflegers gegen die Aufhebung der Pflegschaft für zulässig erklärt.

Aus der vorstehenden Erörterung ergibt sich bereits, daß ein rechtliches Interesse des Nachlaßverwalters daran, daß die Nachlaßverwaltung nicht aufgehoben werde, auch nicht, wie das Bayerische Oberste Landesgericht meint, daraus abgeleitet werden kann, daß er nach § 1985 BGB. für die Verwaltung des Nachlasses auch den Nachlaßgläubigern verantwortlich ist. Diese Verantwortlichkeit den Nachlaßgläubigern gegenüber stellt sich allerdings als eine gesetzliche Sonderbelastung des Nachlaßverwalters dar, durch die er sich von dem Nachlaßpfleger unterscheidet, dem eine solche Verantwortlichkeit nicht obliegt. Privatrechtliche Auswirkungen und Beziehungen der verschiedensten Art dritten Personen gegenüber sind mit der Amtsausübung des Nachlaßverwalters ebenso selbstverständlich verbunden wie mit der Amtsausübung eines Vormundes oder Pflegers; und auch eine privatrechtliche Verantwortlichkeit für pflichtwidrige Amtsführung besteht nicht nur für den Nachlaßverwalter, sondern auch für den Vormund, Pfleger und Nachlaßpfleger, wenn auch für diese, kraft gesetzlicher Vorschrift, nur gegenüber dem Mündel oder gegenüber den Erben. Es kommt aber auf die Verschiedenheit der gesetzlichen Ausgestaltung der hier in Frage stehenden Vorschriften nicht an. Nach dem oben Gesagten ist das Entscheidende, daß allen diesen Personen eine Amtsstellung zukommt und daß ein rechtlich anerkanntes Privatinteresse dieser Personen an ihrem Amt nicht vorhanden ist. Mit dieser rechtlichen Beurteilung steht es auch nicht im Widerspruch, daß § 60 Nr. 3 FGG. dem Vormund, Pfleger oder auch (§ 75 FGG.) Nachlaßpfleger oder Nachlaßverwalter das Recht zur sofortigen Beschwerde gegen die Entlassungsverfügung einräumt, durch die sie unter Aufrechterhaltung des Amtes gegen ihren Willen aus diesem entlassen werden. Die Vorschrift bezweckt, diesen Personen Gelegenheit zu geben, sich gegenüber der Geltendmachung von Entlassungsgründen, die gegen sie erhoben sind, vor einem Beschwerdegericht rechtfertigen zu können. Zwischen dieser Entlassung aus dem Amt und der Aufhebung des Amtes selbst besteht, worauf auch das Kammergericht in seiner Entscheidung vom 9. Mai 1910 (KGJ. Bd. 40 S. 42) hinweist, offenbar ein wesentlicher Unterschied, der den Gesetzgeber zu einer verschiedenen Gestaltung des Beschwerderechts in den beiden Fällen geführt hat.

Demnach war es gerechtfertigt, wenn das Landgericht durch seinen Beschluß vom 19. Oktober 1935 dem Nachlaßverwalter Dr. Sch. gegen die Verfügung des Amtsgerichts, durch welche die Nachlaßverwaltung aufgehoben wurde, wegen fehlenden rechtlichen Interesses die Beschwerdeberechtigung versagt hat. Die weitere Beschwerde des genannten Nachlaßverwalters gegen den Beschluß des Landgerichts ist daher als unbegründet zurückzuweisen.

RGZ. 155, 211.

1. Setzt die Entscheidung über eine weitere Beschwerde gemäß § 28 Abs. 2, 3 FGG. voraus, daß das Reichsgericht die zur Vorlegung Veranlassung gebende Streitfrage ebenfalls als für die Entscheidung über die Beschwerde wesentlich ansieht?

2. Ist das Registergericht berechtigt und verpflichtet, etwaigen Bedenken gegen die Bewertung von Sacheinlagen vor der Eintragung einer Gesellschaft mbH. nachzugehen?

FGG. § 28 Abs. 2, 3. GmbHG. § 5 Abs. 4.

II. Zivilsenat. Beschl. v. 20. Juli 1937.

I. Amtsgericht Hamburg. — II. Landgericht daselbst.

Die Entscheidung über die weitere Beschwerde wurde abgelehnt aus folgenden, den Sachverhalt ergebenden

Gründen:

Die verwitwete Frau S., die als Alleininhaberin der eingetragenen Firma B. S. ein Handelsgeschäft in H. betrieb, ein Fräulein A. und die offene Handelsgesellschaft Ch. haben zu notariellem Protokoll eine Gesellschaft mbH. unter der Firma B. S. GmbH. mit einem Stammkapital von 50 000 RM gegründet. Nach dem Gesellschaftsvertrage bringt Frau S. das von ihr betriebene Handelsgeschäft, dessen „Firmenwert" und „Kundenkreis" mit 10 000 RM bewertet werden, in Anrechnung auf ihre Stammeinlage von 10 000 RM in die Gesellschaft mbH. ein; die Aktiven und Passiven des Geschäfts werden von dieser übernommen; zur Beseitigung einer bestehenden Unterbilanz ihres Geschäfts überläßt Frau S. der Gesellschaft noch zwei Grundschulden im Betrage von zusammen 15 000 RM. Fräulein A. überläßt der Gesellschaft in Anrechnung auf ihre Stammeinlage von 20 000 RM Hypotheken und Grundschulden zum Nennwerte von zusammen 20 806,52 RM. Die Firma Ch. endlich leistet ihre Stammeinlage dadurch, „daß sie von ihren gegen die Firma B. S. bestehenden Gesamtforderungen aus Warenlieferungen und Wechseln einen Teilbetrag von 20 000 RM in eine Kapitalbeteiligung an der Gesellschaft umwandelt".

Die Gesellschafterin Fräulein A. ist zur Geschäftsführerin bestellt worden. Sie hat die Gesellschaft mbH. zur Eintragung in das Handelsregister angemeldet. Der Notar, der den Gründungsvertrag beurkundete und die Unterschrift des Fräulein A. unter der Anmeldung beglaubigte, hat die Eintragung im Handelsregister beantragt.

Das Registergericht hat den Antrag durch Verfügung vom 23. September 1936 beanstandet, weil es die Forderungen der Firma Ch. gegen die Firma B. S. nicht für einlagefähig erachtet. In der Verfügung heißt es sodann: „Das Gericht beabsichtigt, die beantragte Eintragung abzulehnen, und gibt Ihnen anheim, bis zum . . . den Antrag zurückzunehmen oder Beschwerde gegen diesen Bescheid einzulegen."

Die Antragstellerin hat gegen diese Verfügung Beschwerde und, nachdem das Landgericht diese als unbegründet zurückgewiesen hatte, weitere Beschwerde eingelegt. Das Kammergericht möchte der weiteren Beschwerde stattgeben und die Sache zur Anstellung von Ermittlungen über den Wert der von der Firma Ch. eingebrachten Forderungen an das Landgericht zurückverweisen, glaubt hieran aber durch zwei Entscheidungen des Reichsgerichts (RGZ. Bd. 141 S. 204 [212] und JW. 1935 S. 2890 Nr. 13) gehindert zu sein. Deshalb hat es die Sache gemäß § 28 Abs. 2 FGG. dem Reichsgericht zur Entscheidung vorgelegt. Die

Voraussetzungen für die Vorlegung der weiteren Beschwerde an das Reichsgericht nach § 28 Abs. 2 FGG. sind jedoch nicht gegeben.

Das Kammergericht geht, ebenso wie das Landgericht, ohne weiteres davon aus, daß die Beschwerde gegen die Verfügung des Registergerichts vom 23. September 1936 zulässig gewesen sei. Diese Annahme unterliegt insofern Bedenken, als das Registergericht nicht bereits, wie das Landgericht sagt, den Eintragungsantrag abgelehnt, sondern deutlich erklärt hat, daß es eine Ablehnung lediglich beabsichtige; zugleich hat es der Antragstellerin anheimgegeben, innerhalb einer bestimmten Frist entweder den Antrag zurückzunehmen oder Beschwerde gegen den Bescheid einzulegen. Dies hat das Kammergericht anscheinend übersehen. Denn es hält in ständiger Rechtsprechung die Beschwerde gegen eine solche Verfügung für unzulässig (vgl. KGJ. Bd. 37 S. A 212, Bd. 46 S. 176; JFG. Bd. 13 S. 111 [113]), und es ist nicht ersichtlich, daß es von dieser seiner eigenen Rechtsprechung habe abweichen wollen. Jedoch kann hier dahingestellt bleiben, ob wegen Unzulässigkeit der ersten Beschwerde für eine sachliche Entscheidung darüber überhaupt kein Raum gewesen wäre. Daraus würde sich zwar ergeben, daß es einer Entscheidung über die Rechtsfrage, wegen deren das Kammergericht die Sache dem Reichsgericht vorgelegt hat, überhaupt nicht bedürfte. Jedoch würde dies noch nicht eine Ablehnung der Entscheidung über die weitere Beschwerde durch das Reichsgericht rechtfertigen. Denn das Kammergericht hat die erste Beschwerde, wenn auch im Gegensatz zu seiner sonstigen Rechtsprechung und ohne Begründung seiner Abweichung hiervon, für zulässig und von diesem Standpunkte aus die Entscheidung der Rechtsfrage, wegen deren es die Sache dem Reichsgericht vorlegt, mit Recht für unentbehrlich gehalten. Falls das Reichsgericht auf Grund anderer Beurteilung des Sachverhalts die erste Beschwerde für unzulässig hielte, so daß es der Entscheidung der streitigen Rechtsfrage für den gegebenen Fall überhaupt nicht bedürfte, so würde doch daraus noch nicht folgen, daß die Voraussetzungen des § 28 Abs. 2 FGG. nicht vorliegen. Denn hierfür ist nicht erforderlich, daß auch das Reichsgericht die strittige Frage als für die Entscheidung über die weitere Beschwerde wesentlich ansieht (vgl. RGZ. Bd. 108 S. 356 [359], Bd. 136 S. 402 [405], Bd. 138 S. 98 [102]). Vielmehr genügt es, daß von dem Standpunkt aus, von dem das vorlegende Oberlandesgericht in seinem Vorlegungsbeschluß ausgeht, eine Stellungnahme zu der Rechtsfrage notwendig ist (vgl. RG. VB 19/26 v. 19. Oktober 1926; RG. VB 25/26 v. 29. Oktober 1926 in JW. 1927 S. 970 Nr. 5). Dies ist aber in der Tat der Fall.

Jedoch ist die Voraussetzung für die Anwendung des § 28 Abs. 2 FGG. deshalb nicht gegeben, weil das Kammergericht zu Unrecht glaubt, daß seiner Rechtsauffassung in der Sache selbst eine Entscheidung des Reichsgerichts entgegenstehe. Das Landgericht meint, ebenso wie das Registergericht, die Forderungen der Firma Ch. gegen die Firma B. S., die mit dem von ihr betriebenen Handelsgeschäft in die zu errichtende Gesellschaft mbH. eingebracht wird, seien nicht einlagefähig, weil sie nicht als Aktivum in der Bilanz der neugegründeten Gesellschaft erscheinen könnten: sie seien durch Vereinigung von Forderung und Schuld in einer Person erloschen. Das Kammergericht hält diese Auffassung für rechtsirrig, indem es folgendes ausführt: Es handele sich hier nicht um eine in Geld zu leistende Einlage, sondern um eine Sacheinlage. Wenn die Forderung der Firma Ch. durch Zusammenfallen mit der Schuld der übernommenen Firma B. S. erlösche, so ergebe sich daraus noch nicht, daß diese „Forderung" nicht in die Gesellschaft mbH. eingebracht werden könne und tatsächlich eingebracht werde; denn der Vermögenswert, der der neugegründeten Gesellschaft mbH. zufließe, sei die Verminderung der Schulden der eingebrachten Firma B. S.

Sodann fährt das Kammergericht fort: Nach der bisherigen Rechtsprechung des Reichsgerichts (RGZ. Bd. 141 S. 204, 212; JW. 1935 S. 2890 Nr. 13) sowie auch der des Kammergerichts (JW. 1934 S. 1124 Nr. 1, 1935 S. 2899 Nr. 23) sei bei der Gründung einer Gesellschaft mbH. der Wert solcher Sacheinlagen vom Registergericht nicht nachzuprüfen, hätten vielmehr die Gesellschafter freie Hand, mit welchem Betrage sie die im Gründungsvertrage vorgesehene Sacheinlage auf die Stammeinlage anrechnen wollten. Dieser Grundsatz werde damit begründet, daß im Gesetz über die Gesellschaften mbH. besondere Sicherungsbestimmungen fehlten, wie sie im Aktienrecht für Sach- und Nachgründungen in den §§ 191 flg. HGB. getroffen seien; der Gesetzgeber habe sich mit gewissen Schutzvorschriften für die Gläubiger (z. B. § 5 Abs. 4, § 19 Abs. 3 des Gesetzes) begnügt und von besonderen Vorschriften gegen die Überbewertung von Sacheinlagen, insbesondere von Vorschriften über eine Nachprüfung durch eine sachkundige und unparteiische Stelle abgesehen; bestehe danach bei der Bewertung der Sacheinlage Vertragsfreiheit, so komme es nur auf den vertragsmäßig angenommenen und nicht auf den wirklichen Wert an, und eine Nachprüfung durch den Registerrichter könne nicht in Frage kommen. Gegen diese Rechtsprechung, die auch im Schrifttum bisher überwiegend geteilt worden sei, seien neuerdings von Groschuff

(JW. 1934 S. 1124), Crisolli (JW. 1935 S. 2900), Herbig (DNZ. 1936 S. 332) und Baumbach (GmbHG. § 5 Anm. 4 C) beachtliche Angriffe erhoben worden, die als berechtigt anerkannt werden müßten. Es widerspreche den Belangen der Allgemeinheit, Gesellschaftsgründungen zuzulassen, die geeignet seien, gerade die unerfahrenen Volksgenossen über die wirtschaftliche Kraft eines Unternehmens zu täuschen. Der Ausschluß der Gesellschafter von der persönlichen Haftung sei nach heutiger Auffassung nur erträglich, wenn und solange die juristische Person Trägerin von Vermögen sei, das notfalls ihren Gläubigern zur Verfügung stehe. Mit Rücksicht hierauf habe der Gesetzgeber in letzter Zeit die Umwandlung von Kapitalgesellschaften in Einzelfirmen und Personengesellschaften erleichtert und außerdem Sorge dafür getragen, daß vermögenslose Kapitalgesellschaften gelöscht werden könnten. Auch im § 31 Abs. 2 des neuen Aktiengesetzes vom 30. Januar 1937 (RGBl. I S. 107) sei bestimmt, daß das Registergericht die Eintragung einer Aktiengesellschaft ablehnen könne, wenn es „offensichtlich" sei, daß die für Sacheinlagen gewährten Leistungen unangemessen hoch seien; hiernach sei der Registerrichter bei Gründung einer Aktiengesellschaft in Zukunft berechtigt und verpflichtet, Ermittelungen anzustellen, sobald er begründeten Verdacht hege, daß eine Sacheinlage unangemessen hoch bewertet sei. Dieser Rechtsgedanke bringe die Wandlung in der Auffassung im allgemeinen zum Ausdruck und müsse daher auch bei der Gründung einer Gesellschaft mbH. Anwendung finden. Die heutige Rechts- und Wirtschaftsauffassung verlange völlige Ehrlicheit der Gründungsvorgänge. Das Streben nach Ehrlichkeit ergebe sich aber auch bereits aus dem geltenden Gesetz, da dieses eine Reihe von Schutzvorschriften enthalte, die den Ausschluß der Haftung der Gesellschafter erträglich machen sollten. Dieses Ziel könne nicht erreicht werden und die Vorschrift des § 5 Abs. 1 GmbHG., wonach das Stammkapital mindestens 20 000 RM betragen müsse, lasse sich sogar leicht umgehen, wenn es den Gesellschaftern überlassen bleibe, Sacheinlagen im Gesellschaftsvertrage beliebig zu bewerten. Die bisherige Rechtsprechung des Kammergerichts stütze sich insbesondere darauf, daß § 5 Abs. 4 GmbHG. nur die Festsetzung des Geldwertes fordere, für den die Einlage „angenommen" werde; daraus sei hergeleitet worden, daß es den Gründern freigestellt sei, den Wert der Sacheinlagen nach ihrem Belieben festzusetzen. Diese Auslegung sei aber nicht zwingend. Das Wort „annehmen" könne auch im Sinne von „schätzen" gedeutet werden; und eine Schätzung brauche nicht ins freie Belieben gestellt zu sein. Vielmehr sei sowohl im Interesse späterer Gesellschafter wie auch besonders im Interesse der Gläubiger anzunehmen, daß auch das geltende Gesetz eine unangemessen hohe Bewertung der Sacheinlagen verbiete. Wenn auch den Beteiligten ein gewisser Spielraum für die Bewertung zu belassen sei und wenn es auch nicht angebracht erscheine, dem Registergericht eine allgemeine Prüfungspflicht bezüglich des Wertes von Sacheinlagen aufzurlegen, so müsse das Registergericht doch aus den angegebenen Gründen für befugt erachtet werden, die erforderlichen Ermittelungen anzustellen, wenn sich ihm aus dem Gründungsvertrage Anhaltspunkte für eine unangemessen hohe Bewertung ergäben oder wenn sich ihm aus sonstigen Umständen die Überzeugung aufdränge, daß die Sacheinlage unverhältnismäßig hoch bewertet sei.

Von diesem Standpunkt ausgehend möchte das Kammergericht die Sache an das Landgericht zur Vornahme von Ermittelungen über den Wert der Sacheinlage der Firma Ch. zurückverweisen, weil es nach Lage der Sache für sehr wahrscheinlich hält, daß die Forderung dieser Firma gegen die Firma B. S. unangemessen hoch bewertet worden sei. Es folgert dies daraus, daß eine Forderung gegen eine Firma, deren Reinvermögen lediglich aus dem „Firmenwert" und dem „Kundenkreis", noch dazu auf 10 000 RM., geschätzt werde, nach allgemeiner Lebenserfahrung bei weitem nicht vollwertig sein könne. An einer solchen Entscheidung glaubt sich das Kammergericht aber durch die vorgenannten Entscheidungen des Reichsgerichts gehindert.

Diese Entscheidungen stehen jedoch der in dem Vorlegungsbeschluß vom Kammergericht vertretenen Rechtsauffassung nicht entgegen. Bei beiden Entscheidungen handelte es sich um den Fall, daß bei der Gründung einer Gesellschaft mbH. ein Gesellschafter eine reine Geldeinlage übernommen und diese, im Einverständnis mit der Gesellschaft, aber ohne daß dies im Gesellschaftsvertrage vorgesehen war, mit Kaufpreisforderungen für Warenlieferungen an die Gesellschaft verrechnet hatte; nachdem die Gesellschaft dann in Konkurs geraten war, wurde er von dem Konkursverwalter auf Nachzahlung des angeblich unwirksam verrechneten Betrages in Anspruch genommen. Auf Grund dieses Sachverhalts wurde die Frage erörtert, ob und gegebenenfalls unter welchen Voraussetzungen Geldeinlageforderungen einer Gesellschaft mbH. durch Aufrechnung getilgt werden können. Das Reichsgericht entnimmt hierbei aus der Vorschrift des § 19 Abs. 3 GmbHG., daß eine solche Aufrechnung nur insoweit befreiende Wirkung hat, als sie in Ausführung einer nach § 5 Abs. 4 GmbHG. getroffenen Bestimmung erfolgt; hierbei hält es für unbeachtlich, ob die Gegenforderung, mit der aufgerechnet worden ist, fällig, liquide und vollwertig war. Sodann fährt es in der Entscheidung RGZ. Bd. 141 S. 212 fort:

> Im Gesetz betr. die Gesellschaften mbH. fehlen besondere Sicherungsbestimmungen, wie sie im Aktienrecht für Sach- und Nachgründungen in den §§ 191 flg. HGB. getroffen sind. Der Gesetzgeber hat sich hier im wesentlichen mit den Vorschriften der § 5 Abs. 4, § 19 Abs. 3 GmbHG. begnügt; irgendwelche besondere gesetzliche Vorkehr gegen Überbewertung von Sacheinlagen, insbesondere die Nachprüfung durch eine sachkundige und unparteiische Stelle fehlt. Der Einfluß der einzelnen Gesellschafter auf die Geschäftsführung ist in aller Regel ein größerer als bei der Aktiengesellschaft, die gegenseitige Interessenverknüpfung eine sehr viel engere als die der Aktionäre untereinander. Nach alledem erscheint es aber im Hinblick auf die Interessen Dritter (Gläubiger, späterer Gesellschafter) um so mehr geboten, den Bestimmungen der § 5 Abs. 4, § 19 Abs. 3 GmbHG. Geltung zu verschaffen, soweit dies nur, ohne ihren Zwecken Abbruch zu tun, geschehen kann.

In der anderen vom Kammergericht angeführten Entscheidung RG. II 372/34 vom 14. Mai 1935, die in JW. 1935 S. 2890 Nr. 13 abgedruckt ist, wird an dieser vorstehend wörtlich wiedergegebenen Rechtsauffassung lediglich festgehalten.

Das Reichsgericht stellt in diesen Entscheidungen also nur die Tatsache fest, daß im geltenden Gesetz über die Gesellschaften mbH. eine besondere gesetzliche Vorkehr gegen Überbewertung von Sacheinlagen, insbesondere die Nachprüfung durch eine sachkundige und unparteiische Stelle, wie sie sich bei der Gründung von Aktiengesellschaften aus den §§ 191 flg. HGB. ergibt, nicht vorgesehen ist. Die Folgerung, daß bei der Bewertung von Sacheinlagen Vertragsfreiheit bestehe, wird jedoch hieraus nirgends gezogen. Zuzugeben ist dem Kammergericht allerdings, daß die angeführte Stelle (insbesondere die Worte, mit denen das Fehlen „irgendwelcher besonderen gesetzlichen Vorkehr" betont wird) in dem Sinne verstanden werden *konnte*, wie es das Kammergericht tut. Aber es kann nicht anerkannt werden, daß sie so verstanden werden müsse. Denn für den dort entschiedenen Fall kam es nur darauf an, zu klären, unter welchen Voraussetzungen Einlageforderungen der Gesellschaft mbH. durch Aufrechnung getilgt werden können. Die Frage aber, ob das Registergericht trotz Fehlens einer ausdrücklichen

Regelung von sich aus befugt ist, wenigstens dann Ermittelungen über die Angemessenheit der Bewertung von Sacheinlagen in die Wege zu leiten, wenn es begründeten Verdacht für die Annahme einer Überbewertung hat, wird hierbei überhaupt nicht erörtert und sollte damit auch nicht entschieden werden; denn diese Frage war für die Beurteilung der dort behandelten Fälle ohne jede Bedeutung. Die genannten Entscheidungen des Reichsgerichts treten, ebenso wie das Kammergericht, gerade für den Schutz der Gläubiger und späteren Gesellschafter im Interesse der Allgemeinheit ein und schließen daher keineswegs aus, daß mit Rücksicht hierauf das Registergericht für berechtigt und verpflichtet gehalten wird, bei dem Antrage auf Eintragung einer Gesellschaft mbH. einer „offensichtlichen" Überbewertung von Sacheinlagen entgegenzutreten. Wie sehr beides miteinander vereinbar ist, ergibt sich besonders anschaulich aus der Anmerkung von Crisolli zu der ebenfalls im Vorlegungsbeschluß angeführten Entscheidung des Kammergerichts in 1 W 90/35 (JW. 1935 S. 2899 Nr. 23), wo in Übereinstimmung mit dem Reichsgericht das Fehlen besonderer Sicherungsbestimmungen für Sachgründungen bei einer Gesellschaft mbH. betont, aber die Ansicht des Kammergerichts, daß dem Richter jede Nachprüfung des Wertes von Sacheinlagen bei der Gründung der Gesellschaft verboten sei, mißbilligt wird; man wird hierbei schwerlich auf den Gedanken kommen, daß der Verfasser sich dadurch widerspreche.

Ebensowenig ist ersichtlich, daß eine auf weitere Beschwerde ergangene Entscheidung des Oberlandesgerichts München oder eines jetzt zu dessen Zuständigkeitsbereich gehörigen Oberlandesgerichts der jetzigen Rechtsauffassung des Kammergerichts entgegensteht. Das Kammergericht hat das auch selbst nicht geltend gemacht.

RGZ. 159, 300.

Hat derjenige, der als Erzeuger des außerehelich geborenen Mündels in Anspruch genommen wird, ein Beschwerderecht, wenn das Vormundschaftsgericht es ablehnt, den Vormund anzuweisen, zwecks Vornahme der Blutgruppenuntersuchung die Blutentnahme bei dem Mündel zu dulden?

FGG. §§ 20, 57 Abs. 1 Nr. 9. Gesetz über die Änderung und Ergänzung familienrechtlicher Vorschriften und über die Rechtsstellung der Staatenlosen vom 12. April 1938 (RGBl. I S. 380) – FamRÄndG. – Art. 3 § 9.

IV. Zivilsenat. Beschl. v. 9. Februar 1939

I. Amtsgericht Bärwalde. — Landgericht Landsberg.

Gründe:

Am 28. März 1933 ist Horst R. als uneheliches Kind der Ella R. geboren; Ella R. hat später den Maurer Karl N. geheiratet, der dem Kinde seinen Namen erteilt hat und zu dessen Vormund bestellt worden ist. Die Mutter des Kindes hat den Schlosser Willi L. als Erzeuger des Kindes benannt. L. hat die Vaterschaft bestritten, ist aber auf die vom Vormund gegen ihn erhobene Klage durch Urteil des Amtsgerichts rechtskräftig zur Unterhaltszahlung an das Kind verurteilt worden. Die Vollstreckung blieb mehrere Jahre hindurch erfolglos. Nachdem L. wieder Arbeit gefunden hatte, konnte er von Ende 1937 an zur Unterhaltszahlung angehalten werden. Am 8. September 1938 hat L. beim Vormundschaftsgericht den Antrag gestellt, die fehlende Zustimmung der Mutter zur Blutgruppenuntersuchung des Kindes vormundschaftsgerichtlich zu ersetzen und gleichzeitig den Vormund anzuweisen, die Entnahme des Blutes zur Blutgruppenuntersuchung beim Kinde zu dulden. Zur Begründung hat er angeführt, daß er einen gewissen H. für den Vater des Kindes halte und daß zur Klärung der Abstammung eine Blutgruppenuntersuchung nötig sei. Das Amtsgericht in Bärwalde als Vormundschaftsgericht hat mit Verfügung vom 16. September 1938 den Antrag des L. abgelehnt, weil der Antrag nur auf haltlosen Vermutungen beruhe, auch nicht den Belangen des Kindes diene. L. hat Beschwerde eingelegt, die vom Landgericht in Landsberg mit Beschluß vom 10. Oktober 1938 als unzulässig verworfen worden ist. Hiergegen richtet sich die weitere Beschwerde des L.

Das Kammergericht erachtet die weitere Beschwerde für unbegründet, sieht sich aber durch eine Entscheidung des Oberlandesgerichts in München vom 22. Juni 1938 (Jbch. Freiw. Gerbkt. Bd. 18 S. 23) daran gehindert, in diesem Sinne zu entscheiden, und legt deshalb die Sache dem Reichsgericht gemäß § 28 Abs. 2 FGG. vor. In dem angeführten Beschluß vom 22. Juni 1938 hat das Oberlandesgericht in München entschieden, daß seit dem Inkrafttreten des Gesetzes über die Änderung und Ergänzung familienrechtlicher Vorschriften usw. vom 12. April 1938 dem als Erzeuger eines unehelichen Kindes in Anspruch genommenen Mann ein Beschwerderecht aus § 20 Abs. 1 FGG. zusteht, wenn das Vormundschaftsgericht ein Einschreiten gegen die uneheliche Mutter ablehnt, welche die zur Durchführung einer Blutgruppenuntersuchung erforderliche Blutentnahme an sich selbst — darum handelte es sich in dem vom Oberlandesgericht in München entschiedenen Fall — verweigert. Das Kammergericht will dagegen im vorliegenden Fall entscheiden, daß dem als Erzeuger des unehelichen Kindes in Anspruch genommenen Willi L. gegen den Beschluß des Vormundschaftsgerichts, durch den es ein Einschreiten gegen die Mutter und den Vormund des Kindes wegen Verweigerung der Blutentnahme beim Kinde abgelehnt hat, kein Beschwerderecht zustand. Die beiden Entscheidungen weichen also in der Beantwortung der Frage nach der Beschwerdeberechtigung des als Erzeuger in Anspruch genommenen Mannes voneinander ab. Diese Meinungsverschiedenheit über die Beschwerdeberechtigung des angeblichen Erzeugers besteht unabhängig davon, daß es sich im einen Fall um die Blutentnahme bei der Mutter, im anderen Fall um die Blutentnahme beim Kinde handelt; sie ist grundsätzlicher Art, und es sind daher die Voraussetzungen des § 28 Abs. 2 FGG. für die Abgabe der Sache an das Reichsgericht gegeben.

Beide Oberlandesgerichte gehen zunächst davon aus, daß nach dem bis zum Inkrafttreten des Familienrechtsänderungsgesetzes vom 12. April 1938 bestehenden Rechtszustande der früher schon bestehende Streit über die Beschwerdeberechtigung des als Erzeuger in Anspruch genommenen Mannes seine Erledigung gefunden hatte durch die Entscheidung des Reichsgerichts vom 17. Dezember 1936 (RGZ. Bd. 153 S. 93 = Jbch. Freiw. Gerbkt. Bd. 14 S. 404). Durch diese Entscheidung war das Beschwerderecht verneint worden, und zwar sowohl unter dem Gesichtspunkte des § 20 als unter dem des § 57 Abs. 1 Nr. 9 FGG. Beide Oberlandesgerichte sind ferner darüber einig, daß aus dem Gesichtspunkte des § 57 Abs. 1 Nr. 9 FGG. eine Beschwerdebefugnis des als Erzeuger in Anspruch genommenen Mannes nach dem Inkrafttreten des Familienrechtsänderungsgesetzes vom 12. April 1938 nicht in Betracht kommt, da es auch nach dem neuen Rechtszustande dabei bleibt, daß der als Erzeuger Inanspruchgenommene nicht zu dem beschränkten Kreis derjenigen Personen gehört, denen das Gesetz die Beschwerde als Mittel zur Wahrnehmung der Belange des Kindes in § 57 Abs. 1 Nr. 9 FGG. zur Verfügung gestellt hat. Die Meinungsverschiedenheit zwischen den beiden Oberlandesgerichten beschränkt sich auf die Frage, ob durch § 9 FamRÄndG. für den als Erzeuger eines unehelichen Kindes in Anspruch genommenen Mann ein Recht im Sinne des § 20 Abs. 1 FGG. begründet worden ist, auf dessen Beeinträchtigung er eine Beschwerde stützen kann. Das Oberlandesgericht in München bejaht diese Frage. Es führt aus, § 9 FamRÄndG. schreibe für familienrechtliche Streitigkeiten eine Duldungspflicht der Parteien und Zeugen vor, soweit die Blutgruppenuntersuchung zur Feststellung der Abstammung eines Kindes erforderlich sei. Die Bestimmung des § 9 gelte allerdings nur für das Gebiet des Zivilprozesses. Als familienrechtliche Streitigkeiten seien hier aber auch Rechtsstreitigkeiten anzusehen, welche die Feststellung der unehelichen Vaterschaft und den Unterhaltsanspruch des unehelichen Kindes zum Gegenstande haben. Für solche Streitigkeiten, in denen der als Erzeuger in Anspruch genommene Mann als Partei, die uneheliche Mutter aber als Zeugin in Betracht komme, sei hier also eine Verpflichtung der Mutter — darum handelte es sich in dem vom Oberlandesgericht in München entschiedenen Fall —, die Blutentnahme an sich selbst zu dulden, und auch ein subjektives Recht des angeblichen Erzeugers gesetzlich festgelegt, diese Blutentnahme zu verlangen. Daraus sei zu folgern, daß dem als Erzeuger eines unehelichen Kindes in Anspruch genommenen Mann ein Beschwerderecht aus § 20 Abs. 1 FGG. zustehe, wenn das Vormundschaftsgericht ein Einschreiten gegen die eine Blutentnahme verweigernde Mutter ablehne. Recht im Sinne des § 20 Abs. 1 FGG. sei jedes vom Gesetz anerkannte, von der Staatsgewalt geschützte, subjektive Recht, möge es sachlich- oder formellrechtlicher, dinglicher oder persönlicher, privatrechtlicher oder öffentlich-rechtlicher Natur sein. Das aus § 9 FamRÄndG. sich ergebende Recht des angeblichen Erzeugers, von der Mutter die Entnahme einer Blutprobe zu verlangen, werde beeinträchtigt, wenn das Vormundschaftsgericht ein Einschreiten gegen die Mutter ablehne. Das Kammergericht hält diese Ausführungen des Oberlandesgerichts in München für unrichtig. Es will ihm allerdings darin beitreten, daß in § 9 FamRÄndG. nur zivilprozessuale Streitigkeiten gemeint seien. Dagegen verneint das Kammergericht, daß durch § 9 FamRÄndG. ein Recht gegen einen anderen darauf begründet worden sei, daß er sich zur Blutentnahme zur Verfügung zu stellen habe. Das Kammergericht ist vielmehr der Ansicht, es handele sich in § 90 um eine öffentlich-rechtliche Pflicht gegenüber den in Frage kommenden Gerichtsbehörden. Diese Pflicht sei in § 9 auch gar nicht unbedingt gegeben, sondern nur, soweit dies zur Feststellung der Abstammung erforderlich sei. Außerdem könne der für die Blutuntersuchung Vorgesehene aus triftigen Gründen die Blutuntersuchung verweigern. Alles das spreche, so führt das Kammergericht aus, gegen die Annahme eines subjektiven Rechtes.

Diese Auffassung des Kammergerichts verdient nach der Ansicht des erkennenden Senats den Vorzug vor derjenigen des Oberlandesgerichts in München. § 9 FamRÄndG. schreibt vor, daß sich Parteien und Zeugen, soweit dies zur Feststellung der Abstammung eines Kindes erforderlich ist, erb- und rassenkundlichen Untersuchungen zu unterwerfen, insbesondere die Entnahme von Blutproben zum Zweck der Blutgruppenuntersuchung zu dulden haben. Der Wortlaut scheint dafür zu sprechen, daß es sich hier um eine Vorschrift handelt, die nur auf dem Gebiete des Zivilprozesses Geltung hat. Der erkennende Senat ist jedoch, im Gegensatz zu beiden Oberlandesgerichten, der Meinung, daß es dem *Sinn der neugeschaffenen Vorschrift widerspricht*, ihren Anwendungsbereich grundsätzlich auf das Gebiet des Zivilprozesses zu beschränken, daß es vielmehr geboten ist, die Befugnisse des § 9 auch dem Richter der freiwilligen Gerichtsbarkeit zur Verfügung zu stellen; für diesen kann ein Bedürfnis, von den Befugnissen des § 9 Gebrauch zu machen, sehr wohl — so im Rahmen der ihm durch die §§ 31 und 45 flg. des Personenstandsgesetzes übertragenen Aufgaben — in Betracht kommen. Eine solche erweiternde Auslegung des § 9 bedeutet jedoch keineswegs, daß es sich hier um ein subjektives Recht irgendeiner Person handelte, von einer anderen die Duldung der Blutentnahme verlangen zu können. Was § 9 FamRÄndG. neu geschaffen hat, ist eine Pflicht der dort genannten Personen dem Gericht — dem Prozeßgericht oder dem Richter der freiwilligen Gerichtsbarkeit — gegenüber. Das ist eine öffentlich-rechtliche Pflicht, ebenso wie die Pflicht, als Zeuge vor Gericht auszusagen, oder wie die Pflicht, als Sachverständiger dem Gericht ein Gutachten zu erstatten. Die Pflicht zur Duldung der Blutentnahme, die es bis zum Inkrafttreten des Familienrechtsänderungsgesetzes nicht gegeben hat, ist durch dieses Gesetz eingeführt worden, weil die Vervollkommnung der biologischen Forschungsmethoden einerseits und das immer wachsende Bedürfnis, die blutmäßige Abstammung einer Person mit größtmöglicher Sicherheit festzustellen, andererseits es als geboten erscheinen ließen, den Gerichten hier allgemein erweiterte Befugnisse zur Verfügung zu stellen, wie es für das Gebiet des Strafprozesses durch den mit Gesetz vom 24. November 1933 geschaffenen § 81 a StPO. bereits geschehen war. Gegenüber den Parteien und Zeugen, von denen § 9 FamRÄndG. spricht, also gegenüber dem Kind oder dessen Mutter oder gegenüber dem Manne, welcher der Mutter des Kindes innerhalb der Empfängniszeit beigewohnt haben soll, kann der angebliche Erzeuger des Kindes oder ein sonstiger Beteiligter kein subjektives Recht auf Duldung der Blutentnahme haben, ebensowenig wie etwa von dem Rechtsanspruch einer Person gegen eine andere darauf die Rede sein kann, sich als Zeuge oder Sachverständiger vernehmen zu lassen. Hat aber der angebliche Erzeuger durch § 9 FamRÄndG. kein subjektives Recht auf Duldung der Blutentnahme gegenüber irgendeiner Person, insbesondere gegenüber dem Kind, erhalten, so kann es auch keinen Unterschied machen, ob es sich um ein volljähriges oder um ein minderjähriges Kind handelt. Der angebliche Erzeuger kann also nicht geltend machen, daß er in seinem Rechte beeinträchtigt sei (§ 20 Abs. 1 FGG.), wenn das Vormundschaftsgericht es abgelehnt hat, den Vormund zur Duldung der Blutentnahme bei einem minderjährigen Kind anzuhalten. Das schließt — wie der Vollständigkeit halber bemerkt werden soll — nicht aus, daß das Vormundschaftsgericht von Amts wegen den Vormund zur Duldung der Blutentnahme bei dem Kind anhalten kann, wenn es das im Interesse des Kindes zur Aufklärung seiner blutmäßigen Abstammung für geboten erachtet. Hiernach ist die weitere Beschwerde unbegründet und zurückzuweisen.

Sachregister

(Die Ziffern bedeuten die Seitenzahlen dieses Bandes)

F

G

O

P

R

S

T

U

Archiv-Nr. 28 17 52

Satz und Druck: Otto Walter, Berlin SW 29

Kolibri 360 GmbH
Ferdinand-Jühlke-Straße 7
99095 Erfurt, Deutschland
produktsicherheit@kolibri360.de